古田武彦・古代史コレクション

古田武彦著

既刊7冊／各巻本体２８００円＋税

⑦ **よみがえる卑弥呼《ひみか》**

日本国はいつ始まったか

ISBN978-4-623-06055-9　C3321　四六判上製468頁　本体２８００円＋税　2011年9月刊

第Ⅰ期６冊

① **「邪馬台国」はなかった**
——解読された倭人伝の謎

② **失われた九州王朝**
——天皇家以前の古代史

③ **盗まれた神話**
——記・紀の秘密

④ **邪馬壹国の論理**
——古代に真実を求めて

⑤ **ここに古代王朝ありき**
——邪馬一国の考古学

⑥ **倭人伝を徹底して読む**

最新第7巻と『俾弥呼』を2冊同時刊行！

〈第Ⅱ期 続刊予定〉

⑧ 古代史を疑う

⑨ 古代は沈黙せず

⑩ 真実の東北王朝

⑪ 人麿の運命

⑫ 古代史の十字路
——万葉批判

⑬ 壬申大乱

ミネルヴァ書房　〒607-8494　京都市山科区日ノ岡堤谷町１番地
TEL075-581-0296/FAX075-581-0589　宅配可（手数料@380）

古田武彦
古代史コレクション
7

古田武彦 著

よみがえる卑《ひ》弥《み》呼《か》

日本国はいつ始まったか

ミネルヴァ書房

刊行のことば

いま、なぜ古田武彦なのか――

古田武彦の古代史探究への歩みは、論文「邪馬壹国」(『史学雑誌』〈七八巻九号、一九六九年〉)から始まった。その後の『「邪馬台国」はなかった』(一九七一年)『失われた九州王朝』(一九七三年)『盗まれた神話』(一九七五年)の初期三部作と併せ、当時の「邪馬台国論争」に大きな一石を投じた。〈今まで「邪馬台国」という言葉を聞いてきた人よ。この本を読んだあとは、「邪馬一国」と書いてほしい。しゃべってほしい。…〉(『「邪馬台国」はなかった』文庫版によせて)という言葉が象徴するように、氏の理論の眼目「邪馬一国論」はそれまでの定説を根底からくつがえすものであった。

しかも、女王の都するところ「博多湾岸と周辺部」という、近畿説・九州説いずれの立場にもなかった所在地は、学界のみならず、一般の多くの古代史ファンにも新鮮な驚きと強烈な衝撃を与えたのである。

こうして古田説の登場によって、それまでの邪馬台国論争は、新たな段階に入ったかに思われた。

古田説とは、(1)従来の古代史学の方法論のあやうさへの問い、(2)定説をめぐるタブーへのあくなき挑戦、(3)真実に対する真摯な取り組み、(4)大胆な仮説とその論証の手堅さ、を中核とし、我田引水と牽強付会に終始する従来の学説と無縁であることは、今日まで続々と発表されてきた諸著作をひもとけば明らかであろう。古田氏によって、邪馬台国「論争」は乗り越えられたのである。しかし、氏の提起する根元的な問いかけの数々に、学界はまともに応えてきたとはいいがたい。

われわれは、改めて問う。古田氏を抜きにして、論争は成立しうるのか。今までの、古田説があたかも存在しないかのような学界のあり方や論争の進め方は、科学としての古代史を標榜する限り公正ではなかろう。

ここにわれわれは、古田史学のこれまでの諸成果を「古田武彦・古代史コレクション」として順次復刊刊行し、大方の読者にその正否をゆだねたいと思う。そして名実ともに大いなる「論争」が起こりきたらんことを切望する次第である。

二〇一〇年一月

ミネルヴァ書房

はしがき――復刊にあたって

一

「それは大丈夫ですよ。いつも書いておられる、ソクラテスの精神でいけばいいんです。まちがったものは、まちがったといさぎよく認めること、それがあのソクラテスですから。」

わたしはこの言葉でお送りした。昭和五十九年（一九八四）八月末、対談の第一日目として、朝方から夕刻まで討論した後、玄関でお別れしたときの言葉だった。その日一日の濃密な対談の相手、それは梅原猛氏だった。

今回、公刊された『葬られた王朝――古代出雲の謎を解く』（新潮社、二〇一〇年四月）を見たとき、わたしにはあの日、あの時の場面が鮮烈によみがえってきたのである。

二

二日間の予定だった両者の対談は、結局公刊されなかった。

「古田さんは、わたしの本をよく読んでおられますね。今度は、わたしも古田さんの本をよく読んできますよ。」

そう言われ、微笑しつつお別れしたのだけれど、そのあと、出版社（徳間書店）の編集部から連絡があり、次回の対談はとりやめたい、とのこと。「それを古田が黙ってうけ入れてくれれば、今後、何とか報いたい。」という付言《ふげん》があったけれど、わたしには心外だった。

梅原氏は処女作『神々の流竄《るざん》』（集英社刊）で、さっそうと「出雲神話架空論」をもって古代史の読書界に登場された。この神話の実体は「大和」（奈良県）にあり、神話における「出雲中心のイメージ」は、「架空の造作」にすぎない旨力説し、痛論されていたのであった。

わたしには、その説そのものはすでに、学界における「田中卓さんの学説」として〝承知〟していた。だから、格別〝驚かされる〟ことはなかったけれど、読書界は歓呼《かんこ》して梅原氏の才筆を迎え入れたのであった。

三

わたしの立場は、逆だった。「出雲王朝」の呼称は、わたしが第三書『盗まれた神話』においてはじめて公表した学術用語だ。思えば、千仞《せんじん》の谷へ飛びおりる、わたしの学問的決断だったのである。なぜなら、わたしにとっての立論の「論理構造」は次のようだった。

第一、古事記などの「国生み神話」は筑紫（福岡県）を中心とする「三種の神器」や銅矛等の鋳型や実物の分布状況と一致し、対応している。従って津田左右吉が「創唱」したような学説は到底うけ入れられない。いわゆる「六世紀前半の、（近畿天皇家側の）史官による造作説」だ。あらず。これは「弥生時代の、九州で造られた神話」である。わたしはそう考えた。

第二、すなわち、筑紫において、筑紫人による、筑紫中心の王朝により、「自己（権力）の正当化」のために作られた、弥生神話である。これが「九州王朝」説の構造だった。

第三、右の前提をなすものが他ならぬ、この「出雲王朝」の存在だ。なぜなら記紀神話の根幹は「国ゆずり」にある。「出雲から筑紫へ」という、権力中心の移動、それがこの神話の本質だ。だとすれば、「九州王朝」の提唱は、すなわち「出雲王朝」の提唱に他ならない。両者は、一蓮托生、同一の論理展開の中で、必然の〝かかわり〟をもつ。

四

昭和五十九年（一九八四）の荒神谷、平成八年（一九九六）の加茂岩倉の両遺跡から、大量の銅矛・銅剣（出雲矛）・銅鐸が発見され、わたしの「出雲王朝」説は立証された。梅原氏の「出雲神話架空説」はあやまっていたのである。ちょうどそれをわたしが荒神谷の現地で確認した直後、それが梅原氏との対談の日に当たっていた。偶然の、否、必然の「暗合」だった。そのため、あの日の「別れの言葉」となった。

平成二十三年一月二十七日

古田武彦

よみがえる卑弥呼——日本国はいつ始まったか　目次

＊本書は、朝日文庫版『よみがえる卑弥呼』（一九九二年刊）を底本とし、「はしがき」と「日本の生きた歴史㈦」を新たに加えたものである。なお、本文中に出てくる参照ページには適宜修正を加えた。

第一篇　国造制の史料批判——出雲風土記における「国造と朝廷」

〈解題〉「日本列島に、朝廷は一つしかなかった。それが大和朝廷である」——これが、明治以降の古代史学において、ことさら強調された命題であった。研究思想を貫く根本信念とさえいえよう。この一点においては戦前も戦後も不変だった。しかしそれは、江戸期の国学者たちのイデオロギー的な読解と、そのための「原文改定」という改変史料にもとづくものだったのである。

序

戦後、古代史学研究史の白眉をなしたもの、それは「国造制の成立」問題であった。昭和二十六年、故井上光貞氏による同名の論文（1）が世に出てより、大家・俊秀相競うて論作を問い、よって陸離たる論争史を形成したこと、周知のごとくである（2）。

しかるに今回、従来の研究における、史料の基本的な処理方法において、看過すべからざる問題点の存在する事実を見出すに至った。ためにそれを率直に報告し、諸賢の批判の下に呈したいと思う。

第一節　出雲風土記における「国造と朝廷」

一

出雲風土記中、「国造——朝廷」間の関係を具体的に記述した、二個のフレーズが存在する。当問題の基本をなす史料として左にかかげよう。

①国造神吉調望、参㆓向朝廷㆒時、御沐之忌玉、故云㆓忌部㆒。〈意宇《おう》郡、忌部の神戸。細川・倉野・日御埼・六所、の四古写本（3）〉

②故国造神吉事奏、参㆓向朝廷㆒時、其水活出而、用初也。〈仁多《にた》郡、三津の郷（4）〉

このフレーズを、いずれも「出雲国造——大和朝廷」間の交渉を語る史料と解すること、それは古来

より現今に至る註解諸家、史学研究者の通軌であった(5)。たとえば、先の井上論文でも、その第三節において、

「又風土記には意宇郡忌部神戸の条に、国造が朝廷に参向の時の御沐の忌里なりとあり、仁多郡三津郷の条にも参向の途次、この水沼によることを記している」

と注記し、「出雲国造——大和朝廷」関係文献として、己が立論の裏付け史料の一に、これを使用された。

しかしながら、該史料をふくむ出雲風土記の全体を通視するとき、右のような史料理解に対して不安を与えるべき、一個の問題の存在することに気づくのである。その内実を左に列記しよう。

第一。この風土記全体の中に、もっとも頻繁に出現する神は、「天の下造らしし大神、大穴持命」である。三四回に及ぶ(6)。これに次ぐ出現回数の神は、須佐之乎命（一二回）(7)、神魂《かもす》命（八回）(8)、八束水臣《やつかみずおみ》津野命（六回）(9)、阿遅須枳《あじすき》高日子命（五回）(10)とつづき、他の神々は、それ以下である。もちろん、一回出現の神々が多数を占める(11)。

以上のような史料状況から見ると、当該史料において、大穴持命が特殊の〝輝ける位置〟をもつこと、この一点において疑義はない。第二位の出現回数の神（須佐之乎命）の三倍弱に及ぶ、隔絶した数値である。それだけではない。第二位と第三位（神魂命）の二神は、その神自身の活躍のためだけではなく、その神の娘と大穴持命との婚姻関係を語るさいに、その娘の父神の名として出現するケースも少なくない(12)。この点を考えると、大穴持命との関連で、第二・三位の出現回数も左右されていることが知られよう。

それだけではない。第五位の阿遅須枳高日子命は、大穴持命の「御子」である。他にも、この神の

「御子」は五神あり、計六神。(13)その総出現回数は一一回に及ぶ。ところが、大穴持命の「孫」に当たるのは、二神。計三回の出現である。(14)

以上の史料事実の意味するところは、意外に看過しがたい。なぜなら、〝子供が六人、孫が二人〟、このような係累関係は、当人の晩年の一時期、しばしば訪れうる状況だ。だが、その一時期を過ぎれば、当然〝子供の数より孫の数の方が多い〟、そういう状態に至ること、自然の成り行きであろう。すなわち、出雲風土記のストーリー展開は、〝大穴持命の晩年の一時点〟を下限とする形で、展開されている。その事実を指示するものだったからである。

もっとも、このさい、吟味すべき一課題がある。

(イ)飛鳥浄御原宮御宇天皇（天武）御世〈意宇郡、毘売埼〉

(ロ)志貴島宮御宇天皇（欽明）御世〈意宇郡、舎人郷〉

(ハ)纏向檜代宮御宇天皇（景行）勅〈出雲郡、健郡郷〉(15)

(ニ)志紀島宮御宇天皇（欽明）之御世〈神門郡、置郷〉(16)

この四項目は、近畿天皇家の天皇名と治世代等付きの記事として著名だ。だが、これらは出雲風土記の全体と比すれば、当然ながら「例外項目」として、後代紀年付きのものである。そのような史料全体中の位置づけを見のがすことは不可能だ。すなわち、史料全体に関しては、やはり「大穴持命晩年の一時点」を下限とする性格のストーリー内実だ。この事実を動かすことはできないのである。

以上のような史料全体への客観的な認識に立って、先の「国造と朝廷」との関係をのべた、二つのフレーズを顧みるとき、誰人にも次の疑問が浮かぶのではあるまいか。

「この『朝廷』とは、果して大和朝廷のことと断定して可とすべきものなのであろうか」

と。この問いである。
なぜなら、この史料は先に確認した通り、出雲の大神たる、大穴持命を一大主人公とするストーリーの表現であり、右の二つのフレーズは、その記述の只中に出現するものなのであるから。そこにいきなり「大和朝廷」が出現するのでは、何とも唐突に過ぎる。ここに従来の理解のもつ不安定性が存しよう。

二

ここでかえりみるべき「他山の石」がある。中国の史書、三国志中に出現する「朝廷」の語の使用例がそれである。総計一九回出現する（四五ページの補㈠参照）。その使用内実は次の通りである。

㈠執筆対象の時代
①漢朝を指すもの――五回
〈地の文〉――三回
〈直接法〉――二回
②魏朝を指すもの――一二回
〈地の文〉――七回
〈直接法〉――五回
③蜀朝を指すもの――一回
〈地の文〉――ナシ
〈直接法〉――一回

④呉朝を指すもの――――一回
〈地の文〉――――ナシ
〈直接法〉――――一回

(二)執筆時点

西晋朝を指すもの――――ナシ
〈地の文、直接法とも、ナシ〉

以上の史料事実の意味するところを、左に吟味してみよう。

先ず第一に、注目すべき点。直接法という限界の中ながら、蜀朝・呉朝を「朝廷」と指称する用例が各一例ずつ出現していることだ。漢朝から魏朝へ、その魏朝から西晋朝へ、そういう正統権力の継承、すなわち禅譲関係の存在を、大義名分としたのが西晋朝である。したがってその西晋朝の正史たる三国志が漢朝及び魏朝を朝廷と呼ぶ、多くの用例をもっていることは、怪しむに足りぬであろう。

しかし、魏朝に対し、大義名分上の敵対者であった蜀朝と呉朝に対し、この用語の使用が見られることは、注目に値する。「朝廷の多元的存在」という現実をよく反映した筆法、そのようにいいうるであろう。

第二に、現在の観点にとって、より一層注目すべき点を指摘しよう。三国志の執筆時点の権力たる西晋朝に対して、これを「朝廷」と呼ぶ用例が一例も出現していない、この事実である。一九例とも、もっぱら執筆対象たる後漢朝及び、魏・呉・蜀の三朝に対する呼称なのである。

これは、この朝廷の語が、記述対象の文中に出現するものであることからかんがみれば、あるいは他奇なきところかもしれぬ。

けれども、このさい、次の事実に対しても、注意を喚起しておきたい。それは三国志中、西晋朝にまつわる記事は、時として出現していることである。たとえば、

㈠泰始八年の詔に曰く「正（郤正）は昔、成都に在り、……其れ、正を以て巴西太守と為す。」成寧四年卒す。〈蜀志、郤正伝〉

㈡「臣寿（陳寿）等言う。……大晋、光明至徳、……泰始十年二月一日癸巳、平陽侯相臣陳寿上。」〈蜀志、諸葛亮伝〉

㈢晋室践阼、累ねて詔を所在に下し、周（譙周）に発遣せしむ。周、遂に輿疾して洛（洛陽）に詣る。泰始三年、至る。〈蜀志、譙周伝〉

以上のごとくである。このような事例の存在は、あたかも、出雲風土記における近畿天皇家の天皇名と治世代付きの記事を彷彿とさせるものがあろう。なぜなら両者とも、両書の成立時点、すなわち執筆時点における公権力にまつわる記載を、いわば例外的に挿入しているものだからである。

この事実をわたしが特記する理由は他でもない。三国志の書例に従って考えるとき、出雲風土記の場合もまた、当該文中に現われる「朝廷」の語は、執筆時点の権力たる「大和朝廷」を指すに非ず、執筆対象たる出雲における中心権力の所在、すなわち大穴持命の所在（杵築の社。いわゆる出雲大社）を指すのではないか。この疑いのためである。

従来はこのような、東アジアの史書中の使用法という、実際の用例に立って実証的に判断する、という客観的な手法がとられていなかったのではあるまいか。代って「朝廷とあれば、大和朝廷以外にありえず」という先入観念によって右の疑いがあらかじめ断たれていたのでなければ、幸いである。

三

右の疑問を実証的に解決するもの、それは出雲風土記内部の、術語の使用法である。

（母理の郷）天の下造らしし大神、大穴持命、越の八口を平げ賜いて、還り坐《ま》す時、長江山に来り坐して詔す。「我が造り坐して、命《し》らしし国は、皇御孫《すめみま》命の、平らけき世と知らせと依《よ》さし奉る。但、八雲立つ出雲国は、我が静まり坐す国と、青垣山廻らし賜いて、玉珍《たまうず》直ちに賜いて守らん。」と詔す。故に文理《もり》と云う。（神亀三年、字を母理と改む。）

右の大穴持命の詔の中に「我造坐而命国」という表現がある。すなわち〝統治〟を意味するらしい「命国」という概念の前提として「造国」という概念がおかれている。すなわち、これを換言すれば「国造」である。したがって右の六字は「国造」の概念をふくむ用法といえよう。

ここで吟味すべき問題がある。それは右の六字末尾の「国」は、単数か複数かという点だ。日本文や漢文では、通例、名詞に単複の語尾表示が存在しないから、前後の文意から、これを判断する他はない。

この場合、答は明瞭だ。複数である。その理由は、

(1)右の文中にも、「越」「出雲」と二つの国名が出てきている。

(2)その上、大穴持命の詔中に出現する「国」の概念は、右の二国より、さらに小規模の支配領域を指すようである。たとえば、

仁多と号する所以は、天の下造らしし大神、大穴持命詔す。「此の国は、大に非ず、小に非ず。川上は木の穂刺しかふ。川下はあしばふ這ひ度《わた》れり。是はにたしき小国なり。」と詔す。故に仁多と

云う。〈仁多郡、冒頭〉

とあるように、八世紀の執筆時点では「郡」に当るものが、「大穴持命の当時」では「国」と呼ばれていることが知られる。すなわち、「出雲」や「越」（さらに「筑紫」など）の中に、複数もしくは多数の「国」があったもの、と見られる。少なくとも「大穴持命の詔」の中の用語としての「国」は、このような性格の概念と見られよう。

とすれば、右の六字の句の末尾の「国」は、当然複数、もしくは多数の名詞と見なければならぬ。このように分析してくると、出雲風土記中、くりかえし出現する、大穴持命の肩書き「所造天下大神」の意義も判明しよう。彼は「国々造り」の輝ける業績をもつ大神として、これに「天下造り」の大神という定語が与えられているのである。

とすれば、この大神の支配領域下には、各地の「一国造り」（一国の支配者の義か）が存在したこととなろう。これに対し、その中央（杵築の地）に、「天下造り」としての大穴持命が存在した。——これが出雲風土記のしめす基本の権力構造、その配置形式となっているのである。

以上の考察は、わたしたちにしめす。先の「国造——朝廷」をふくむ、二つのフレーズ、その中の「国造」とは、右に名づけた、いわゆる「一国造り」を指す、という帰結を。ということは、すなわち、その対語たる「朝廷」とは、「天下造り」たる大穴持命の所在地を指す。この結論に至ることは、およそ不可避なのではあるまいか。彼の所在地たる杵築の宮、出雲大社の地こそ、ここにいう朝廷の所在地と見なす他ないのである。

四

右の帰結を立証するため、さらに重要な、文脈構成上の証拠をあげよう。

仁多郡三津郷は、先の「国造――朝廷」のフレーズをふくむ一例であるが、その説話は大略次のように展開している。

〝大穴持命の御子、阿遅須枳高日子命は、生長久しくしてなお口が利けなかった。父の命はこれを心配して八十嶋《やそしま》を連れ巡ったが治癒しなかった。ある夜、己《おの》が神に祈ったところ、治癒した夢を見た。目覚めて傍らに寝ていた御子に声をかけると、彼がはじめて口を利き、「三津」と言った。「どこのことか。」と聞くと、御子は立ち上り、戸外に出、川を渡り、坂の上で立ち留まって、「ここ。」と言った。その沢の水で御身を沐浴しておられるうちに、やがて口が利けるようになり、病は治癒した。〟

以上のような霊験譚が記せられた直後に、例のフレーズ、

故国造神吉事奏、参二向朝廷一時、其水活出而、用初也。

の一節につながっているのである。

したがって、この「朝廷」に大穴持命とその（唖病が霊泉で治癒した）御子の両者がいてこそ、問題の霊泉で〝用い初め〟を行ってやってきたという「国造」の行為が有意味のものとなるのではあるまいか。相手の「朝廷」側こそこの霊泉の神秘をこよなく賞讃している当事者なのであるから。

これに反し、これを従来説のごとく「大和朝廷」と見なした場合、この霊泉に対する特別の関係なき相手であるから、この一節のもつ本来の活き活きした躍動感、臨場感は全く喪失されてしまう。すなわ

ち、前後の文脈の中で浮き上っているのだ。だが、説話においては、そのような〝活きた感覚〟こそ、不可欠の生命とさるべきものなのではあるまいか。

五

さらに、次なる問題は、「国造」の所在である。出雲風土記の説話中の「国造」が「一国造」であり、八世紀当時の「郡」に当るような小領域であったことは、すでにのべた。この仁多郡の冒頭の例は、すでにその立証としてあげたものである。すなわち、この三津郷の記事は、本来「仁多国」中の記事だったのである。とすれば、その記事中に出てくる「国造」とは、当然「仁多国造」を指すもの。そのように考える他ないであろう。[17]

この仁多の地（現、仁多郡仁多町三沢、光田）は、斐伊川の上流に沿っている。したがって仁多国造にとって、早朝にこの霊泉で「用い初め」（元旦などか）を行えば、斐伊川を舟で下るとき、昼前後には、容易に杵築の宮の地に到着しえたであろう。当時の斐伊川が、現在のように宍道湖へと東流するのでなく、杵築の宮の方へと西流していたことは、よく知られた事実である。[18]

このように、新たな認識に立てば、右のフレーズのしめす地理関係はまことに明晰なのに反し、たとえば「松江付近」あるいは「出雲大社付近」の出雲国造が大和朝廷に参向するとき、この仁多郡の三沢の地を迂回せねばならぬとしたら、その地理的困難は、言語に絶する迂路となろう。しかも、その迂路の果ては、この霊泉に対し、〝活きた因果関係〟なき大和朝廷である。そのさい、このフレーズは、辟易すべき非実際性の靄の中に蔽われざるをえないであろう。ここに、従来の理解の致命的な非現実性が存在する。

六

このような従来の理解は、出雲風土記中の「国造と朝廷」を「出雲国造と大和朝廷」の意と解し、これを当風土記理解の根本においてきた。その学的先蹤、それはいうまでもなく江戸期の国学者達であった。荷田春満の『出雲風土記考』、内山真竜の『出雲風土記解』等がその先達をなす。そして彼等は、右の理解の根本の視点と矛盾する、あるいは十分に適合しにくい史料事実に対しては、容赦なき斧鉞《ふえつ》の手を加えた。いわゆる「原文改定」である。たとえば、当風土記冒頭の周知の一文を見てみよう。

(A)国之大体、首レ震尾レ坤、東南山、西北属レ海、東西一百卅九里一百九歩、南北一百八十三里一百七十三歩。

(国の大き体《かたち》は、震《ひむがし》を首《はじめ》とし、坤《ひつじさる》のかたを尾《をはり》とす。東と南とは山にして、西と北とは海に属《つ》けり。東西《ひのたて》は一百卅九里一百九歩《あし》、南北《ひのよこ》は一百八十三里一百七十三歩《あし》なり。)(岩波古典文学大系本、九五ページ)

右は、現在「出雲風土記」の冒頭と信ぜられている「校訂本文」なのであるが、この本文は、出雲の実地の「大体」に反している。もしくは一致していない。なぜなら、「東と南とは山にして」といっているけれど、出雲の地形の実際は、「南」の場合は確かに「山」の一語で表現できよう。しかし、「東」について、右と同様に「山」の一語で表現できはしないからである。美保関の東方は海であり、米子の付近は平野だ。ただ大山《だいせん》付近なら、山だけれど、全体を「山」の一語で一括することは、到底不可能である。

出雲風土記は、本来、出雲人が出雲人のために伝承したものである。それなのになぜ、出雲の地理の全体像について、これほど無知、もしくは粗放なのであろうか。不審に耐えない。

実は、この問題の焦点は、右の(A)の文が、一切の古写本に存在せぬ、という一点にある。真の原文は、左のようである。

(B)国之大体、首レ震尾レ坤、東南。宮北属レ海。東、一百卅九里一百九歩、南北一百八十三里一百七十三歩。

(国の大体、震を首とし、坤を尾とす。東と南なり。宮の北は海に属す。東は一百卅九里一百九歩、南北一百八十三里一百七十三歩。)〈細川本・倉野本・日御埼本・六所神社本とも、皆右が本文である。万葉緯本も、本文は同じ。ただ「宮」の右横に「陸乎」と注し、「東」の右下に「西乎」と注す(19)〉

右の文中のポイント、それは「宮」の一語だ。出雲風土記中、ただ「宮」というとき、それは一体いかなる「宮」を意味するであろうか。

(a)(恵曇《えとも》の郷《さと》)須作能乎命の御子、磐坂日子命、国巡り行き坐《ま》しし時、此処に至り坐して詔す。「此処は、国権美好、国形画鞆《えとも》の如く有る哉《かな》。吾の宮は是処に造る者なり。」と。故に恵伴《えとも》と云う。(神亀三年、字を恵曇と改む。)〈秋鹿郡、恵曇郷〉

(b)楯縫《たてぬい》と号する所以は、神魂《かもす》命詔す。「五十《いそ》足る天《あま》の日栖《ひすみ》の宮の縦横の御量《みはかり》は、……此の天の御量持ちて、天の下造らしし大神の宮を造り奉れ。」と詔して、……大神の宮の御装束《みよそおい》の楯を造り始め給いし所、是なり。〈楯縫郡、冒頭〉

(c)(杵築《きずき》の郷)八束《やつか》水臣津野命の国引き給いし後、天の下造らしし大神の宮を造り奉らむとして、諸《もろもろ》の皇神《すめがみ》等、宮処に参集《まいつど》いて、杵築《きづ》きき。故、寸付《きづき》と云う。(神亀三年、字を杵築と改む。)〈出雲郡、杵築

の郷〉

右の(a)の「吾の宮」や(b)の「天の日栖の宮」が、いわば通常的な「宮」の用例であるのに比し、(b)や(c)の「大神の宮」がいずれも杵築の宮を指すこと、疑いない。のみならず、(c)の「宮処」もまた、右の杵築の宮の所在を指称していること、疑いない。要するに、杵築の宮が、全出雲風土記中、特出した「宮」であること、この事実を疑うことはできない。これは、この宮の主人公たる大穴持命が、全出雲風土記中、特出せる主神である事実と、よく対応しているといえよう。

以上の状況から見ると、この風土記冒頭の「宮」が、この杵築の宮を指す、と見なすこと、それはもっとも蓋然性の高い仮説というべきではあるまいか。その立場から、この前後の文意を検してみよう。

「国の大体は……東と南なり。」地図に見るごとく、杵築の宮を原点として見るとき、出雲の地形の「大体」は、〝東と南へひろがっている〟。この観察と表記は正確である。その上、「震」(東)を首とし、「坤」(西南)を尾とする、という表記も、文字通りである。

「宮の北は海に属す。」杵築の宮の北方には、日本海がひろがっている。すなわち、この表現も、正確である。

「東は……」この一句は決定的な意味をもつ。杵築の宮の西は海であり、陸の領域はほとんど存在しない。したがって「東西」でなく、「東」とした各古写本の表現は、「宮」を原点とした表記としては、きわめて的確なのである。

以上のように、各古写本のしめす姿は、いずれもまことに正確無比、よく出雲の地形の「大体」を描出し切っている。

しかるにこの原文面に対し、あえて「改削の手」を加えたのは、先述の国学者たちであった。

「東南宮北属海

今按、東南山西北属海といふ句なるへし、山西の二字を転写あやまりて宮の一字に作たるならん、すゑにも国を誤りて宮に作たる所も見えたり。」〈荷田春満『出雲風土記考』〉

出雲風土記研究の源淵ともいうべき春満の『考』、その冒頭部に現われているのが、右の文面である。ここには現存校定本の原由が明白に語られている。すなわち、現本文の「山西」の二字が、いずれの古写本自身の本文にも存在しない文面であること、それが春満の脳裏に宿った一アイデアにすぎなかったこと、この事実を「今按ずるに……」以下の文面が明白に証言しているのである。

この「原文改定」は、後続の国学者、内山真竜によって、論理的に発展させられた。各古写本とも、本文には「東」とのみあるものに「西」を補い、「東西――里――歩」の形式へと「訂正」を行った。かくして出雲の純地理的表記としての現存校定文が「作製」されたのである。けれども、その「新作製文」は、重大な地理的矛盾を内蔵していた。先にのべた「東と南は山なり」の一句は、全く現地の地形大観に一致していなかったのであった。

それだけではない。各古写本群に本来存在せぬ字面を、後代の学者が「想定」して「仮構」すること、そのような手法は、古写本処理の原則において、本来許さるべきところではないのではあるまいか。しかも、この「原文改定」には、重大なイデオロギー上の「改変」をともなっている。なぜなら、各古写本の原文面の場合、「宮」とは杵築宮を意味すべきこと、前後の文面から見て疑いがたい。「東」とあって「西」のない表記が、「杵築宮中心表記法」という一個の仮説の妥当性を証明していること、先述のごとくであった。

いいかえれば、出雲風土記の語り手は、以下の伝承と記述が、この「宮」すなわち杵築宮を中心に展開すべきことを先ず、ここで予告している。そういう本風土記の基本をなす叙述姿勢を、しめしていたのである。

その杵築宮は、いうまでもなく、大穴持命が中心の所在としたところである。すなわち彼の「天の下を造らしし」業績はここを中心として行われ、ここから「天の下」に分布する、幾多の国々への統治や巡行が行われたのである。[20]

このような見地から読みすすめれば、先の問題のフレーズ、「国造と朝廷」をふくむ文面も、これを「天の下を統治し、巡行すべき、その原点」たる朝廷と、その統治下の「国」の国造との間の関係として、すなおに理解すべき道が開かれていたのであった。その出雲風土記の文面であるから、〝出雲における朝廷〟と〝その朝廷のもとの国造〟と理解すべきこと、それは何等の他奇なきところなのである。[21]

しかしながら、右のように、文献処理上まことに自然な理解法は、春満や宣長、また真竜等の国学者たちにとって、決して採用し能わぬタブーに属した。なぜなら、先にものべたごとく、〝他国はいかにあれ、わが国では、「朝廷」とあれば大和朝廷に限るべし〟という、実証以前の超命題が彼等の脳裏を制約していたため。そのように解することは、果してことの真相に遠きものであろうか。

ことを逆に考えてみよう。もしこの「宮」が伊勢や大和の地において語られていた場合、すなわち具体的には、伊勢の皇太神宮や大和なる皇宮を意味するであろうと考えうるケースにおいて、果して彼等国学者は、敢然とこれを〝削り去り〟えたであろうか。それは彼等にとって全くの不可能事もしくはかなりの困難事だった、そのように想定しても、必ずしもいちじるしく真に違するところはないように、わたしには思われる。

これに対し、彼等は易々として出雲風土記冒頭の、眼睛をなすべき「宮」の一字を削りえた。後続者は、それに合わせるように、「西」字を加乗した。この一字は彼等の「大和朝廷中心史観」にとって、不穏当と見えた。なぜならそれは「杵築の宮、中心記述法」という出雲中心の古代世界の存在を暗示していたからである。それを〝大和を中心とした、一地方の地理・風物誌〟というイメージに合わせて改変したのである。

その結果、問題の二つのフレーズも、「出雲国造――大和朝廷」間の関係をしめすものとして〝読み変え〟られた。もちろん、彼等国学者たちには、〝読み変えた〟という意識すらなかった、わたしにはそのように思われる。春満が眼前の古写本の「宮」の一字を「山西」の写し誤り、と見なす、あまりにも大胆な改削を実行したときも、彼はこれを本文を正しく復元する、すなわち「改正」と確信していたことであろう。それは、三国志魏志倭人伝中の中心をなす、肝心の国名「邪馬壹国」を「邪馬臺国」と改定して、天皇家の中心拠点たる「大和」に合わせようとした、松下見林、彼の手法と同一の、時代的手法であった。

そのような近世的手法は、明治・大正・昭和の三代を通じて、批判されるよりむしろ、継承されたこと、本稿の論証のしめすところである。江戸以降の出雲風土記研究史は、〝古代出雲は、日本列島の日本海沿岸西部における、一大文明中心であった。少なくとも、当該史料は、それを主張している古典である〟という基本認識をうけ入れることなく、今日に至っていたのではあるまいか。

以上の帰結は、一風土記の再解釈たるにとどまりうるものであろうか。わたしはこの問いに対して、率直に、否と答えざるをえないであろう。なぜなら従来、戦前はもとより戦後史学においても、「国造――朝廷」という図式、権力機構の構造図は、常に近畿中心のものとして理解せられ、処理されてきた。それは日本の古代史学にとって、根本の安定軸であった、とさえいいうるであろう。本稿の冒頭にのべた井上論文のもつ、基本をなす論理的安定性も、そこにあった、といいうるかもしれぬ。

　しかし他面、井上論文はしめしていた。大和朝廷中心の統一世界の成立する以前に、各地における〝小統一〟の存在していたことを。「国造制の成立」と銘打たれたこの論文にとって、この視点は中枢をなすものであった、といいえよう。

　しかしながら本稿の論証は、井上論文のさししめした方向が、同論文に自覚せられていた以上に重大であった、その事実をしめしているのではあるまいか。僭越ながら、わたしにはそのように思われる。なぜなら、後代、近畿天皇家が自家を中心に構成した「朝廷（大和）――国造（地方）」というわく組みは、近畿天皇家の創始に非ず、模倣であった、という問題が浮び上らざるをえないからである。

　これをより精細にのべれば、第一に、「朝廷」の語を中国から先ず〝輸入〟した中心権力は、近畿天皇家に非ず、出雲の古代権力であった。この事実を意味しよう。そのことはさらに、次の事実をしめす。近畿天皇家がこの語を使用したのは、中国からの直輸入というより、〝出雲からの模倣〟だったのではないか、という問題である。なぜなら、近畿天皇家が右のような〝日本列島内の朝廷使用〟の先例に気づかず、ひたすら中国から「直輸入」した、そのような状況は考えがたいからである。近畿天皇家が出雲の存在に無関心であったならばいざ知らず、これに並み並みならぬ関心をはらってきたこと、記・紀の語るところ、疑いがない。このような状況下で、右の「直輸入」説を主張しようとする論者ありとせば、それは畢竟一種の詭弁に陥らざるをえぬ道に至るのではあるまいか。

　右の論点は、第二の「国造」の用語を検討するとき、一層明確となろう。この用語が中国作製のものでなく、日本列島内作製のものであること、おそらく疑義する論者は存在せぬと断じえよう。[22]とすれば、この用語の創始者は、やはり大和朝廷に非ず、出雲朝廷であった。この事実をわたしたちは避けることができないであろう。出雲なる中心権力にあった人々は、一方では「朝廷」という中国製の権力用語を「輸入」して自家にあてて用い、他方、「国造」というような新政治概念を創造して、自家の統一支配下の小権力者たちにあてて用いた、そのように解する他ないからである。

このことは直ちに次の事実をしめす。近畿天皇家がこの「国造」という、日本列島内作製の新政治概念を用いたとき、それはやはり天皇家の創造ではなく、模倣であった、という帰結である。しかもこの場合、単なる模倣というにはとどまりえないかもしれぬ。なぜなら、日本列島内にすでに成立していた「国造——朝廷」という支配体制、その先在の権力構成の、拡大的継承者、その位置に、近畿天皇家はみずからをおいていたのではないか、わたしたちはそのような問題所在に否応なく目を向けざるをえないであろう。

第二節　出雲史料の再吟味

一

古事記神代巻に次の記事が見られる。

(a)此八千矛神、将レ婚二高志国之沼河比売一、幸行之時、……。〈古事記上巻、沼河比売求婚〉

(b)又其神之嫡后、須勢理毘売命、甚為二嫉妬一。〈古事記上巻、須勢理毘売の嫉妬〉

右の文中に用いられている「幸行」（もしくは「幸」）及び「嫡后」の用語は、当該文献の中で、特定の身分の対象にのみ用いられていることは、周知のごとくである。

(A)「幸」「幸行」の用例（出現回数、三五回）

八千矛神　一回（右の例）
神武天皇　九回
倭建命　六回
応神天皇　三回
応神の大后　一回
仁徳天皇　五回
雄略天皇　九回
仁賢天皇　一回
（なお、応神・雄略や仁賢の場合、太子・王子時代の表記をふくむ）

(B)「嫡后」の用例（出現回数、二回）

八千矛神　一回（右の例）(23)
神武天皇　一回

右について分析しよう。

先ず、「幸」「幸行」の用字について。この表記が用いられうるのは、天皇・皇后・太子（王子）という身分の存在に限られることは、（八千矛神の例を除き）疑う余地がない。したがってこの表記が、同じく用いられている八千矛神の場合も、右と同類の尊位にあり、と見なされている。そのように理解する他はない。

それだけではない。「幸・幸行」用例の先頭に立つのが、この八千矛神の例なのであるから、この用例を〝天皇・皇后・太子（王子）〟のケースに準じた、と見なすのは、必ずしも穏当ではない。逆に、近畿の天皇や皇后や太子（王子）についても、出雲なる八千矛神の先例に準じた。そういう順序になっているのである。この点、江戸期の国学のイデオロギーを批判しても、その実、注釈的・実証的側面では、ほぼその足跡を踏襲してきた観の深い戦後史学の立場からは、一見奇矯に見えようとも、もっともすなおに古事記の説話の流れを読みすすむとき、右の進行上の前後を否定すること、それは当然ながら不可能である。

　次の「嫡后」問題は、もっと簡明である。先ず用いられているのが、出雲なる八千矛神のケースであり、これに次いでいるのが神武天皇のケースである。この場合、用語の性格上、太子や王子に用いうるものではない。少なくとも穏当ではない（単に「后」というケース以上に〝正規の皇后〟の意義を帯びよう）。事実、右にしめす通り、（八千矛神以外に）この用語の用いられている実例は、神武天皇のみなのである。

　以上によってみれば、出雲なる八千矛神が、大和なる神武天皇に先行する「正規の中心権力者」として遇せられている、その文献上の証拠を、ここにもまた見出しうるのである。

　しかも、古事記が近畿天皇家内部で産出された文献であることは確実であるから、〝出雲なる中心権力の存在は、近畿天皇家に先行するもの。すなわち、近畿は出雲に対する模倣者である〟、このような歴史進行上の位取りを、近畿側自身が自己告白している。そのように見なしても、過言ではないと思われる。

二

一見意想外に見える右の分析も、実は近畿天皇家内部の天皇自身の発言と合致、もしくは密接な対応を見せているようである。この点について左にのべよう。

於レ是天皇詔之、朕聞、諸家之所レ賷帝紀及本辞、既違二正実一、……。〈古事記序文、天武天皇の詔〉

右の「帝紀」の用語について、これの後に出てくる著名の用語、左の「帝皇日継」の語と同一視もしくは同類視するのが通例のようである。

即、勅二語阿礼一、令レ誦二習帝皇日継及先代旧辞一。〈同右〉

たとえば、「帝紀」の語に対し、

「次の帝皇日継・先紀と同じもので、各天皇の即位から崩御に至る皇統譜のような記録。」（岩波古典文学大系本、四五ページ注釈三〇）

と注釈されているのも、その一例であろう。

しかしながらこの「帝紀」の一語は、東アジア世界においてすでに早く成立していた、周知の成語である。なぜなら、たとえば史記・漢書・三国志等、歴代の中国の史書は、すべてこの「帝紀」を中核とし、そのあと「列伝」を付している。すなわち、各天子の各代の治績、それを記述した、当該史書の心臓部こそ「武帝紀」「文帝紀」「明帝紀」等と呼ばれるものなのである。「帝王の本紀」（諸橋大漢和辞典）と釈される所以である。従ってただの「皇統譜」の類とは、規模と文書性格の構造を異にしているのである。とすれば、このような、東アジア世界の成語中の成語ともいうべき用語が用いられているのに対し、これとあまりにも異なった〝日本風の意義〟をあてる、ここには客観的に見て、大きな方法上の不安定性が存在するといいえよう。

もう一つの問題点、それは「賫」という、かなり特殊な用字の意義である。この文字は本来、「もたらす」と訓じ、〝もってくる〟〝もってゆく〟の意義をもつ。「齎」と同義であるから、「齎、持也。」（広雅、釈詁三）とあるように、「もつ」の意義もあるけれど、もちろん一般的な「持」と全同ではない。次のような熟語がしめすように、〝A地からB地へもち運ぶ〟の意義を基本にもつ。

賫表官（セイヘウクワン）上意の文書を持参する係の官員をいふ。（諸橋大漢和辞典。「桃花扇、迎駕」の引文あり）

より古い文例では、「齎送」（もたらしおくる。漢書匈奴伝）、「齎物」（もたらしもの。史記大宛列伝・漢書張騫伝）などがそれに当ろう。二国間、移送の例である。

齎、持遺也、从レ貝齊声。〈説文〉

というごときである。

このような「賫」字の用例から見ると、天武詔のいうところは、次のようであった。

(A)この「帝紀」は、本来、近畿天皇家ならざる〝他地〟にあった。

(B)それを、その地の「諸家」が、大和なる天皇家のもとへと、もたらし来たった。

厳密にいって右のような論理構造をもつ文脈なのである。けれども、従来の近畿天皇家中心の一元史観の論者にとって、〝大和以外の地を中心として成立した帝紀〟などという概念は、予想外というより、許容不可能な概念であったであろう。そのため、宣長はこの「賫」に〝もたる〟という、一種意味不明の訓を与え、後代の諸家もまた、これに倣うこととなったのである。

しかしながら、本稿の論証のしめすところ、出雲風土記の本来の姿、その史料性格の実態は、まさに「帝紀」そのものであった。なぜなら、そこには大穴持命という卓絶した主神があり、彼は「天下を巡行」していた。「天の下を造らしし大神」と呼び習わされていた。そして彼の宮処たる杵築の宮は、「朝廷」と呼ばれていたのである。諸国には諸国の「国造」がいた。「風土記」[24]などという、後代（八世紀）の天皇家側から付せられたレッテルにまどわされずに史料事実を正視すれば、これは〝出雲を中心とする帝紀〟以外の何物でもなかったのであった。

三

この帰結はまた、先述の、出雲風土記におけるメイン・ストーリーのもつ下限問題に対しても、明晰な解明を与えることとなろう。なぜなら、大穴持命の登場する第一回は、先にあげた「母理の郷」である。そこでは、彼が越の八口を平げて帰りきたったあとの詔があげられている。その中には、以後、自分が征服し、統治した国々、すなわち天下を、すべて皇御孫（ニニギノミコト）に遜《ゆず》るべきことがのべられている。記・紀にいう「国ゆずり」である。そしてみずからは、出雲一国に隠退すべきことが告げられている。この「出雲」も、大穴持命の詔中の表現であるから、いわゆる「出雲風土記」の出雲、すなわち「大出雲」ではなく、八世紀当時の出雲郡に当る「小出雲国」なのではあるまいか。もとより杵築の宮、出雲大社は、この「小出雲国」の中にあった。

さて、大穴持命の「国ゆずり」後、出雲は「統一中心」たることをやめた。代ってニニギの居した「天孫降臨」の地、筑紫[25]こそ、新しき「統一中心」となった。とすれば、この時点以後、出雲では「帝紀」は語りえないこととなろう。これが、出雲風土記において、〝大穴持命の晩年の一時点〟以後のストーリーが断絶した、すなわち「下限」のあらわれた所以なのではあるまいか。

（以後、代って筑紫が「朝廷」の地と目せられることとなる。記・紀神代巻の帰結するところ、その一点に他ならないのである。当風土記の世界はすなわち、記・紀神代巻における「天孫降臨」説話へと接続すべき、その前景をしめす、そういう時間帯の説話性格をもつものなのであった。(26)）

四

次に、出雲風土記巻末奥書を見よう。

天平五年二月卅日　勘造

秋鹿郡人　神宅臣金太理(27)

国造帯二意宇郡大領一外正六位上勲十二等　出雲臣広嶋

右の奥書において、広嶋は自己の肩書きの冒頭に「国造」の二字を冠している。しかしこれがいかなる由来の、またいかなる領域の「国造」であるか、一切解説していない。むしろ、下文からすれば、一見「意宇の国造」であるかとも見える筆法である。

もちろん、最末に「出雲臣」なる称号があるけれど、この同一称号が当該風土記署名中、頻出すること、周知のごとくである。

①郡司・主帳・无位・出雲臣〈意宇郡〉

②少領・従七位上・勲十二等・出雲臣〈同右〉

③擬主政・无位・出雲臣〈同右〉
④郡司・主帳・无位・出雲臣〈嶋根郡〉
⑤大領・外従七位下・勲十二等・出雲臣〈楯縫郡〉
⑥少領・外従八位上・出雲臣〈飯石郡〉
⑦少領・外従八位下・出雲臣〈仁多郡〉

以上のごとくである。すなわち、全出雲内に少なしとせぬ〝出雲臣群の一〟、そういう性格をもっているのである。

他の称号たる「郡の大領」「外正六位上」「勲十二等」等によっても、他の署名者たちに比して、必ずしも、突出した代表者とは見なしえないのである。(28)

右の奥書のみの観察からは以上のごとくであるけれども、本文に目を転ずれば、光景は一変しよう。なぜなら、本稿で縷々析出しきたったごとく、そこには「国造の由来と淵源」が、はるか大穴持命の治世に遡って説かれていた。「天下造り」と称された、この神のもと、各地に「一国造り」の始祖たちがいて、定期的に大穴持命の「朝廷」たる、杵築宮、出雲大社に参向していたのである。

奥書とは、畢竟、本文に対する奥書なのであるから、この最末尾の広嶋の自署名は、〝以上のごとき、誇りある、由緒ある、われは国造家の者〟という意義の自称、そのように見なすのが、ことの筋道ではなかろうか。当該文書における奥書のもつ史料性格から見て、そのような理解は決して他奇なきところ、といわねばならぬ。

これに対して一方、近畿天皇家側がこれを遇した道、それは同時代（天平をふくむ八世紀）の史書たる続日本紀に明示されている。

神亀元年春正月戊子（廿七）、出雲国造外従七位下出雲臣広嶋奏二神賀辞一。己丑（廿八）、広嶋及祝神部等授レ位賜レ禄各有レ差。

右は、広嶋の初出であるが、他の二回とも「出雲国造」の称号が冠せられている。近畿天皇家側が、ひとり広嶋に対してかく遇し、広嶋もこれを受容したごとくであるけれど、逆に、ここに成立した八世紀の「大和朝廷、対、出雲国造」なる図式[29]を、はるか古えの大穴持命の時代を語る、本文の解釈にまで遡らせようとしたこと、それが従来説のもつ基本の非歴史性だったのではあるまいか。

実は、右の天皇家の八世紀の正史たる続日本紀の「国造」記事を精視するとき、「国造の古代出雲淵源」を裏づける状況が現われている事実をのべねばならぬ。同紀の「国造」記事の国名別出現回数は、左のようである（四六ページの補(二)参照）。

1出雲――一四回
2因幡――一二回
3紀伊――四回
　飛驒――四回
4大倭（大和）――三回
5伊豆――二回
　備前――二回
　陸奥――二回
6摂津・山背・多褹後・尾張・吉備・武蔵・相模・伊勢・常陸・美濃・上野・丹後・阿波・海上・美作・駿河・讃岐――各一回

7その他——七回（国名を記さぬもの五回、「諸国」二回）

右の表を通視するとき、出雲と因幡という日本海岸、山陰の二国があまりにも圧倒的な比重で、というより偏倚で出現している事実に一驚せざるをえぬであろう。このあまりにも目ざましき史料事実を、無視ないし軽視せざる限り、「この『国造』の称号は、山陰の右の二国と特別の縁由をもつ」、この命題をわたしたちは回避することができぬのではあるまいか。

なぜなら、本来、もしこれが「近畿天皇家治下の称号」であったとしたならば、右のような〝片寄った出現分布〟は、到底客観的かつ公平に解説し能わぬところといわねばならぬ。もし、いずれの論者かこれをあえてなさんと欲するならば、「天皇家が出雲の神事（＝奏神賀辞）を重視し賜うたから」といった類の、原理上畢竟するに同語反覆の類たるに陥る他ないと思われるからである。

なお、右の表中、出雲と因幡の出現の仕方には、二つの差異のある点に注意しておきたい。

㈠因幡の「国造」記事がはじめて出現するのは、宝亀二年（七七二）三月九日である。すなわち、これ以前の時間帯においては、「出雲国造」はすでに一〇回の出現を見ているにもかかわらず、「因幡国造」記事は皆無である。いいかえれば、続日本紀全体の初・中期においては、「出雲国造」の〝独占〟ぶりは一段ときわ立っているのである。

㈡続日本紀中の、他の「国造」記事のほとんどが「任命」記事の類であって、さしたる事件もしくは記事内容が記載されていないのに対し、「出雲国造」のみは、その過半（二四回のうち九回）が、先述のような「奏神賀辞」とそれにともなう朝廷側の嘉納・賞美の記事がしるされている。量的のみならず、記事の質においても、異色かつ特出しているのである。この点、「因幡国造」の場合、回数はかなり多いけれども、その内容は任命記事の類にとどまり、「出雲国造」の場合とは、その質的内容を異にしている。

以上の分析によって、わたしたちは知ることができる。第一に、「国造」という称号は、古代出雲文明に淵源する、特異の称号であった。第二、当時、天皇家は片域（日向か。後に大和）における小首長にすぎず、この出雲文明への畏敬の中にいた。第三、したがって出雲臣広嶋（その先代、果安以来）たちの〝近畿天皇家への帰服〟を喜び、彼等に「出雲国造」の称号を当てると共に、みずから統治下の各国への「国造」任命権を行使し、確立してゆくこととなった。以上の認識である。

五

次に、日本書紀における、「国造」記事にふれておきたい。

この史書の場合、記事に「造作」の跡いちじるしく、そのまま〝当該年紀の当該天皇の該当史実〟として処理しがたき点、すでに津田左右吉の批判したごとくである。しかしながら反面、全く架空に〝絵空事〟を記載したものではなく、すでに存在した既存の他家の記事を転用した形跡の少なくないこと、すでに筆者の史料批判を行ったごとくである。(30) このような点に注意して、今簡明に問題点を要記してみよう。

第一。全六一回の「国造」出現例を、左の三つのケースに大分類しうる（四七ページの補㈢参照）。
(1)遠祖・祖・始祖――――九回
(2)一般形――――――二五回
(3)国名をしるすもの――二七回

右の(1)は同書の執筆時現在（八世紀初頭）の「国造」の祖先として、記載しているものであり、(2)は具体的な国名を記さぬ、一般形の記事である。したがって、具体的な国名付きで出ているもの(3)は、全体の半数に満たない。

第二。具体的な国名の出現頻度は、

1武蔵——四回
2伊甚——三回
倭（大倭）——三回
筑紫——三回
3火葦北——二回
紀——二回
4葛城・美濃・火・闘雞・吉備・穴戸・出雲・伊賀・伊勢・志摩——各一回

であって、続日本紀の場合のような突出国がない。第一位の武蔵も、第二位の伊甚も、同一事件中に、それぞれ四回、三回、「国造」の名が用いられているにすぎない。

第三。ところが、注目すべきは、次の国名である。

火葦北（及び闘雞・伊甚）

右の「火葦北」は、明らかに「火の国の、葦北」という二段国名である。これが「火国造」と相並ぶ国造であるとは、考えがたい（「火国造」も、景行十二・十二・五丁酉に出現している）。すなわち、両者、国造制度上の発展段階を異にしている。そのように考えるほかはないのである。ところが、そのような「制度の成立や発展」(31)について、書紀は記載するところが全くない。ということは、この制度の成立と発展の中心権力が、近畿天皇家ではなかったのではないか。そういう暗示を与えているのである。

第四。さらに不審なのは、「筑紫国造」「出雲国造」について、〝実名を知らぬ〞ケースの存在することである。

(A)有㆓能射人、筑紫国造㆒。……余昌（百済王、聖明王の子）讃㆔国造射㆓却囲軍㆒、尊而名曰㆓鞍橋君㆒。（鞍橋、此云㆓矩羅膩㆒。）〈欽明紀、十五年十二月〉

(B)是歳、命㆓出雲国造㆒、（闕㆑名）修㆓厳神之宮㆒。〈斉明紀、五年〉

(A)のケースは、百済の王子から付けられた異名で記しながら、その実名が記されていないのが、異様である。(B)のケースは、簡要な記事であり、この場合当人の実名こそ主要記事内容の一であるはずであるのに、「闕㆑名」ですませている。いずれも、この原史料が本来、近畿天皇家内のものであった、とすれば、考えがたい様相ではなかろうか。

とすれば、本来、他家（たとえば筑紫の「朝廷」の史料群）の中の一史料であり、それを一部分のみ、断片的に入手し、利用しようとしたために生じた不手際ではなかったか、と疑われる。

要するに、書紀の「国造」記事は、近畿天皇家以前に、他の中心権力のもとに「国造」制が存在し、発展しつつあったことを暗示する。そういう史料性格をもっているのである。したがってこれらを安易に「近畿天皇家統治下の『国造』記事」として再利用する、もしそのような形での史料利用が江戸期の国学以来今日まで、一種の使用慣例となっていたとすれば、厳正な史料批判上、根本的な問題性をもつ。そのようにいわざるをえないのである。

第三節　考古学上の諸問題

一

以上の論証は、文献上の史料批判にもとづいている。しかし、これが史上の真実の反映であるとすれば、当然考古学上の出土物という物質的遺構や遺物においても、これと対応すべき事実の存在することが期待されよう。

かつては考古学者や神話学や古代史研究者の間に、「出雲にさしたる考古学出土物なし」といった類の見解が流布されていた(32)。ためにこれが、出雲神話が史実と関係なき後世の造作物である証拠、そのように論ぜられるのを常としたのである。そしてやがては、この出雲神話を重要な発起点とする日本神話全体への不信、その虚構性を裏づけるもの、そのようにさえ思料されたようである(33)。記・紀神話後代造作説をその所説の核心にもつ津田史学を、研究思想の基盤においた戦後史学界において、右のような思考方法が流布されたのは、おそらく偶然ならぬものがあろう。

けれども、一九八四年七〜八月、島根県簸川《ひかわ》郡斐川《ひかわ》町神庭《かんば》西谷《さいたに》荒神谷から三五八本の銅利器(34)が出土してから、状況は一変した。この事実に対する解釈は未定ではあるものの(35)、従来の日本列島内の銅利器分布状況を一変すべき出土であったこと、その事実を疑いうる論者はありえないであろう。ことに従来は「記・紀神話の主舞台たる西出雲には、ことに著目すべき出土物なし」と信ぜられてきたけれど、その認識が大きく変更されることとなったのである。

さらに一九八五年七～八月、同地より六個の銅鐸と一六個の銅矛(36)が出土した。先出の銅利器とあわせて、量のみならず質においても、単純ならざる様相をしめしたのである。

この問題については、本稿において詳論すべきところではないけれど、少なくとも本稿の論証に対し、「出土物上、出雲ことに西出雲は空白の地」といった類の反論は、これを行いがたき時期に入ったこと、この一事に関しては、疑いがたいであろう。

なお、出雲をめぐる出土物に関し、従来看過されていた、あるいは軽視される傾きの多かった問題点の若干につき、識者の注意を喚起させていただきたい。

その第一は、黒曜石問題である。出雲の隠岐島中の島後《どうご》が、西日本屈指の当該物出土地であることは知られている。日本列島本土内でも、信州の和田峠と並ぶ質・量をもつ。その材質で作られた石器は、出雲本土、すなわち宍道湖周辺領域に濃密に分布している。すなわち、縄文前期の密集聚落遺跡として出土した阿久遺跡が和田峠の黒曜石出土領域と相対して（その関東側に）現われたと同じ状況が出雲にも存在するのである。

ことに注目すべき点、それは和田峠の場合と異なり、西日本では、弥生期になって中国・朝鮮半島から金属器が伝播した。そのさい、縄文期における石器文化の中心、その中枢地が伝播・流入の一拠点となったらしいことである。たとえば、瀬戸内海領域の場合、縄文期に讃岐を中心として出土するサヌカイトを材質とする、石器文明がこの領域に分布していたこと、周知のごとくであるけれど、その讃岐が弥生期になると、全瀬戸内海領域中、屈指の金属器（銅利器・銅鐸・鉄器）出土地となったのである。この両時期の対応関係を無視するならば、弥生期の研究者としてもかえって不用意なのではあるまいか。

これと対比するとき、西日本の日本海領域という、讃岐以上に中国・朝鮮半島に近接し、良質の石器材質（黒曜石）出土中心地たる出雲が、やがて大陸の金属器の伝播・流入初源期の一中心となりえたこと、その点あえて他奇とすべきところではないのではあるまいか。

従来、出雲の出土物を論ずるとき、古墳時代以降に関して着目されることが多かった。しかし、古代出雲が一個の文明中心の位置を有しえたのは、弥生期である。したがって当の弥生期と、その前提としての縄文期に注目すべきこと、けだし当然ではあるまいか。

その第二は、弥生の古代楽器問題である。日本列島西半部、日本海沿いの各地に「弥生の土笛」と呼ばれる土製楽器が出土している。綾羅木地方（山口県下関市）、出雲地方（島根県松江市等）、丹後地方（兵庫県峰山町）、筑紫地方（福岡県宗像市）等である。この古代楽器が、実は中国において殷・周以来伝統されきたった「壎（＝塤）」（音ケン）と呼ばれる祭式楽器であることが確認されている（後代名。陶塤）。(37)

(A)伯氏吹レ壎（塤の古形は塤）
　正義曰、土曰レ壎。漢書律歴志文也。周礼小師職、作レ壎。古今字異耳。注曰、塤、焼レ土為レ之。

　大如二鴈卵一。

　鄭司農云、塤、六孔。

　周古史考云、古有二塤篪一尚矣。周幽王時、暴辛公善レ塤。……。〈詩経、毛詩小雅「何人斯蘇公、刺暴公也」――詩疏十二之三――〉

(B)大塤謂二之嘂一
　塤、焼レ土為二之大一、如二鵝子一鋭レ上平レ底。形如二称錘一、六孔。小者如二雞子一。〈爾雅、釈宮第五〉

(C)形如二鵝蛋一、上鋭下平、前四孔・後二孔、頂上一孔。〈皇朝礼楽図式（乾隆二十四年刊）〉

右のしめすところ、日本列島西半部日本海岸の弥生期（前半）出土の「土笛」の形状・孔穴数と一致しているのである。

したがって、出土の弥生前半期、この地帯に、中国古代文明（殷・周・秦・漢）の祭式楽器が伝播流入し、使用されていたこと、これは疑うべからざる史実なのである。

このような祭式土器は、庶民の日用器具ではない。一定の政治制度が存在し、その支配層があり、彼等が一定の儀礼を行っていたからこそ、この伝播流入がありえた。そのように見なす以外の道は存在しないであろう。

(D)小師掌レ教二鼓鼗柷敔塤、簫管弦歌一

教、教二瞽矇一也。……塤、焼レ土為之。大如二鴈卵一。〈周礼、「楽師掌国学之政以教国子小舞」——注疏第二十三——〉

右は、周の天子の儀礼において、この「塤」という楽器が用いられたことをしめしている。「小師」の職にある楽師が盲人にこれを教えたことがしるされている。

以上のような周朝の儀礼制度を、たとえその一部にせよ、日本列島中、もっとも早い時期に伝播・継承した地域、それが右の日本海岸（西半部）領域であったこと、その事実をわたしたちは疑うことができないのである。そしてこの印象的な領域、中国文明伝播の草創の地域、その中心が古代出雲にあったこと、それは出土量から見て肯定せざるをえぬ、そういう出土状況がしめされているのである。

二

右の陶塤問題と関連して考察すべきは、銅鐸伝播の淵源問題であろう。中国における「鐸」は、やはり祭式楽器としての周代の古典、礼記に登場している。

升二正柩一、諸侯、執レ綍五百人、四綍、皆御レ枚、司馬執レ鐸。左八人・右八人。

升二正柩一者、謂下将レ葬朝二于祖一正中棺於廟上也。

〔疏〕司馬執レ鐸、左八人・右八人者、司馬夏官、主レ武。故執二金鐸一率レ衆、左右各八人。夾レ柩以号二令於衆一也。〈礼記、雑記下――注疏第四十三――〉

右によれば、「鐸」は諸侯が祖廟を祀るさいの祭式楽器であったことが判明する。しかもそれが祭式に用いられる理由は、意外にも軍事にあったというのである。確かに、金鐸は軍事火急のさいに用いられた(38)とされているから、それが祭式の場で用いられる所以は、死者（諸侯）やその祖先の武功をたたえるためだったのであろう（右の文のあと、「大夫之喪」のさいには、「執レ鐸者、左右各四人」と記せられている）。三国志の魏志倭人伝や後漢書の倭伝によれば、倭国が周代の制度としての「大夫」の制度を継承していたことが報告されている。この点から見ても、「諸侯――大夫」の制に関連する「鐸」の制もまた導入されたとしても、何の他奇もなきところかもしれぬ。

その後の発展において、中国側の本来の用法とはなれた用法が生れる、そういった事態も、当然ありえよう。しかし、その伝播の原初期において、先ず中国側の使用法付きで伝播し、流入してきた、そのように考えることは、むしろ至当なのではあるまいか(39)。

今、この銅鐸問題とその発展の全体を探ることは本稿の目的ではないけれど、今回出土した六個の初期銅鐸のしめすところは、先にのべた陶塤問題と同じく、中国の周制にもとづく儀礼制度が、この古代出雲を一中心として開花しはじめていたという、その可能性は決して少なくないであろう。ここでも、弥生前半期、中国の周・漢の制度中の文物の影響が、出雲とその周辺に存在する事実が認められるのである。(40)

結び

以上の論述を要約する。

第一に、出雲風土記中に出現する「国造と朝廷」の用語は、「出雲国造と大和朝廷」の意と解されてきた。江戸期より、明治以降の各期の各歴史学者とも、その意味の基本史料としてこれを使用してきたのである。日本全古代史像の理論的構成の基礎の一とされてきたこともまた、論をまたぬところ。冒頭にあげた井上光貞氏の論文は、その筆頭をなす一例としてあげさせていただいたものである。

しかしながら、「朝廷」の語の中国側史書（三国志）の用例から見ても、出雲風土記という文献内部の術語理解、文脈理解から見ても、ともに右のような使用法は不適正であったというほかないように、筆者には見えた。これ、本稿の論証の主眼点である。すなわち、これは「（八世紀の「郡」程度の）一国造と出雲朝廷（杵築宮）」との関係をしめすフレーズだったのである。

第二に、見のがすことのできぬテーマとして「出雲風土記の改削」問題がある。冒頭の重大な一字「宮」字の改削にはじまる、国学者（荷田春満等）による一連の変改によって、出雲風土記のもつ根本の史料性格が人々の認識を曇らせることとなった。一言にしていえば、「杵築宮中心」から「近畿天皇家中心」への〝史料の書き変え〟が行われ、明治以降現代に至るまで、この「改削文」をもって「原文」であるかに錯覚させられてきたのであった（この点、出雲風土記内部において、他の諸所にも、同じ手法の「改削」が見られる。別稿で詳述したい）。

第三に、右の問題は、単に出雲風土記のみに突出した現象だったのではない。他の出雲史料にも、多々同一もしくは関連する問題が存在した。たとえば、一に、古事記本文中の大国主命をめぐる「幸行・嫡后」という表記問題。二に、古事記序文の「帝紀」問題。三に、日本書紀及び続日本紀内部の「国造」記事についても、従来のような「近畿天皇家中心の一元主義」の史観からは十分な解明がえられなかったものが、本稿の到達した帰結たる「出雲朝廷のもとに創始された国造制」という淵源からの視点に立つとき、にわかに鮮明な認識に至る道が示唆されているのを見出すことができるのである。

第四に、この問題は、単に文献上の史料批判の中にのみ認められるものではなかった。考古学上の徴証の中にも、これと相応ずべき問題を見出しうるのである。近年発見された大量の銅利器問題のみならず、陶塤（弥生の土笛）問題や銅鐸問題からも、弥生期において古代出雲が（古代筑紫と並んで）一文明中心となっていたことをうかがわせるものがある。さらに、その背景として縄文期の黒曜石（隠岐島）問題の存在することからも眼を回避することは許されぬであろう。

したがって右の文献分析が決して偶然でないこと、史実とのかかわりをもつこと、それが十分に察せられよう。

以上の論証は、従来の、ことに戦後古代史学界で蓄積せられきたった諸研究の成果とは、容易に一致しうるものとはなしがたいであろう。筆者も、よくこれを知る。しかしながら、ことが根本的な史料批判、文献処理の方法に深くかかわるものである以上、この問題提起を回避する論者ありとすれば、日本古代史学界にとって極めたる不幸事となるのではあるまいか。

最後に付言する。戦後の古代史学界は、古典という名の文献史料に相対するとき、「造作」の概念をもって相対するを常としてきた。すなわち、「当文献にかく書かれている」ことをもって、直ちに史実と見なさず、「後代（主として六〜八世紀）の造作」であろうと、これを疑うのである。津田左右吉の「造作」説の洗礼をうけた戦後古代史学界として、当然の疑いであるともいいえよう。

しかしながら、本稿のテーマに関しては、根源的に事情を異にする。なぜなら、すでに近畿天皇家が「朝廷」としての権威と権力を確立した八世紀に撰進せられた出雲風土記において、近畿天皇家以外の他家（出雲）を「朝廷」とするような「造作」が行われうるとは、およそ考ええないからである。

「造作」史観の一般化した現代では、しばしば忘却されがちのことながら、「造作」とは畢竟〝近畿天皇家の、近畿天皇家のための、近畿天皇家による造作〟に他ならぬこと、この眼睛をなす根本事実から見れば、この点は疑いえないところであろう。すなわち――八世紀の出雲国造側が、「出雲朝廷とその配下の小国造」という〝新概念〟を「造作」して、そのような文献（「出雲風土記」）を近畿天皇家のもとに撰進した。――このような想定は、人間の理性の前で不可能である。

結局、わたしたちは、今や「朝廷、多元史観」を実証的課題として検証すべき時点に立ち至ったのではあるまいか。この点、率直に諸家の御批正をえたく、本稿を草させていただいた。もし先人に対して失礼の辞あらば、ここに深謝し、いったん筆を擱かせていただきたい。

註

（1）井上光貞「国造制の成立」（『史学雑誌』六〇の一一、昭和二十六年十一月）。
（2）新野直吉『研究史、国造』（昭和四十九年）参照。
（3）「調望」。内山真竜『出雲風土記解』では「詞奏」。万葉緯本では「詞望」。「御沐之忌玉」。岩波古典文学大系本では、内山の『解』によって「御沐の忌の里なり」と読むが、これは後代改文である。諸古写本、共通して「御沐之忌玉」（細川本「玉作」）。
（4）「三津」。桑原本では「三澤」（岩波古典文学大系本では「三澤」とする）。
（5）たとえば、岩波古典文学大系本では「意宇郡忌部神戸」の項の「神吉調望」に対し、「神吉詞望《ほが》ひに」という改定訓読を採用した上、その注として「出雲国造の新任の時、大和朝廷に服従を盟い、天皇の御世を寿ぐ、そのために奏上する詞。延喜式に出雲国造神賀詞として全文が見え、その儀式の次第も記されてある」としている（万葉緯本の上欄記入の説に従ったもの）。これに対し、「出雲朝廷」の概念に立ったものとして、竹越与三郎『二千五百年史』（講談社学術文庫）があった（明治二十九年）。安達巌『出雲王朝は実在した』（新泉社、昭和六十年十二月）参照。
（6）「大穴持命」「所造天下大神命」「大神」「御祖命」等の表記がある。
（7）「神須佐乃烏命」「須佐乎命」「須佐能烏命」「須佐能袁命」「神須佐乃乎命」等の表記がある。
（8）岩波古典文学大系本では「かむむすびのみこと」と訓じているが、「かもすのみこと」が妥当であろう（「神魂神社」の現地音「かもす」）。
（9）「八束水臣津野命」「意美豆努命」等の表記がある。
（10）「所造天下大神御子」という表記付きのものと、それのないものとがある。
（11）天乃夫比命・天津子命・大国魂命・青幡佐久佐日古命・山代日子命・野城大神・熊野加武呂乃命・都留支日子命・意支都久辰為命・俾都久辰為命・奴奈宜波比売命・御穂須須美命・国忍別命・八尋鉾長依日子命・宇武加比売命・都久豆美命・麻須羅神・秋鹿日女命・磐坂日子命・衝桙等乎与留比古命・天瓱津日女命・天御鳥

命・宇乃治比古命・天御梶日女命・宇夜都弁命・鷹枕志都沼値・綾門日女命・伎比佐加美高日子命・真玉著玉之邑日女命・塩冶毗古能命・八野若日女命・伊弉奈彌命・和加須世理比売命・阿陀加夜努志多伎吉比売命・久志伊奈太美等与麻奴良比売命・須久奈比古命・波多都美命・伎自麻都美命・玉日女命・宇能治比古命・須美禰命・樋速日子命・青幡佐草日子命・阿波枳閉委奈佐比古命（各一回）。

(12) 須佐能袁命の娘（八野若日女命・和加須世理比売命）、神魂命の娘（綾門日女命・真玉著玉之邑日女命）。

(13) 山代日子命・阿遅須枳高日子命・御穂須須美命・天御鳥命・和加布都努志命・阿陀加夜努志多伎吉比売命。

(14) 多伎都比古命（二回）・塩冶毗古能命。

(15) 「健郡郷」。諸古写本とも、この表記。岩波古典文学大系本は万葉緯本の傍記によって「健部郷」と改文（この点、本書第二篇「部民制の史料批判」参照）。

(16) 「置郷」。諸古写本とも、この表記。岩波古典文学大系本は田中本等の補記により、「日置郷」と改む（正倉院文書天平十一年歴名帳参照）。

(17) 出雲風土記末尾の自署名中の「国造」に関しては、後述。

(18) 伝承地「三津池」に関しては、現地（三沢）の中に二候補地がある。一は、要害山三沢城内の頂上近くの「刀研池」。一は、光田山頂上近く、陰陽石と神田の間の坂道上。加藤義成氏は『修訂、出雲国風土記参究』（松江今井書店、昭和五十六年改訂版刊行）で前者を支持されたが、後者の方が妥当するようである（この点、別論文に詳述する）。

(19) 松下本も、本文は同文。ただ「宮」の右上に細字で「山西」と注し、「東」の右下に細字で「西」と注す。荷田春満以下の各家の「改定見解」を注記したものと見られる。この他に、桑原本・河村本等、いずれも本文は「宮」「東」であり、変るところがない。

(20) 「（多禰郷）所造天下大神、大穴持命与二須久奈比古命一、巡二行天下一時、稲種堕二此処一。故云レ種。」（飯石郡）

(21) 常陸国風土記等、他の風土記中の「国造」については、別に論ずる。

(22) この点、中国史書等にこの用語の出現せぬ以上、当然であるけれども、なお注目すべきは、「造」の語の用法である。
①いたる。ゆく。（小爾雅、広詁「造、適也。」戦国策、宋策「而造二大国之城下一。〈注、『造、詣也。』〉」）
②つくる。なす。（爾雅、釈言「造、為也。」礼記、玉藻、注「造、謂レ作レ新也。」）
③はじめ。はじめる。（広雅、釈詁一「造、始也。」呂覧、下覧「文王造レ之而未レ遂。〈注、『造、始也。』〉」）
等、「造」字の古い用法に依拠した「造語」であることが注意せられる。

(23) 「大后」も、「嫡后」と相並ぶ用字であろう（神武天皇の場合、この用法も使われている）。ただ「后」については、王子（倭建命）の場合にも用いられている。

(24) すでに中国でこの用語は用いられている。「賜以二終年所レ著默語三十篇及風土記幷撰集呉書一。」〈晋書、周処伝〉

(25) 本居宣長等が「天孫降臨」の地を、日向国（宮崎県）に当てたのは、神武発進の地たる日向国にこれをおき、もって「天照大神〜神武以降」間の「万世一系」を〝宣布〟せんがためであった。しかし、客観的な文献批判によれば、筑紫（福岡県）の高祖山連峯（日向《ひなた》のクシフル山）に当ること、かつて論証した（古田『盗まれた神話』及び『古代は輝いていた』第一巻参照）。

(26) この「筑紫の朝廷」の概念は、文献上の明晰な徴証がある。祝詞の「遷却崇神」「六月晦大祓（十二月准此）」中の「皇御孫之尊能天御舎」「皇御孫之命乃朝庭」がそれである。この点、別に詳論する。

(27) 細川本・日御埼本には「金太理」。倉野本では「全太理」（ただし、この部分は後筆）。万葉緯本は本文「全」校異「金」。

(28) 他にも、「大領、正六位上、勲十二等、勝部臣」がそれである。

(29) 続日本紀巻七、元正天皇霊亀二年の項に、「丁巳。出雲国々造外正七位上出雲臣果安。齋竟奏二神賀事一。神祇大副中臣朝臣人足。以二其詞一奏聞。」とある。

（30）古田『盗まれた神話』第四・五章参照。

（31）たとえば、「火葦北国造」の方が初期、「火国造」の方が後期、といった形の、制度の「発展」も予想しうるところであろう。

（32）たとえば、松前健『出雲神話』五三ページ参照。

（33）たとえば、鳥越憲三郎『出雲神話の成立』一一三ページ参照。

（34）従来の考古学界の用語では、「中細形銅剣」とされているけれど、筆者はこれを「出雲矛」ないし「出雲戈」に当るものではないか、という問題提起を行った（古田「古代出雲の再発見」『古代の霧の中から』所収）。

（35）たとえば、『斐川町・荒神谷出土、銅剣三五八本・銅鐸六個・銅矛一六本の謎に迫る』（島根県簸川郡斐川町発行）参照。

（36）これは「筑紫矛」といわれるものであり、鋳型が博多湾岸を中心とする筑紫に集中している。

（37）国分直一「弥生陶塤――下関市綾羅木郷及び出雲・丹後出土の陶塤をめぐって――」（『弥生の土笛』下関市、赤間関書房）参照。

（38）「鐸。おほすず。木舌を木鐸、金舌を金鐸といふ。古、教令を宣べる時に振って衆を警めるに用ひ、文事には木舌、武事には金舌を用ひた。」（諸橋大漢和辞典）

（39）福岡県嘉穂町馬見の原田遺跡出土の小銅鐸（弥生時代前期から中期半ばのものとされる）は、甕棺墓地群中に丁重に埋置されていた点、本来の使用方法に関連するものとして注目されよう。

（40）いわゆる「国ゆずり」説話が、単なる後代人（近畿天皇家の史官。六～八世紀）による「造作」に非ずして、「出雲王朝から九州王朝へ」という権力中枢の移動にかかわる史的事実を背景としていること、すでに早く筆者の予告したところであった（『盗まれた神話』昭和五十年）。この点、今回の大量銅器出土によって、容易に抗しがたい一連の徴証をうることとなった。当問題を考察するさい、注意すべきは左の二点であろう。

第一、三五八本の銅利器が果して「剣」であるかどうかは未定である（註34参照）。従って記・紀の出雲神話中の剣（たとえば「神戸剣」）のみを摘出して論ずるのは妥当ではない（この点、門脇禎二氏『日本海域の古代史』三四二ページ参照）。

第二、従って問題は本質上、巨視的に考察することが必要である。すなわち、日本列島の弥生期において、出雲と筑紫とが二大銅利器出土地帯であること、この考古学的出土事実に対し、記・紀神話もまた、出雲と筑紫を二大中心舞台とする利器（矛・戈・剣等）文明の神話であること、この文献的史料事実とが、二者よく相対応していること、この基本の事実が重要である。主神大穴持命を「鉾」に関連して説く出雲風土記もまた同軌に立っている。

補

㈠三国志の中の「朝廷」の事例

①（景元元年十一月）朝廷所以弁章公制〈魏志、三少帝紀〉（魏朝）②（初平元年）朝廷高其義〈魏志十一〉（漢朝）③（太祖）朝廷無西顧之憂〈魏志十三〉（漢朝）④（太和中）危言危行以処朝廷者〈魏志十六〉（魏朝）⑤（太和中）臣竊憫然為朝廷惜之〈魏志十六〉（魏朝）⑥（太和中）使朝廷粛然邪〈魏志十六〉（魏朝）⑦（太和中）朝廷乏賢佐〈魏志十六〉（魏朝）⑧（太和中）恕在朝廷〈魏志十六〉（魏朝）⑨（甘露二年）朝廷感焉〈魏志十六〉（魏朝）⑩（献帝）貴重朝廷〈魏志二十一〉（漢朝）⑪（太祖〔後〕）何暇匡翼朝廷〈魏志二十三〉（漢朝）⑫（文帝）朝廷嘉其遠至〈魏志二十四〉（魏朝）⑬（文帝）心存朝廷〈魏志二十七〉（魏朝）⑭（明帝）時朝廷議伐呉〈魏志二十七〉（魏朝）⑮（明帝〔後〕）収名朝廷〈魏志二十八〉（魏朝）⑯（高貴郷公）朝廷〈魏志二十八〉（魏朝）⑰（建安二十四年）朝廷有蕭牆之危〈蜀志二〉（漢朝）⑱（建興二年）朝廷（蜀の後主、劉禅を指す。――古田）今年始十八〈蜀志十二〉（蜀朝）⑲（孫権、薨）以報朝廷〔与弟公安督融書〕〈呉志十九〉（呉朝）

〔冒頭の（　）は年時判別の語句。〔後〕は、「直後の文中にあり」の意をしめす。〕

㈡続日本紀の中の「国造」の事例

(1)（大宝二・二・十三）諸国(2)（大宝二・四・十三）諸国(3)（慶雲三・十・十二）摂津(4)（同）山背(5)（和銅元・三・二十七）姓(6)（和銅七・六・十四）姓(7)（霊亀二・二・十）出雲〈果安〉(8)（養老七・十・二十三）大倭(9)（神亀元・正・二十七）出雲〈広嶋〉(10)（神亀元・十・十六）紀伊(11)（神亀三・二・二）出雲〈広嶋〉(12)（天平元・三・二十七）紀伊――〔天平五・二・三十、出雲風土記撰進〕――(13)（天平五・六・二）多褹後(14)（天平十・二・十九）出雲〈広嶋〉(15)（天平十四・四・十）伊豆(16)（天平十八・三・七）出雲〈弟山〉(17)（天平十九・三・三）尾張(18)（天平勝宝元・閏五・二十）飛騨(19)（天平勝宝二・二・四）出雲〈弟山〉(20)（天平勝宝三・二・二十二）出雲〈弟山〉(21)（天平宝字元・閏八・八）吉備(22)（天平宝字八・正・二十）出雲〈益方〉(23)（天平神護元・十・二十二）紀伊(24)（神護景雲元・二・十四）出雲〈益方〉(25)（神護景雲元・九・二十三）備前(26)（神護景雲元・十二・八）武蔵(27)（同）陸奥〈大〉(28)（同）陸奥〈小〉(29)（神護景雲二・二・三）相模(30)（神護景雲二・二・五）出雲〈益方〉(31)（神護景雲二・二・十八）飛騨(32)（神護景雲二・六・六）伊勢(33)（同）常陸(34)（同）美濃(35)（同）上野(36)（神護景雲二・閏六・八）姓(37)（神護景雲三・十・二十九）大和(38)（宝亀元・四・朔）姓(39)（宝亀二・正・二）姓(40)（宝亀二・二・九）因幡(41)（同）因幡(42)（宝亀二・閏三・二十二）伊豆(43)（宝亀二・十一・二十八）因幡(44)（宝亀二・十二・十四）因幡(45)（同）因幡(46)（宝亀四・九・八）出雲〈国上〉(47)（宝亀五・二・二十三）因幡(48)（同）因幡(49)（宝亀七・四・十九）因幡(50)（宝亀十一・十・二十二）因幡(51)（延暦元・八・二十六）因幡(52)（延暦二・三・十三）丹後(53)（延暦二・十二・二）阿波(54)（同）飛騨(55)（同）飛騨〔前項と一連〕(56)（延暦四・正・九）因幡(57)（延暦四・正・二十七）海上(58)（延暦四・二・十八）出雲〈国成〉(59)（延暦五・二・九）出雲〈国成〉(60)（延暦七・六・七）美作(61)（同）備前(62)（延暦九・四・十七）出雲〈人長〉(63)（延暦九・五・八）紀伊(64)（延暦十・三・六）大和(65)（延暦十・四・一）駿河(66)（延暦十・六・二十五）因幡(67)（延暦十・九・十八）讃岐

（三）日本書紀の中の「国造」の事例

(1)（宝鏡開始）武蔵〈遠祖〉(2)（同）茨城〈遠祖〉(3)（神武即位前甲寅、十・五辛酉）菟狭〈祖〉(4)（神武二・二・二乙巳）倭(5)（同）葛城(6)（孝元七・二・二丁卯）筑紫〈始祖〉(7)（同）越〈始祖〉(8)（景行四・二・十一甲子）讃岐〈始祖〉(9)（景行四・二）美濃(10)（景行十二・十二・五丁酉）火(11)（景行十三・五）日向〈始祖〉(12)（仁徳十六・七戊寅朔）播磨〈祖〉(13)（履中六・二癸丑朔）讃岐〈始祖〉(14)（允恭二・二・十四己酉）闘雞(15)（允恭四・九・二十八戊申）諸国造(16)（允恭十一・三・四丙午）諸国造(17)（雄略二・十・六丙子）大倭(18)（同）国造(19)（雄略七・八〔註〕）吉備(20)（顕宗二・三・二上巳）国造(21)（継体二十一・六・三甲午）筑紫(22)（安閑元・四癸丑朔）伊甚(23)（同）同(24)（同）同(25)（安閑元・閏十二）武蔵(26)（同）同(27)（同）同(28)（同）同(29)（欽明十五・十二）筑紫(30)（同）同(31)（欽明二十三・七）倭(32)（敏達十二・七丁酉朔）火葦北(33)（同）紀(34)（同）紀(35)（敏達十二・四・三戊辰）火葦北(36)（推古十・二己酉朔）国造(37)（推古十二・四・三戊辰）国造(38)（皇極四・六・十二戊申）国造(39)（孝徳即位前乙巳）国造(40)（大化元・八・五）国造(41)（大化元・九・十九甲申）国造(42)（大化二・正・甲子朔）国造(43)（大化二・二・十五戊申）国造(44)（大化二・三・二甲子）国造(45)（大化二・三・十九辛巳）国造(46)（大化二・三・二十壬午）国造(47)（大化二・三・二十二甲申）国造(48)（大化二・八・十四癸酉）国造(49)（大化三・四・二十六壬午）国造(50)（白雉元・二・九戊寅）穴戸(51)（白雉元・二・十五甲申）国造(52)（斉明五）出雲(53)（天武五・四・十四）国造(54)（天武五・八・十六）国造(55)（天武十・七・三十）国造(56)（天武十二・正・十八丙午）国造(57)（朱鳥元・九・三十丁卯）国造(58)（持統元・十・二十二壬子）国造(59)（持統六・三・十七壬午）伊賀(60)（同）伊勢(61)（同）志摩

〈一九八七・二・十五　稿了〉

第二篇　部民制の史料批判——出雲風土記を中心として

〈解題〉「『部《べ》』とは、大和朝廷中心の政治組織であった」——津田左右吉はこの命題を反復・強調した。一方で記・紀神話を否定しながら、他方でこの命題によって近畿天皇家一元主義の史観は、戦前以上に「安定した基礎」の上に立つこととなった。戦後古代史学はそれを継承した。しかしその史料基礎は、「国学者の改変史料」にあった。出雲風土記は全く異なった「部の成立」の史実を証言している。

一

部民制の問題は、わが国の古代史学上、根幹をなす研究課題とされている。ことに戦後の古代史学界においては、この問題をテーマとする研究論文が毎年四、五篇は発表されているといわれるのも、この問題が当学界において占める位置、そしてその拡がりをよく語るものといえよう。[1]

それも当然だ。なぜなら、津田左右吉によって記・紀「造作」説が提示せられ、この命題をうけ入れることによって出発した戦後古代史学にとって、古事記・日本書紀に記載された神話・説話類をもって直ちにこれを「史実」と見なすことが禁ぜられた。ために代って、記・紀や諸種風土記、また皇太神宮儀式帳や正倉院文書中の東国の戸籍、さらには藤原宮跡（奈良県）や伊場遺跡（静岡県）等から出土した木簡類にも頻出する「――部」という基礎的な術語が注目せられることとなった。

それらの一つ一つを拾い上げ、その連関を辿ることによって、やがては日本古代社会の全体像、もしくは政治組織像を構築せんとする、それは着実な、そして壮大な「実験」であった、とすらいいえよう。毎年、各大学の紀要等をふくめて営々と発表される論文群は、その努力の一端をなすものであった。

この研究の開始は、すでに江戸期、本居宣長の『古事記伝』『玉勝間』等における言及に端を発していたけれども、やがて大正以降内田銀蔵（「日本上古の氏族制度に就きて」大正三年）、太田亮（『日本古代氏族制度』大正六年）、喜田貞吉（「御名代御子代考」大正八年）等の諸研究が世に出て、ようやく当問題のもつ重要性が識者の間に知られるに至ったのであった。[2]

けれども、ここにおいて出色の論文、それはやはり津田左右吉の「上代の部についての補考」（昭和四年）をあげねばならぬであろう。同じ昭和初期、絢爛《けんらん》として出現したマルクス主義諸家（野呂栄太郎・川上多助・早川二郎・秋沢修二・渡辺義通等）や社会史的研究者（本庄栄治郎・清水三男等）、法制史的研究者（滝川政次郎・中田薫等）の諸研究とは異なり、部をもって明確な「政治制度」として考察する、という一点に力点を置き、他の諸研究と異なる、己が視点を説いたのであった。

確かに「部」というような、特殊な術語が各地に自然発生的に誕生し、偶然名称の一致を見た、などということはありえない。従ってやがては社会制度や法制史上の一基礎単位としての相貌をもつに至ったとしても、本来、それはすぐれて政治的な、何よりも政治的組織としての本質をもつ(3)。このことは津田の指摘をえて、誰人も肯認せざるをえぬ基本認識だったのではあるまいか。それはまた、本居宣長が、『玉勝間』中の「官名の事」で指摘した、「上つ代よりまさしく官職の名にて有しに、漢字を後にあてたるもの」（「とも」と「部」）のように、これらの術語をもって「大和朝廷統治下の政治制度」として処理する根本の伝統の再確認なのであった。ここでは、本居宣長と津田左右吉は、まさに「同じ土俵」の中にいるのである。

この津田の提起をうけて、敗戦後、井上光貞氏の「部民史論」（昭和二十二年）や直木孝次郎氏の「部民制の一考察」（昭和二十六年）が現われ、やがて先述のような部民制研究の諸論文開花の時代を迎えたのであるけれども、筆者は、部民制の根本史料について、一個の問題の存在することを認識するに至った。それは日本の全古代史像の構築にとっても、重大な岐路をなすもののように思われたから、ここに学界の視野の中に報告させていただくこととしたい。

二

津田左右吉は、昭和五年に刊行された『日本上代史研究』中の第三篇「上代の部の研究」の冒頭において次のようにのべた。

「余は『古語拾遺の研究』に於いて、忌部は朝廷の神事に与かるものの特殊の称呼であって、民間の巫祝は勿論、全国各地の神社の祭祀を掌るものも、決して此の名を負うてはいなかったこと、いいかえると巫祝や神職の一般的称呼ではなかったこと、此の忌部の間からそれを氏の名とする家が生じたこと、地方に於いて忌部と称せられたものは、何れも此の忌部氏の部下であったこと、……（中略）……また彼等は忌部の名を冒していても、朝廷の忌部氏と血統関係は無く其の同族では無かったこと、などを述べた。」

ここでは、次の各事項がよく語られている。

第一。津田の「部」の研究が「古語拾遺」の研究の中から胚胎したこと。

第二。右の書は、齋部広成の撰であり、津田は、これを「忌部氏の愁訴状」[4]ともいうべきものと見なした。ために、同書の内容分析の前提として忌部氏の研究に精力を集中した。

第三。その中で、右のように、朝廷の忌部氏（大和）と地方の忌部氏が（血統関係なきにもかかわらず）統属関係の中にあった、という推定を行った。

第四。右のような帰結から、この推定を「忌部」以外のすべての「部」にまで及ぼそうとしたもの、それがこの「上代の部の研究」であった。このような津田の研究思想及び研究方法をよくしめしたもの、それが右の冒頭の一文であった。

その第一章が「部の一般的性質及び部の語の由来」（傍点、古田）とされているのは、そのためである。事実、その中で津田は次のような、部の定義をしめしている。

「部は朝廷の記録を掌るものによって漢語の適用せられた制度上の用語であり、其の意味に於いてのみ国語化していたのである。[5]」

右で「朝廷」とされているのが、「大和朝廷」の意であることはいうまでもない。のみならず、津田の本論稿中、くりかえし使用され、ちりばめられている「朝廷」の用語がすべて例外なく「大和朝廷」を指していること、当然ながら、何の疑いもない。

このような文脈（コンテキスト）の中において、次のような津田史学の基本思想の叙述は理解せられねばならぬ。

「神代史や上代の物語は、早くとも六世紀に入ってから後、朝廷に於いて製作せられ、朝廷を本位とし、統治者の地位に立って統治者の由来を説いたものであるから、それは決して民間に存在した古伝説では無く、従って、もし民間に『語ること』を職業とするものがあったにせよ、そういうものによって語られたはずの無い物語である。其の材料としては民間説話が採ってあるが、全体としての神代史や上代の物語は官府の述作である。[6]」

右は津田の持論たる「造作」説の表明として何の他奇なきところとも見えよう。けれども、これは「語部」に関する解説である点が重要だ。
(A)「制度として置かれていた語部は朝廷に於ける一定の職掌を有するものとしなければならぬ。」
(B)「また、語部を宗教的意義のあるものとしても、それを民間に存在したものと考え難いことは、上に述べた通りである。」

先の「官府の述作」論に終る一節は、右の(A)と(B)の文の間におかれている。すなわち、問題を「語部の成立」論について見れば、津田の論点は以下のようだ。

(1)「語部」という名称は各地に見られるが、各地独自に成立したものではない。逆に、各地いずれにあろうとも、すべて大和朝廷下の政治制度である。

(2)記・紀等に掲載された「全体としての神代史や上代の物語」は、大和朝廷内の「官府の述作」である。

各地の語部を、各地の伝承から切りはなした上、中央（大和）の記・紀説話を「官府の述作」とする。この構想が、津田の記・紀論にとっていかに重要な意義をもつか、再思・三考するまでもなく、容易に察せられよう。なぜなら、各地の語部が各地の〝真実の伝承〟を豊かに摂取していたとしたら、ひとり「中央」の語部が〝いつわりの述作〟にふけっているというのは、一種の戯画と化しかねないからである。

さらに文献上の問題がある。記・紀いずれを見ても、大和朝廷が語部を設置した旨の記事は一切存在しない。ただ天武紀に、

（天武十二年九月乙酉朔丁未）倭直……（三十六者、略）……語造、凡て三十八氏に、姓を賜ひて連と曰ふ。

とあるのみである。これに対して、たとえば出雲風土記の中に、同じ天武天皇の御世のこととして「語臣猪麻呂」に関する記事があるけれども、このような「語臣」の存在について、記・紀ともに何も語るところがない。

この「矛盾」に対する、津田の解答は次のようであろうと思われる。
(1)記・紀はいずれ、「官府の造作」にすぎぬものであるから、そこに「語部の成立」や「語臣」に関する記事がなくても、一向にさしつかえはない。
(2)従ってそれらの記事の有無にかかわらず、「語部」も「語臣」なども、すべて「大和朝廷下の政治制度」ないし「大和朝廷任命の官職」と見なすこと、何のさしつかえもないところ、と考えうる。
右は、いずれも、戦後古代史学がまさにストレートにうけついだ理念、記・紀処理の根本手法であった。このことは次の一事を意味しよう。

「記・紀『造作』説は、一面では大和朝廷に対し、『造作』史書を正史とした権力者という、一種の〝汚名〟を与えると共に、他面、大和朝廷の淵源に対し、より有利、かつ広大な権限を付与するものであった。すなわち、記・紀の記事の有無にかかわらず、すべてを大和朝廷の権力下に配属させるという、いわばフリーハンドを与えうる手法となったのである」と。

事実、戦後古代史学は、この津田の切り開いた「大道」に沿って数多くの「部民制」をめぐる論文類を蓄積してきたのであった。しかしながら、それは真に客観的、かつ実証的に歴史の真実を穿つ方法論だったのであろうか。

三

津田の提示した理解法にとっての躓きの石、それは出雲風土記の中から見出される。その扉をなす史料、それは次の二節である。

(A)忌部の神戸。郡家の正西、廿一里二百六十歩なり。国造、神吉調望《ほが》いに、朝廷に参り向う時、御沐《みそぎ》の忌《いみ》の玉を作る。故《かれ》、忌部という。〈意宇郡〉〈細川本による〉

(B)三津の郷。郡家の西南のかた廿五里なり。……故、国造、神吉事奏しに朝廷に参り向う時、其の水活き出でて、用い初《そ》むるなり。〈仁多郡〉

右の二節中にはいずれも、「国造――朝廷」というフレーズがふくまれている。これに対する理解、それは「出雲国造と大和朝廷」をしめす、そのように解して疑われることがなかった。(7)

しかしながら当該文献たる出雲風土記に対する実証的な史料批判によれば、右の判断は意外にも妥当しない。その論証をわたしは前稿論文「国造制の史料批判――出雲風土記における『国造と朝廷』――」(8)において詳述した。本稿の基盤をなす問題であるから、以下、その要点を列記しよう。

(一)出雲風土記の中に出現する神々の中で、スーパースターともいうべき存在、それは「天の下を造らしし大神」という肩書きをもつ大穴持命である。三四回という出現頻度は二位（須佐之乎命、一二回）、三位（神魂命、八回）、四位（八束水臣津野命、六回）に比し、突出している。しかも二位、三位等の神々の出現は、その娘と大穴持命との婚姻関係を語るためであることが少なくないから、実質上、全ストーリーに大穴持命の占める比重は、右の数字比のしめす以上に圧倒的である。

(二)その大穴持命の子供（御子）に当る神が六神、孫に当る神が二神、出現している。そのことは、当風土記のストーリーは、大穴持命の晩年の一時点（「国ゆずり」の時点）を下限として成立していることをしめす。

(三)従ってそのストーリーの内部に出現する「国造」と「朝廷」が、いきなり「出雲国造と大和朝廷」というのは唐突である。

(四)大穴持命が第一回に出現する時の発言の中に「国造り」という概念がふくまれている(「我造坐而命国」)。これは大穴持命自身の称号たる「天下造り」の概念と対応するものである。

(五)同じく大穴持命の発言で「国」と言われているのは、後(八世紀)に「郡」と呼ばれるものに相応する規模の領域を指している(たとえば、「仁多郡」が「仁多国」)。

(六)従って右の(A)の「国造」は「意宇国造」、(B)は「仁多国造」という、それぞれ出雲中心の支配圏内の〝一国造〟を指す、と見なすのが、文献内部への実証的理解の立場からは、妥当である。このことは当然、「天下造」たる大穴持命の居すところ(杵築宮――出雲大社)こそ「朝廷」と呼ばれている。そのような帰結をしめしているのである。

(七)この帰結は、右の(B)のストーリーのじめす地理的位置関係によっても裏づけされる。従来の理解では、松江付近に居所をもつ出雲国造が大和朝廷に向うとき、はるか斐伊川上流の仁多郡三津郷へと迂回することとなる。極めたる迂路だ。これに対して新たな理解に立てば、斐伊川上流に居す仁多国造が領域内の三津から斐伊川下流(当時は西流して杵築近辺の海に流入)の杵築宮へ向う、ほぼ半日行程(川下り)の「参向」をしめす記事となる。何の無理もない。

(八)さらにこの点、このストーリーの内実理解からすれば、一段と明晰である。この大略は、仁多郡三津郷において大穴持命の子、阿遅須枳《あじすき》高日子命の〝唖病〟が治癒した、という霊験譚である。これを受けて「故《かれ》」という接続辞をともなって〝国造の朝廷への参向〟を説くのであるから、この「朝廷」が大穴持命とその(唖病の治癒した)子の居する場であるとしたら、右のフレーズはにわかに生き生きとした文面となろう。まさに説話の面目だ。だが、これを「大和朝廷」とすれば、このフレーズはおよそ無意味、もしくは無味乾燥の句と化しよう。説話の態をなさぬ。この問題こそ「朝廷＝大和朝廷」説の非、

「朝廷＝出雲朝廷（杵築宮）」説の是、それを裏付けるものである。

(九)さらにこの点は、国外史料からも証言される。それは三国志内の「朝廷」の語の使用法である。いずれも「漢朝」「魏朝」「蜀朝（ただし直接法）」「呉朝（同上）」を対象として使用されている。これに対して西晋朝を指した用例は存在しない。すなわち、執筆時点（西晋）でなく執筆対象（漢・三国）の権力所在地を指して用いられている。この事例からすれば、出雲風土記の場合も、執筆時点たる八世紀の大和朝廷でなく、執筆対象たる出雲なる権力中枢としての出雲朝廷（杵築宮）を指す、という新たな理解の方が適切である。

(十)以上によってみれば、江戸時代の国学者以来、明治・大正・昭和と現在に至るまでの「大和中心主義」の理解は、「朝廷とあれば、大和朝廷以外になし」という皇国史観的観念によって（論争すらないまま）固持されてきたものにすぎず、それは東アジアの共通理解としての中国史書の使用法にも合致しない、きわめて主観的なものであった（少なくとも、二つの可能性を前提とし、その是非を吟味すべきものであった）。

以上である。この帰結は、当然ながら一「朝廷」問題にとどまるものではありえないであろう。なぜなら、朝廷とは権力中枢をしめす術語である以上、問題がその権力支配下の諸秩序、諸制度、諸術語に波及すべきこと必然だからである。その一つ、それが本稿の主眼たる「部民制」の問題である。

四

前節の(A)の一節は、従来は左のように「改削」されたものが「本文」として採用され、流布されてきた。

(A′)忌部の神戸。郡家の正西廿一里二百六十歩なり。国造、神吉詞（かむよごと）望いに、朝廷に参り向う時、御沐の忌の里なり。故、忌部という。

出雲風土記の最古の古写本たる細川本をはじめ、倉野本、日御埼本、さらに六所神社本とも、(A)の形であって(A′)の形ではない。にもかかわらず「調→詞」「玉→里」の形への「改削」が行われたのはなぜか。それは思うに、八世紀における「出雲国造と大和朝廷」の関係をしるした、左のような記事との〝整合〟を意図したもの、と見られる。

（霊亀二年二月丁巳）出雲国々造外正七位上出雲臣果安。齋竟奏㆓神賀事㆒。神祇大副中臣朝臣人足。以㆓其詞㆒奏聞。〈続日本紀、元正天皇〉

以下、総計一四回に及ぶ「出雲国造」記事は、（記述のあるケースでは）すべて「神賀詞」を大和朝廷にもたらす、という形で記載されている。[9] このような記述に〝適合〟させるべく、四古写本のしめす史料事実に改削の手を加えて変改したもの、それが前の(A′)の文だったのである。すなわち、本文中の「国造――朝廷」を「出雲国造と大和朝廷」と解した上で、その解釈では妥当でないように見られた原文に変改の手を加えて「改削」したもの、それがわたしたちが従来、「出雲風土記の本文」と信じてきたものだったのであった。このような手法は果して公正な方法といいうるであろうか。――否。

これに反し、原文通りの(A)の形の場合、どのような内容となるであろうか。列記しよう。

第一。この忌部の神戸は、玉造温泉の地であるから、[10]「忌玉」の原文表記は軽々に削り去るべきものではない。[11]

第二。「調」は〝地方の特産物を中央の権力者（中国では天子）に献上すること〟の意である。律令制の「租庸調」が唐制の模倣であることは有名であるが、唐制は一挙に成立したものではない。すでに魏晋制に出現している。

調、民賦曰レ調、晋平レ呉、制二戸調戸丁男課一、田者歳輸二絹三匹綿三斤一、女及次丁男半レ之、元魏初、亦用二戸調一、一夫一婦帛一匹、粟一石、唐武徳初用二前代戸調一、法制有二租庸調一。〈正字通〉

この調の意義は、

みつぎ——賦課。布帛などの産物を以てする賦課（諸橋大漢和辞典）

のごとくだ。だから「玉」は玉造温泉の地の特産物として、まさに適切なのである。文字通り「調」である（訓は「スキ」もしくは「ツキ」か）[12]。

第三。新しい理解の場合、「国造」は「意宇国造」、「朝廷」は「出雲朝廷」（杵築宮）である。ところが、大穴持命は第一回出現の時の発言の中で、皇御孫《すめみま》の命（ニニギノミコト）への「国ゆずり」を宣言したあと、出雲の国（現在の出雲郡。杵築の宮付近）の中で引退すべきを告げて、次のようにのべている。

「但《ただ》、八雲立つ出雲の国は、我が静まり座す国と、青垣山廻らし賜いて、玉珍《たまうず》直ちに賜いて守らん」

〈意宇郡〉

ここには、大穴持命にとっての神宝が「玉」であったことがしめされている。その玉とは、一には隠岐島の黒曜石、一には玉造の地の碧玉だったのではあるまいか。とすれば、玉造温泉の地から「玉」が「調」として献上されたこと、まことに地理・風土・特産物の実態から見て、これほどピッタリの表記はありえなかったのではあるまいか。「忌玉」とは、忌部が祭事に用うる玉の謂《い》いである。ここでも、新しい理解たる「意宇国造——出雲朝廷」の方が、原文と密着して齟齬《そご》のないことがしめされたのである。

五

以上の実証的な史料批判は重要な新しい命題を提起する。それは次のようである。
(1)ここにある「忌部」とは、出雲朝廷配下の「部」である。
(2)この「忌部」は、大穴持命の「国ゆずり」以前に、すでに成立していた。
すなわち、出雲中心の古代文明の時期（弥生前半期）に存在した政治制度であった。

以上の結論は、従来の研究、すなわち戦後古代史学における「忌部」や「部」の研究に馴致してきた研究者や学習者たちにとって、その所論とあまりにも径庭はなはだしきに驚くであろう。なぜなら、そこでは、
第一。先述のように、「部」も「忌部」もすべて、大和朝廷配下の政治制度として〝信ぜ〟られていた。いわゆる「近畿天皇家一元主義」である。

第二。その成立期について、あるいは五世紀、あるいは六世紀、あるいは七世紀、あるいは大化改新以降、といった論議が〝争われ〟てきていた。

これが研究史上の事実である[13]。

このような戦後史学の実情と、今回の新たな結論はあまりにもかけはなれている。けれども、事実は頑固である。先述来の論証のしめすところ、この結論を回避することは困難。わたしにはそのように思われる。

六

津田左右吉は「古語拾遺の研究」において、玉作氏と忌部氏との関係を論じて、次のようにのべている。

「出雲風土記によれば意宇部に忌部神戸があって、玉作部の住地と接近してゐたらしいが、それは、多分、忌部氏が玉作部と何等かの交渉をなし、或はそれを監督する用務上の必要から置かれたものであらう。風土記には『国造神吉詞奏参向朝廷时、御沐之忌里、故云忌部』とあるが、これは忌部といふ名を負うた神戸の説明にはならない。所謂玉造湯で国造が沐浴したことは事実でもあらうが、忌部神戸はそれとは全く別のものであるのに、土地が接近してゐたゝめ、かういふ記事が作られたものと解せられる。風土記の地名の説明が概ね附会であることを参考するがよい。(14)」

右の「附会」云々は、津田の「造作」説という記・紀理解上の持論を、風土記にもまた及ぼしたものとして、他奇はない。問題は次の点だ。肝心の「原文」を、実は(A')の形の「改削文」をもってこれに当てていることである。「詞――里」の文だ。その結果、「これは忌部といふ名を負うた神戸の説明にはならない」という判定を下している。なるほど、「神吉詞」を奏するためなら、何も「忌部」など特別に引き合いに出す必要はない。まして「玉造」などとは無関係だ。津田はこの点を鋭く突いた。そしてこのような矛盾の生じた原因は、畢竟この説話が後代の「附会」に出でたため。そのように断じたのである。

まことに鋭きに似た津田の論断にも、史料上、基本をなす誤断があった。それは彼の依拠した「本文」なるものは、実は原文にはあらぬ、後代の「改削文」だったのである。彼の発見した「矛盾」は、実は原文には関係がなかった。「後代の、心なき改削」のために生じた、「矛盾」であり、「齟齬」だったのである。

この「改削」を最初に行った人、それは国学の四大人の一として著名な、荷田春満、その人であった。その『出雲風土記考』の中には、次のようにしるされている。

国造神吉調望

今按調ハ詞の字の誤りなるへし望は奏の誤りなるへし延喜式第八祝詞巻に出雲国造神賀詞の語の辞に神賀吉詞白賜（カンホキノヨコトマウシタマハ）久登奏（マウス）とあるを謬るとす

右に春満が引文した「出雲国造神賀詞」は、

「出雲の国の造が新任した時に、一年の潔斎を経て後、朝廷に出て出雲の神からの祝いのことばを述べる、そのことば。その後また一年潔斎して、また出て来て述べる。国の造は、その国を管理する職。世襲であり、出雲の国の造は、出雲氏が任ぜられた。」（岩波古典文学大系本、四五二ページ頭注）

とある通り、疑いもなく、八世紀における「出雲国造と大和朝廷」の間の関係を語る史料である。この神賀詞（祝詞）の内容そのものも、よくそれを証言している。先の続日本紀内の出雲国造記事と対応するものといえよう。春満は、これとよく契合するべく、出雲風土記の原文を易々として「改削」したのである。そして内山真竜の『出雲風土記解』はこれを受けて、さらに「玉→里」の改削を行って〝改変の完成〟を行った。

このような、国学者たちの、あまりにも〝大胆〟きわまる原文改削、大和朝廷中心主義のイデオロギーに立つ史料改竄《かいざん》の成果を、津田左右吉は疑わず〝受容〟した。それも偶然ではない。「大和朝廷中心主義」という、眼睛をなす一点において、津田は国学者流と全く同軌を奔っていたからである。

この点、遺憾ながら、戦後古代史学の研究者もまた、例外ではなかった。

たとえば、その先導者となった井上光貞氏も、

「又風土記には意宇郡忌部神戸の条に、国造が朝廷に参向の時の御沐の忌里なりとあり」（「国造制の成立」）

とし、(A′)型の「改削文」に依拠して、何の疑いもなく「本文」としての史料の扱いを与えている。もってこれを「出雲国造と大和朝廷」の二者間の関係をしめす、基本史料の一とされているのである。

井上氏は津田の記・紀研究について、その「基本的な構想ないし方法の如き本質的なもの」に関しては、「津田氏のエピゴーネンの一人という定義を甘んじてうけてもさしつかえないとおもっている」[15]と断言しておられる。〝いさぎよい〟言ともいえよう。まさにその通り、井上氏は右のように、津田の基本的な研究思想をそのままうけつがれた。そしてその後継者たる戦後古代史学の各研究者もまた。

問題はそれだけではない。必ずしも津田史学の継承者とは見なされていない、田中卓氏の場合も、例外ではない。氏の出雲国風土記校本は、「四十数本による校本としてすぐれている」（岩波古典文学大系本、解説二六ページ）と評される詳密校訂本であるけれども、ここでも「詞――里」という荷田・内山等国学者の「改竄」形を校訂本として、本文化し、かつ読み下しに使われている。氏は国学者達の学風を承述する立場を基本とする研究思想をもたれる方であるから、当然ともいえよう。

出雲出身であり、現地にあって永年出雲国風土記の研究にたずさわってこられた、加藤義成氏は『校注出雲国風土記』[16]『修訂出雲国風土記参究』[17]において、「調→詞」は改削形、「忌玉」はそのままという

形の「本文」を採用しておられる。すなわち、内山真竜ではなく、荷田春満の校訂と一致するスタイルだ。その上、「新任の国造は、一年間潔斎して上京、神賀詞を奏上し、更に一年間潔斎再奏上した[18]」「潔斎祈念の清浄な玉を作る[19]」といった注記を行っておられる。やはり、ことの筋道を「出雲国造――大和朝廷」という形でとらえておられること、他の論者と変りはない。むしろ荷田春満の「原点」に復帰されたものといえよう。

以上、いずれの立場も、春満以降、承けつがれてきた「国学者の立場」、すなわち皇道主義のイデオロギーによる「改竄」に疑問をさしはさむ校訂者は、かつて現われなかったのであった。

七

以上のような「国学者の改削」問題は、決して上記のような例のみにはとどまらぬ。前論文でのべたように、出雲風土記冒頭の文も、重大な「改竄」の手に犯されてきた。

(A)国の大体、震を首とし、坤を尾とす。東と南なり。宮の北は海に属す。東は一百卅九里一百九歩、南北一百八十三里一百七十三歩。

(国之大体、首レ震尾レ坤、東南。宮北属レ海。東、一百卅九里一百九歩、南北一百八十三里一百七十三歩。)

右の文面は、「宮（杵築宮）」を原点とした表記だ。震（東）と坤（西南）といった表現も、全体として東と南にひろがっている、といった表現も、この宮を原点とするとき、きわめて的確である。そして何よりも、「東」とのみあって「西」のない点、西側が海に臨む、杵築宮を原点としたとき、まさに地理的に正確である。

これに対し、「改削の斧」を加えたのは、ここでも国学の大人、荷田春満であった。

「東南宮北属海

　今按、東南山西北属海といふ句なるへし、山西の二字を転写あやまりて宮の一字に作たるならん、すゑにも国を誤りて宮に作たる所も見えたり。」〈『出雲風土記考』〉

ここに「宮→山西」への改変が行われた。内山真竜の『出雲国風土記解』は、さらに「東」を「東西」に改訂した。これによって「『宮』抜き本文」は完成した。

(B)国の大き体は、震を首とし、坤のかたを尾とす。東と南とは山にして、西と北とは海に属《つ》けり。東西は一百卅九里一百九歩、南北は一百八十三里一百七十三歩なり。

（国之大体、首レ震尾レ坤、東南山、西北属レ海、東西一百卅九里一百九歩、南北一百八十三里一百七十三歩。）

（岩波古典文学大系本、九五ページ）

右は出雲の実地形と大きく背馳している。なぜなら、南が中国山脈であって「山」と呼びうることは疑いないけれど、それと同じバランスで東も「山」と呼びうるとは、いかなる地形図を見ても、ありえないことだからである。

にもかかわらず、先の田中卓氏の校訂本も、加藤義成氏の校訂本も、一致して「春満・真竜の改削文」に従っている。すなわち、実地形との背反を意に解せず、「宮」字削除の「改竄の手」の指示に従ったのである。それは「杵築宮中心」という出雲風土記の根本姿勢を無視し、あくまで「大和朝廷中心の一地方誌」たる体裁へと、当風土記を局限せんとする、あまりにも国学者流の「改竄」なのであった。この点、すでに前稿において詳述したけれども、本稿の論旨とも深いかかわりをもつゆえに、簡約した。

ことに注目すべきは、次の一点だ。三国志倭人伝の「邪馬壹国」を「大和（ヤマト）」と読まんがために「邪馬臺国」と改定した最初の人、それは京都の医者、松下見林（寛永十四＝一六三七年〜元禄十六＝一七〇三年）であった。彼はまた宋書の「倭の五王」を「履中天皇――雄略天皇」に比定した人物としても知られている（『異称日本伝』）。その手法はたとえば、

「瑞歯別（反正）の『瑞』を中国側が『珍』とあやまった。」

「雄朝津間稚子（允恭）の「津」を中国側が『済』とまちがえた。」

といった手法であった。

これに対し、京都の人、荷田春満（寛文九＝一六六九年〜元文元＝一七三六年）も、その『出雲風土記考』において、

(一)「大和朝廷中心主義」のイデオロギーの立場から、その一地方誌として位置づけるために、その冒頭の印象的な「宮」字を削除し、文面を「改竄」した。

(二)同じく「国造――朝廷」のフレーズを「出雲国造――大和朝廷」に〝合致〟させるために、「調詞」の「改竄」を行ったのであった。[20]

わたしたちは、右の両者の〝学問的手法〟を観察するとき、そのあまりの酷似に一驚せざるをえないであろう。最高のイデオロギー（大和朝廷中心主義）を原点として、それに適合せざる古典（中国の古典でも、日本の古典でも）の字面は、遠慮なく、これに適合するように「改竄」するのである。それを彼等は共に、〝高度に学問的手法〟と信じていたことであろう。近世的学問だ。だが、明治・大正・昭和の学界もまた、この十七〜十八世紀の学風を怪しむことなく「承述」して現在に至っていたのであった。

八

出雲風土記中に出現する「部」に関連する事例は左記の通りである（ページ数は岩波古典文学大系本による。上は原形（古写本）、下は「改定」文。大系本の本文は「改定」文の形になっている。番号に( )が付いたものは署名中のもの）。

1御伴（意字）		一〇三
2忌部神戸（意字）		一一一
3忌部神戸（意字）		一一一
4忌部（意字）		一一一
5五つの贄《にへ》の緒《を》「嶋根」		一二七
(6)社部臣「嶋根」		一五三
(7)社部石臣「嶋根」		一五三
8社部臣（秋鹿）		一六五
(9)早部臣（秋鹿）――「改定」	日下《くさか》部臣	一六五
(10)刑部臣（秋鹿）		一六五
(11)蝮部臣（秋鹿）		一六七
12楯部（楯縫）		一六七
(13)物部臣（楯縫）		一七七

(14)若倭部臣（出雲）　一九九
(15)置部臣（出雲）――「改定」　日置臣　一九九
(16)部臣（出雲）――（　）部臣の脱字　一九九
17置伴部等（神門）――「改定」　日置伴部等　二〇三
18刑部臣等（神門）　二〇五
(19)刑部臣（神門）　二一三
(20)刑部臣（神門）　二一三
(21)吉備部臣（神門）　二一五
(22)品治部（仁多）　二三五
(23)蝮部臣（仁多）　二三五
24勝部君（大原）――「改定」　勝部臣　二三九
25田部臣（大原）――「改定」　額田部臣　二四一
(26)勝部臣（大原）　二四七
(27)勝臣（大原）――「改定」　勝部臣　二四七
(28)額部臣（大原）――「改定」　額田部臣　二四七

右についてのべるべき点ははなはだ多い。まず、その要点を左に列記しよう。

第一。「部《べ》」(21)と関連する用語に「伴《とも》」「緒《を》」がある。今その異同を評論する必要はないけれども、要はその両者、すでに〝併存〟していることが注目される。しかも、そのおのおのに左のような用例が見られる。

①（屋代の郷）天乃夫比命の御伴、天降り来し社《やしろ》。(22)伊支《いき》等が遠つ神、天津子命、詔るに「吾が清《きよ》かに坐さむと志《おも》う社。」と詔る。故に社と云う。〈意宇郡〉（右の1）

②（楯縫郷）（神魂《かもす》命の）御子の天の御鳥命を楯部と為て天下し給いき。その時、退り下り来まして、大神の宮の御装いの楯を造り始め給いし所、是なり。仍《よ》りて今に至るまで、楯・桙造りて皇神《すめがみ》等に出し奉る。故に楯縫と云う。〈楯縫郡〉（右の12）

右では、天津子命や天の御鳥命といった、神々それ自身が「御伴」「――部」と呼ばれている。その主人も、それぞれ「天乃夫比命」「大神（大穴持命）」といった神々である（後者の任命者は、親神の神魂命）。すなわち、いずれも〝出雲の神々の間の「職名」〟といった形で、この両語は用いられている。決して〝大和朝廷と出雲の間〟のことではない。

津田左右吉は、その「造作」説という、いわば〝万能の魔法〟によって、右のような神話のしめす根幹の意義を消し去った。その上ですべての「部」や「伴」を「大和朝廷配下の政治制度」として〝再解釈〟した。ために、戦後古代史学者たちはこれに追随することとなった。けれども、今この「造作の魔法」の麻酔から自由となり、この説話のしめす姿を見れば、「すべての『部』や『伴』は大和朝廷から」というような津田命題が、いかに史料事実から〝遠かった〟かが知られよう。と同時に、このような津田の手法が、いかに「近畿天皇家中心主義」のイデオロギーにとって〝有効〟なフリーハンドを与えたか、ここでも再認識されよう。

第二。右の表にしめされているように、従来の校訂文では、随所に「改定」が加えられている。その主旨は「大和朝廷配下の『部』」として〝不適切〟なものは、遠慮なく「改定」するところにあったようである。たとえば、

〈原文〉　〈改定文〉
早部――旱（日下）部
置部――日置部
田部――額田部
額部――額田部

などがそれだ。たしかに、大和朝廷下の部としては、上欄は〝見馴れぬ〟ものであろう。しかしながら、部民制の〝原初の地〟たる出雲の中において、右のような「部」が存在したことを、一概に否定するのは危険ではあるまいか。

別の面からいえば、たとえば弘仁六年（八一五）の頃撰進されたとされる新撰姓氏録などは、あくまでもその時期の姓氏の実情をしめすものであり、それらの認識をもととして出雲風土記古写本の原文に対し、「改削の手」を加えるというのは、方法論上、不当である。むしろ、それらとの間の「誤差」にこそ注目すべきであり、そこに当史料（出雲風土記）の独自の史料価値を見出すべきではあるまいか。

もちろん、当史料の「原文」がすべて正当であるとは限らない。[23] しかしそれはそれとして十二分に検討を加えた上でなされるべきであり、安易に「後代」の、「大和朝廷中心主義」の物指しを当て、それによって「原文改定」を加えること、それは不当である。わたしはそのように考える。

この点、実証的には次のような事実が指摘されよう。

当風土記の大原郡の項に「置谷の社」（岩波古典文学大系本、二四三ページ）がある。これから見れば、先の「置部」という「部」も、当然ありうるのではあるまいか。これを他の各地（大和・伊勢等）に見られる「日置郷」に合わせて「改定」するのは、必ずしも穏当ではないのではあるまいか。この「日置郷」は、周防・長門・肥後・薩摩といった西海道周辺にも分布している。筑前（日佐郷）・筑後（日方郷）・筑後（日奉郷）・豊後（日理郷）といった風に、「日―郷」といった形の地名は多い。従って出雲の「置部」が原点となり、「国ゆずり」後、太陽神たる天照大神を頂点とした筑紫を中心に、このような「日置部」が成立するに至った、――そのような可能性もまた、これを〝あらかじめ無視する〟ことは許されないのではあるまいか。

ここにも、「後代の常識」に従って安易に「原文改定」する例が見られるように、わたしには思われる。[24]

次の「田部」のケースもそうだ。「額田部」という「部」が出雲に存在したことは、岡田山古墳一号墳出土の鉄剣銘文の例から見ても、疑いない。けれども、当風土記に現われた「部」が、出雲に存在した「部」のすべてでなかったことは当然であるから、原文の「田部」を抹殺してこの「額田部」に書き変えるのは、不当である。[25] ことに出雲には、現在も「田部《たなべ》」と名乗る旧家[26]が存在することは著名である。このような事実からも、右のような「改定」には慎重であるべきではあるまいか。

第三。ことに無視すべからぬもの、それは24の例に見られる「勝部君→勝部臣」という「改定」であろう。(26)に見られるように、出雲内部にも「勝部臣」がある。従ってここには「勝部君――勝部臣」という系列が存在するかに見える。その当否はにわかに明らかにはなしがたいものの、そのような可能性をしめす史料事実を、「校訂」の名によって一気に消し去ること、それは思うに「校訂者の越権」というべきではあるまいか。[27]

同じく、(26)に「勝部臣」、(27)に「勝臣」とあるものを、同じ「勝部臣」に〝統一〟するのも、危険である。なぜなら「勝」が「すぐり」と読むにせよ、「かつ」と読むにせよ、一定の「地名」もしくは

「職名」の類の固有名詞であろう。その上に「勝部」という「部名」が成立しているようである。従って「勝部臣」と同じく、「勝臣」の存在する可能性もまた、直ちには否定しがたいのである。

さらに、後代のわたしたちの目には、一見して〝明白な誤謬〟もしくは〝脱落〟と見える、⒃の「部臣」も、必ずしもそのようには断じえない。なぜなら、数々の「――部」の存在と共に、その諸部に関する中央（出雲郡）の用務を処理すべき「部臣」なるものが存在しなかった、とは断じえないからである。

要は、大和朝廷や後代人のイメージによって、軽々に「原文改定」を行う、その挙は、あるいは当該問題、「部の成立」を知るべき秘鍵を、みずから捨て去ることになるかもしれないのである。

第四。右の㉗の事例は、従来の「改定文」では、「部名」が存在するにもかかわらず、実際には、その原文（古写本）においては、存在しないケースであった。これと同じ、注目すべき例が左のものである。

(a)〈新造院一所〉山国の郷の人、置郡の根緒の造る所なり。〈四古写本とも〉

「改定」文――日置部

(b)健郡郷。「……先ず、宇夜里と号する所以《ゆえ》は、……而る後、改めて健郡と号する所以の、纒向の檜代宮に御宇《しろしめす》天皇の勅は、「朕《わ》が御子、倭健命の御名を忘れじ」とて、健郡と定め給う。時に神門臣古弥、健郡と定め給う。即ち健郡の臣等、古より今に至るまで、猶此の巡り処に居る。故に健郡と云う。〈出雲郡〉

「改定」文――健部

原文

「健郡郷……先所以号宇夜里……而後改所以号健郡之纏向檜代宮御宇天皇勅不忘朕御子倭健命之御名健郡定給尓時神門臣古弥健郡定給即健郡臣等自古至今猶居此巡処故云健郡」〈四古写本とも〉（岩波古典文学大系本〔読下し〕は後掲。）

先ず、右の(a)について。

ここで原文の「置」を「日置」と「改定」する点は、先にのべた通りである。ところが、ここでは、原文の「郡」字を「部」と書き改めている。すなわちここでは「部民制」史料は「改定文」の文面によって成り立っているのである。

けれども、原文面が「置郡」の存在を告げている以上、わたしたちがその存否を追求するのが筋だ。いわゆる「郡制」は八世紀冒頭、大宝元年（七〇一）以降であることが知られている。

〝坂本太郎氏と井上光貞氏との間の郡評論争、藤原宮跡や伊場遺跡から出土した木簡によって、七世紀末以前は「評」制、八世紀以降は「郡」制であった〟。これが研究史上確立された認識である。

しかし日本書紀・続日本紀とも、この歴史事実の転換を「無視」している。なぜなら日本書紀から続日本紀まで、すべて「郡」制。「評」制の実施時点も、「郡」制の実施時点も、一切これを記さないからである。ことに今の問題は後者だ。大宝元年に存在したはずの「郡制創始の詔勅」の類を一切記さないのである。従って施行当時の「郡」がどのような施行のされ方をしたか、わたしたちはその詳細を知ることはできないのである。先にのべたように、新撰姓氏録や和名類聚抄その他の史料は後代の〝整備拡大〟した姿しか伝えない。従って逆に、この姿を「物指し」にして、当風土記の「――郡」存在をしめす史料を「抹殺」する、その挙ははなはだ危険な作業なのである。

次の(b)について。この点、さらに深刻な問題をはらむのは、この「健郡→健部」という「改定」である。先ず、従来の「改定」文の全体を、岩波古典文学大系本によってしめそう（宇夜都弁命の項をふくむ）。

「健部の郷。郡家の正東一十二里二百廿四歩なり。先に宇夜の里と号けし所以は、宇夜都弁命、其の山の峯に天降りましき。即ち、彼の神の社、今に至るまで猶此処に坐す。故、宇夜の里といひき。しかるに後に改めて健部と号くる所以は、纏向の檜代の宮に御宇《あめのしたしろ》しめしし天皇、勅りたまひしく、『朕が御子、倭健命の御名を忘れじ』とのりたまひて、健部を定め給ひき。その時、神門臣古禰を健部と定め給ひき。即ち、健部臣等、古より今に至るまで、猶此処に居り。故、健部といふ。」

〔一七九ページ〕

原文のしめすところと「改定」のしめすところと、意味するところは、大きく異なっている。

㈠原文の場合

はじめ、宇夜の里といっていたが（この点、「改定」文も同じ）、のちに景行天皇の勅にちなんで、「健郡」を創設することとなった。――このさい、「のちに」とは、八世紀以降、「郡」制の施行された時期をさすこととなろう。

㈡「改定」文の場合

はじめの、「宇夜の里」の呼び名が「健部」と呼び改められたのは、景行天皇のときであり、その天皇の勅によったものである。

以上、記述内容が全く変ってしまうのである。ことに登場人物たる「神門臣古彌」（「こみ」もしくは「ふるみ」）。「改定」文はこれを「古禰（ふるね）」と改定する）の生存年代が、前者では八世紀、後者では四世紀となる。いずれが正当であろうか。

ここで問題となるのは、末尾の「古より今に至るまで」の一句だ。次の例を見よう。

「宇賀の郷。……天の下造らしし大神の命、神魂命の御子、綾門日女命を誂《つまど》ひましき。その時、女の神肯《うべな》はずて逃げ隠ります時に、大神伺ひ求ぎ給ひし所、是則ち此の郷なり。故、宇賀といふ。即ち、北の海辺に磯あり。脳《なづき》の磯と名づく。……夢に此の磯の窟の辺に至れば必ず死ぬ。故、俗人、古より今に至るまで、黄泉の坂・黄泉の穴と号く。」〈出雲郡〉

右において「古」は大穴持命や神魂命の時代を指し、「今」とは当風土記成立時点たる八世紀時点を指すこと、疑義はないであろう。

これと同じく、今問題の「健郡郷」の場合も、「古より今に至るまで」の二段階表記で結ばれている。この点、原文の場合。宇夜都弁命の時代という「古」と、「健郡」と改名された「今」（八世紀）と、まさに二段階の叙述となっている。

ところが、「改定」文の場合。〝宇夜都弁命――景行天皇（四世紀）――今（八世紀）〟という三段階の時点にわたる叙述となろう。従って「古より今に至るまで」という二段階の結びでは、いかにもふさわしくないのである。

またこの文脈を考察するさい、見のがしえないのは、

①（前半部）即ち、彼の神の社、今に至るまで猶此処に坐す。

②（後半部）即ち、健郡の臣等、古より今に至るまで、猶此処に居り。

という二文の対応関係である。①の場合、「宇夜都弁命の時代より、今（八世紀）まで」の意であることは疑いえない。すなわち、②の傍点部と同意である。とすれば、②の「健郡」という〝新しく改名された土地の臣等〟は、実は「宇夜都弁命の『古』より」この地にいる人々なのだ。――これがこの一文の

意味するところである。

わたしたち、後代の研究者が、原文をもし「改定」しうるとすれば、その格率は、〝原型の文（古写本）では、文脈の前後に合わぬ。しかし、これこれの形に「改定」すれば、前後の文脈にピタリ適合する〟という一点が不可欠なのではなかろうか。だが、この場合、逆なのである。なぜ、このような「改定」が行われたのであろうか。

倉野本に、本文「健郡」とあるのに対し、別筆で「耶」と傍記した上で、その下方空白部に、同じ別筆で次のように記入されている。

「或曰六ケ耶字疑部字誤景行天皇時諸国置健部㆒姓氏録有健部姓今此辺有㆓宇屋武部両村㆒旧名猶存ス」（返点は原本のママ）

「或は曰く『六ケの耶字、疑うらくは部の字の誤か。』と。景行天皇の時、諸国に健部を置く。姓氏録に健部の姓有り。今此の辺に宇屋武部の両村有り。旧名猶存す。」（読み下し――古田）

この倉野本では、最末の紙が欠落している。その部分について（「瀬埼或嶋根郡家……出雲臣広嶋」）、この別筆の主が補紙し、補筆している。その左端に、

天明八年三月廿八日以異本校合

出雲国神門郡監岸埼

天和三年著風土記抄然彼本亦有錯誤

と記されている。この別筆の主は天明八年（一七八八）の筆者であり、参照した異本は岸崎時照の『出雲風土記鈔』のようである。そこにもなお「錯誤有り」といっているが、その一は、上の「健郡～健耶→健部」の「改定」であったもの、と思われる。

その第一の根拠は、日本書紀の景行紀の記事にある。
因りて功名を録さむと欲す、即ち武部を定むるなり。是歳や、天皇の践祚の四十三年なり。〈景行紀四十年是歳条〉
右の記事に合わせて当風土記の原文を〝手直し〟しようとしているのである。この筆者は、当然ながら近畿天皇家中心の皇国史観に立ち、その「史実」に合わせようとしているのだ。
その第二の根拠は姓氏録である。
建部公
犬上朝臣同祖。日本武尊之後也。続日本紀合。〈右京皇別下〉
右は、中央（近畿）における建部公が日本武尊の後裔と称していることをのべているものだ。だが、出雲との関係など、何も語られていない。
その第三の根拠は、現地名だ。「宇屋武部」という地名が存在することを根拠としている。一見道理があるかに見えるけれども、すでに論ぜられて(28)いるように、「武部」の地名は日本列島各地に存在し、とても〝日本武尊巡行地〟に限るものではない。またそのすべてを日本武尊の「御子代部」のごとく見なすのは無理だ。要は、「軍事集団」の称であると見なされている。
当然、出雲にも、この意味の「武部」は存在した。その地域に後世（八世紀）「武郡」がおかれ、新たに「中心権力」として統一力を誇示するに至った、近畿天皇家内の故事（日本武尊説話）と類縁あるかに称したものと思われる。
右とは別に、すでに早くから出雲には、出雲独自の「武部」の存在していたことは、いわゆる「出雲建」の称を見ても察せられよう。なぜなら、彼は当然「出雲なる建部の長」としての称号を有する存在と考えられるからである。従ってその「出雲建」をふくむ日本武尊説話からも、〝出雲の建部の名は、日本武尊の名にもとづく〟などという命題は生じえないのである。逆に、〝本来、出雲に存在した建部の名を、あたかも大和朝廷の倭建命の名を遺存するもの〟であるかに称し、新たな「郡」制の創設にともなって、この「建郡」の地名を「作った」のではあるまいか。

このように考えてくると、天明年間に「武部」の地名があったからといって、当風土記の文面に頻出する、六回の「建郡」をすべて「建部」と手直しするのは、根拠がない、といわねばならぬ。いわんや「天明年間の、出雲における現存地名を、景行天皇の命名にもとづくもの」と解する、この別筆者の立場は、「皇国史観」にもとづく「皇国地名観」といわねばならぬ。

従来、この史料は、右の「改定」文によって、「建部の基本史料の一」とされてきた。その上で、

(A)景行天皇が出雲にも「建部」を定めた史実をしめす。——戦前の皇国史観

(B)右の点は、「造作」であって史実とは認められないけれども、中央（近畿）の建部公の統属下の地方建部の記事と見なす。——戦後の「造作」史観

このような史料と見なしてきたのである。後者(B)の立場は、津田史学の後継者として当然だ。だが、それは「改竄」された文面の上に立っていたのである。

なお、この「建部」問題のしめす、重大な側面については、末尾に後述する。

第五。次に注目すべきものとして、5の史料がある。

(イ)朝酌の郷……熊野の大神の命、詔りて朝御気《みけ》の勘養《かんかい》、夕御気の勘養に、五つの贄《にえ》の緒《を》の処と定め給いき。故、朝酌という。〈嶋根郡〉

これと対照すべきは、記・紀の左の文である。

(ロ)爾《ここ》に天児屋命、布刀玉命、天宇受売命、伊斯許理度売命、玉祖命、并せて五伴緒（いつとものを）を支《わか》ち加へて、天降すなり。〈「天孫降臨」古事記、神代巻〉

(ハ)故、天照大神、乃ち天津彦彦火瓊瓊許尊に、八坂瓊の曲玉及び八咫鏡・草薙剣、三種の宝物を賜ふ。又、中臣の上祖天児屋命・忌部の上祖太玉命・猨女の上祖天鈿女命・鏡作の上祖石凝命・玉作の上祖玉屋命、凡て五部神を以て配侍せしむ。〈日本書紀、神代巻、第九段、第一・一書「天孫降臨」〉

右の(ロ)(ハ)は、いわゆる「天孫降臨」説話において、「五伴緒」もしくは「五部神」が天孫（ニニギ）の降臨にさいし、随伴した、というものである。ところが、このような概念の基礎が、(イ)の当風土記の中に認められる。なぜなら、

(一)当風土記中の意宇郡の項に、

「伊弉奈枳《いざなぎ》の麻奈古《まなご》に坐す熊野加武呂《かむろ》の命」

とあり、大穴持命と併記され、「二所の大神」と呼ばれている。従って(イ)の「熊野の大神の命」（＝熊野加武呂命）が「天孫降臨以前の神」であることは疑いがない。従って(イ)は(ロ)(ハ)に先行する記事だ。従って記・紀の(ロ)(ハ)の記事は、出雲における(イ)に現われた先行説話の影響下に成立したもの、と考えるべきであって、その逆ではない。この点、従来、当風土記をもって、記・紀の記載をもとに解説する傾向があったのは、大なる錯乱ではあるまいか。

「天孫降臨」の伝承として、右の(ロ)(ハ)とは異なる伝承のあることが知られている。

(二)高皇産霊尊、真床覆衾《おふふすま》を以て、天津彦国光彦火瓊瓊杵に裹《き》せまつりて、則ち天磐戸を引き開け、天八重雲を排分《おしわ》けて、降し奉る。時に、大伴連の遠祖天忍日命、来目部の遠祖天槵津（あめくしつ）大来目を帥ゐて、……日向の襲《そ》の高千穂の槵日《くしひ》の二上峯の天浮橋に到りて、……〈日本書紀、神代巻、

〈第九段、第四・一書〉

ここでは「二神」を帥いて降臨したことになっている。先の(ロ)(ハ)とは性格を異にしている。しかも、この場合、「派遣者」は天照大神ではなく、高皇産霊尊だ。そのいずれの派遣者が本来形に属するものか、にわかに断じがたいけれど、ともあれ、先の「天照大神中心の天孫降臨」神話（(ロ)(ハ)の形）が、先行する出雲神話（(イ)）中の概念を継承していること、この一事は否定しえないのである。

以上の考察によって確認すべき点は、次の一事である。

「『部《べ》』や『伴《とも》』や『緒《を》』の概念もまた、すでに出雲朝廷（当風土記）中心の術語として成立していた。もちろん、それは大穴持命以前の神々の伝承に由来するものであった。しかしながら、出雲から筑紫への、いわゆる『国ゆずり』の後、あらためて筑紫中心（筑紫朝廷――この点、別論文に詳述する）の概念として、転化・継承されることとなった」と。

九

筑紫中心の「部」や「伴」「緒」等をしめす史料については、より詳しくは、別論文において詳述しよう。

今は、先にあげた「建部」の問題について、一段と立ち入って分析してみよう。

津田左右吉はこの「建部」について次のようにのべた。

「景行紀にはそれが日本武尊の功名を伝へんがために置かれたものとしてあり、古事記にも建部君は此の命の後裔である如く記されてゐるが、これらは建部の名からでた附会であって、固より事実ではなく、さうした此の名は武人であるがためにつけられたものに違ひない[29]」

右で、日本書紀の景行紀の記事にふれているのは、先にあげた「四十年是歳条」の史料を指している。古事記についてふれているのは、

稲依別王（倭建命の御子）は、犬上君、建部君等の祖。〈景行記、倭建命の子孫〉

とある記事をさしている。これらについて、すべて後世の「附会」としている。津田「造作」説の本領だ。

だが、このさい、一つ微妙な問題がある。

古事記は、倭建命をもって「建部君の祖」としているのではなく、その子の稲依別王をもってこれに当てている。

（倭建命）又近淡海の安の国造の祖、意富多牟和気の女、布多遅比売を娶して、生める御子、稲依別王。一柱〈景行記、倭建命の子孫〉

とあるように、この稲依別王は、母親が近江の安の国造の娘だ。したがって彼は、この近江の安の国の「建部」の統率者であり、その子孫の一方が、これを継承し、近畿周辺で「建部の君」を称していたのではあるまいか。

とすれば、必ずしも、津田のようにこれを「史実にあらぬ附会」と断ずべきではなかったように、わたしには思われる。

けれども、津田は、これらの記・紀の記事を「附会」として抹消したあと、全国のすべての「建部」を、大和朝廷配下の政治制度とする「大道」を切りひらいたこと、すでにのべたごとくであった。

十

津田の拡大した「大道」を継承して「建部」の研究をすすめた研究者、その一人に上田正昭氏（「令制以前における軍事団の諸問題――建部を中心として――」）がある。氏は「タケル」の称号について次のように考察された。

「もちろんタケルの称は古代前期の地方豪族の首長ならびにその祖たちも称している。たとえば、吉備や出雲・熊襲などの『建』がそれである。吉備氏の場合についていえば、稚武彦（『孝霊天皇紀』）、若日子建吉備津日子（『孝霊天皇記』）、吉備臣建日子（『景行天皇記』）などが代表例である。熊襲の場合は『建』字は用いないが八十梟帥、川上梟帥（『景行天皇紀』）とよび、『古事記』にはこれを『能曽建』と『建』字を用いている。出雲の場合には『出雲建』とか『伊豆毛多祁流』とかの用例がある（『景行天皇記』）。

これらが景行朝に多いことも興味深いが、いずれも、倭国家の重視した地方首長であり、その軍事力も相当なものがあった。これらが原義的には地方における軍事的尊称であったことは、想像に難くないが、出雲臣の同族神門臣が建部臣を与えられており、吉備建部、薩摩建部などが分布する事実よりして、それら在地の軍事力が新しく建部集団の中に編成されていったと推定されるのである。

したがって倭国家の権力浸透を媒介として一般的な勇者――軍長的尊称が、『建部』の設置によって変質していったと考えられる。地方首長の建が建部の建に結合するようになるのは、やはり新しいことであろう。それは、これらの建が建部の統率者であったり、建部を率いるという用例を見ないことでも判明する。[30]」

右の文中に「出雲臣の同族神門臣が建部臣を与えられており」とあるのは、先にあげた、当風土記中の「改定」文を基本史料として、氏もまたこれに、依拠されていること、その事実がしめされている。従って氏は、当然のごとく、津田流の「すべての『部』は近畿天皇家から」という、天皇家至上主義の、イデオロギー的な「建部」理解と帰結を同じくされたのであった。

氏は、折角、原義的には、「タケル」が「地方における軍長的尊称」であったことを認めながらも、「建部」をひきいうるのは天皇家のみ、とされたのである。その証拠として「これらの建が建部の統率者であったり、建部を率いるという用例を見ない」といっておられるけれども、その点は実は、天皇自身についても変らない。

「天皇が建部を率いて戦った」事実をしめす、信憑しうる史料など存在しない。あるのはただ、津田がしめし、これを「附会」とした史料の類だけだ。

この津田の発言を上田氏は引用され、これに対し、「十分に考慮されるべきだと考える。次にそのことをもっと深く見定めるために、建部の分布と実態をみきわめることにしよう」として、氏の「建部」研究は出発させられている。従って格別、〝天皇家配下の「建部」史料は明確、地方豪族は不明確〟という史料状況が存在するわけではない（八世紀段階の史料で、それらが「天皇家配下」に記載されていることは、当然至極。何ら七世紀以前の「証拠」とはなりえないのである[31]）。

それが「明確」に見えるのは、「すべての『部』は天皇家から」というイデオロギーの「眼鏡」を通して、各「建部」史料を見るからである。すなわち、その方法は「実証」ではなく、近畿天皇家中心主義からの「演繹」にすぎなかったのである。

以上のような先入見を排してみれば、出雲における「建部」が、出雲朝廷のもとにすでに発生し、九州における「建部」が筑紫朝廷（九州王朝）のもとに存在していたこと、この明瞭な帰結を疑うことはできない。「朝廷」の名が、わが国の中では出雲に創始され、筑紫に継承され、やがて大和がこれを「模倣」したのと同じく、「建部」についても、これと同類の経過を辿った、そのように解しても、大過はないのではあるまいか。なぜなら、軍事制度に支えられぬ「朝廷」などありえぬから、それが「部民制」を採用し、継承していたとすれば、軍事集団が「建部」と呼ばれるのは、むしろ当然であろうからである。

この点、注目すべき用例が記・紀の神代巻末尾に現われている。

是の天津日高日子波限建鵜葺草葺不合命、其の姨《をば》玉依毘売命を娶《めと》して、生める御子の名は、五瀬命。次に稲氷命。次に御毛沼命。次に若御毛沼命。亦の名は豊御毛沼命、亦の名は神倭伊波礼毘古命。四柱〈古事記、上巻末〉

右で、神武の父は、

「天津日高日子(A)・波限建(B)・鵜葺草葺(C)不合命」

という三段階の名前をもっている。最初の「天津日高日子」は、「ニニギ」（「天津日高日子番能邇邇芸命」）や「ホホデミ」（「天津日高日子穂穂手見命」）にも冠せられている名辞であるから、〝「ニニギ」の系列を引く〟ことを誇った冠辞であろう。(32)

けれども、その直系に非ざることをしめすのが、(B)の「波限建《なぎさ》」の称号である。古事記の原注に「波限を訓みてナギサと云ひ」とあるが、この「ナギサ」とは、海岸線を指す言葉であるから、九州の、おそらく日向近辺（宮崎県）の海岸線を拠点とする「地方的軍事集団の長」をしめす称号ではあるまいか。これは、先ほどの上田氏の吉備等の「タケル」に関する考察からすれば、到達せざる能わぬ帰結といえよう。（「日向」は福岡県。――後記）

ここにおいて、津田の「造作」説は、決定的な自己矛盾に出会うこととなろう。なぜなら、近畿天皇家内部で成立した古事記（及び日本書紀）において、己が神聖なる「初代天皇の父」をもって、九州における一地方軍団の長として「造作」したり、「附会」したりする必要がどこにあろうか。ありえないからだ。

しかも、さらにその下の(C)を見れば、「鵜葺草葺《うがやふき》」というのは、一種の職能にまつわる「姓《かばね》」[33]の類と見えるから、その「地方軍事集団の長」の内部には属しても、必ずしもその〝中心者〟とは見えぬ形である。いよいよもって後代の、近畿天皇家内部における「造作」「附会」とは見なしがたい〝真実性（リアリティ）〟をもつ、というべきではあるまいか。が、九州の天地を脱出して、近畿という外世界へと侵入をはかった、その神武たちには、まことにふさわしき称号だったのである。

しかしながら、津田はこの「神武東侵」を史実から消し去ることを、その史学の出発点とした。それ故、このような「自己矛盾」の一点に深く目を注ぐことができなかったのである。

けれども、そのような津田流の先入見、すなわち天皇家至上主義のイデオロギーから自由になって、客観的に観察するとき、神武たちが筑紫朝廷（九州王朝）下の、日向における一地方軍団の長、おそらく「建部」の統率者の家系たるを誇る、その一分脈に属したこと、その系譜事実を〝消す〟ことはむずかしい。わたしにはそのように見えるのである。

戦後の古代史学は、津田の「悠遠の古えよりの中心者、天皇家」という、いかにも明治人らしい「幻想」の中に、己が研究思想の命脈を託した。しかし、夢が畢竟覚めざるをえぬがごとく、近畿天皇家至上主義に酔わされた「部民制」論や「姓」論は、結局、その酔いの覚める日の暁をついに迎えざるをえないのではあるまいか。

註

(1) 武光誠『研究史部民制』「はしがき」三ページ。
(2) 明治には田口卯吉『日本開化小史』などがあり、大正七年には竹越与三郎『日本経済史』があった（右の〈1〉参照）。
(3) 津田は「本論の主題とした部についても、本来法制史の問題であるべきそれを、……」（上代の部についての補考」）といっている。
(4) 津田左右吉『日本上代史研究』三三三ページ。
(5) 同書五一七ページ。
(6) 同書四七七～四七八ページ。
(7) 竹越与三郎『二千五百年史』（明治二十九年）に「出雲朝廷」の語が用いられているけれども、格別の学問的論証は存在しない（安達巌氏の『出雲朝廷は実在した』新泉社、昭和六十年刊に右の著書が紹介されている）。
(8) 本書第一篇。
(9) 本文の一、霊亀二・二・十以降の例を左にあげる。

二〈神亀元・正・二十七戊子〉出雲国造外従七位下出雲臣広嶋奏二神賀辞一。

三〈神亀三・二・辛亥〉出雲国造従六位上出雲臣広嶋齋事畢。献二神社剣鏡并白馬鵠等一。広嶋并祝二人並進二位二階一。賜広嶋絁廿疋。綿五十屯。布六十端。自余祝部一百九十四人禄各有レ差。

四〈天平十・二・十九〉出雲国造外正六位上出雲臣広嶋外従五位下。

五〈天平十八・三・七〉外従七位下出雲臣弟山授二外従六位下一為二出雲国造一。

六〈天平勝宝二・二・四〉出雲国造出雲臣弟山奏二神賀事一進レ位賜レ物。

七〈天平三・三・二十二〉出雲国造出雲臣弟山奏二神賀事一進レ位賜レ物。

八〈天平宝字八・正・二十〉以二外従七位下出雲臣益方一為二国造一。

九〈神護景雲元・二・四〉出雲国造外従六位下出雲臣益方奏二神賀事一。

十〈神護景雲二・二・五〉出雲国々造外五位下出雲臣益方奏二神賀事一。授二外従五位上一。賜二祝部男女一百五十九人爵各一級一。

十一〈宝亀四・九・八〉以二外従五位下出雲臣国上一為二国造一。

十二〈延暦四・二・十八〉出雲国々造外正八位上出雲臣国成等奏二神吉事一。其儀如レ常。授二国成外従五位下一。自外祝等。進レ階各有レ差。

十三〈延暦五・二・九〉出雲国造出雲臣国成奏二神吉事一。其儀如レ常。賜二国成及祝部物一各有レ差。

十四〈延暦九・四・十七〉以二従六位下出雲臣人長一為二出雲国造一。

(10)「八束郡玉湯村玉造温泉、玉造川東岸の地。その東方の松江市忌部（野白川流域）が遺称地。」（忌部神戸）（岩波の日本古典文学大系『風土記』）

(11) 岸崎時照の『出雲風土記鈔』（天和三年序）では、この「玉」を「玉フ」と助動詞に読んでいるが、他の事例にない用字である。採用しがたい。

(12) 対馬に「玉調（タマスキ）」があり、広島県に「御調（ミツギ）郡」がある。

(13) 武光誠『研究史部民制』参照。

(14) 津田『日本上代史研究』四〇四ページ。

(15) 井上光貞「日本古代史と津田左右吉」（上田正昭編『人と思想　津田左右吉』二五六ページ）。

(16) 千鳥書房（松江市殿町）刊。

(17) 今井書店(松江市殿町)刊。
(18) 註(16)書、一二ページ 注12。
(19) 同右、一二ページ 注13。
(20) 荷田春満は京都伏見稲荷の神官の家に生れた。これに対し、松下見林は大阪の生れであるが、京都で医師となった(晩年高松藩に仕官)。
(21) 津田は「以上、余は伴造が朝廷に於いてそれぞれの職務に服する一くみのものを統率すると共に、他方に於いては農民を領有したことを述べ、それが何れも部と称せられたことをいったのであるが、ここまで説いて来たところで、立ち帰って部の字によって記されてゐる『べ』の語の意義を考へるのが便宜であらうと思ふ。これについては世に種々の見解があるやうであるが、余はそれを部の字音とし漢語とする故内田銀蔵氏の説(日本経済史の研究下巻「日本上代の氏族制度について」)に賛成するものである」(『日本上代史研究』五〇四ページ)とのべている。また「部」の内容に二種あるとし、「こゝで部といふ語が二様に用ゐられるやうになるので、伴造に隷属して直接に朝廷に於ける何等かの職掌を有し、其の勤務に服するもの、一くみをも、伴造の部民、即ちそれに租税を輸する農民の一団、をも同じやうに部といふ語でいひあらはされるのである」(四八五ページ)としている。
(22) 四古写本(細川本・倉野本・日御埼本・六所神社本)とも「社」。「鈔」などが「坐」と「改定」した。
(23) 田中卓氏が指摘された「勲業」問題は有名である。荷田春満の考案を承けて、氏が論証を精しくされた(「出雲国風土記の成立」『出雲風土記の研究』出雲大社刊、所収)。
(24) たとえば、出雲における「置部」が、筑紫中心時代以降、大和中心時代(ことに八世紀以降)に「日置部」とされてゆく、といった、時代的転換もありえよう(当風土記の「置部」を「日置部」と「改定」してしまうと、そういった可能性の考察も、されることがなくなってしまうであろう)。
(25) わたし自身も、かつて(「額田部臣」の銘文鉄剣の発見時)当風土記の「改定」形にそのまま〝依拠〟して論じていた。ここに訂正する(当時も、当風土記中の「額田部臣」〈「改定」形〉が、意宇郡〈岡田山一号墳の所在地〉でない点、不審とされていた）。

(26) 島根県飯石郡吉田（大原郡と隣接している）。

(27) 意宇郡の新造院一所に「置君目烈」とあり、出雲郡の署名には「置臣」がある。ここにも「置君――置臣」という対応が存在する。注目されよう。

(28) 上田正昭「令制以前における軍事団の諸問題――建部を中心として――」（『日本古代国家論文』所収）参考。

(29) 津田『日本上代史研究』一三八ページ。

(30) (28)書二〇一～二〇三ページ。

(31) いわゆる「反映法」のもつ、重大な問題点がここにあろう。

(32) 対馬の比田勝《ひたかつ》は、漢字面にまどわされずに理解すれば、すなわち「日高津」であろうと思われる（この点、別稿に詳述する）。

(33) たとえば「鞍作止利」は、職能（鞍作）を姓とするものであろう。同じく「鵜葺草葺《うがやふき》」というのも、〝神聖なる家の屋根を葺く〟といった類の、「職能」にまつわる「姓」ではないか、と思われる。「うがや、ふきあへず」と切った形での記・紀の説話は、いわゆる「人名説話」であるから、「地名説話」の多くのケースと同じく、直ちにそれをもって「人名理解」とすることはできぬ。「地名説話」の場合も、本来の地名の意味、地名成立の〝組み立て〟を無視した「こじつけ」の少なくないこと、周知のところである。たとえば、「祝園《はふりその》」〈神聖なる祭りの場〉という地名を、日子国夫玖命（崇神側）の軍が建波邇安王の軍を「斬波布里《きりはふり》」したため、という崇神記の例のように。

〈一九八七・二・二十八　稿了〉

第三篇　続・部民制の史料批判——「部」の始源と発展

〈解題〉　出雲風土記中の「部《べ》」は、大穴持命の「出雲朝廷」を原点とする政治組織である。——これが前稿の帰結であった。だが、問題はこの地点にとどまりえなかった。「大穴持命以前」に、すでに「部」は存在していた。たとえば「蝮部」などは、その一つである。縄文以前の現地信仰、祭祀伝統に立った「部」であった。大穴持命はその統合・発展の中枢に存在していたのである。多元的部民論の成立、その歴史の諸相を分析した。

一

前稿「部民制の史料批判――出雲風土記を中心として」[1]において、わたしは次の論証を行った。

第一。従来、わが国の古代における「部」や「伴」等について、これを「大和朝廷統治下の政治組織」と見なすこと、それはおよそ古代史研究家の通軌であった。たとえば江戸期の本居宣長、明治以降の津田左右吉や井上光貞氏等、いずれも同軌に属している。[2]この点、昭和初期以来のマルクス主義史家とて例外ではなかった。

第二。しかしながら出雲風土記の内実を実証的に検討するとき、その中に二回出現する「国造と朝廷」のフレーズは、いずれも「(八世紀には「郡」程度の単位の)一国造と、(その多数の国造たちを統轄する)出雲朝廷」を意味するものであったことが知られる。従来これが「出雲国造と大和朝廷」の意として疑われなかったのは、江戸期の国学者以来の近畿天皇家中心主義のイデオロギーが各家の目を蔽うてきたためのように思われる。

第三。従って当風土記の中に現われる「部」は、本来「出雲朝廷を原点とする『部』」であった。たとえば、従来「部」の基本史料として常に使用されてきた「忌部の神戸」の項目も、まさに右の事実を確証する事例であった。しかるに従来の論者は、これに対し、国学者によってほどこされた恣意的な「改削文面」をもって、あたかも〝安定した本文〟であるかのごとく、これを基本史料として使用してきていたのである。

第四。当風土記のメイン・ストーリーは「主神たる大穴持命の晩年の一時点」をもって、時間軸の下限としている。その一時点とは、すなわち「国ゆずり」とそれにつづく「天孫降臨」に他ならぬ。これ以降、権力中心は筑紫へと移行した。このことは次の一事を意味する。〝権力中心点の変動にもかかわらず、「国造」制や「部」制は、原則的に継承された〟と。これが「国ゆずり」と呼ばれた所以である。

第五。けれども、権力中心が筑紫へ移って以後、出雲中心に成立していた「部」が、そのまま硬直的に継受されたわけではない。新たな「筑紫中心の部」が次々と設置されたこと、当然予想されよう。

第六。たとえばその一に、神武天皇の父とされるウガヤフキアヘズの称号がある。

（A）天津日高日子（B）波限建（C）鵜葺草葺（D）不合命

右の（A）は「天津日高日子[3]」と呼ばれたニニギの系列を引くことを誇る称号である。次に（B）の「ナギサタケル」は〝海岸を防衛する軍事集団[4]〟たる「建部（タケルべ）」の長たることをしめす称号である。その次の（C）は〝鵜の羽を葺草《かや》代りに葺いた神殿もしくは権力者の宮殿、その屋根を葺くための神聖な職掌の家柄〟をしめす「姓（カバネ）」である[5]。先の（A）（B）の系列に立つ家柄であることを誇りながらも、現実の職掌をしめす「姓」は（C）なのであった（この点、後に再論する）。最後の（D）が当人の名である。

第七。従って神武たちは、筑紫朝廷を中心とする「部」の中に生れ、その中から「東侵[6]」の行動を起し、それに成功した。当初の挫折（五瀬命の敗死）の後、大和盆地に侵入し、その一隅、磐余の地に割拠しえたのである。やがてその後、大和から近畿一円、さらに中国地方、東海・北陸地方へと支配をひろげ、旧銅鐸国家の故地に君臨することとなった。これ、近畿分王朝（のちの近畿天皇家）の成立である。

第八。右の経緯は次のような歴史的展開と発展の状況を意味しよう。

〝七～八世紀「現在」の時点において、「～部」という名称が見出されたとき、それは、古くは「出雲中心」、次いでは「筑紫中心」、新しくは「大和中心」という、各権力中心のもとに形成された政治組織の中の一である。さらには関東その他の中心領域をもつものもあろう。それらが好適な史料状況と適正な方法に恵まれたとき、はじめてその始源の中心地点を明らかにしうるチャンスを、わたしたちはもつことになるであろう。〃と。

右は、古事記・日本書紀・続日本紀・風土記・戸籍・姓氏録等及び各遺跡出土の木簡等に出現する、すべての「部」「伴」の類に関するわたしの基本見解である。

以上がすでに到達した帰結である。

その地点より視野をひろげ、本稿では新たな地点に研究をすすめよう。すなわち、出雲風土記内に出現する「部」「伴」の始源期の検証、それを本稿の論証の出発点としたい。

二

当風土記に出現する、注目すべき事例、それは左のようである（当風土記中の全事例は、前稿に表示した〔六九～七〇ページ〕。左記の番号は、そのさいの出現順番号による。以下、同じ）。

12　楯縫《たてぬい》と号する所以は、神魂《かもす》命詔るに、吾が五十足《いそた》る天の日栖《ひす》の宮の縦横の御量りに、千尋の栲《たく》紲《つな》持ちて百八十結び結び下して、此の天の御量り持ちて、天の下を造らしし大神の宮を造り奉れ、と、禱《いの》り与えて、御子の天の御鳥命を楯部と為て天下し給いき。爾《そ》の時、退《まか》り下り来まして、大神の宮の御装いの楯を造り始め給いし所、是なり。仍《よ》りて今に至るまで、楯・桙造りて皇神《すめがみ》等に出し奉る。故に楯縫と云う。〈楯縫郡〉

右は、当風土記中に四回出現する「天下し」（あるいは「天降り」）神話の一である。その全回を左にかかげよう。

㈠（屋代の郷）天乃夫比命の御伴、天降り来し社《やしろ》。伊支等が遠つ神、天津子命、詔るに「吾が浄《きよら》かに坐さむと志《おも》う社。」と詔る。故に社と云う。（神亀三年、字を屋代と改む。(7)）〈意宇郡〉

㈡（飯梨の郷）大国魂命、天降りましし時、此処に当りて御膳食《みいを》し給いき。故、飯成《いいなし》と云う。（神亀三年、字を飯梨と改む。）〈意宇郡〉

㈢前掲の「楯縫郡」の「天下し」説話

㈣（健郡の郷）先に宇夜の里と号せし所以は、宇夜都弁命、其の山の峯に天降りましき。即ち彼の神の社、主《つかさど》りて今も猶此処に坐す。故に宇夜の里と云う。(8)……〈出雲郡〉

右の四神話について注意すべき点、それは左の一点であろう。〝記・紀神話中の「天降り」説話とは異質の神話群である〟と。

たとえば、㈡の「大国魂命」や㈢の「神魂命の御子、天の御鳥命」や㈣の宇夜都弁命、いずれも記・紀神話に登場（して活躍）せぬ、出雲独自の神々である。またこのような「天降り神話」は、記・紀神代巻に一切出現せぬところ、その点、何の疑いもない。

これに対し、一見異なっているかに見えるのは、㈠の「天乃夫比命の御伴、天津子命」のケースである。「天乃夫比命」に対して、岩波古典文学大系本『風土記』の注は、

「天ノホヒノ命。出雲臣（出雲国造家）の祖神。国譲りの交渉のために高天原から出雲に天降った神と伝えている。」（一〇三ページ上欄注二六）

と記している。これが正しければ、この項でのべている「天降り」は、記・紀神話の「国ゆずり」説話

における「天降り」譚と同一説話が記されていることとなろう。「国ゆずり」を大国主命に迫る交渉者として、天照大神側の第一回の使者となって出雲に「天降り」ながら、大国主命側についてしまい、高天原へと報答をしなかった、とされている神である。「天菩比神」(記)、「天穂日命」(紀) と呼ばれている。(9)

しかしながら、精細に観察すれば、この両者は決して「同一神」「同一事件」に非ざることが判明しよう。

なぜなら、第一。「天乃夫比命」の「御伴」たる「天津子命」に対し、同じ岩波古典文学大系本において、

「他に見えない。或は天津日子命で、天菩比命と同時に生れたとする神か。」(同ページ上欄注)

とし、その子孫たる「伊支等」に対しても、

「氏族名か。他に見えない。」(同ページ上欄注二七)

としている。すなわち、「天之夫比命」と「天菩比神」「天穂日命」という、神名の表音上の類似の他には、対応するところがないのである。このさい、出雲風土記側では、

天之夫比命——天津子命——伊支等

という、三者ワン・セットの史料なのであるから、同じくその三者ワン・セットが一致するのでなければ、両史料のしめす事件が同一の事件であるとはなしがたいのである。

おそらく従来の論者は、

(a)天之夫比命——天下し (出雲風土記)

(b)天菩比神・天穂日命——天降り (記・紀)

という二者の対応をもって、両事件の同一性の認定として十分、そのように判断したのではあるまいか。
しかしながら、出雲風土記の中の「天降り」もしくは「天下し」は、他の三回とも、記・紀神話中の「天降り」説話とは関係がなかった。両者、言葉は同一でも、その実質を全く異にしていたのであった。(10)してみれば、右の(a)(b)中の「天降り」もまた、言葉は同じでも、その実質は別、そのように判断するのが、自然なのである。とすれば、やはり、(a)の「天之夫比命」と(b)の「天菩比神」「天穂日命」とは、音は類似していても、別神。そのように判断すべきなのである。事実、音においても「フ」と「ホ」、「類似」はしていても、「一致」していない事実、その点もまた正視さるべきではあるまいか。

　第二。以上の点を、もう一つ、別の面から考察してみよう。「国ゆずり」のために、天照大神は、先ず「天菩比神」、次いで「天若日子」を使者としてつかわしたが、彼等は大国主命に「媚《こ》び附き」て、報答しなかった。そのあと、「建御雷神・天鳥船神」を使者として派遣して成功した(11)(古事記)。この経緯は著名である。

　これに対し、出雲風土記では、もし先の「天夫比命」が「天菩比神」「天穂日命」のことであるとしたならば、(天照大神側から見て)「成功」した「建御雷神・天鳥船神」のことにふれず、「不成功」のケースの一のみにふれていることとなる。「出雲側の視点」といってみても、何か中途半端である。当風土記が「国ゆずり」に対し、大穴持命(大国主命)が快くこれを受諾する旨の記載(意宇郡、大穴持命の初出)を冒頭部にもつことから見れば、いささか〝そぐわぬ〟観をぬぐいえないであろう。

　以上の二点から見ると、従来の通解に反し、出雲風土記の「天夫比命」と古事記の「天菩比神」、日本書紀の「天穂日命」とを同一神と見なすことは、はなはだ困難であると思われる。

三

ここで「二つの天降る」問題について、分析しておこう。わたし自身の研究の進展順序に従ってのべる。

その一は、記・紀神話の中の「天降る」である。

(a)記・紀神話中の「天降る」は、その対象領域は「筑紫」「出雲」「新羅」の三領域に限られる。しかも「途中経過地」が書かれていない。この点より見れば、原点（出発地）たる「天国」は、右の三領域に内接する内側、すなわち壱岐・対馬を中心とする対馬海流圏そのものが「海国《あま》」もしくは「海人国《あま》」と呼ばれたものであろうと思われる。「天国」は、美字・佳字をあてたものにすぎない。

(b)右の帰結は、古事記中の「国生み神話」に現わされた「亦の名」国名によっても裏づけられる。

天之忍許呂別（隠伎之三子島）・天比登都柱（伊伎島）・天之狭手依比売（津島）・天一根（女島）・天之忍男（知訶島）・天両屋（両児島）

右の中で「天一根」が国東半島の海上の姫島であるのを除けば、すべて対馬海流上の島々である。この「天一根」は〝天国から一つ分岐した島〟（「茎《もと》」に対する「根」は分岐して拡大・伸展したものを指す）の意であろうから、やはり対馬海流圏を「天国」とする原概念をもとに派生した用語法にもとづくものといいえよう。

（なお、右の「天両屋」が旧説のように「男女列島」ではなく、福岡県の沖の島のことであろうとする分析は、『盗まれた神話』最終章参照。）

さらにここで注目されるのは、次の二点である。

第一。「天比登都柱」という表現は、この伊伎島（壱岐島）が「天国の中心地」であることを〝誇示〟するごとく見えること。(12)

第二。「天之狭手依比売」の「依比売」は、「甕依姫」「玉依姫」のごとく、巫女的霊能者をしめす称号である。すなわち「狭手」を〝よりしろ〟とする巫女の名である（「狭手」は海底を探るための漁具のようである）。(13) 従って〝巫女の名〟を「亦の名」とする点、この津島（対馬）がこの「天国」海域中の一祭祀中心であることをしめすもの、と見なしうるであろう。

以上だ。ともあれ、ここでも、〝「天国」とは、対馬海流圏の島々を指す〟という、(a)の帰結が裏づけられているのである。

その二は、出雲風土記中の「天国」である。この場合、「天降り」先は、当然ながらすべて「出雲本土」である。また「天降り神」は、出雲独自の神々である。この点から見ると、その原点をなす「天国」は、記・紀神話のような〝壱岐・対馬中心〟の「天国」概念ではなく、出雲本土の対岸にして、黒曜石の一大産出地、隠岐島こそその「天国」ではないかと思われる。その中の島前《どうぜん》（隠岐三子島）には「海士（あま）」村の地（中の島）がある。

先の記・紀神話中の「天国」中で、実際に「アマ」の名をもつ地はここだけである。この点から見ると、「天国」の名の起源は、むしろこの地名にあったのではあるまいか。

その上、もう一つの側面がある。それは「天一根」（女島）の問題だ。なぜ、この島が一つだけ、「天国」の一端とされたのか。その答は、この島が美しい「白い黒曜石」、いわば「白曜石」産出の特産地であること、これ以外に考えがたい。とすれば、その原領域たる「天国」（対馬海流圏）の原点が、同じく黒曜石そのものの一大産地、隠岐島（島後《どうご》）であったこと、それもまた、容易に察知しうるのではあるまいか(14)。

以上、いずれの点から見ても、出雲風土記の場合、その中の「天降り」「天下し」神話の原点は、記・紀神話の場合と異なり、隠岐島にあった。――これがわたしの帰結である。

四

さて、本筋にもどろう。それは、先にあげたように、出雲風土記の「天下し」神話中に、すでに「楯部」の語が現われている。しかもそれは、〝これこれの神が、しかじかの部の祖である〟といった形ではない。神魂命の「御子」たる「天の御鳥命」それ自身が「楯部」として〝任命〟されている、といった形である。七～八世紀において頻出する「～部」、〝総体的奴隷制〟にさえ擬せられることのあった「～部」あるいは「～伴」の類とは、およそ「位取り」を異にしているのである。いわば、出雲の中枢をなす神たる神魂命の〝一の腕〟のていの「位取り」をなしている。しかも、今、重要な点、それはこの「楯部」が、〝大穴持命、中心時代〟ないしそれ以前の発生にかかるものであるらしいことが暗示されていることである。

この点、これらの神話内容のもつ固有の意義を「造作」の一語で消し去ってきた津田史学、およびその後継者たる戦後史学が、みずからの目を両手でおおうて〝見ざらん〟と欲しつづけてきた点なのであった。

五

「楯部」の問題は、出雲風土記中の「部」が、必ずしも「出雲朝廷」の主たる大穴持命を〝任命者〟としないこと、少なくともそのように考えられていないことをしめしていた。

この点、さらに興味深い問題性を暗示しているもの、それは「蝮部」に関する問題である。

⑾蝮部臣（秋鹿）　一六七

㉓蝮部臣（仁多）　二三五

（右はいずれも、巻末署名。行末の数字は岩波古典文学大系本のページ数をしめす。）

右の「蝮」とは、次の義である。

(A)①「まむし」毒蛇の一。背に円形の斑文がある。

蝮、虫也、从レ虫夏声。〈説文〉

蝮、虺、博三寸、首大如レ擘。

〔疏〕江淮以南、謂レ虺為レ蝮。〈爾雅。釈魚〉

蝮蠚レ手則斬レ手、蠚レ足則斬足。

〔注〕応劭曰、蝮、一名虺。〈漢書、田儋伝〉

②大きな蛇。

蝮、大蛇也、非二虺之類一。〈爾雅、釈魚、釈文〉

蝮蛇蓁蓁。

〔注〕蝮、大蛇也。〈楚辞、招魂〉――諸橋大漢和辞典――

(B)「たじひ」マムシの古称。――広辞苑――

したがってこの「蝮部」とは、〝出雲の古代、毒蛇もしくは大蛇を祀る、その祭祀のための「部」〟だったのではないか。――これがわたしの到達した帰結である。その論証の経過を左にのべよう。

㈠記・紀神代巻中、著名な出雲神話に、須佐之男命の大蛇退治の一段がある。出雲国の肥の河上の鳥髪の地よりさらに上流へと遡り、そこで「高志の八俣の遠呂智」を退治する神話である。

㈡わたしはすでに記・紀の神話研究の中から、「神話は真実（リアル）である」という命題をえていた。津田史学の言うごとく、後代（六〜八世紀）の近畿天皇家の史官の「造作」ではなく、日本列島中、筑紫もしくは出雲における、弥生期の史実、それも重大な史的変化の史実を反映しているもの、そのように解することとなったのである（『盗まれた神話』および『古代は輝いていた』第一巻参照）。

㈢したがって右の「八俣の遠呂智退治」の神話も、単に〝後代人の造作〟ではない、そのように考えられる。では、それはいかなる「史的変化」の反映であろうか。

周知のように、はやく縄文期、長野県の尖石周辺遺跡出土の縄文土器（縄文前・中期）に蛇のデザイン（毒蛇をふくむ）が使用されている。「邪神」ではなく、「悪気をはらう守護神」の位相をもつ。

また丹後（京都府北部）及び関東各地には、現在も、「蛇綱《じゃづな》」（稲のわらで大蛇の形を作り、年初に村中をねり歩く。その後、柿の木等に一年中懸けておく）が民間行事として行われている。丹後の場合は、「子供の蛇」も、同じく稲わらで作られ、腹にまとわりついている。さらにこうぞの木で作られた剣が、尾にそえられている。「八俣の遠呂智」の場合も、尾から剣（都牟刈《つむかり》の大刀。草那芸《くさなぎ》の大刀ともいう）が出た、と神話に語られているのと、よく対応している。

以上の状況から見ると、〝かつて「蛇を守護神とする原初文明」が出雲にも存在し、その文明への否定、というテーマを表現し、P・Rすべく、右の「高志の遠呂智」征伐譚は（弥生期に）新作された〟。これがわたしの仮説であった（『古代は輝いていた』第一巻参照）。

この仮説は昭和六十一年七月、現地で裏づけをえた。斐伊川上流、仁多郡三沢、光田《みつた》（古名、三津）の谷の上の尾根の大杉（土地の人が「よねんさん」と呼ぶ）に毎年「蛇綱」が懸けられていたという。敗戦後、それは途絶した。しかし、近隣の「栗尾谷《くりお》」では、今もつづけられているのである(15)。

周知のように、出雲とその周辺では、各神社の神楽で「八股の遠呂智退治」が行われている。そこでは当然ながら、「遠呂智」は百パーセント悪役である。そのような精神環境の中で、〝新たに〟大蛇を「守護神」とする行事が〝作られる〟とは考えがたい。したがってやはり、「大蛇退治」譚以前に、この行事が早くより現地に存在し、それが現代に遺存したもの、そのように解するほかないであろう。

以上のように考えてあやまりないものとすれば、今問題の「蝮部」は、同じく仁多郡に存在している（右記の(23)）のであるから、右の、当地における「守護神としての大蛇祭祀」にかかる「部」、そのように見なすべき可能性ははなはだ高いのではあるまいか。

同じく、(11)の場合、秋鹿郡の中枢、佐太神社は〝蛇にまつわる神事〟をもつ名社として伝えられている。ここでも、「蝮部」が〝大蛇（あるいは毒蛇）祭祀の「部」〟であった可能性の高いことが知られよう。

以上がわたしの理解である。これと従来の解とを対比させてみよう。

従来はしばしばこれを、「蝮之水歯別命」（反正天皇。古事記）の「御名代」と見なしてきたようである。たとえば、武光誠氏の『古代史演習　部民制』の「名代子代一覧」に

〈名称〉　多治比部（丹比部・蝮部・蝮王部）
〈管理氏族〉　多治比連・外治比首・蝮王首
〈最初の領有者名（王宮名）〉　蝮瑞歯別（反正天皇）
〈関連皇族名〉　多治比古王（宣化天皇孫十市王の子）？・＊＊
〈設置記事〉　記
（＊＊は古事記・日本書紀以外の史料に拠ったもの、を指す。「記」は古事記を指す。）

とあるのも、その一例であろう。

けれども、問題のポイントは次の一点である。

依拠史料は古事記であるけれども、その古事記に、「蝮部を置く」という記事があるわけではない。

まして「出雲に蝮部を置く」などという記事はない。

また日本書紀の場合、一般的に古事記より記事が詳密であるけれども、ここでも、「蝮部」設置の記事はない。


　天皇、初め淡路宮に生る。……是に於て井有り。瑞井と曰ふ。則ち之を汲みて太子を洗ふ。時に多《た》遅《ぢ》の花、井の中に有り。因りて太子の名と為すなり。多遅の花は、今の虎杖《いたどり》の花なり。故《かれ》、多遅比《たぢひ》瑞歯別天皇と称謂《となへい》ふ。……冬十月に、河内の丹比《たぢひ》に都す。是を柴籬《しばがき》宮と謂ふ。〈反正天皇紀〉

ここでは「蝮」の表記もなく、もっぱら「多遅花」に関連して逸話化されている。

しかし、以上のような〝史料上の「部」設置記事〟の欠如にもかかわらず、出雲風土記中の「蝮部」をはじめ、各地の「蝮・多治比」名辞の「部」が、反正天皇の「御名代部」と見なされるのは、なぜか。

それはすでにのべたように、

たげとならない。

①記・紀の記事は、後代の「造作」であるから、そこに「設置記事」のないことは、何等立論のさまたげとならない。

②あらゆる「部」は、近畿天皇家下の政治組織であるから、天皇名・皇后名・皇子名と共通する名辞の「部」は、それぞれの「御名代部」「御子代部」と見なしてさしつかえない。

以上のような「津田命題」（もしくは「津田命題の拡大」井上光貞氏による）によって〝ささえられ〟ているのである。いいかえれば、いわば「理念」もしくは「観念」にもとづくのみであり、実証にもとづくものではないのである。

その上、なぜ、とり立てて出雲の地の仁多郡と秋鹿郡に、その「反正天皇の御名代部」なるものが設置されねばならないのか、一切不明である。

これに対し、わたしの理解の場合、何よりも土地とその歴史、民俗との間に、密接な対応関係をもっているのである。

六

以上の論証の帰結は次のようである。

〝大穴持命以前において、すでに異質・多様の「部」が成立していた。大穴持命の出雲朝廷中心の「部」の組織は、それ以前の、各種・各様の「部」を内包し、統一する、そういう形で形成されたものと見られる〟と。

次の局面にすすもう。

出雲風土記の中には、「大穴持命以前」に成立した、と見られる「部」だけでなく、「大穴持命後」と見られる「部」もまた、ふくまれている。それについてのべよう。

⒁若倭部臣（出雲）　一九九

右の「若倭部」というのは、いかなる「部」であろうか。

先ず、「若α」という語が、「α」という原語をもとにして成立した成語、いわば派生語であることはいうまでもない。たとえば「頭《かしら》」に対する「若頭」といった語のごときである。熟語構成上の問題としては同一の形成過程をもつものであろう。とすれば、この「部」を考える上で基本をなすもの、それは「倭」の意義であろう。

わたしはすでに、この「倭」に二義あることを論証した（『古代は輝いていた』第三巻、『古代史を疑う』参照）。その要点を左にのべよう。

㈠古事記・日本書紀・万葉集・風土記等で「倭」ないし「大倭」を「ヤマト」と読むべきケースの多いことはよく知られている。

①是以至レ今其子孫、上レ於レ倭之日、必自跛也。〈顕宗記〉

②以二珍考一為二倭国造一。〈神武紀、二年〉

③天尓満倭乎置而（そらにみつ、やまとをおきて）〈万葉集巻一、二九、「過二近江荒都一時、柿本朝臣人麿作歌」〉

④今所三以号二勝部一者、小治田河原天皇之也、遣二大倭千代勝部等一令レ墾レ田、即居二此山辺一故号二勝部岡一。〈播磨国風土記、大法山〉

右はいずれも、周知の例の一端である。

㈡しかしながら、これとは異なる「倭国」が存在する。三国志の魏志倭人伝に記載されている邪馬壹国（改定国名、邪馬臺国）は、わたしの論証によれば、「博多湾岸及びその周辺山地」（『「邪馬台国」はなかった』）および「筑前中域」（糸島・博多湾岸・朝倉の間。春日市を中心とする。『「邪馬台国論争は終った」『続・邪馬台国のすべて』所収、『ここに古代王朝ありき』『古代は輝いていた』第一巻、三書とも朝日新聞社刊）が、その地であった。すなわち、中国と国交を結んだ倭国の首都圏はこの地帯だったのである。

以上のような論証の帰結、それは次のことを意味しよう。この「倭国」は「ヤマト」に非ず、「チクシ」を意味する、と。ここには前記㈠に現われた「倭国」とは、別異の姿が見られる。しかも重要な点、それは前記㈠の各史料がいずれも八世紀に成立した書物上の記載であるのに対し、こちらは三世紀の史書であることだ。いいかえれば、「倭国＝チクシ」が古く、「倭国＝ヤマト」は新しい。――この帰結である。[16]

㈢右のように「倭国＝チクシ」をしめす史料は三国志の魏志倭人伝だけではない。朝鮮半島側の史書、三国史記・三国遺事にも、同一の「倭国」が現われている。

脱解は本、多婆那国の所生なり。其の国、倭国の東北一千里に在り。〈三国史記。〉（三国遺事にも、類同の文あり）

右は新羅の第四代、脱解王が倭国側（日本列島側）の出身であることをしめす、冒頭の文である。つづいて次のように記せられている。

初め、其の国王、女国の王女を娶りて妻と為す。娠有り。七年、乃ち大卵を生む。王曰く「人にして卵を生む。不祥なり。宜しく之を棄つべし」。其の女、忍びず。帛を以て卵并びに宝物を裹《つつ》み、櫝中に置き、海に浮かばせて其の所往に任《まか》す。初め金官国の海辺に至る。金官の人、之を怪しみて取らず。又辰韓の阿珍浦口に至る。是、始祖赫居世在位三十九年（前十九）なり。時に海辺の老母、縄を以て引き海岸に繋ぎ、櫝を開きて之を見るに、一小児の在る有り。其の母、取りて之を養う。

以上の史料のしめすところによれば、「倭国」は博多湾岸、多婆那国（三国遺事では、竜城国）は北九州市から下関市にかけての地帯、に当るものと思われる。その論証は左のようである。

〈その一〉この説話では、〝漕ぎ手のいない小舟〟が、はじめは金官（釜山近辺）、のちに阿珍浦口（慶州近辺）に漂着した、という形でストーリーが展開されている。これは東朝鮮暖流の海流コースをしめしている。この海流は対馬海流が、壱岐・対馬の海域をはなれてまもなく、北九州市の北の海域近辺で、東（出雲方面へ）と北（慶州方面へ）の二方向へ分岐する、その一方、北上するものである。従ってこの海域（北九州市・下関市近辺）を東限とし、ここより東では、右のような「漂流」は不可能である。

もちろん、右のような〝漕ぎ手のいない、卵と宝物を乗せた舟の漂流譚〟など、現実の事実としてはありえないものといえよう。その核心をなす「卵の形で生れた人間の子」など、当然ながら無稽の架構譚であるから。しかしながら、問題は〝説話の語り手と聴き手〟との間に、共通の常識として存在する「海流の論理」である。そういう「共有の土俵」に立っていなければ、それこそ説話は〝お話にならない〟のである。

〈その二〉以上のような考察からすれば、右の「倭国」が近畿大和をふくむ本州内部を中心域とするものでありえないことは明瞭である。それらは右の「東限」以東の領域だからである。

また九州でも、中部・南部ではなく、北部、ことに九州北辺に、この「倭国」の中枢領域が存在すること、それは自然な観察結果であろう。しかも、「東北一千里」を考慮すれば、九州北辺の西半分に当ることが予想される。とすれば、博多湾岸近辺こそ、そのもっとも有力な候補地となろう。

〈その三〉右の「一千里」は、漢の長里（一里＝約四三五メートル）ではなく、魏・西晋の短里（一里＝約七七メートル）[17]に当るものと思われる。なぜなら、長里の場合、到底右の「東限」以西に多婆那国が存在することは不可能だからである。

〈その四〉この点を裏づけるのは、志賀島の金印である。「漢委奴国王」という文面は、中国の印制のルールからすれば、「漢の委奴の国王」と二段に読むべきであり、この博多湾岸の王者を「委奴」すなわち〝倭人種族〟の統一の王者と見なしたからこそ、中国側はこれに「金印」を授与したのである。いいかえれば、中国（後漢）を中心とする東アジアの国際常識において、博多湾岸を中心域とする筑紫の王者こそ、倭人全体の中で中心的な統一の王者であったこと、この一事を疑うことは困難であるように思われる。

一方、この問題と対応する、見のがしえぬ問題は、脱解王の即位年である。それは後漢の光武帝の建武中元二年（五七）である。すなわち、右の志賀島の金印授与の、当の年である。したがって右の脱解王説話中の「倭国」の中枢域が、博多湾岸であること、それは当然の判断ではあるまいか。

以上、三国史記（及び三国遺事）中の脱解王説話における「倭国」が「ヤマト」でなく、「チクシ」を意味する用法であったことが知られよう。

(四)以上のように「倭国＝チクシ」を意味する用例は、三国志・三国史記・三国遺事といった海外史料だけではなく、国内史料たる古事記の中にも現われている。その実例を指摘しよう。

又其の神（八千矛の神＝大国主命）の嫡后須勢理毘売命、甚だ嫉妬為《し》き。故《かれ》、其の日子遅《ひこぢ》の神、わびて、出雲より倭国に上り坐《ま》さむとして、束装《よそひ》し立たす時に、片御手は御馬の鞍に繋け、片御足は其

の御鐙《みあぶみ》に踏み入れて、歌ひて曰く、……〈古事記、神代巻、須勢理毘売の嫉妬の段〉

右の「倭国」は従来、「ヤマトノクニ」と訓まれて疑われなかった。本居宣長の『古事記伝』より、岩波古典文学大系の『古事記』、岩波文庫本の『古事記』（倉野憲司校注）、角川文庫本の『新訂古事記』（武田祐吉訳注・中村啓信補訂・解説）等すべてそうである。中でも、岩波日本思想大系の『古事記』（青木和夫・石母田正・小林芳規・佐伯有清）は、もっとも詳しく、次のように記している。

「倭国。大和国（奈良県）。記では倭国の表記、ここが初出。大国主神の神話が、ここで出雲だけではなく倭国にも関係することをほのめかす。なお記のなかの倭には広狭三種類があり、この場合の倭は大和国であって今の奈良県を指すが、「倭建命」（一七九頁）の場合は広義であって紀に日本武尊と書くように日本全体を指し、「倭は国ノ真秀ロば」（一八九頁）の場合は狭義であって大和神社のある大和国城下郡大和郷を指すという。」（七二ページ、上欄）

右のような通説の立場は、史料実証の立場から見れば、非である。その理由は左のようだ。

①大国主神は右のフレーズ（「自二出雲一将レ上二坐倭国一而（下略）」）のあと、筑紫の宗像（胸形）へと向っている。

故《かれ》、此の大国主神、胸形の奥津宮に坐す神、多紀理毘売命《たきりびめ》を娶《めと》して生める子は、阿遅鉏高日子根神《あじすきたかひこね》。

〈大国主の神裔〉

このような、実際の巡行のあり方は、「倭国＝ヤマト」という通説を否定し、「倭国＝チクシ」という、古い用法と合致している。

②右は、決して「結果」としての巡行先からのみ判明するものではない。右のフレーズと右の結果との間におかれた二つの歌（須勢理毘売と大国主神の歌）もまた、同じ帰結をしめしている。

㋑須勢理毘売《すせりひめ》の歌――「打ち廻《み》る島の埼埼《さきざき》、かき廻る磯の埼落ちず」と言っているように、大国主の行路が〝海岸巡行〟であることをしめしている。この点も、その行路は「出雲→大和」でなく、「出雲→筑紫」のコースに妥当するものである。

㋺同じく、大国主神の歌には「沖つ島胸見る時」というフレーズがリフレインされている。この「沖つ島」は、女性をシンボライズした詞句と見られるが、その女性は〝海に居す〟ものとして見るとき、もっともふさわしい。山の女性（大和乙女）のイメージではない。もっと端的に言えば、「沖つ島」とはすなわち「奥津（おきつ）宮」なる女性、多紀理毘売命を指すための詩的表現と見られる。この点、やはり「倭国＝チクシ」の理解にピッタリ一致する。

③右の「自二出雲一将レ上二坐倭国一而」の「上る」の一語について。

大国主神の妻（須勢理毘売）を「嫡后」と言い、大国主神の巡行を「幸行」と言っているように、ここでは大国主神は〝中央主権者〟として扱われている。すなわち、出雲は、文字通りの中心地である。しかるに「上る」というのは、これが「権力中心へ行く」という意味であるとすれば、不可解である。この一段に「大和」を「都」と見なすべき形跡は、他に全く存在しない。

しかし「倭国＝チクシ」の場合、事情は異なる。なぜなら「出雲→筑紫」間には対馬海流が流れており、その方向は文字通り「上る」だからである（この一文の直前に、須佐之男命の大蛇退治の一段があるが、そこでも斐伊川の上流へ行くことを「上る」と表現している。ここと同一の自然地形的用法である）。ところが、通説のような「倭国＝ヤマト」の理解からは、この「上る」の一語をナチュラルに処理することが全く不可能である。

以上、いずれの問題からも、「倭国＝ヤマト」という通説の非、「倭国＝チクシ」という理解の妥当性が、立証される。

七

以上の論証によって「倭国」には、「ヤマト」（新）、「チクシ」（古）という二義のあることが明らかにされた。では、今問題の「若倭部」の場合、その「倭」は、いずれの用法であろうか。

先ず、「倭＝ヤマト」説の場合。

このさい、関連して問題にすべきは、「若倭根子日子大毘々命（開化天皇）」との関係である。先にあげた、武光誠氏の『古代史演習　部民制』でも、「名代子代一覧」の冒頭に、

〈名称〉　若倭部（若養徳部）
〈管理氏族〉　若倭部臣・若倭部連
〈最初の領有者名（王宮名）〉　若倭根子日子大毘々命（開化天皇）
〈関連皇族名〉　景行天皇皇子稚倭根子皇子＊

（人名は主に『古事記』。『日本書紀』に拠ったものは＊）

開化天皇が「若倭――」という名称をもつことは、古事記に明瞭に記されている（日本書紀は「若日本――」）。ところが、記・紀ともに、この開化天皇の「御名代部」が出雲に置かれた、などという記事は一切存在しない。ないにもかかわらず、（「御名代部」記事は一切「造作」として斥けた上で）この出雲風土記の「若倭部（臣）」をもって、開化天皇の「御名代部」と見なす、これが津田史学の後継者たる戦後史学の指向してきた道である。(18)

ところが、ここに一つの「躓きの石」があった。なぜなら、津田史学にとって「神武～開化」の九代

は架空の天皇群であるはずであった。井上光貞氏の場合はさらに遅く、確実な天皇系譜は、五世紀以降とされた。いずれの場合も、第九代の開化が、後代の述作たる「架空の天皇」に属したこと、〝疑いなきところ〟のはずなのであった。

その「架空の天皇」の御名代部が作られた、というのは、何とも解しがたい、苦しき「矛盾」となろう。もっとも、近年、これらの「部」をもって、一連の「造作」の行われたあとの時期になって、あえて（その「造作」の裏付けとして）置かれたもの、そのように見なす論者も現われている。(19)

しかしながら、このような「仮説」に対しては、直ちに反論が生じえよう。

いわく「ではなぜ、神武天皇から孝元天皇までの八代の御名代部は、作られなかったのか」と。もしそれらが七世紀後半までに作られたとすれば、八世紀代に成立した古事記・日本書紀・風土記等の諸史料にそれが表現されないはずはないであろう。ことに神武天皇の御名代部などを〝書き洩らす〟おそれなど、万に一もありえないのではあるまいか。ここにおいて、いったん、その論理的帰結であるかに見えた、右のような論者の「仮説」も、さらに一段と強固な矛盾に陥るほかないであろう。

以上のように考察してくると、一見容易に見えた、「出雲風土記中の『若倭部』をもって、近畿天皇家配下の部と見なす立場、さらには（その必然の発展として）開化天皇の御名代部と見なす立場」は、一種、脱出不可能の矛盾に対面するほかないのである。この事実は、出雲風土記中の「若倭部臣」を「ワカヤマトベノオミ」と訓ずる通説が、意外にも成立しにくいことをしめしているのである。

次に、「倭＝チクシ」説の場合。前稿で論証したように、

第一。出雲の大穴持命の杵築宮、すなわち出雲朝廷を中心として「部」が形成されていた。

第二。出雲より筑紫への「国ゆずり」後、「部」制もまた、原則的に継承された。その上で、「筑紫原

点の『部』」もまた新たに形成されていったもの、と見られる。

以上の立場からすれば、この出雲なる「若倭部」が、「倭＝チクシ」を原点とするものであり、「ワカワベ」もしくは「ワカチクシベ」と訓ずべきものであったこととなろう。その点、別に他奇はない。

問題は、開化天皇の「若倭――」である。この立場からすれば、この「若倭」もまた、「倭＝チクシ」と解すること、それはいわば論理的必然なのではあるまいか。すなわち、開化天皇は、筑紫を原点とする「若倭部の首長」であった。――この帰結である。

戦前の皇国史観のように、開化をもって、実在の「第九代の天皇」すなわち日本列島の統一的王者、と称してきた立場にとって、これは〝驚倒すべきテーマ〟とも見えよう。しかし、古事記が率直にしめしているように、第一代（神武）から第九代（開化）までの間、その勢力は〝大和盆地内〟に跼蹐《きょくせき》されていた。盆地外にその勢力が拡大したこと、それこそが第十代崇神天皇の〝偉業〟に属した。「ハックニシラス」とたたえられたのは、まさにその〝偉業〟を表現したものだったのである[20]。

しかるに一方、この崇神の時代は、古墳時代前期初頭たる四世紀はじめ（前後）に当っていた。したがって同じく、その前代たる開化の時代は、弥生末期から古墳前期初頭にかけて、すなわち三世紀後半から四世紀初頭の間（前後）に当っている、と思われる。

ところが、他方、当時の倭国の中心たる邪馬壹国は筑紫（博多湾岸と周辺山地。志賀島から朝倉に至る、弥生のゴールデン・ベルトを中枢とする）にあった。その地の女王、卑弥呼は「親魏倭王」の称号を中国（魏）の天子から与えられていた。「開化の時代」は、その直後、もしくはそれほど遠からぬ時期に属した、と思われる。とすれば、その卑弥呼の倭国の地たる、九州の一端から出発してきて、ここ近畿の一画に、「侵入者による武装植民地」を形成した一地方勢力が、「若倭部の長」の称号を名乗った（あるいは認められた）としても、何の不思議も存しないのではあるまいか。

ここで、いったん筆をとどめ、津田史学と戦後古代史学における「九代造作説」について吟味してみよう。

第一。先ず「初期天皇九代」と「七世紀末から八世紀前半の天皇」との名称上の類似が指摘された。

〈初期九代〉

1カムヤマトイワレヒコ（神武）
2カムヌナカワミミ（綏靖）
3シキツヒコタマテミ（安寧）
4オオ**ヤマトヒコ**スキトモ（懿徳）
5ミマツヒコカエシネ（孝昭）
6オオ**ヤマトタラシヒコクニオシ**ヒト（孝安）
7オオ**ヤマトネコ**ヒコフトニ（孝霊）
8オオ**ヤマトネコ**ヒコクニクル（孝元）
9ワカ**ヤマトネコ**ヒコオオビビ（開化）

〈七・八世紀代〉

41オオ**ヤマトネコ**アメノヒロノヒメ（持統）
42**ヤマトネコ**トヨオオジ（文武）
43**ヤマトネコ**アマツミシロトヨクニナリヒメ（元明）
44**ヤマトネコ**タカミズキヨ**タラシヒメ**（元正）

〔井上光貞氏『日本の歴史I』二七一ページの表による。右の他、第十代〜第四十代の間の天皇名が「タラシヒコ」「ワケ」「タラシ」「ヤマトネコ」「クニオシ」「タラシヒメ」などを太字にして記せられている〕

右について、井上氏は、七〜八世紀に実在した天皇名にもとづいて、「初期九代」の天皇名が「造作」されたため、両者間の〝名称上の類似〟が生じたもの、と論定しておられる。これらの天皇名は「はなはだしく後世的である」（傍点、原文）とし、「大倭日子・大倭帯日子・大倭根子日子・若倭根子日子」

などの「美称の部分」（傍点、原文）が、「記紀の成立するころ（八世紀はじめ）につくられたものであることをほぼ確実に示している」（二六九ページ）とするのである。

けれども、右のような両者間の類似は果して右の論断を必然ならしめるものであろうか。論理的に、この類似は、次の二つのケースを可能としよう。

(イ)古代から伝承された初期天皇名の一部を〝採って〟、七～八世紀の天皇名が〝名付け〟られた。

(ロ)七～八世紀代の実在天皇名を〝採って〟初期天皇名（九代）が〝名付け〟られた（造作）。

論理的には、右のいずれのケースも可能であるけれども、後者（ロ）の場合、〝造作された初期天皇名〟はいかにも「後代的」に見えすぎ、何よりも〝古代めかして〟見えるべき、古代天皇名として、いかにもふさわしくないのではあるまいか。もしこのケースだったら、「はなはだしく後世的」に見えるのは、井上氏のような後代の研究者の目による前に、何よりも先に、当の七～八世紀の、大和の民衆やインテリの目に、そう見えたのではあるまいか。とすれば、それはおよそ〝「造作の目的」にかなわぬ「造作」〟と言わざるをえない。

これに対し、前者（イ）の場合、現実の天皇名として、古代天皇の伝承名の一部が〝活用〟されること、何の他奇もない。みずからの統治者の威厳を高め、〝古代からの神聖な伝承を背後に負うた統治者〟としてのイメージをP・Rすべく、絶好の名称であろう。ことに古事記・日本書紀という、新たな「史書」を作製し、布告しようとした、七世紀末～八世紀の近畿天皇家の王者として、これ以上ふさわしい〝命名〟はありえないであろう。(21)

以上のように考察してみれば、「津田史学」という造作説を絶対の前提とした井上氏にとってこそ、後者のケースであることは自明、そのように見えたのであったけれど、そのような先入見を取去って冷静に史料事実を見つめれば、決して「九代架空説」の論証とはなりうるものではなかった。逆に、「九代の初期天皇名」の伝承が実在していた、その七〜八世紀時点の実状況をしめすべき史料事実だったのである。

第二。「初期九代、架空説」の著名な論証として「二人のハックニシラス」論がある。

「『記・紀』によると、ハックニシラススメラミコト、つまり、初めて国を統治した天皇が二人いることになっている。一人は、いうまでもなく第一代の神武天皇（『日本書紀』に始馭天下之天皇〈はつくにしらすすめらみこと――傍訓〉とある）、だがもう一人は、実在しない八帝のつぎにくる第十代の崇神天皇（同じく御肇国天皇〈はつくにしらすすめらみこと――傍訓〉）である」〈井上光貞氏『日本の歴史I』〉

「崇神天皇には『記・紀』ともにハックニシラススメラミコト（所知初国天皇・御肇国天皇）、すなわち〝はじめて国を治めた天皇〟という称号を付している。大和の政権が本当に神武天皇からはじまっているなら、崇神がこのような称号をもつはずがない」〈直木孝次郎氏『神話と歴史』〉

以上の論証の問題点を列記しよう。

①神武天皇の場合、これに「ハックニシラス」という訓注を〝振った〟のは、後代写本（北野本・卜部兼右本）である。これら十六世紀写本群に先立つ熱田本（永和元＝一三七五年〜三＝一三七七年）にはない。まして奈良朝古写本群には、本来〝訓注はない〟のである。したがってこれらの「後代写本群の訓注」を古代史上の基本史料として使用するのは、根本の史料操作において不用意というほかはないであろう。

②崇神天皇の場合、「ハックニシラススメラミコト」の「ハックニ」に当る表記は「初国」（古事記）

であり、「肇国」（日本書紀）である。ではこれらの用語の意義は何であろうか。果して「第一代、建国」の意義であろうか。

「（日子国夫玖命）如此平《かくことむ》け訖《を》へて、参上《まゐのぼ》りて覆奏《かへりごとまを》しき。故、大毘古命は、先の命の随《まにま》に、高志国に罷り行きき。爾に東の方より遣はさえし建沼河別と、其の父大毘古と共に、相津《あひづ》に往き遇ひき。故、其地を相津と謂ふなり。是を以ちて各遣はさえし国の政を和平《やは》して覆奏しき。爾に天の下太《いた》く平らぎ、人民富み栄えき。是に初めて男の弓端《ゆはず》の調、女の手末《たなすゑ》の調を貢らしめき。故、其の御世を称へて、『所レ知二初国一之御真木天皇（ハツクニヲシラシシミマキノスメラミコト）』と謂うなり。」〈古事記、崇神記〉

「（十二年）秋九月の甲辰の朔己丑に、始めて人民を校《かむが》へて、更《また》調役を科す。此を男の弭《ゆはず》調、女の手末《たなすゑ》調と謂う。是を以て、天神地祇共に和享《にこ》みて、風雨時に順《したが》ひ、百穀用《も》て成りぬ。家給ぎ人足りて天下大きに平なり。故、称して『御肇国天皇』と謂う。」〈日本書紀、崇神紀〉

いずれも、崇神天皇が大和盆地外に軍をすすめ、東海に、北陸に（あるいは中国地方に――日本書紀）、征服戦争を行った業績、さらにそれらの各地から「調」（地方の特産物の献上）が集められるようになったこと、それらの「戦争と平和」の業績に対して、「初国」「肇国」の術語が用いられている。決して「崇神以前に、先代の王者なし」の意義としての「第一代」をしめす文脈で用いられていないこと、何の疑いもない。もし、その意義なら、当然「第一代（神武）――第九代（開化）」の記事は「カット」されて記・紀内に存在しない。――それが筋道ではないであろうか。

しかるに、原文の明白な文脈（コンテキスト）を無視し、単語のみを抜き出して、自己の好む意義（「初国」「肇国」――第一代）を付して立証根拠とする、それは根本において、史料の客観的な使用方法に拠る、とはいいえないものではあるまいか。

確かに、崇神は〝画期的な業績を樹立した王者〟と見なされ、その「新、拡大領域」に対し、「初国」とか「肇国」とかいった表記が用いられている。そのことは事実だ。だが、その一点から、ことをさらに「拡大」させ、記・紀の一切言わざるところ、「崇神第一代説」の証拠に使おうとするのは、やはり恣意的な史料使用法と言わざるをえないのである。わたしにはそう思われる。

一見、〝第一代〟をしめすかに見える「初国」(古事記)の語も、古事記内の「本国(モトクニ)」の用語と相対比すれば、何の他奇もない。

(a)本国の形を以て産生す。〈海幸・山幸説話――豊玉毘売〉
(b)本国に逃げ下る。〈仁徳記――黒日売〉
(c)本国に退《まか》らんと欲す。〈顕宗記――置目の老媼〉

右のように、問題の崇神記の前(a)にも、後(b)・(c)にも、「本国」という語が用いられている。とすれば、崇神記の場合、「大和」を「本国」とした崇神の「新、拡大国家」それを「初国」と言ったもの、そのように解することが古事記全体の術語使用法、また当の文脈(コンテキスト)に従った理解法である。わたしにはそれ以外の理解は不可能と思われる。

八

以上の反証によって「初期九代、架空」説の決め手のように言われてきた、二つの主柱をなす論証が、決して成立しえぬこと、のみならず、逆に〝崇神に先立つ九代〟の実在を実証すべき史料事実を内包していることが知られる。

少なくとも、崇神の直前の開化(第九代)が大和盆地を征圧していた、という史実を前提にせずして、崇神の対外(大和盆地外)侵出の記事は理解しえないのである。

しかしながら重要な事実、それは次の一事だ。

それは「開化の実在」という事実は、決して彼が「天皇」であったことをしめすものでないことはもちろん、近畿一円すら、その領有下にあった事実をしめすものではないこと、この一事である。

なぜなら、「天皇」の号が、その史上の事実とはかかわりなく、後代(八世紀)における〝連続的(歴代の)追号〟と呼ぶべきものであること、すでに周知のところである。いわば、記・紀の採用した「大義名分上の仮号」にすぎないのである。(22)

さらに、開化がもし、「大和盆地外」の近畿一円やその周辺まで支配していたとすれば、崇神以後の「大和盆地外侵出戦」の意義がいちじるしく失われるであろう。それゆえ、「開化は、大和盆地内の小支配者である」という形で、記・紀(特に古事記)の記載が行われている、そう理解する他ないのである。(23)

以上のような文献理解はまた、弥生期の日本列島の実状とも合致している。なぜなら、弥生後期(後半)において、大和盆地には「銅鐸」が失われ、周囲(大和盆地外)と別世界をなしているからである。いわば〝壺中の天地〟の観を呈しているのである。

以上のような考古学的出土状況の上に、もう一つ重要な事実がある。近畿天皇家が、いわゆる「三種の神器」(勾玉・剣・鏡)ないし「二種の神器」(剣・鏡)をもって神聖なる権力徴証としてクローズ・アップしてきたことは、周知のところである。ところが、これらの徴証をなす出土物が、筑紫(筑前中域)から絢爛《けんらん》と出土することが、よく知られている。三雲・井原・平原遺跡(糸島郡)、飯盛遺跡(福岡市)・

須玖岡本遺跡（春日市）等である。これに比すれば、大和における見田大沢遺跡など、あまりにも〝貧弱〟な、「三種の神器」セットだ。

以上のような出土事実のさししめすところ、それは次のようである。〝弥生後期（末）の大和の豪族は、これに先立つ筑紫（筑前中域）の中央権力者と同一文明徴証に属し、その分岐者としての立場を採っていた〟と。

考古学的出土物のしめす、以上のような史的状況からすれば、先にわたしのしめした「部」に関する史料分析の帰結、それはあえて不審とすべきではないであろう。――いわく「開化は、弥生後期（末）から古墳時代前期（初頭）にかけての頃の、大和の一豪族として、筑紫（倭国の中心）の中央権力者の配下の、一武装植民地のリーダーとして、『若倭部の首長』を名乗っていた」と。この帰結である。

同じく、出雲にも、筑紫なる「倭国」中枢の配下の「若倭部」がおかれた。当然「国ゆずり」後の現象である。その〝新しき〟伝統をになう「部」、それが出雲風土記の署名中に現われる「若倭部臣」なのであった。

九

以上の論証によって、出雲風土記の署名者中に現われる「若倭部」という「部」が、従来の通説のように、「ヤマト」を原点にした「部」と見なしたときには、到底脱出しえぬ自家撞着に陥る他なきこと、逆に「チクシ」を原点とした「部」と見なしたときには、考古学的出土物の分布状況にも対応した、自然な理解を獲得しうること、その状況がしめされたのである。(24)

最後に検討すべき「部」。それは「吉備部」の存在である。

㉑吉備部臣（神門）　二一五

これも署名中のものであるから、いずれの時点で成立した「部」であるか、直ちには判別できない。しかし、この「部」が出雲の南隣の地、吉備と直接のかかわりをもつ「部」であることは、当然察知されよう。

ところが、日本書紀の内包する史料中、「吉備——出雲」間のかかわりをしめす著名な記事がある。

（崇神）六十年の秋七月の丙申の朔己酉に、群臣に詔して曰く、「武日照命（一に云う、武夷鳥。又云う、天夷鳥。）の、天より将来せし神宝を、出雲大神の宮に蔵む。是れ、見んと欲す。」と。則ち矢田部造の遠祖武諸隅《たけもろすみ》（一書に云う、一に大母隅《おおもろすみ》と名づく。）を遣わして献《たてまつ》らしむ。是の時に当りて、出雲臣の遠祖、出雲振根、神宝を主《つかさど》れり。是に筑紫国に往きて遇はず。其の弟飯入根、則ち皇命を被《うけたまは》りて、神宝を以て、弟甘美韓日狭《うましからひさ》と子鸕濡渟《うかづくぬ》とに付して貢り上ぐ。既にして出雲振根、筑紫より還り来りて、……兄、弟の飯入根を撃ちて殺しつ。……是に、甘美韓日狭・鸕濡渟、朝廷に参向して、曲《つばひらか》に其の状を奏す。則ち吉備津彦と武渟河別とを遣して、出雲振根を誅す。〈日本書紀、崇神紀〉

右の記事のしめすところ、それは次のようである。

第一。出雲振根は筑紫国との関係が深かった。

第二。崇神天皇は彼に対して「出雲の神宝」を求めた。

第三。振根は筑紫へ行って留守であったが、その間に弟の飯入根が、その神宝を崇神天皇に献じた。

第四。振根は帰ってきて、弟の行為を怒り、弟を殺した。

第五。崇神天皇は、吉備津彦と武渟河別とを遣わして振根を殺した。

以上の記述は果して史実を反映しているであろうか。この問題に対して、文献上一つの蹉跌がある。それは「古事記の崇神記には、全くこの説話が記されていない」という一事である。それはただ、一挿話の有無の問題ではない。崇神記と崇神紀とは、根本的に〝大和盆地外への出撃戦〟の範囲が異なっているのである。

(A)又此の御世に、大毘古命をば高志道に遣わし、其の子建沼河別命をば、東の方十二道に遣わして、其のまつろはぬ人等を和平《やは》さしむ。又日子坐王をば、旦波国に遣わして、玖賀耳之御笠を殺さしむ。〈崇神記〉

(B)（崇神十年）九月の丙戌の朔甲午に、大彦命を以て北陸に遣わす。武渟河別をもて東海に遣わす。吉備津彦をもて西道に遣わす。丹波道主命をもて丹波に遣わす。〈崇神紀〉

右の(B)は、「四道将軍の派遣」として有名な記事である。これに対し、(A)の場合、「三道将軍」であって「吉備方面」を欠いている。(A)と(B)、いずれが〝本来の伝承〟なのであろうか。

(一)もし(B)が本来形であるとすれば、(A)はこの〝四方完備〟の形から、わざわざ吉備（西道）方面を削除し、〝不揃い〟な形に「改定」したこととなろう。ありうることではない。

(二)これに対し、(A)が本来形であったとすれば、(B)はこれに吉備（西道）方面を〝加乗〟し、「四道完備」の形に〝ととのえた〟こととなろう。天皇家の史書として、この方がありうるケースであろう。有名な「景行天皇の九州大遠征譚」が日本書紀の場合、〝加乗〟された事例[25]からしても、この手法は日本書紀にとって、常套的手法の一に属しているのである。

以上の考察よりすれば、日本書紀における吉備（西道）征伐譚は、本来の伝承ではなく、後代の加乗形と見なさざるをえない。したがって先にあげた、吉備津彦等の派遣による出雲征伐譚は、これを〝信憑しうる史料〟とは見なしえないのである。

では、この原史料の史料性格は何か。日本書紀には、その説話自体を〝空想〟によって創作する、そういった手法の跡を検出することはできぬ。代って、本来は他（近畿天皇家以外の権力者）に属する史料を、本来の原史料から切り取って、書紀中に「挿入」して、あたかも天皇家の史実であるかのように「架構」する、そういった手法の頻用された史書なのである。(26)

このような常套的手法から見れば、右の「出雲征伐譚」の本来の所在はどこにあったのであろうか。この説話のもつ基本性格から見ると、吉備の権力者（吉備津彦）こそ、この「出雲征伐譚」における本来の主人公だったのではあるまいか。

考古学的事実から見ても、吉備には造山古墳・作山古墳等、きわめて巨大な古墳群が存在し、同時代の「天皇陵」古墳（近畿）より、時あってより巨大であることが知られている。(27)

このような巨大な勢威をもつ権力者は、ただ吉備一国のみを支配領域としては、成立しうるものではない。当然、周辺の国々（播磨・出雲・鳥取等）、すなわち中国地方全域もしくはそれに近い領域が支配下にあったと考えざるをえないであろう。したがって、出雲も、その支配下に編入された時期があった、そのように考えられよう。

事実、先の「出雲振根征伐譚」のあと、問題の神宝については、大和でなく、丹波の氷上《ひかみ》の人（氷香戸辺）が、近畿側に報告したことがのべられている。「崇神天皇が出雲の神宝を欲した」ことが、出雲征伐譚の発端であったように語られている、その冒頭部と、いささか齟齬《そご》を生じているのである。これも、本来「他（吉備）の伝承」を挿入したために生じた〝不手際〟なのかもしれぬ。

ともあれ、以上のような、文献分析及び考古学的な古墳分布から見ると、出雲風土記中の「吉備部」

とは、率直に言って「吉備を原点とする『部』」、そのように解することこそ、もっとも自然な帰結ではあるまいか。「部」の原点（権力者）は、出雲や筑紫や大和に限らず、吉備を原点としたものもまた存在した、そのような歴史的理解へとわれわれは到達したのである。

十

本稿の論証を要約しよう。

第一。前稿では「部」という存在が、決して「大和中心の一元的制度」ではないこと、より古くは筑紫、さらに古くは出雲（大穴持命の朝廷）を原点としてすでに成立していた、弥生期（前半）以来の、ながい歴史的伝統を背負った制度であったことを論証した。

第二。これに対し、本稿では、さらに、出雲風土記における「部」の存在が、決して〝大穴持命時代から始まる〟ような新しき制度ではなく、すでに大穴持命時代以前において重層した、かつ多元的な成立を見ていた可能性をもつことを論証した。「楯部」「蝮部」の問題がそれである。すなわち、出雲風土記の内部構造のしめすところ、「大穴持命の朝廷は、それ以前に多元的に成立していた『部』を継承し、拡大し、統合していた」この事実を指向していたのであった。

第三。他方、出雲風土記内に記された「部」は、出雲原点時代以降に成立した、と見られるものもふくんでいた。「若倭部」「吉備部」がこれである。前者は筑紫原点時代（「国ゆずり」後）、後者は吉備原点時代（吉備の出雲支配期）の成立である可能性が高い。少なくとも、これらをすべて「大和原点」の立場から理解しようとするとき、重大な矛盾と自家撞着に遭遇せざるをえないであろう。

第四。以上の論証によって、わたしは前稿でのべた帰結、すなわち「部の歴史的拡大と発展の諸相」を具体的に分析し、立証しえた。

すなわち〝七～八世紀の諸史料、文献や木簡中に現われる「部」は、さまざまの淵源をもつ。あるいは出雲、あるいは筑紫、あるいは大和、あるいはその他を原点（権力中心）として成立したもの、その遺存形である。したがって恵まれた史料の遺存状況が存し、適切な方法論によって分析しえたならば、それぞれの淵源ないし中心点の所在を明らかにしうるであろう〟と。

以上の命題を、八世紀に成立した史料たる出雲風土記によって立証したのである。これが本稿の眼目であった。

さて、最後に一言する。

本稿の論証は次の事実を意味する。

〝弥生前半期と見られる大穴持命時代以前に、すでに重層した、多元的な「部」が成立していた、ということになれば、それは当然「縄文期」に遡る成立及び存在といわねばならぬ〟と。

このような帰結は、従来の古代史学界の常識において、直ちに激しい拒絶反応の生ずること、当然といえよう。〝縄文時代の政治組織〟などという概念は存在しなかったからである。

けれども、ひるがえって冷静に思料すれば、紀元前一万年前後に縄文土器が発明されてより、大約《おおよそ》一万年間、豊富かつ多層的な土器文明がこの日本列島内で拡大し、発展しつづけてきたのであるから、その間、人間関係の組織たる「政治組織」もなく、それをしめす「用語」もなく、ただ無秩序、無言のうちに各自単独で土器製作にふけっていた。そのような「仮想」が果して史的事実として許されうるであろうか。――否。

すでに近来の縄文研究は確認している。縄文中期の「土器の共同製造場跡」と見なさるべき遺跡（茨城県、赤塚遺跡）の存在、またさらに縄文前期の「共同生活の場の跡」と見なさるべき遺跡（長野県、阿久遺跡）の存在が知られている。また、いわゆる「貝塚」も、かつていわれていたごとき、単なる「ごみ捨て場」ではなく、「共同食料生産場」遺跡としての性格をもつものの少なくないこと（たとえば、千葉県、加曽利遺跡）、わたしがすでに提言したところであったけれども[28]、近年考古学者、もしくは発掘責任者の中からも、ようやく認められてきたように見える。

このような状勢の意味するところ、それは何か。端的に言って、「縄文時代に共同生活・共同生産・流通経済・経済組織があった」という一事ではあるまいか。その一事を認めれば、とりもなおさずそれは「人間関係の組織」としての「政治組織」の存在を認めることとなろう。なぜなら、後者なしに、ただ前者のみ、そういった状況を考えること、それはかえって極めて〝空想的〟といわざるをえないからである。すなわち「縄文期における政治組織の存在」――この認識は、ついに不可避なのである。

とすれば、このことは当然、それに対応すべき「言語」の存在を必然としよう。人間が言語的動物である限り、〝言語抜きの政治組織〟など、ありうべくもないからである。

この点は、他の面からも肯定せられよう。それは七～八世紀という歴史時代の「言語」のもつ歴史性の問題である。縄文一万年に対して、弥生・古墳期はわずか九百年前後にすぎぬ。そのあとが七～八世紀時代である。その七～八世紀の言語が、縄文一万年の間に成立していた言語の上に立つものであること、それはおよそ疑うべくもない、根本の真実である。

もちろん、大陸や半島からの「渡来」があり、その渡来者のもたらした「異言語」も当然ありえよう。しかしながら、一万年の縄文人が絶滅し、いったん日本列島が無人島となり、そのあと全き新人類としての渡来人が渡来した。――そのような異常事態を想定せぬ限り、右の根本の真実は否定しがたい。そして右のような「無人島時代の存在」は、その事実を全く認めがたいのである。

とすれば、「部」「伴」「緒」といった、七〜八世紀時代に成立した文献に現われる用語を、右のような広大な、自然な言語伝統から切り離し、あえて「新規の成立語」と限定すべき必然性は全くない。ことに当の文献中の使用文脈を無視してそのように断ずることは、あまりにも「無謀」なのではあるまいか。

この点、中国側の史的状況と対比すれば、一段とことは鮮明となろう。日本列島の縄文晩期（前一〇〇〇〜前三〇〇前後）は、すなわち中国の周代である。周代に「政治組織」の存在したこと、およそ疑義する人は存在しないであろう。それどころか、孔子という、高度の「政治思想」の達人さえ出現しているのである。それだけではない。夏・殷・周の変換期には「革命」という、高度の「政治変動」の存在したことが記録されている。

これと同時期、中国大陸に先んじて（少なくとも、並んで）[29]土器文明を開始させた日本列島において、久しく「政治組織」や「政治言語」なしに人間の歴史が推移していた、と見なすこと、それはあまりにも〝空想的〟なのである。

この点、中国が「文字」（漢字）を発明し、その文字記録としての史書（史記・漢書等）を現代に遺存させていること、この（わたしたち現代人にとって感謝すべき）事実と、ことを混線させてはならない。文字記録は、過去の事実を認定するための貴重な遺物であるけれども、逆に「文字記録がないから、その事実はなかった」というような、倒錯した認識の姿勢をとることは、理性ある人間にとって全くの誤謬である。

もちろんこのことは、文献徴証なきことを「想像」で補い、これを「事実」と称する、といったような、恣意的な手法への依存とは全く異なる。逆だ。七～八世紀の文献が、はるか悠遠の時代（大穴持命の時代、もしくはそれ以前）として記録していることを、後代人（現代人）の、あまりにも後代風の判断に立って、軽易にこれを否定してはならぬ。これである。そして縄文期の遺跡事実もまた、これ（縄文期における経済と政治組織の存在）を裏づけている。この遺跡事実のもつ的確な意味を無視しつづけることは危険である、と。これが、わたしの提起するところなのである。

＊　　＊

以上のような見地から、補足すべき点は「部」の用語の起源の問題である。この点について、「べ」は本来の国語でなく、「部の字音とし漢語とする」説が、内田銀蔵の「日本上代の氏族制度について」（『日本経済史の研究』下巻）でのべられた。これに津田左右吉が賛成し、その上で「べは古い時代に百済人から伝へられた音であり、フは後になって支那人から学んだものでは無からうか。」（「部の一般的性質及び部の語の由来」『日本上代史研究』五〇四ページ）とのべてより、「べ＝百済音」説は、部民制の研究史上、きわめて有力な仮説としての位置を保持してきた(30)。

しかしながら、この仮説には、三つの難点が存在する。

㈠津田は、周書百済伝に「各有部司、分掌衆務」とあり、「穀部、肉部、馬部、刀部、薬部、木部」などの名も見えていることを指摘し、これを「部、百済制淵源説」の史料根拠としている。しかし、この六世紀前後において、百済音において「部」を「べ」と発音したかどうか、全く根拠はない。「六世紀の百済音」を復元すべき確実な史料、たとえば「百済の韻書」など、存在していないのであるから、これは当然である。

従って津田の仮説そのものを支える的確な史料は存在せぬ。——これが動かしがたい基本の史料事実なのである。

(二)これに対し、日本語に「へ」という単語の存在すること、事実である。「へり〈縁〉」「へや〈部屋〉」等、いずれも「中心」に非ず、「傍縁」を意味するようである。「へり」が「へ」を語幹とし、「り」という語尾をともなっているように見えること、「へや」が家屋を意味する日本語の「や」に、その一部たることをしめすらしい「へ」の語が接合されていること、いずれも同一の語源に立つものであるかに見える。また万葉集にも、次の諸例がある。

(a)奥波　辺浪之来縁　左太能浦之　此左太過而　後将恋可聞〈巻十一、二七三二〉

(沖つ波辺波の来寄る左太の浦のこの時《さだ》過ぎて後恋ひむかも)

(b)大皇乃　敝尒許曽死来〈巻十八、四〇九四〉

(大君の辺にこそ死なめ)

(c)夜伎多知乎　刀奈美能勢伎尒　安須欲里　毛利敝夜里蘇倍　伎美乎等登米牟〈巻十八、四〇八五〉

(焼大刀《やきたち》を砺波《となみ》の関に明日よりは守部《もりべ》遣《や》り添へ君を留《とど》めむ)

〔いずれも、岩波古典文学大系本『万葉集』による〕

右の(a)の「辺浪」や(b)の「大君の辺」の「へ」も、いずれも、先の「傍縁」を意味する用法であり、日本語のように思われる。

さらに(c)の「守部《もりべ》」の場合、「番人」の意のようであるが〈上欄注、第四、二七五ページ〉、用字が(b)と同じ「敝」である点から見ても、やはり「中心者〈権力者、主人〉に対する、傍縁者」の意の用法であろう。

以上のような用法例から見ると、「――部（べ）」というときの「へ」もしくは「べ」を、本来の日本語と見なすべき可能性も十分に存在し、これをあらかじめ無視することは危険。そのようにいわねばならぬ。

㈢津田があげた周書百済伝の記事以前に、中国の史書に「部」に関する記述は古くから存在する。

①浸淫蹩レ部。〈揚雄、羽獵賦〉

〈注〉善曰、部、軍之部伍也。

②自称二柱天都部一。〈後漢書、宗室、斉武王伝〉

〈注〉都部者都二統其衆一也。

右の揚雄は前漢末・新（一世紀初頭）の人であるが、ここに現われた「部」は「軍の部伍」の意である。一方、出雲風土記中の「楯部」は、単に〝楯を作る工人集団〟の意ではなく、神魂命の御子たる天の御鳥命が「楯部」となった、というのであるから、むしろ「軍事集団の長」を意味する用法ではあるまいか。この点、揚雄の用いる「部」の用法にむしろ相近いのに驚かされる。

右の②の後漢書の事例は、当然一～二世紀に当る後漢代に行われた用例である。これは光武帝の長兄たる伯升（斉の武王、縯）が自家の誇称として用いた表現[31]であるけれども、この誇称の成立の背後に、いわゆる「天柱山信仰」のごとき古代信仰のイメージが前提となっていること、疑いがない。

これに対し、出雲風土記の「蝮部」の場合も、古代の「蝮信仰」の存在を背景にして成立したものとすれば、右と一点の脈絡が存在する、ともいいえよう[32]。

もちろん、出雲風土記の「部」がこれらの中国古典の事例と直接の交渉があるわけではない。しかし、津田のあげた周書百済伝以上によく対応する用法が中国側にすでに存在する、この点に留意すべきではあるまいか[33]。すなわち、「へ」ないし「べ」という〝日本語〟に対し、中国文字の「部」を当てて用いた、という、もっとも通常の可能性は決してこれを無視できないのである。

以上、わたしはここで「『べ』は本来の日本語である」とか、「百済の『部』制の影響を受けなかった」とかいう断案をしめそうとしたつもりはない。それには、右の小論では、あまりにも不十分であろう。

けれども、反面、「『べ』は百済音の移入であり、これは『部』制が百済の制度の影響下に成立したことをしめすものである。従ってわが国の部民制の成立は、その時期（六世紀頃）以後の成立である」といった「仮説」が、安易に〝大前提〟視され、〝定論〟視されることの、はなはだ危険であることは、十二分に察せられよう。

以上、本稿の論証の帰結、それはいずれも従来の日本古代史学界の予期せざるところ、また「禁忌」としているところであるかもしれぬ。しかしながら、ことは恣意の空想に非ず、史料上の厳格な実証にもとづくものであるから、願わくは学界の諸家がこれへの対応を回避せざらんことを望むものである。

従来、わたしの論証は、中国の史書の側（三国志・宋書・隋書・旧唐書等）からの分析を主柱としてきた。その分析結果は、従来の日本古代史学界が「共通の土俵」としてきた近畿天皇家一元主義を否定するものであった。しかしながら、旧来の学界は、永年蓄積してきた「国造制」「部民制」等の豊富な論文群に依拠しつつ、これを「黙殺」してきたもののように思われる。

今、同じ「部」制の分析を展開した。従来の近畿天皇家一元主義とわたしの歴史的多元主義といずれが史料事実を客観的に厳正に分析しうるか、その是非を冷静に対比し、論争すべき時期に今われわれは対面しているのではないか。

よって、その一の資として、本稿を学界の諸家の面前に呈することとさせていただきたい。

註

(1) 昭和薬科大学紀要第二十一号（昭和六十二年）〈本書第二篇〉。

(2) 津田左右吉は『日本上代史研究』中の第三篇「上代の部の研究」において、第三章「従来の諸説に対して」の冒頭で次のようにのべている。

「上代の『部』といふものに関する余の見解は、ほゞ上述の如きものであるが、しかし、世には部を民間に於いて種々の職業に従事するもの丶間に自然に発生した同業者の集団であるとする説が行はれてゐるやうであり、又た同一血族の結合とする考えもあるやうであって、それは上記の見解とは大に趣を異にするものであるから、それについてなほ一応の考察を試ることも、無益では無からう。」

このような文章からはじまったこの章は、次のように結ばれている。

「かう考へて余は、氏神の祭祀による同族の団結が上代に存在したといふ、通説に従ひかねるのである。……よし遠い過古《ママ》に於いて部族（往往 Clan の語が適用せられてゐる意味での）とでもいふべき集団が生活の本位であった時代があったとするにしても、記紀に見える氏族の状態をそれと結びつけて考へやうとするやうなことがもしあるならば、それは大なる時代錯誤といふべきであらう。」

津田は、このような「従来の諸説」に反対し、自分は「『部』が朝廷に於ける一定の職掌を有するもの丶称呼、いはゞ制度上の名称である」ことを主張したのであった。

(3) 岩波古典文学大系本『古事記』では、「天津日高日子」は「あまつひこひこ」と読んでいるが、「日高」はやはり「ひこ」ではなく、「ひたか」であろう。「日子」の方が「ひこ」なのであるから。

(4) 読者の方からのお便りの中に、この点の御教示をいただいた。

(5) 「天皇家に姓なし」とは、学問的論証を経過せぬ、一個の〝信仰〟にすぎぬであろう。歴史上の史実に反する。「統一的中心者」となった後には、「姓」使用の必要が多く存しないことは当然であるけれど、それと歴史事実とは、同じ問題ではない。

古事記の神武記に、次の一節がある。

「又、兄師木・弟師木を撃つの時、御軍暫し疲る。爾《ここ》に歌いて曰く、
楯並《たたな》めて　伊那佐の山の　樹の間よも　い行きまもらひ　戦えば　吾はや飢《ゑ》ぬ　島つ鳥　鵜養《うかひ》が伴《とも》　今助《す》けに来《こ》ね」

ここで神武が、「飢え」にさいして、「鵜養が伴」の助力を求めているのはなぜか。米や穀物をうべき相手なら、農民であろう。ところが、神武の父が「鵜葺草葺《うがやふき》」であったとすれば、この職掌は「鵜養が伴」とは、共存一体の間柄といわねばならぬ。従来は、①戦前は、天皇家を神聖視、絶対視していたから、このような視点自身がタブーに属した。②戦後は、津田史学によって「造作」説が先行したから、右のような、興味深き対応に深く注目されることがなかったようである。すなわち、いずれにおいても、両者の生き生きした連関、説話の本領に解明の刃を向けることがなかったようである。

(6) 従来、「神武東遷」の語の用いられることが多かったけれども、これは「大和への遷都」を意味すべき「造語」であろう。しかし、神武たちは日向においては〝豪族の一端〟にあった存在であり、大和においても、外来の一侵入者（インベーダー）であったにすぎぬ。したがってこの「造語」はやはり皇国史観にもとづくもの、といえよう。代って「神武東侵」という方が、歴史的真実に合致するものであろう（銅鐸圏に対する「冒険的侵入者集団とその武装植民地」である）。

(7) 細川本・倉野本・日御埼本・六所神社本の四古写本による読み下し（岩波古典文学大系『風土記』は「改定文」に拠るところ、少なくない）。以下同じ。

(8) 本書第二篇「部民制の史料批判」参照。

(9) 後代には、この両神（天夫比命と天菩比神）を同一神化して理解する、いわゆる「習合思想」が発生したもの、と思われる。

(10)『盗まれた神話』第十三章、及び『古代史を疑う』〈その八〉(駸々堂刊)参照。
(11)岩波古典文学大系『古事記』五七ページ注三四。
(12)中国でも、「天柱山」(大別山脈)などのように、同類の信仰に立つと見られる地名が少なくない。
(13)出雲の隠岐島の島後の郷土資料館等で実見した(朝日トラベル社主催の「古代史の旅」のさい、同行の方々から御注意いただいた)。
(14)この点、さらに興味深い問題展開が存する。別稿でのべたい(隠岐島の場合、細分すれば、黒曜石は島後、海士《あま》村は島前である)。
(15)江角隆吉氏(島根県仁多郡仁多町三沢)による。
(16)新しい「倭国=ヤマト」の概念がいつ成立したか。この問題は別稿でのべたい。
(17)谷本茂氏による(七六〜七七メートル)。古田『邪馬一国の証明』角川文庫「解説にかえて」(なお第五篇に詳述)。
(18)古事記の垂仁記で、「出で行くの時、到り坐す地毎《ごと》に、品遅《ほむじ》部を定むるなり」とある。これが「本牟智和気王の御名代としての部民」(岩波古典文学大系本『古事記』一九九ページ、注一八)と解説されているが、もしそうであれば「御名代部」の最初の例である(ただし、古事記では、そのように「解説」してはいない)。従来説の大略については、岩波古典文学大系本の『日本書紀』上の補注11—四(六二八ページ)に要領よくまとめられている。その中心をなす、津田左右吉及び井上光貞氏の説については左のようである。
「これに対して津田左右吉は、これらの名称はその部の所在地の地名で、名号・官号とは関係がなく、記紀がそれを付会して名代・子代の如く説いたにすぎないとして、これらをすべて否定し、名代は天皇・皇族の生活の資として置かれた部で実体は不明、子代は皇子養育のために置かれた部で壬生部に当るとした。また井上光貞は、これらは同一の部が広く全国に分散設置されているから、所在地の地名を付したものとみることができないことをおもな理由として津田説を否定し、すべて名代・子代の実例とみて差支えないとしたが、生活の資に充てた皇室私有民とする点は津田説をそのまま継承した。そして名代の中で単に某部とあるものをA型、雄略朝ころから後の某舎人部・某膳部・某靫負部などとあるものをB型とし、B型が子代とも呼ばれたとした。」

津田説が井上氏によって修正・拡大され、戦後の部民制論の大わくが定められていった状況が、右によってよくうかがえよう（右につづいて、平野邦雄・関晃氏の部民論が紹介されている）。

本稿では、津田氏の部民論を戦後史学の立場の原点として、とりあげたが、右の状況を背景として理解したい（他に、武光誠『研究史部民制』、武光誠『古代史演習　部民制』、新野直吉『国造と県主』等参照）。

(19)　原島礼二「御名代と子代の再検討」（『歴史学研究』三八七、昭和四十七年）、「御名代について」（『原始古代社会研究』一、昭和四十九年）。

(20)　筆者がこの「二人のハツクニシラス」問題について、津田・井上・直木諸氏の説に対する反論を行ったのは、『盗まれた神話』（昭和六十年）の中においてであった。しかもそれは、古写本の表記事実という原史料状況に立ち入っての批判であった。しかるに、なお、反批判なしに漫然と同説を「定説」視した上で研究がなされるとすれば、不当である。

(21)　「倭」に関して「チクシ→ヤマト」という〝読み〟と〝概念〟の変遷の問題があり、この点、この問題（初期天皇名の「倭」と七～八世紀天皇名の「倭」との関係の有無）を考えるさい、重要である。必要な限りでは本稿で、より十分な形では別稿でのべたい。

(22)　この先例として、三国志の巻一における「武帝紀」の巻名がある。「武帝」は魏の曹操のことであるが、彼は生涯後漢の重臣であり、天子になったことはなかった。彼の息子である、魏の第一代の天子文帝以降における追号である。

さらに、北魏の正史、魏書では、太祖道武帝は巻二にあり、その前の第一巻では「成帝（毛）～昭成帝（什翼犍）」の一五人の先祖の人々に「帝号」が付せられている。日本書紀の先蹤たる「連続追号」の実例である。特に指摘しておきたい。また百衲本二十四史の「魏書」によれば、この帝紀を「魏書紀」と記している。明らかに、「日本書紀」の先例がここにある。この点、従来の「日本書紀」論において、意外に注意せられずにきたのではあるまいか。

(23) 津田史学を継承した戦後史学では、「神武〜開化」をもって架空の王者と見なしてきたけれど、先の「二人のハツクニシラス」問題にも見られるごとく、その論証は学問としての客観性を欠いている。もちろん、戦前の皇国史観のように、「神武以来、天皇家が日本列島の中枢の王者であった」と見なすのは、全くの架空、夜郎自大の見地にすぎないけれど、反面、初期九代が弥生期の大和盆地内における地方豪族の一であったこと、この史実を否定することは理性的ではない。同時に、日本列島中央部(近畿)における真実(リアル)な歴史展開の認識を不可能とするものであろう。

(24) 弥生中葉から後半期にかけて、筑紫(「筑前中域」を中枢として)を中心とする考古学的出土分布図が存在すること、疑いがない。鏡・矛・戈・剣・ガラス製品(勾玉・璧等)・錦(中国錦と倭国錦)等各種である。これらのしめす「文明中枢」また「政治中枢」において、〝中心権力とそれをささえる下部政治組織〟の存在しないこと、むしろ不可能というほかはない。

一方、三五八本の「出雲矛」(考古学界では「中細形銅剣」と称してきた。——古田『古代の霧の中から』参照)や六個の小型銅鐸や一六本の筑紫矛の出土がしめしているように、筑紫と同時期もしくはやや早い時期に、出雲に「文明中心」また「政治中心」の存在したこと、(大和中心主義の先入見に閉じこめられざる限り)疑いがたい。

また、右の出土状況自身が〝出雲と筑紫との関係の深さ〟を証言している。この点、「出雲と大和の関係」のみに歴史理解の焦点をおこうとした、従来史学に対して、深い反省が求められねばならないであろう。

さて、前稿(本書第二篇「部民制の史料批判」)で論証したごとく、部民制が出雲においてすでに発生していたとすれば、「出雲から筑紫へ」の「国ゆずり」にともなって、「出雲中心の部民制」から「筑紫中心の部民制」へと移行したこと、当然の歴史的経緯とせねばならぬであろう。

(25) 『盗まれた神話』第四章、参照。

(26) 日本書紀中におびただしく、古事記に存在しない、朝鮮半島関係の「歴史記述」のほとんどすべても、その一例である。

(27) この点、「大和と吉備」の関係を考える上で、重要な事実である。別稿に記したい。

(28) 昭和五十年代のはじめ（朝日トラベル社主催「古代史の旅」の講師として加曽利貝塚にて解説）。

(29) 福井洞穴の研究者として著名な芹沢長介氏は、やがて朝鮮半島や中国大陸から、日本列島と同類の「最古期の土器」の出現すべきを予告されていたけれど（筆者に対して、氏の御自宅にて）、今のところ、やはり日本列島が質量ともに出色の〃最古期土器出土地帯〃である事実は動かないようである（同氏『旧石器時代』岩波新書、参照）。

なお、最近、神奈川県大和市の上野《かみの》遺跡出土の無文土器が放射能測定の結果、右の福井洞穴や泉福寺洞穴（麻生久氏等による）に対して、これと同時期もしくはそれ以前の数値をしめすことが判明している（ルミネッセンス法によれば、12100~13900の数値がえられた。大和市教委の新報告書による）。

(30) 武光誠『研究史部民制』四七ページ等、参照。

(31) 諸橋大漢和辞典「部」の項。

(32) もちろん、伯升の場合は〃個人的揚言〃の類にすぎないけれど、このような「造語」の背景に、中国の歴史における歴史的信仰や歴史的用語が前提となっていること、いうまでもない。

(33) この事実そのものは、津田も当然知っていたであろう。「部」の文字は、当然ながら本来、中国製であって、百済製でないからである。にもかかわらず、あえて、「百済の例」に注目し、これを摘出して日本列島の用例の〃淵源〃視したのは、津田の「主観」による、そのように解するほかはないのである。

この点、やはり、第一次の影響としては中国、第二次には楽浪・帯方（あるいは遼東）等、第三次に高句麗・百済・新羅等の影響といった風に、順を追って影響関係を考えること、平凡ながらもっとも順当な、思惟進行なのではあるまいか。またその各段階の時間帯によって、日本列島中の各影響地域（出雲・筑紫・近畿・関東等）を異にしている、そのように見なすべきであろう。

〈一九八七・三・三十　稿了〉

第四篇　卑弥呼《ひみか》の比定——「甕依姫」説の新展開

〈解題〉　一見、迷路に入ったかに見える「邪馬台国」論争には、一個の重大な盲点があった。それは、卑弥呼《ひみか》の比定問題である。神功皇后・倭迹迹日百襲姫命・天照大神等があげられたが、いずれも「同定」の基本要件において不適合である。これに対して筆者はかつて筑後風土記中の甕依姫《みかよりひめ》をあげたが、ここでも、あまりにも重要な「原文改定」の手が加えられ、「定本」化されてきていた。それが晦冥の原因だったのである。

一

邪馬壹国（いわゆる「邪馬台国」）論争において、その重要性にもかかわらず、意外に研究の乏しかった分野、その一は、「卑弥呼、比定」の問題である。すなわち、〝三国志の魏志倭人伝中に現われる卑弥呼、それは日本の文献中の誰人に当るか〟。この問題である。

確かに、あれほど海外の文献に鮮明な姿を現わしている人物、しかも「倭国の女王」と呼ばれる、日本列島内の一権力中枢者だった女性が、日本側の文献に全く姿を現わさないはずはない。このように、思料することは、決して不当ではなく、むしろ自然なる思惟のおもむくところであろう。

この問題に関して、筆者はすでに、一試案を提出した。『古代は輝いていた』第Ⅰ巻末の一節がそれであった。

しかるに最近、従来、知られていた文面（筑後国風土記逸文）に重大な錯認の存在していたことを見出すに至った。そしてそれによって問題は一挙に大いなる前進を見たのである。

本稿においては、この問題について報告したいと思う。

二

先ず、この「卑弥呼」の読みについて、すでに論じたところを左に要約してみよう。

第一。倭人伝において、対海国・一大国の「大官」が「卑狗」と記せられている。これは「ヒコ」

（＝彦）であろうから、「卑」は「ヒ」の表音に用いられていると考えてあやまりないであろう。

第二。同じく、投馬国の「大官」は「弥弥」、「副官」は「弥弥那利」と記せられている。「天之忍穂《おしほ》耳命」（古事記、神代巻）、「毛受《もず》之耳上原」（古事記、仁徳記）など、この「ミミ」は、神名・人名や地名等に頻出するもの、と見られる。したがって「弥」は「ミ」でいいであろう（したがって「ヒメコ」の読みは妥当でない）。

第三。問題は「呼」である。この文字には「コ」と「カ」の両音がある。前者は「呼吸」などの場合。後者は「神に捧げる犠牲に加えた切り傷《きず》」を指す場合である。

このいずれの音か。この吟味が従来欠けていたのである。

先に述べたごとく、「コ」の表音に「狗」の文字を用いている（この「狗」にも、「コウ」「ク」の両音があるが、「卑狗」が「彦」に当ると見られる点から、「コウ」系列の音に用いられているものと見られる）。

したがって「呼」もまた、「コ」の音の表記に用いられているとは、考えがたい。すなわち、もう一方の音、「カ」の方の表音である可能性が高いのである。

しかも、この音の場合、右にのべたような、きわめて宗教的色彩の濃い用法であるから、「以二鬼道一惑レ衆」とされた、この倭国の女王の人名表記に用いられたとすれば、きわめて適切である。なぜなら、中国の尨大な文字群の中で、一定の「音」をしめすべき文字は、常に数個ないし多数存在する。それゆえ、その中のいずれの文字をえらんで、そのさいの表音文字として使用するかは、その文字のもつ「意味」ないし「イメージ」による他はない。その点、「呼（カ）」は、まことにこの倭国の女王のイメージにふさわしいからである（「コ」の場合も、「狗」は〝卑字〟[1]だから、中国の夷蛮伝の中の表音文字として、そのイメージにふさわしいのである）。

右の吟味によって「卑弥呼」の「呼」は、「コ」より「カ」音に用いられた可能性の高いことが判明する。

以上、「卑弥呼」の読みは、通説に反し、「ヒミカ」と見なすべき可能性が高い。

三

では、この「ヒミカ」の意義いかん。これも、要約して列記してみよう。

まず、「ヒ」は「日」であり、太陽の義であろう。なぜなら、「卑狗＝彦」の場合も、その原義は「日子」すなわち〝太陽の男〟を意味するもの、と考えられるからである。

しかも、このさい、「日」と「子」との間には、「ノ」といった繋字がなく、しかも、〝太陽の男〟という意味が表現されている。これが、古代日本語の一表現法だったのである。他にも、「ツシマ（対馬）」[2]は「津島」であり、「津（浅茅《あそう》湾か）のある島」の意と思われる。[3]これも「AプラスB」と両者を直結する形であり、Aは〝形容詞的用法〟となっている。他にも、「山本」は〝山のもと〟、「川口」は〝川の口〟であるように、現代日本語にも、この形式の成語は数多いのである。

次に、「ミカ」。これは「甕」であろう。

みか【甕】専ら酒を醸（かも）すに用いた大きなかめ。もたい。祝詞、新年祭「―の上（へ）高知り」（広辞苑）

思うに、「カメ」は「ミカ」と、語幹「カ」を共有している。これが実体をしめす、中枢語であろう。これに対し、後者はこれに「メ」という接尾辞が加わって成語となっている。一方、前者の場合、「ミ」

という接頭辞が加わっている。「神（カミ）」、「御（ミ）」等の「ミ」に当るものであろう。すなわち、〝神聖なるかめ〟これが「ミカ」の意味するところではあるまいか。
以上によって、「ヒミカ」は〝太陽の「ミカ」〟の意義であり、その語幹をなすものは「ミカ」である。すなわち、「ヒ」は、いわば、美称であり、その人名の実体は「ミカ」にある。これが筆者の分析であった。

四

筑後国風土記の一節とされてきたものに、次の一文がある。

昔 此堺上 有二麁猛神一 往来之人 半生半死 其数極多 因曰二人命尽神一 于レ時 筑紫君肥君等占之 令[8]二筑紫君等之祖甕依姫 為レ祝祭一之 自レ爾以降 行レ路之人 不レ被二神害一 是以曰二筑紫神一

〈読下し〉

昔、此の堺の上に麁猛神《あらぶるかみ》あり、往来の人、半ば生き、半ば死にき。其の数極《いた》く多《さは》なりき。因りて人の命尽《つくし》の神と曰《い》ひき。時に、筑紫君・肥君等占《うら》へて、筑紫君等が祖甕依姫《おやみかよりひめ》を祝《はふり》と為して祭らしめき。爾《それ》より以降《このかた》、路行く人、神に害《そこな》はれず。是《ここ》を以《も》ちて、筑紫《つくし》の神と曰ふ。

〔原注8 底「今」。新考によって訂す。岩波古典文学大系『風土記』五〇九ページ〕

右の文中の「甕依姫」について、次の点が注目される。
第一。「天之狭手依比売（あめのさでよりひめ）」（古事記、神代巻）、「玉依毘売（たまよりひめ）」（同上）等のしめすごとく、「よりひめ」は、「憑《よ》り代《しろ》」をもって神に仕える〝権威ある巫女〟を意味する称号である（「狭手」は、漁具の一種のようである）。[4]

したがって「甕依姫」の場合、「甕《みか》」が固有名詞（人名）部分、「依姫」は称号、そのように考えてあやまりないであろう。

以上によって、「卑弥呼」と「甕依姫」との二者は、固有名詞（人名）部分の「みか」の一致していたことが判明する。

第二。甕依姫が「甕」を〝憑り代〟としていた巫女であった、とすれば、いわゆる「甕棺」の盛行した、弥生時代の筑紫の巫女であったもの、と考えられる（考古学上では「カメカン」と言いならわされてきたけれども、〝死者の死後を祈り、祀る〟という、神聖な意義からすれば、「ミカカン」と呼ぶ方が正当であるものと思われる）。

右の点から見ると、同じく弥生時代（三世紀）に属していた卑弥呼と同時代の人であった可能性が高い。

第三。両者とも、呪術をもって神に仕える、すぐれた能力をもつ巫女であった。この点も共通している。

第四。甕依姫は「筑紫君の祖」である、と記せられている。したがって彼女自身も「筑紫君」として、筑紫における中心権力者であった可能性が高い。この点も、「倭国の女王」として、中心権力者であった卑弥呼との間に存在する、重要な共通点である。

以上の比較によって筆者は、次の帰結をしめした。「少なくとも卑弥呼と同類の性格をもつ、同世代の女王」の顔をもつ存在、それがこの「甕依姫」に他ならぬ、と。

以上が筆者の従来の到達点であった。

五

新たに生じた問題点、それは筑後国風土記逸文の「改定」問題であった。

先ず、従来の文面（四の冒頭に掲げたもの）の内容について、考えてみよう。その大要は、次のごとくである。

〈その一〉昔、此の堺（基山を指す）(5)の上に〝荒ぶる神〟がいた。往来の人々に多くの死者が出た。そこで「人の命尽くしの神」と言った。

〈その二〉その時、筑紫君・肥君等が占いをして、筑紫君等の祖先である甕依姫を「祝《はふり》」（神を祭る司祭者）として、彼女に祭らせた。

〈その三〉それ以後、路行く人が「神害」をこうむることがなくなった。そこで「筑紫の神」というのである。

右で、問題は、〈その二〉である。不分明な文脈ながら、この文章を率直に理解すれば、次頁の表のようになろう。

すなわち、〝過去の一時点において、「半死半生」事件があり、筑紫君・肥君等は、その収拾に手を焼いた。そこで占いをした結果、自分たちの先祖の甕依姫（さらに過去の、いわば「大過去」の人）の「亡霊」を呼び出して、これを「祝」として、祭りを行った結果、成功。「半死半生」事件は解決した〟、と。

いかにも、奇怪な経緯であるが、基本的な不審がある。それは「祝」の用例である。

日本書紀には、数多くの「祝」の事例が現われている。

①時に中臣の遠祖天児屋命、則ち神祝《かむほぎ》を以て祝《いは》いき。〈神代上、第七段、第二、一書〉
②即ち熱田の祝部《はふり(べ)》の掌る所の神、是なり。（草薙剣）〈神代上、第八段、第二、一書〉
③是の時、天照大神、手に宝鏡を持ち、天忍穂耳尊に授けて之を祝いて曰く……。（天孫降臨）〈神代上、第九段、第二、一書〉
④和珥《わに》（奈良県天理市和珥）の坂下《さかもと》に、居勢《こせ》の祝《はふり》という者あり。〈神武紀、即位前紀、己未年二月〉
⑤臍見《ほそみ》（御所市名柄か）の長柄丘岬《ながらのおかさき》に、猪祝《ゐのはふり》という者有り。〈同右〉
⑥天皇（仲哀）、則ち禱祈《のみの》みし、挟抄者《かじとり》倭国の菟田《うだ》の人伊賀彦を以て祝《はふり》として祭らしむ。〈仲哀紀、八年正月〉

以上、いずれをとってみても、「祝」に当る人物は、その時点における現実の人物である。過去の人たる祖先、いわば「亡霊」を招いて「祝」とする、などという例はない。ことに、⑥のケースは、

天皇則禱祈之、以㆓挟抄者倭国菟田人伊賀彦㆒為㆑祝令㆑祭。

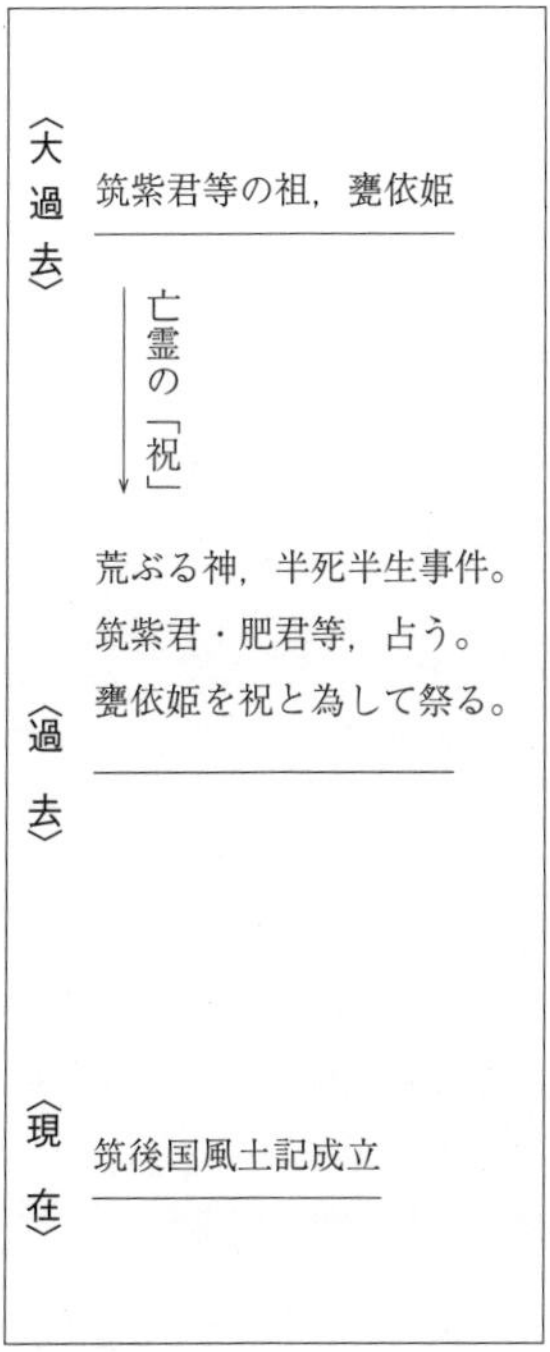

筑後国風土記の「時間差」Ⅰ

であるから、今問題の筑後国風土記逸文の場合とよく似ている。この場合も、「祝」となったとされる「伊賀彦」は、仲哀天皇時点の現実の人、とされていること、言うまでもない。

そこで、当の文面を再検討してみると、そこには重大な「改定」が行われていた事実を見出したのである。

先の文面を熟視すると、「令」の一字が、原古写本（底本。今井似閑採択。「筑紫風土記」か）では、実は「今」であること、上欄の原注（8）に明記されている。この「改訂」の創案者は、井上通泰の『西海道風土記逸文』であり、岩波古典文学大系の校訂者（秋本吉郎氏）がこれに従ったのである。

通泰の『新考』では、次のようにのべられている。

「○今筑紫君等之祖甕依姫為レ祝祭レ之とある今は令の誤なり。肥前風土記姫社郷の下にも

昔此門《ト》之西有二荒神一行路之人多被二殺害一半凌半殺。于時卜二求祟由一兆云。令三筑前国宗像郡人珂是胡祭二吾社一

とあり。今も占之とあれば兆に依りて祝を択びしにこそ。考証本に祝を祀に誤れり」

右の一文では、「今は令の誤なり」と、はなはだ断言的にのべられている。しかし、その証拠とされるところ、意外に貧弱のようである。

なぜなら、肥前風土記姫社郷の例には、確かに「令」が存在するけれども、それが果して当の、この一文の「今」が「令」である証拠になりうるだろうか。たとえば、先の③の例では、

是時、天照大神、手持二宝鏡一、授二天忍穂耳尊一、而祝之曰、……。

のように、別段「令」をともなわないケースも多い。また、当の風土記でも、

(イ)今、訛《よこなま》りて児饗《こふ》の石と謂《い》う。〈筑前国風土記、児饗石〉

(ロ)昔、此の地に八《や》たりの土知朱《つちくも》ありき。……今、綾戸《あやべ》と云う、是なり。〈陸奥国風土記、八槻郷〉
(ハ)仍《すなは》ち神の社を定めき。今の俗、之を略して直《ただ》に須美乃叡《すみのえ》と称す。〈摂津国風土記、住吉〉

右のように、風土記中に「今」の文字の用いられた例は、あまりにも多い。その上、特に注目すべきは、(ロ)の例である。

昔……今

という「呼応形」で用いられている。一種の慣用文形であろう。ところが、今問題の筑後国風土記逸文の場合も、同じく

昔、此堺上……今筑紫君等祖、甕依姫

といった形の「呼応形」となっているのである。この「今」だけを「令」に〝変え〟てしまったら、本来の文形はこわされてしまうのである。後代の注解者たる人々がそのような〝暴挙〟を行うこと、許されがたいところであろう。

さて、本来の文形を左にかかげ、その読み下しをしるしてみよう。

于レ時筑紫君肥君等占之。今筑紫君等之祖甕依姫為レ祝祭レ之

〈読み下し〉

時に筑紫君・肥君等占ふ。今の筑紫君等が祖、甕依姫、祝と為りて祭る。

この「今」には、副詞的用法（先の(イ)(ロ)の例）と形容詞的用法（先の(ハ)の例）があるが、ここは後者であろう。

この場合、意味は次のようになろう。

「その時、筑紫君・肥君等が占いをした。（その結果）現在（筑後国風土記の成立時点）の筑紫君等の祖先

に当る甕依姫が（招かれて）登場し、彼女が『祝』（司祭者）となって祭った（それが奏功し、『半死半生』事件は解決した）。」

大略、右のごとき意となろう。

その内容を表示すれば、次頁の表のようである。

要するに、過去の一時点における〝現実の巫女〟たる甕依姫の活躍譚であって、何の不思議もないのである。

ここで、ここに語られた内容を分析して、列記してみよう（先の第一〜第四につづく）。

第五。「麁猛神」が「半死半生」事件をおこした、というのは、要するに〝この神を祭る氏族による、大規模な反乱〟をさすものであろう（「麁猛神」については、一六五ページの「後記」）。

この大反乱に対し、筑紫君・肥君等は、これに対する術《すべ》を失った（「等」といっているから、他に豊君や日向君なども、含まれよう）。要するに、九州の北・中部を中心とする、大争乱だったのである。

第六。そこで筑紫君等は、占いによって甕依姫をえらび出し、彼女にその解決をまかせた。彼女は「祝《はふり》」（司祭者）となって、「麁猛神」を祭り、この大争乱を鎮めることに成功した（おそらく、軍事・政治・宗教にわたる各面での施策の成功をふくむものであろう）。

第七。そして注目すべきものは、次の点である。この大成功によって、以後、甕依姫の子孫が筑紫君となり、現在（六〜七世紀――後述）に至っているのである。

いいかえれば、この画期をなす事件以前の、旧筑紫君と、この事件より後の、甕依姫を祖とする新筑紫君と、権力中心者の家の交替が生じた。このように語られているのである。

以上の記事の内容と、倭人伝にしめされた卑弥呼の事績とを比較してみよう。

〈第五〉「倭国乱れ、相攻伐すること歴年」

右の有名な一節のように、卑弥呼の登場以前に、一大争乱があり、従来の権力者間で解決不可能の事態となったことが記せられている。この点〈その一〉と状況が一致している。

〈第六〉「乃ち共に一女子を立てて王となす。」

この漢文は「乃共立一女子為王」であり、卑弥呼は、人々から「共立」された、という。その「人々」とは、倭人伝の用語では「大人」であろう。この点、〝筑紫君・肥君等の占いによって登場させられた〟という甕依姫のケースと一致している。

〈第七〉「更に男王を立てしも、国中服せず。更〻相誅殺し、当時千余人を殺す。また卑弥呼の宗女壱与年十三なるを立てて王となし、国中遂に定まる。」

ここには、卑弥呼の「宗女」（一族の娘）である壱与が、「倭国の女王」となったことがのべられている。すなわち、卑弥呼は一代で終らず、その「血縁の娘」が後継者となった、というのである。してみると、最初に、

「その国、本また男子を以て王となし、住《とど》まること七・八十年。」

とあった、その旧「倭国の王権」が断絶し、新「倭国の女王の王統」に交替した、という王家の交替が記録されていることとなろう。

以上は、いずれも異常な事態である。その錯綜、かつ画期的な状況が、右の、

〈過去〉
麁猛神の半死半生事件。
筑紫君・肥君等，占う。
甕依姫，祝と為って祭る。

↑ 祖

〈現在〉
今の筑紫君等
（筑後国風土記成立）

筑後国風土記の「時間差」Ⅱ

〈第五〉――〈第五′〉
〈第六〉――〈第六′〉
〈第七〉――〈第七′〉

と、いずれも奇しき一致をしめしているのである。

先の〈第一〜第四〉の一致に加え、この〈第五〜第七〉の一致が見出された。ここまで一致すれば、卑弥呼と甕依姫、この両者の一致度はきわめて高い、と称して過言ではないであろう。もはや、かつて(『古代は輝いていた』第Ⅰ巻)のように、「少なくとも卑弥呼と同類の性格をもつ、同時代の女王」などと、〝遠慮〟すべき段階ではない。わたしにはそのように思われるのである。

六

筆者はすでに、従来の「卑弥呼比定」論について分析したことがある(『古代は輝いていた』第Ⅰ巻)。今、この問題を、本稿の論証と対比するため、左に簡約し、列記してみよう。

㈠日本書紀の神功紀では、卑弥呼を「倭の女王」として挙げ、魏志を引文することによって「神功皇后＝卑弥呼」の立場に立っている。しかし、この立場は到底成立しえない。なぜなら、〈その一〉卑弥呼は三世紀前半ないし中葉、神功皇后は四世紀前半ないし中葉の人物である。〈その二〉神功紀に「倭の女王」として引文されているもののうち、一回(魏志)は卑弥呼、他の一回(晋起居注)は壱与である。

このいずれをとっても、両者が同一人物でありうるはずはないのである。けれども、それ以上に、この問題は重要な局面、日本書紀という史書の本質を指示している。

第一。日本書紀の編年の止め金、そのキイ・ポイントは、右の「卑弥呼＝神功皇后」の背理の上におかれている。いわゆる「皇暦」において、神功皇后は「八六〇～九二九」の間の〝摂政在位〟とされている。これを西暦によってみれば、（一六六〇年」の差であるから）「二〇〇～二六九」となっている。すなわち、三国志のしめす「卑弥呼と壱与の時代」に当てられているのであった。これ、「時間軸上の虚構」の一原点となっているのである。

第二。「神功皇后」と「卑弥呼・壱与」とが別人物である、というテーマは、すなわち、神功皇后の属した近畿天皇家以外に、東アジアから日本列島代表の王者として公認されてきた「倭国」が実在する、という事実をしめす。すなわち、〝両王朝の地理的別在〟の事実である（そして神功皇后の「王朝」は、九州の一端〈日向〉から分岐した、と称する、いわば「分王朝」であった）。

しかも、日本書紀の編者は、その事実を十分に知りながら、その「母王朝」の記事を〝とりこむ〟ことによって、この「壮大な正史」の編集（正確には、「偽集」）を行ったのである。これ、「空間軸上の虚構」である。

先の「時間軸上の虚構」とこれとは、当然ながら、不可分の結びつきをもつ。そして「皇暦」という名で、それは日本書紀全体を貫いている。とすれば、右の「空間軸上の虚構」もまた、日本書紀全体を貫いている。――そういう論理的必然性をになっていたのである。

このような「論理的必然性」を回避しようとして〝案出〟されたアイデア、それがいわゆる「神武東遷」論や「騎馬民族」論やその修正説であった。

そこでは、三世紀の「倭国」については九州に認めながら、四世紀以降の「倭国」については近畿に認めようとする、そのための「苦肉の策」、そういう方法論上の意義をになうものなのであった。

しかしこのアイデアには、唯一の、そして最大の弱点がある。それは、日本側の史書にも、中国側の史書にも、朝鮮半島側の史書にも、一切その記事を見ないことである。「これこれは、その反映だ」といった類の説は多く出されているけれども、古事記・日本書紀が天皇家の正史である以上、自分たちの由来中の最大ポイントたる、その「歴史」を堂々と語らずして、「正史」を作る意義は見出しえないのではあるまいか(6)。

いわんや中国や朝鮮半島の史書、とくにもっとも隣接した朝鮮半島の史書に、それが明記されないはずはなかったのである（この点、本書第七篇「日本国の創建」参照）。

㈡次に、「邪馬台国、近畿説」の論者の場合、卑弥呼に当る人物として「倭姫命」や「倭迹迹日百襲姫命」の名があげられたけれども、これらも全く当りえないであろう。なぜなら、彼女たちは、「中心の第一権力者」ではなかったからである。ところが、これこそ「両者比定」のための第一条件なのである。いわんや彼女たちの「即位」に関して、画期をなす大争乱と彼女の活躍による鎮静、彼女の後継の新王朝の開始と継承、そういった説話は何等存在しないのである。

㈢次に、「天照大神」比定論について。こちらは、「国ゆずり」説話など、一見類似しているかに〝解釈〟する向きもあろうけれど、静思すれば、さに非ざることが判明する。なぜなら、

〈その一〉卑弥呼の出現は、「住まること七・八十年」という、長期間在任の男王が終結したあとの大争乱の中から生れた。そのように倭人伝には記せられている。

これに対し、「国ゆずり」の場合、全く内容を異にする。大国主命（大穴持命）の在位末期、天照大神側からの交渉（当然武力が背景に存在したであろう）によって、その「権力移譲」が〝承諾〟された、とい

う。これがこの説話の性格の本質である。

両記事の「権力変動の様式」は別種類、率直に観察すれば、そのように評せざるをえないであろう。

〈その二〉卑弥呼の生涯の最大事業の一、それは「中国の天子への遣使とその成功」にあったこと、倭人伝を読む人の誰しも疑いえぬところであろう。

ところが、天照大神の場合、それが古事記・日本書紀中の最大の主神であり、他の何神よりも詳しく叙述されているにもかかわらず、「中国遣使」説話のかけらも見出せない。これは「天照大神神話の完結性」という、根底をなす史料性格から見て、到底看過しえぬ、重大差異である。

〈その三〉卑弥呼が「錦の女王」であり、「中国錦」と「倭国錦」をまとう存在であったこと、倭人伝から見て、疑いがたい。しかるに、天照大神の場合、「布の女神」であって、「錦をまとうた大神」といった姿は、全く描かれていない。両者、同じ弥生期の存在であるけれども、前者は「絹の時代」、後者はそれに先立つ「布の時代」として、かなり所属時間帯を異にしているのである。

〈その四〉見のがしえぬ、もう一つのポイント。それは名前である。天照大神説の場合、卑弥呼を「ヒミコ」と読んで「日の御子」と解することが多かったのではないか、と思われる。太陽神のイメージが共通する、というわけであろう。

けれども、名前の場合、「意味」や「イメージ」が一致したからといって、何等意味をもたない。たとえば、「武彦」と「猛夫」と、〝武勇すぐれた男〟といった「意味」や「イメージ」が一致したからといって、両者同一人の証拠となしうるであろうか。全く非である。

名前の場合、当然ながら、もっとも重大なのは「音」である。「武彦」と「たけひこ」なら、字面は異なっていても、両者同一人である可能性は高いのである。

この点、従来説の場合、いずれの説も、この最低の基本要件を満たしえなかった。そして筆者の提起する「甕依姫」説がはじめて、この要件を満たしたのである。

七

すでに別稿(7)や別書(8)でのべたごとく、風土記には、全く史料性格を異にする二種類があった。一は「郡《こおり》風土記」、他は「県《あがた》風土記」である。

前者は、近畿中心の視点で書かれてあり、ときは八世紀以降、和銅六年(七一三)の「元明天皇の詔」にもとづいて作製されたものと考えられる。B型の風土記である。(9)

これに対し、後者は九州中心の視点で書かれてあり、右のB型以前の時期に作られたもの、(10)と認められ、六〜七世紀の間の成立、と思われる。A型の風土記である。

このA型の風土記は、「筑紫風土記」と呼ばれている。筑前・筑後・肥前・肥後など、各国の風土記を包括して、右のように「筑紫」の名が冠せられているのである。ここが九州の政治中心であり、かつ当風土記の編集地がここであることをしめすものであろう。

さらに、九州の場合、すでにA型の風土記が成立していたのであるから、「元明天皇の詔」の出たあと、右のA型を「近畿中心の視点」から〝手直し〟して、A′型ともいうべきものに「改定」された。当然そのような経過が考えられよう。これが、九州におけるB型風土記の成立である。

今、問題の筑後国風土記中の「甕依姫」史料の場合、「県」も「郡」も出現せぬから、A型・B型いずれとも判定できないけれど、いずれにせよ、「A——A′」型であることは疑いない。

ことにA型の「筑紫風土記」の場合、「筑紫」の名の由来を説く、この個所は、本風土記中、もっとも重要な個所であることは自然な理解の至るべき思考であろう。その全体を左にあげてみよう。

公望に案ずるに、筑後国風土記に云う、筑後の国は、本、筑前の国と合せて、一つの国たりき。昔、此の両《ふたつ》の国の間の山に峻《さか》しく狭《さ》き坂ありて、往来の人、駕《の》れる鞍韉《したくら》を摩《す》り尽《つく》されき。土人、鞍韉《したくら》尽しの坂と曰《い》いき。

三に云う、(以下「甕依姫記事」、略)

四に云う、其の死にし者を葬らむ為に、此の山の木を伐りて、棺輿《ひとき》を造作《つく》りき。茲《こ》れに因りて山の木尽さむとしき。因りて筑紫の国と曰いき。後に両《ふたつ》の国に分ちて、前と後と為す。

以上である。

冒頭の「公望」については、岩波古典文学大系本の上欄注に、次のようにのべられている。

「日本書記の講筵に矢田部公望が紀伝学生として列席した延喜四年度の手記、または博士となった承平四年(実は天慶六年)度の講筵手記。日本紀私記の一で釈日本紀はそれからの孫引き。」(四五二ページ、上欄注一)

要するに、これは〝抜粋された手記〟の形の史料であるから、形式としては断片史料(逸文)である。右で、「三に云う」「四に云う」があって、「一に云う」「二に云う」がないのも、そのせいであろう(あるいは「二に云う」のみ欠か。冒頭部が「一に云う」に当る場合)。

したがって、その全貌はうかがいがたいものの、結局は「尽《つくし》の坂」「筑紫神」「筑紫国」の名号起源譚であることは、疑いがない。とすれば、いわゆる「筑紫風土記」において、中枢をなすべき中心説話の一、そのように考えてあやまらないであろう。

ことに、「三に云う」の「甕依姫記事」の場合、「筑紫神、起源譚」なのであり、それが「四に云う」の「筑紫国、起源譚」につながっている点から見れば、右のような判断は動かしがたい。すなわち、近畿天皇家にとっての先蹤、「元明の風土記（B型）」の手本となった、この筑紫風土記（A型）の中の中枢をなす説話、その筑紫国起源譚の中の説話中心の人物、それこそがこの「甕依姫」だったのである。

この点、「西海道風土記逸文の一」といった、一見片々たる印象に、目をあざむかれてはならないであろう。

八

邪馬壹国のありかを求める努力、それは江戸期以来、営々と重ねられてきた。この中心国名を「邪馬台国」と改定して、「大和」や「山門」に比定する。これも、その努力の一であった、とも称しえよう。しかしながら、その中心の女王として、あまりにも印象的な姿を、海外の史書にさえとどめている卑弥呼、その人が海内史料中の誰人に当るか、この中心問題に対する探究があまりにも乏しかったことに、筆者は驚かざるをえない。

それは主として、古事記・日本書紀という近畿天皇家の中心の正史にのみ、これを求める傾向の抜きがたかった、従来の史家の通弊によるものであろう。しかし同時に、近畿天皇家中心の一元史観、その先入観が眼前に実在する史料、この「風土記逸文」の真価に対して目を蔽《おお》わしめてきたのでなければ、幸である。

その上、「今」の一字を「令」の字へと軽易に「改定」した、井上通泰の古典処理の手法、それをそのまま継承した現代の校訂者、ここに現われた、日本古典学の方法論にも一因の存したことを指摘することも、必ずしも無益ではないであろう。なぜなら、あの倭人伝において「邪馬壹国」を軽易に「邪馬臺国」と改定した、その近世古典学の手法と全く同一の方法論だからである。

最後に、二点を指摘したい。

第一。もし他の論者が、この「卑弥呼＝甕依姫」という、中心の人物比定を拒否せんと欲し、また容認しがたしと思うならば、なすべきことはただ一点のみである。

それは、右の比定の各点以上に、密接な一致をしめすべき、他の人物を日本列島内の文献の中から指し示すこと、この一事である。それなしに、ただ本稿の比定を非難したり、無視したりするならば、思うにそれは、フェアーな探究者とは決していいえないであろう。

第二。この比定のしめすところは、その根幹において次の二点である。その一は、「邪馬壹国」の中心が「筑紫」にあったことである。その二は、その中心の権力者（筑紫の王者）は卑弥呼（甕依姫）以来、「今」（筑紫風土記成立時現在。六〜七世紀）まで、継続していたこと。すなわち、「九州王朝」と筆者の呼んだものがこれである。

なお、別稿(11)において、本来の「倭国」が「チクシ」を意味すること、それは七世紀までつづいたことを、朝鮮半島の史書、三国志から論証したが、この帰結とも、軌を一にするものであろう。

従来の近畿天皇家中心の一元主義史観が畢竟、東アジアの諸史料群の諸事実に合致しえないこと、逆に、この先入観から解放されたとき、諸史料群は清明な処理によって、その本来の面目を回復するであろうこと、この事実を日本古代史の研究界と世人に提示すべく、本稿の論証をしるしたのである。

註

(1) 古田『「邪馬台国」はなかった』および「邪馬壹国の諸問題――尾崎雄二郎・牧健二氏に答う――」『邪馬壹国の論理』所収、参照。

(2) 「対馬」の字面は「馬韓に対する」の意であろう（尾崎雄二郎氏の御教示による）。とすれば、倭国側で作られた字面である。

(3) 朝鮮語音の転化として解く説もあるが、採用しがたい。なぜなら、倭人の住む島には、本来「倭語地名」のあること、当然だからである。

(4) 筆者は出雲の隠岐島の郷土資料館等においてこれを実見した（同行の毛利一郎氏等の御教示をえた。朝日トラベル社主催「古代史の旅」）。

(5) 岩波古典文学大系『風土記』五〇九ページ、上欄注二一による。

(6) 『古代は輝いていた』第Ⅱ巻、第二部、第二章、参照。

(7) 本書第七篇「日本国の創建」。

(8) 古田『よみがえる九州王朝』（角川選書）および『古代は輝いていた』第Ⅲ巻（朝日新聞社刊）。

(9) 井上通泰は「第一類」（郡風土記）、「第二類」（県風土記）と呼び（他に「第三類」）、前者を先、後者を後、とした。これに対し、坂本太郎氏は第三類の存在を否定した上、第二類が先、第一類が後とし、一般の従うところとなった。この第二類を「A型」、第一類を「B型」と呼んだのは、筆者である。年代順の呼称の方が妥当だからである。

(10) 坂本太郎氏『大化改新の研究』による。

(11) 本書第三篇「続・部民制の史料批判」。

後記

「麁猛神」は、岩波古典文学大系本では「あらぶるかみ」と訓ぜられているが、肥前国風土記の基肄郡の項では「有㆓荒神㆒（荒ぶる神ありて）」（三八二～三八三ページ）とあって、表記を異にしている。したがって「麁猛神」は「荒神」とは異なり、「ソタケルノカミ」もしくは「ソノタケルノカミ」と訓じて、固有名詞なのではあるまいか。神社名鑑（神社本庁刊。八四八ページ、福岡県〔一三四〕）によると、

筑紫神社　旧県社

　筑紫郡筑紫野町原田　鹿児島本線原田駅より〇・三粁

〈祭神〉白日別尊　田村大神　八十猛尊　宝満大神

〈由緒沿革〉……もと城山の頂上にあったが後山麓に移さる。……

右の「八十猛尊」に当るものではあるまいか。素戔嗚尊の子とされる「五十猛神」（日本書紀、神代巻、第八段、第四、一書）との関係が注目される。

〈一九八七・四・十四　稿了〉

第五篇　九州王朝の短里——東方の証言

〈解題〉　倭人伝の基本問題の一つに「短里」のテーマがある。周代に発し、魏・西晋代に復活した「一里＝約七七メートル」の里単位である。筆者の提起に対し、反論が出されたが、いまだ提起の「要《かなめ》」（江東方数千里・赤壁の論証）を回避したままのように見える。
ところが、果然、三国史記・三国遺事・翰苑・日本書紀・風土記・万葉集等にも、同じ「短里」がクッキリと遺存している事実が検出され、邪馬一国・九州王朝の存在証明となった。

一

江戸時代以来、熾烈《しれつ》にして輻湊《ふくそう》を極めた観のある、邪馬壹国（いわゆる「邪馬台国」）論争において、もっとも看過されることの多かった論点の一つ、それは「里単位」問題であった。

三国志の魏志倭人伝に頻出する里程記事が、秦・漢代の「里単位」として知られる「一里＝約四三五メートル」(1)を基準とするとき、いちじるしく「誇張」と見えること、すでに明治年間、白鳥庫吉《くらきち》の指摘するところであった。当時の論敵、内藤湖南《こなん》もまたこれに同調したため、以降、白鳥の観察は、日本史学界の定説たる観を呈したのであった。これ、「三国志における『里単位』は何か」という、倭人伝理解の基本問題が、慎重かつ丁寧な検証をうけなかったこと、その「欠落」の原由をなすものであったと思われる。(2)

この点、ことは考古学界においても例外ではなかった。

卑弥呼以死、大作冢。径百余歩。〈倭人伝〉

とあるのは、著名の記事である。「径」は直径をしめす、古代中国数学慣用の術語(3)であること、また「歩」は「里」の下部単位であり、「一里＝三〇〇歩」(4)に当ること、この二点とも、古代中国の測量法研究史上の常識に属している。したがってこの場合の「歩」すなわち、相関連する「里」の単位が何メートルか、これは考古学界にとっても、不可避のテーマだったはずである。

なぜなら、日本列島の弥生期・古墳期を通じて、当時の墳墓の大きさ（直径・高さ等）が同時代人によって記録されたものは皆無である。八世紀に成立した古事記・日本書紀にさえ、各代の陵墓の記載こそ存するものの、その長径・短径・高さ等の記録は存在しない。それらがもし存在したとすれば、現代の考古学者による、当の伝「天皇陵」古墳の実測と対比して、両者の同一性の証明にとって、一の有効な比較の基礎を提供したであろうこと、疑うことはできない。しかるに、遺憾ながら、その記載を見ないのである。

さらに弥生墓の場合、わたしたちは多く、それを地下に発見する。甕棺にせよ、土坑墓にせよ、木棺墓その他にせよ、それらが畑地や果樹園の地下に存在する例は、むしろ通例に属しよう。しかしながら、それらの墳墓に埋葬が行われた当時、単なる平地の下に埋葬されたままであったとは想像しがたい。すなわち、それぞれ相応の、小規模の盛土をもっていたもの、そのように考えること、むしろ自然ではあるまいか。このような場合、後代、それがならされ、平地とされて、その上に田畑・果樹畑等の造成されたこと、むしろ一般ではなかったかと思われる。

とすれば、弥生墓の場合、わたしたちは、通例、「破壊されたあとの残壊部」を研究対象としていることとなろう。このような状況から見れば、〝弥生時代の当時において、同時代人の測定し、記録した墳丘の規模〟が存在したとしたならば、きわめて貴重な史料と称さるべきこと、疑う余地はありえないであろう。

しかり。その唯一の実在する例が、右の一節であった。

〝当史料の基礎をなす「歩単位」すなわち「里単位」は何か〟。これが、日本の考古学界にとっても、一重要関心事たるべき道理がうかがいえよう。しかし、当学界においても、必ずしも今日までその研究の蓄積は十分ではなかったもののように思われる。

二

筆者はすでに「三国志の里単位」問題に関し、明確な論点を提出した。その帰結と論証過程を先ず、左に要約しよう。

第一。三国志全体は、「一里＝七六〜七七メートル」という里単位で記述されている。

第二。右の里単位は、はやく周時代に使用された。「周髀算経《しゅういさんけい》」によって、それは算出しうる（谷本茂氏による）。

第三。秦の始皇帝は「六尺為レ歩」という新制を施行し、漢は前漢・後漢とも、これをうけついだ。これ、「一里＝約四三五メートル」の「長里」である。

第四。これに対し、魏は「周の古法」に復し、右の「一里＝約七七メートル」の「短里」を施行した。西晋も、これをうけついだ。

第五。東晋は、「漢制への復古」を行い、右の「長里」に復帰した。以後、今日までほぼこの里単位を〝大差なく〟継承してきた、といいえよう（ただ、のちに「一里＝三六〇歩」となり、今日では、「一里＝約五〇〇メートル」である）。

第六。三国志をふくむ、魏・西晋朝で用いられていた里単位が、「一里＝約七七メートル」の短里である点についての論証は左のようである（主要なもののみ摘記）。

〈その一〉三国志の「里単位」が、史記の「里単位」に対して、約「五対一」の比率の大差をもっていること、それをしめす史料事実は左記である。

(a)割拠江東、地方数千里。〈呉志、第九〉

(b)江東雖レ小、地方千里。〈史記、巻七〉

右によって「呉志の『数千里』が、史記の『千里』と等置されている」こと、明白である。両者、同じ「江東」の領域表現だからである（「方」は正方形。面積表現）。

なお、「数千里」が「約五千里」をしめす概念であることをしめす史料は、左記である。

(イ)今、楚之地、方五千里。〈史記、楚世家第十〉

(ロ)楚安得世世堂堂方数千里乎。〈史記、孔子世家第十七〉

（楚、安《いずく》んぞ、世世堂堂、方数千里なるを得んや。）

右で、同じ「楚」について、一方では「五千里」といい、他方では「数千里」といっている。両者がほぼ同じ領域の面積を指示していること、疑うことができない（右の(イ)(ロ)各々と同一の表記例は、他にも存する）。史記が、三世紀に成立した三国志の著者（陳寿）と読者（洛陽等のインテリ）との間に共通した〝史的教養〟の基礎を提供していたこと、疑いがない。

とすれば、三国志における(a)の「数千里」が「約五千里」を意味していること、確実である。したがって右にのべたように、三国志の「里単位」と史記の「里単位」とが、大略「五対一」の対比をもつこと、すなわち、漢代の「長里」と魏・晋代の「短里」と、それぞれ存在し、両者相異なっていること、ここに動かしがたい証拠をもつ。そのようにいわねばならないのである。

〈その二〉右の「短里」は、当然ながら、ただ三国志のみに限られたものではない。同時代の他の史書

三国志の中の「短里」

韓地の大きさ

韓伝、倭人伝によれば、朝鮮半島南岸は「倭国」の領有するところであった。

短里による韓半島図

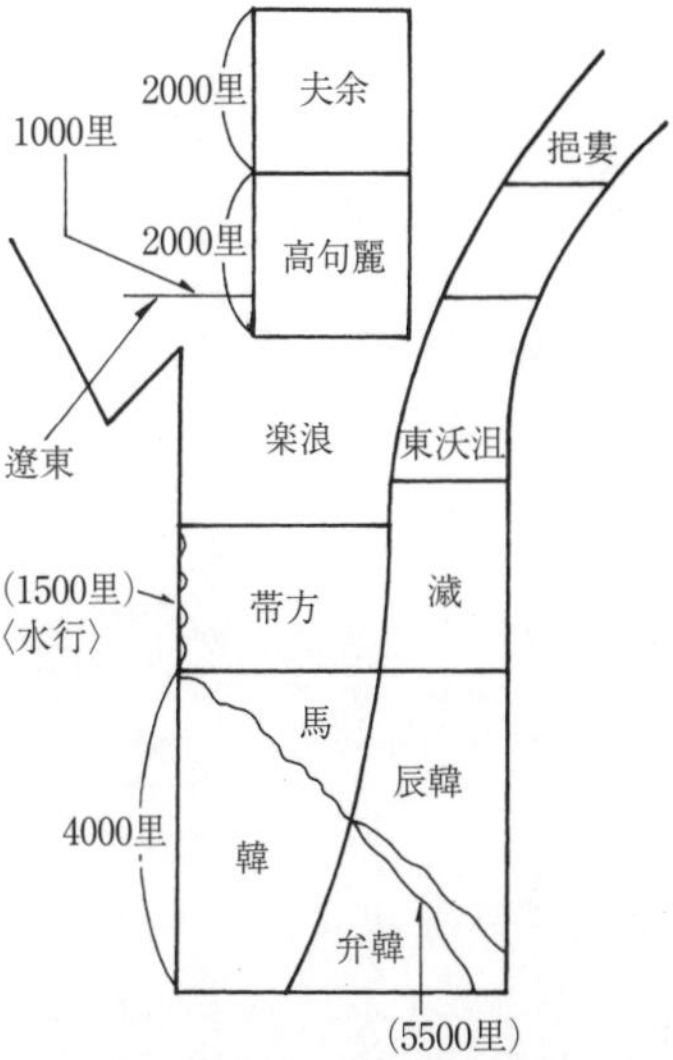

赤壁の戦いの想定図

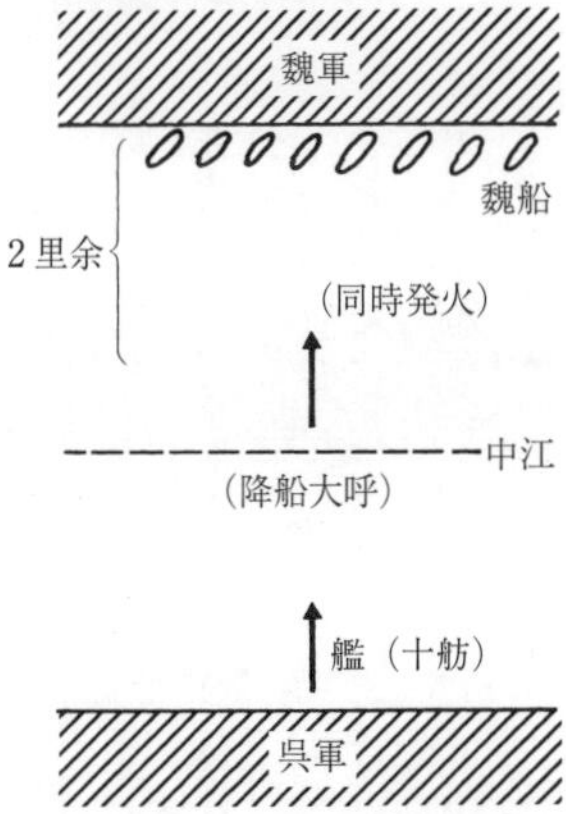

壱岐（短里測定の微差調整の対象として）

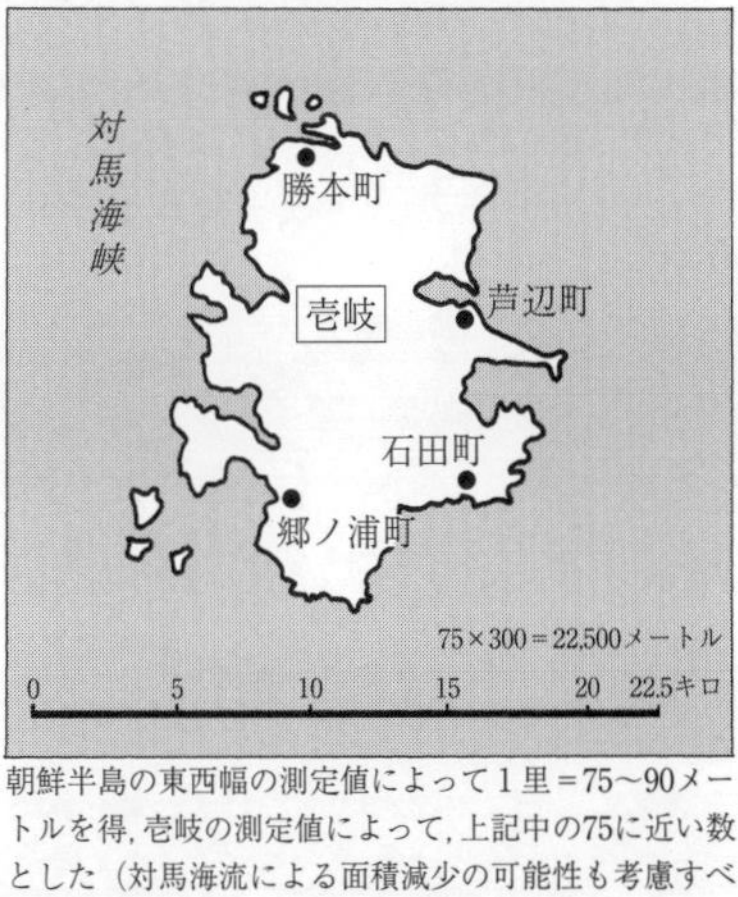

朝鮮半島の東西幅の測定値によって1里＝75～90メートルを得，壱岐の測定値によって，上記中の75に近い数とした（対馬海流による面積減少の可能性も考慮すべきであろう。したがって，微差調整の要素として使用）。

にも、同一の里単位の用いられていること、そのもっとも印象的な事例が左記である。

去㆓北軍㆒二里余。〈江表伝。三国志、呉志、第九、裴注所引〉

右は、中国戦史上、著名な赤壁の戦において、呉の周瑜の部将、黄蓋が長江（揚子江）の南岸を、十隻の舟をもって離岸し、中江（江の中央）で「降服」を斉唱して北軍（曹操）をあざむき、さらに北岸へ接近した。そして「北軍を去る、二里余」の地点で、舟に積載していた、魚油をしみこませた枯柴に火を点じ、無人火船を北岸に連結されていた北軍の船群の中に突入せしめた。北軍の軍船は一斉に炎上し、岸上の軍営にまで飛火し、曹操は大敗を喫したのである。この赤壁の現地の川幅は、「四〇〇～五〇〇メートル」[5]であるから、この里単位が「短里」なら、「二里余＝約一六〇～一八〇メートル」くらいとなり、右の戦況とピッタリ合致するのに対し、「秦・漢の長里」では、全く適合しない。これは水面上であり、容易に測定しやすい距離と対象であるから、いちじるしく安定した史料状況といいえよう。「三国志、長里」論者（従来の全論者及び最近の反論者）[6]にとって、回避すべからざる事例ではあるまいか（さらに、弓矢の飛距離の問題、江の流速（無人火船と流速との関連）[7]の問題も、同じ帰結をさししめしている）。

江表伝は、西晋朝の史書であるから、三国志と同時代の史料である。

〈その三〉三国志の夷蛮伝（烏丸・鮮卑・東夷伝）と本伝（帝紀・列伝）とが、同一の「里単位」に立っていることをしめす事例は、左記である。

(イ)其の北岸狗邪韓国に到る、七千余里。〈倭人伝〉

(ロ)（韓地）方四千里。〈韓伝〉

(ハ)（高句麗）方二千里。〈高句麗伝〉

(ニ)〈曹操〉未レ至百余里。〈烏丸伝〉

右の(イ)の「七千余里」は、「帯方郡治→狗邪韓国」の距離である。すなわち、その内包するところ、「帯方郡」と「韓地」と「倭地」との三領域にわたっている（「帯方郡→邪馬壹国」の間の「一万二千余里」は、当然右の「七千余里」をふくんでいる）。したがってこの(イ)は「倭人伝」内の記事であっても、「帯方——韓——倭」の三領域にまたがっている。

同じく、右の(ロ)が倭人伝の里程と同一の里単位に立つこと、今や周知のところであるけれども、その北境はすなわち「帯方郡の南境」に当っている。すなわち、魏の直轄領たる帯方郡もまた、「韓・倭」と同一の里単位で提示されているのである。

さらに同じく、(ハ)の高句麗の南境は、すなわち「楽浪郡の北境」である。楽浪郡と帯方郡の「里単位」が異なっているなどということはありえない。すなわち、「高句麗——楽浪郡——帯方郡——韓地——倭国」はすべて、同一の里単位と見なさざるをえないのである。

次は(ニ)。これは「魏の武帝」たる曹操（太祖）の行軍記事である。彼の行軍は、魏志の帝紀、巻一の「武帝紀」の中心テーマをなしている。したがってこの帝紀中の里程記事（たとえば「塹山堙谷、五百余里」〈建安十二年、春二月〉など）と同一の里単位に立つべきこと、当然である。

以上によって、本伝（「帝紀」）と夷蛮伝（烏丸伝及び東夷伝、さらに倭人伝）が同一の里単位に立つ、と見なすべきこと、当然であり、それ以外の見地はとりえないのである。すなわち、明治の白鳥庫吉・内藤湖南以来、「倭人伝」の里単位をもって、他の三国志全体と異なるものと称し、これを「孤立化」して処理してきたこと、それが方法論上不当であったことが知られるのである。(8)

以上がすでに、筆者の提示してきたところ、そして他の論者たちが、正面から論理的に、かつ実証的に対応しえずにきた、そのように筆者の目に見えているところのものなのである。

三

いよいよ、本稿にとって目途とすべきところに歩を印しよう。

中国の史書（三国志や江表伝等）[9]や典籍（周髀算経）以外、朝鮮半島や日本列島内で生れた史書や典籍の中に現われた「短里」の検証、それが本稿の課題である。

(一)三国史記

脱解、本、多婆那国所生也。其国在二倭国東北一千里一。〈新羅本紀、第一、脱解尼師今〉

右の記事のあと、有名な卵生説話が記載されている。新羅の第四代の国王、脱解は、多婆那国王と王妃の子として「卵」の形で生れた。王は棄てることを命じたが、王妃はこれに忍びず、舟にその卵と宝物を乗せて沖合に流した。舟は漂流して先ず金官国（釜山近辺）の海辺に着き、次いで阿珍浦口（慶州近辺）に漂着した。海辺の老母がこれを縄で引き寄せ、その卵を養ったところ、すぐれた男児に成長し、やがて新羅の宮室に仕えた。そのあと、第二代の国王の娘の婿となり、やがて第四代の国王となった、という。

右の説話の根本をなすもの、それは「海流の論理」である。対馬海流は、壱岐・対馬の海域を過ぎると、やがて二方向に分岐する。一は、出雲方面へ、他は、釜山沖から慶州沖へ向い、やがて朝鮮半島東岸部中域で、ウラジオストック方面から南下してきた寒流と出合って合流しつつ、東進する。前者は、対馬海流と呼ばれ、後者は、東朝鮮暖流と呼ばれている。この「無人卵舟の漂着譚」は、後者を舞台とせずしては、説話そのものとして、成立不可能である。

（説話事実そのものは、当然虚構であるけれども、説話の進行自体が話者と聴者と共有の自然地形の理解に合致していなければ、説話そのものが成り立ちえないこと、当然である。）

とすれば、右の説話を構成する条件は、自然に次のように限定される。

(イ)右の「倭国」とは、博多湾岸を中心とする、筑紫を中枢領域とする概念である。

(ロ)右の「一千里」は、「短里」（一里＝約七七メートル）であって、「長里」（一里＝約四三五メートル）ではありえない。後者の場合、多婆那国の所在は、舞鶴湾から能登半島近くになり、右の「海流の論理」と到底合致しえない。

(ハ)これに反し、「短里」の場合、多婆那国の所在は、遠賀川河口から関門海峡近辺（北九州市から下関市）となり、右の「海流の論理」に適合しうる（この領域が、右の論理に適合しうるための、その「東限」となっている[10]）。

なお、右の論定をささえる、他の証拠は左のようである。

(a)女王国東、渡レ海千余里、復有レ国、皆倭種。〈倭人伝〉

(b)渡レ海千里、復有レ国、皆倭種。〈魏略〉

右は、三国志(a)と魏略(b)とが同一の里単位に立っていることをしめす史料であるが、この「千余里」「千里」も、当然「短里」である。この「女王国」は、女王の居するところたる、邪馬壹国であり、博多湾岸を中心とする筑紫を中枢域とする（古田『「邪馬台国」はなかった』参照）。そこから、東（東西南北の「四分法」による）へ「千里」前後というのは、関門海峡から東、すなわち本州を意味する

（右の書、参照）。

したがって、ここに現われた「千余里」及び「千里」と、三国史記の脱解王説話における「一千里」とは、同一行程を指していることとなろう。

次に、脱解王の即位年の問題。それは後漢の光武帝の建武中元二年（五七）とされている。すなわち、志賀島出土の金印（「漢委奴国王」）授与の年である。金印は、当該民族の統一の王者に対して授与すべきものであるから、この博多湾岸に臨む、筑紫の王者が「倭人全体の王者」として、中国、さらには東アジア全体から認められていたことを意味しよう。

とすれば、脱解王説話における「倭国」をこの博多湾岸領域を中心とする概念と見なすこと、それはきわめて自然である、といいえよう。

以上によって、この三国史記、新羅本紀、脱解王説話における里程記事が、中国の三国志と同じ「短里」に拠って記述されていることが知られる。

(二)三国遺事

（元君）以献帝立（建か）安四年、己卯三月二十三日而殂落、寿一百五十八歳。……遂於闕[11]之艮方、平地造立殯宮。高一丈、周三百歩而葬之。号首陵王廟也。（三国遺事、巻二。駕洛国記。大康年間（一〇七五～八四）成立）

右は、駕洛国（洛東江下流域。加羅）の第一代とされる「元君」（首陵王）の廟に関する記述である。その廟のことを「殯宮」と呼んでいるが、通例の宮殿に非ざることは、その高さからも、直ちに判明しよう。

「一丈」は、後漢尺で二・三五メートルである。こんなに低い「宮殿」など、あるはずがない。これは「円墳」のような、墳墓の盛土の高さにふさわしい。二世紀末は、日本列島側でいえば、「弥生墓」の時代であるから、その時期においては〝大墓〟に属しよう。

問題は「周三百歩」である。「一里＝三〇〇歩」であるから、「長里」なら、約四三五メートル、「短里」なら、約七七メートルとなろう。もしこれを「円墳」の形状とすれば、右を「三・一四（円周率）」で割ることによって「直径」の値がえられる。前者なら「約一三八・五メートル」、後者なら「約二四・五メートル」である。前者は、高さに比しても、全く非。これに反して、後者は、高さに比しても、ふさわしく、その大きさも、「弥生墓」の時代の〝大墓〟として、適切である。

ことに、この時点より約半世紀後、対岸たる博多湾岸をふくむ筑紫の地に建造されたと見られる、卑弥呼の墓が、本稿の冒頭にしるしたごとく、

径、百余歩。

とされているものとも、よく相応する。これは、同じく「短里」による「短歩」に従えば、「三〇～三五メートル」となるからである。朝鮮海峡・玄海灘を間にはさんだ、その両岸において、半世紀をへだてて、一方は「約二四メートル」、他方はそれを若干上回る規模だからである。以上の吟味によって、この三国遺事中の駕洛国記の記事が、三国志と同じ、「短里」によって記されていることが判明した。

なお、右の記事中、この元君の没年齢が「一百五十八歳」とされている。これは彼の妃の没年齢が「一百五十七歳」（一〇年前に没）とされているのと同じく、通例の寿命では考えがたい。すなわち、倭人伝に、

其人寿考、或百年、或八・九十年。

とあるものが、「二倍年暦」と称する、特異の暦法に拠るものであったこと、筆者のすでに論じたごとくである。[12] これと同じ暦法にもとづくと見なさるべき記載が、この駕洛国記にも出現している。[13] すなわち、これは倭人伝と、基本的な史料性格を同じくする、同質の史料といいうるのである。

(三)日本書紀

(崇神六十五年)任那は、筑紫国を去ること二千余里。北、海を阻《へだ》てて雞林《しらき》の西南に在り。〈日本書紀、崇神紀〉

右では、筑紫国を原点として、任那までの距離を「二千余里」としている。海上であるから、ほぼ「直線距離」[14] と見ていいであろう。これに対比さるべきもの、それはここでも、倭人伝である。

狗邪韓国〜対海国――千余里
対海国〜一大国――千余里
一大国〜末盧国――千余里

であるから、三者合すれば、「三千余里」となろう。これは、いわば「折線距離」である上、最後の「末盧国」を唐津近辺とすれば、九州北岸中、もっとも深く南に湾入している個所である。これに比すれば、「筑紫(博多湾岸)〜任那」のストレートな海上距離の場合、「二千余里」というのは、ほぼ対応した里程表現といえよう。

すなわち、筑紫を原点とした、朝鮮半島と九州北岸の間の、海峡幅が、倭人伝と同一の「短里」で表現されているのである。

なお、筆者はかつて、日本書紀中の朝鮮半島関係記事は、九州王朝の史書中の記事を〝切り取っ〟て、あたかも近畿天皇家関連の記事であるかに見せて、「偽入」したものであることを論じた。神功紀に引用された「倭人伝」や「晋の起居注」の記事も、その印象的な一例をなしていた（『失われた九州王朝』『盗まれた神話』や、本書第七篇「日本国の創建」参照）。

そしてこの「筑紫を起点とする任那記事」もまた、その一例であった。なぜなら、後述するように、近畿天皇家が「短里」を使用した形跡はなく、すべて「長里」に従っていた様相がうかがわれる。この点からも、「短里」に依拠した当該記事は、他（九州王朝――筑紫を中心とする）の史料からの「転用」、そのように分析しうるのである。

㈣翰苑

（新羅）地惣㆓任那㆒。

唐書云、加羅国、三韓種也。今訊㆓新羅耆老㆒云、加羅・任那、昔為㆓新羅㆒所㆑滅。其故、今並在㆓国南七・八百里㆒。此、新羅、有㆓辰韓・弁辰廿四国及任那・加羅・慕韓之地㆒也。〈翰苑、巻第卅、蛮夷部、新羅〉

〈読下し〉

（新羅）地は、任那を惣《す》ぶ。

唐書に云う。「加羅国は、三韓の種なり。」と。今、新羅の耆老に訊《たず》ぬるに、云う。「加羅・任那は、昔新羅の為に滅ぼさる。其の故（故地）、今並びに国（新羅。都は慶州）の南、七・八百里に在り。」と。此れ、新羅は、辰韓・弁辰廿四国及び任那・加羅・慕韓の地を有するなり。

右の「七・八百里」は、新羅の国都たる慶州を起点として「任那」までの距離をのべたものである。

方角は、八分法でいえば、「西南」であろうが、四分法で「南」と称したものであろう。

この「七・八百里」は、地図で検すれば明白なように「短里」である。三国志の韓伝で

(韓地)方四千里。

とあったように、半島の東西幅は「短里」で「約四千里」とされている。これとよく対応する里程なのである。もしこれが、慶州を起点として、南の方向に、「長里」の「七・八百里」であったとしたならば、任那の所在地は、九州北辺を過ぎ、九州中部(熊本県あたり)に存在することとならざるをえないのである。

先に見たように、三国史記の新羅本紀、三国遺事の駕洛国記、いずれも「短里」が用いられていた。ところが、ここでは七世紀中葉以降の時期の「新羅の耆老」が、同じ「短里」で語っているのである(あるいは、彼は、滅された任那・加羅の地の「故老」であるかもしれぬ)。

ともあれ、朝鮮半島の南半部において、七世紀中葉以降の時期に至っても、なおかつ「短里」が日常談話の間に用いられている。わたしたちは、この事実に驚かざるをえないのである(翰苑は、初唐、顕慶五＝六六〇年の成立。著者は張楚金。これに対する注は雍公叡による)(15)。

(五)風土記

①肥前国風土記云、松浦県、々東六里、有帔揺岑(帔揺、比礼府離)。(岩波古典文学大系『風土記』五一六ページ)

〈読下し〉

肥前国風土記に云う。松浦の県《あがた》。県の東、六里。帔揺岑《ひれふりのみね》有り。(帔揺、比礼府離《ひれふり》)

1底「三十里」。概数記載とはしがたい。実距離によれば六里または七里とすべきである。しばらく「六里」としておく。（上欄注）

②風土記云、球磨県。々乾[9]七十里。海中有レ嶋。積可二七里[10]一。名曰二水嶋一。（同右、五一八〜九ページ）

〈読下し〉

風土記に云はく、球磨の県。県の乾《いぬゐ》のかた七十里、海中に嶋あり。積《ひろ》さ七里ばかりなり。名づけて水嶋と曰《い》ふ。

9底「七里」。新考及び実地理による。

10底「七十」。新考により訂す。（上欄注）

右の①の本文は、後代（岩波古典文学大系本）の校定文である。ここでは「松浦の県〜帔搖岑」間の距離が「六里」とされている。ところが、原古写本（今井似閑採択[16]、「筑紫風土記」）すなわち「底本」には、「三十里」とある。それを編者（秋本吉郎氏）が、「実測」によって、これを「六里」と訂正した。そのことをしめすのが、上欄注の1の文である。

思うに、松浦湾南辺の海岸部は陸地部分が狭隘であるため、当山（帔搖岑）と海岸集落領域との距離が限定されている。そのため、右のような「論定」が必然とされ、「原文」を「改定」せざるをえぬこととなったのであろう。

しかしながら、このような「改定」が、「校訂者の越権」に属すること、筆者には疑いなきところと思われる。

なぜなら、もしこのような「校訂手法」が許容されうるとしたならば、たとえば倭人伝の「一万二千余里（帯方郡治〜女王国）」を、「実測の成果」によって「二千五百里」などと「改定」することが、校定者に許されることとなろう。少なくとも、二点間の距離の限定されている「対海国〜一大国」間など、そこに記された「一千余里」を、「実測すれば、二〜三百里だから」という理由で、「しばらく二百里としておく」という注記を付して、「原文」を「一千余里→二百里」と「改定」し、これを「三国志の校訂文」とし、研究の基礎にすえる、そういった作業が許されることとなろう。考えられぬ事態である。[17]

さて、問題の本質を見よう。この校訂者が「実測の基礎」としたのは、「一里＝約五三五メートル」の「長里」（八世紀）であった。

「一里は三〇〇歩、一歩は六尺、一尺は曲尺の約〇・九八尺。一里は約五三五米。」（岩波古典文学大系『風土記』三七ページ。常陸国風土記の項）

と、当本における最初の里程記事の上欄注に記せられている通りである。

この「里単位」に依拠する限り、原古写本（底本）の「三十里」は到底許容しうる数値ではなかったのである。

しかし、右の「矛盾」は、おのずから暗示している。この「県《あがた》風土記」（後述する）の「里単位」は、右のような「長里」（秦・漢の長里の修正形。唐代）ではなく、これとほぼ「五対一」程度の比率差をもった「短里」だったのではないか。これが、「三十里→六里」の「改定作業」をうながした、その真の背景であった、と考えられる。

次に、②の例。ここでも、「校定された本文」は、「七十里……七里」という数値がしめされているが、これも「改定」文であった。原古写本（底本。同じく「筑紫風土記」）では、逆に「七里……七十里」となっている。

右の「改定」は、井上通泰の『西海道風土記逸文新考』（昭和十年刊）を原拠とし、それに「実測」の成果を加えてなされたことが、校訂者の上欄注の9及び10に記されている。その『新考』の文は、左のようである。

「〇七里は凡三十五町なれば略今の一里なり。さて球磨県乾七里海中有嶋といへるは疑はし。風土記撰進より一千余年の後なる文政の始にすら海岸よりの距離だに一里許なりしをや。なほ次に云ふべし〇積の字万葉緯に稍とあり。考証本などは之に従ひたれど積とあるぞまさりたらむ。但積七十里バカリとあるは疑はし。少くとも今はいとささやかなる島なればなり。恐らくは数字に誤あらむ。或は上の七里と顚倒したるにか」

右の文の冒頭に、「今の一里」といっているのは、「三六町（三・九二七三キロメートル）」（広辞苑）である。「凡三十五町」というのであるから、「約三・八キロメートル」である。これが「七里」だ、というのであるから、その「里単位」は「約五四三メートル」となろう。右にあげた、八世紀の「里単位」である。

この「里単位」に立ってみると、ここの里程記事は「誤」と見えたのである。ことに、水島という島の面積は、あまりにも過大に見えた。そこで末尾のように、「或は上の七里と顚倒したるにか」という試案を提示したのである。これに、岩波古典文学大系の校訂者は従ったのである。

ここでも、水島が「積七十里」では、あまりにも過大、「積七里」なら、何とか適合しよう。そういう「思惟」が背景となっている。

他方、最初の里程数値「七十里（改定形）」（底本は「七里」）の場合、一つの問題がある。通泰が「文政の始にすら海岸よりの距離だに一里許なりしをや」といっていることによって判明するように、彼は

これを「球磨県→水島」間の距離をのべた里程数値と解している。しかしここは、一応、

球磨県の乾（いぬい。北西）、七里の海中に嶋有り。

という文形であり、この「七里」は本土（球磨）と水島との間の「水幅」なのである。

ことにこのさい、看過すべからざる問題がひそんでいる。

風土記云　球磨県　[7]々[8]乾七十里　海中有レ嶋（岩波古典文学大系本、五一九ページ）

7底にない。万葉緯による。

8底にない。他例によって補う。（上欄注）

とあるように、原写本（底本）では、「県」の字が存在しないのである。この逸文は、先の①「帔搖岑」と同じく「筑紫風土記」の中のものであるから、「県風土記」に属することは疑いないのであるけれども、ここの文章自体には「県」字はないのである。

ところが、ここに「県」字を補うと、「県治、中心」を起点とし、水島に至る里程距離と見えやすくなるのである。これに対し、原古写本（底本）の場合、

球磨の乾、七里の海中に嶋有り。積七十里なる可し。名づけて水嶋と曰う。

という文形であるから、原点たる「球磨」は「球磨本土」の意であり、「七里の海中」といっている、この里程は、「本土→島」間の「海中距離」なのである。

したがって通泰が「海岸よりの距離だに一里許」といっている、その「一里許」こそが、当の「海中距離」なのである。この通泰の「一里」は、先にあげた「約五四三メートル」であるから、「短里」（一里＝約七七メートル）の「七里」（約五三九メートル）とよく一致している。古写本（底本）の「七里」のままでいい。すなわち、両視点、一方は「長里」、他方は「短里」と、依拠した「里単位」が異なってい

たのである。

以上、①②いずれの例から見ても、「県《あがた》風土記」と呼ばれる、この「筑紫風土記」が、「秦・漢の長里」や「唐（八世紀）の長里」ではなく、「魏・西晋の短里」に拠っている、その事実が確認されよう。

これに「改竄」の手を加え、「長里」にもとづいて「校定」する、その手法の不当であったことが知られるのである。

＊　＊

ここで「県風土記」についてのべておこう。

一般の風土記が「郡」という行政単位によって記述されていること、周知のごとくである。常陸・出雲・播磨・豊後・肥前の五国の風土記（ほぼ完形）及び、他の逸文も、変ることはない。これは和銅六年（七一三）、元明天皇の風土記撰進の詔において、
畿内七道、諸国の郡・郷の名、好字を著《つ》けよ。其の郡内に生ずる所の銀・銅……〈続日本紀、元明天皇〉

と、「郡」字が再度にわたって用いられている事実とも、よく対応するものである。この元明天皇の詔にもとづく風土記、これを「郡《こおり》風土記」と呼ぼう。

ところが、これとは異なる、一群の風土記がある。それは「県」を行政単位とする風土記である。これが「県風土記」である。これは九州にのみ存在する。

両風土記の異なるところは、行政単位のみではない。

Ⓐ「郡風土記」

朕、西の堺を定めんと欲し、此の野に来著きぬ。〈筑前国風土記、怡土《いと》郡、児饗野《こふの》〉

Ⓑ「県風土記」

其の岳の勢為《た》るや、中天にして傑峙し、四県を包《か》ねて基を開く。……伊《これ》、天下之無双。地心に居在す、故に中岳と曰う。〈筑紫風土記、肥後の国、閼宗《あそ》の県〉

右のⒶでは、九州の一画、怡土郡を「西の堺」と呼んでいる。当然、近畿を原点とした表現である（「朕」は、気長足姫尊〈神功皇后〉）。これに対し、Ⓑでは、同じく九州の一画たる阿蘇山の地を、「中天」に聳え、「地心」に存在している、と表現している。九州中心主義の視点である。両風土記は明白に視野の原点を異にしているのである。

さらに、「郡風土記」が近畿を中心として日本列島内各地の「国」の風土記、という形式をとっているのに対し、「県風土記」の場合は、肥前・肥後等、すべて「筑紫風土記」と称せられている事実からも明らかなように、筑紫が中心となっている。すなわち、両風土記は、権力中心と周辺と、その構成形式を異にしているのである。

以上、二種類の風土記の存在すること自体は、すでに井上通泰の指摘するところであった。そして右の「県」を行政単位とする風土記は、元明の「詔」による「郡」を行政単位としたあと、太宰府の官人によって作製されたもの、そのように推定した[18]。

これに対し、坂本太郎氏は反証を加え、「県」単位のものが先、「郡」単位のものが後であることを論定[19]、以後、この点については異論を見ない。

しかし、この一点から、実は重大な問題が生ずる。なぜなら、通泰説の場合なら、この「県風土記」も、「元明天皇の詔」下の一変型と見なしうるかもしれぬ。けれども、坂本説に従わざるをえない、となれば、この「県風土記」は、「元明の詔」前の成立、と見なさざるをえない。「『郡』単位の詔」を承けて、「県」単位の風土記を作る、という事態は、理解不可能だからである。

このように分析してくると、「元明天皇の詔」の真の意図は、実は「県風土記」が九州（筑紫）にすでに存在したことを知った上で、それに対する模倣として発せられたもの、そういう帰結に至らざるをえないのである。

しかし、このような論理の進行に、従来の近畿天皇家一元主義の史観は〝耐える〟ことができない。これに反し、筆者の場合、中国の史書や朝鮮半島の史書の分析から、次の帰結に達していた。

「紀元前から七世紀末まで、『倭国』として東アジアの国々に遇せられてきたのは、筑紫を権力中心とする領域であった」と。この立場からすれば、先の「県風土記」は、当然「九州王朝の風土記」の遺存したもの、そのように帰結されるのである。

その成立時期は、六〜七世紀の間にあるものと見られる[20]（『よみがえる九州王朝』『古代は輝いていた』第三巻参照）。

以上の帰結を、他の側面から立証するもの、それがこの、本稿における「里単位」問題であった。なぜなら、「里単位」というものは、「個人の恣意」による使用とは考えられず、当然ながら、「公権力による施行」にもとづくものである。したがって、「唐朝の里単位」に依拠した近畿天皇家以前に、「魏・西晋朝の里単位」に依拠していた、筑紫の公権力、すなわち九州王朝の実在したことを立証しているのである。

㈥万葉集

筑前国怡土郡深江の村子負《こふ》の原に臨める丘の上に二つ石あり。……深江の駅家《うまや》を去ること二十許里にして、路の頭《ほとり》に近く在り。〈『万葉集』巻第五、八一三、序詞。天平元＝七二九年～天平二年の間〉

右の「二つ石」について、「中略」部分に詳しい記事がある[21]（この石については、先の「県風土記」「郡風土記」ともに、それぞれ詳しい記事がある[22]）。その存在個所は、現在の福岡県の糸島郡二丈《にじょう》町、深江に存在する鎮懐石八幡神社の地に当っている（神社の前の海岸部にあった、とされる。現在は当神社の御神体となっている）。

次ページの図[23]のしめすように、深江駅の存在位置は、その東部に当っている。「鎮懐石八幡神社の地↓深江駅」の間は、「一五〇〇～二〇〇〇メートル」の範囲にある。右の「二十許里」は、「短里」が里単位とすれば、「一五〇〇～二〇〇〇メートル」の間にあるから、まさにピッタリである。

これに反し、「長里」の場合、右の「五～六倍」の長さであるから、鎮懐石八幡宮の地を原点として、その距離をとれば、東方・西南方、その他いずれの方角であっても、「深江」の地をはるかはずれてしまう。とても、「深江駅」の所在を求めることはできないのである。

したがって、意外にも、この記事もまた、「短里」による記載だったのである。

では、この記載は何にもとづくものだったのであろうか。その点、右の序詞・長歌（八一三）反歌（八一四）の直後に、次のように記せられている。

右の事を伝へ言ふは、那珂郡の伊知《いち》の郷蓑島《みのしま》の人建部牛麿なり。

ここに「那珂郡の伊知の郷蓑島」とあるのは、福岡市蓑島本町付近とされている（岩波古典文学大系『万葉集二』七二ページ上欄注二、参照）。また、年代は、直前の八一一の歌が「天平元年十月七日」であり、

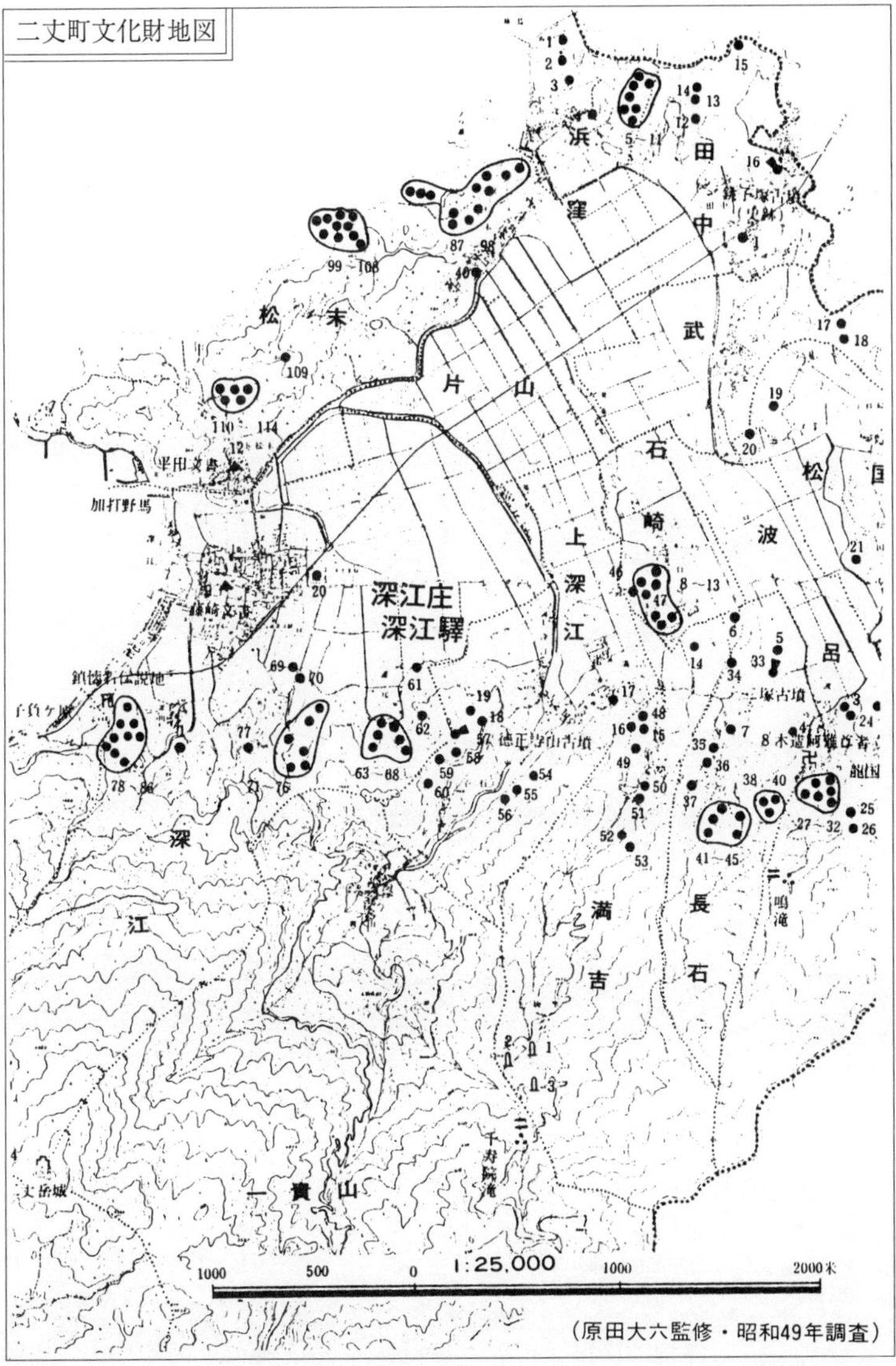

(原田大六監修・昭和49年調査)

直後の八一五〜八五二の歌（「梅花の歌三十二首」）が「天平二年正月十三日」であるから、その間におかれた、この歌は、「天平元年〜二年」の間のもの、と見られる。

すなわち、この歌の序詞は、七二九年頃、筑紫の故老の証言によったものであり、その証言は「短里」に立っているのである。

一方、この時期の近畿天皇家が「唐の長里」に拠っていたことは、明白である。たとえば、「郡風土記」を見ても、疑う余地がない。とすれば、この「筑紫の故老」は、当代（八世紀）の、公定の里単位（唐の長里）ではなく、それ以前（おそらく七世紀末まで）に実施されていた「短里」によって語った。——そのように解する他、道はないのではあるまいか。

たとえば、類例を現代に見よう。メートル法は十八世紀末にフランスで採用されたものであるが、日本では明治十八年（一八八五）にメートル条約に加入、昭和三十七年（一九六二）以降、専用の完全な実施期に入った（広辞苑）。爾来、現在（昭和六十二年）まで「二五年」を経過している。したがって一般にはすでに「メートル法」が普及しているけれども、田舎の故老に道のりを聞いた場合、いまだ時として「里」（一里＝約三・九キロ）によって、当該距離を告げられること、なしとしない。これは誰しも経験するところであろう。それは、この故老の人生の大半（少年期から壮年期まで）が、「メートル法以前」の「公的距離単位」の教養によって形成されているからである。このような「故老による、旧法の遺存状況」は、今後何十年もたたぬうちに、急速に消滅することであろう。なぜなら、〝旧法のもとで、人生の大半を形成した〟ような人々は次々と死に絶えてゆくからである。

右と同一の状況、それが七二九年頃の「筑紫の故老」の証言に現われた「短里」である。この故老は、「人生の大半」を「短里」のもとですごした。それゆえ（すでに「長里」の時代になっているにもかかわらず)、ここで「短里」によって語っているのである。

以上の「仮説」以外に、この史料状況を合理的に解説しうる立場は存在しないであろう。すなわち、七世紀末まで、筑紫には「短里」が施行されていた。――この帰結である。この帰結よりすれば、「筑紫風土記」と呼ばれた「県風土記」が、同じく「短里」によって記述していた、という、その証跡も、あえて偶然でないことが知られよう。

以上の「里単位」問題はまた、七世紀以前に、筑紫の地に、近畿天皇家とは別個の、それに先在する公的権力が実在していた事実に対する、現地人による巧まざる証言ともなっていたのであった。

四

文化人類学上、著名な概念がある。「ドーナツ化現象」がこれである。

たとえば、南太平洋上の諸島において、英国のビクトリア王朝の儀式が今も、ありし日のままに毎年行われているところがある。その儀式は、本国(ロンドン)ではすでに失われて久しく、見ることができない。その原由は簡単である。十九世紀、ビクトリア女王の時代、この島々は英国の植民地となった。その遺制が、本国に失われたのちも、現存しているのである。

またわが国でも、わたしたちが現在、日常的に用いている中国文字(漢字)の発音、いわゆる「漢音」や「呉音」は、古代中国において実在していた発音であった。しかし、現在の中国では、ほとんど失われて年久しい。それが周縁部たる日本に遺存しているのである。

これらすべて、本来存在した中心部にはすでに失われ、〝伝播〟された周縁部にのみ遺存している、そのような現象に対して与えられた称呼、それが「ドーナツ化現象」なのである。

右の概念をもって、本稿における「里単位」問題を考察してみよう。

先ず、本稿で到達しえた帰結、それは次のようであった。

「朝鮮半島南半から九州北・中部にかけて、『短里』（一里＝七六〜七七メートル）が公布され、公用されていた、その史的痕跡が幾多存在する。それは二〜三世紀頃より、八世紀初に及んでいる」と。

この帰結の意味するところは何であろうか。次に列記しよう。

第一。すでにのべたように、この地帯（新羅・駕洛国及び筑紫）に、「短里」を公的里単位とする公権力が存在していたこと。

第二。右の現象は、中国にその「短里」が公布されていた王朝と、その時期の存在を証言するものであること。

第三。右の古代中国王朝とは、本稿の冒頭にのべたごとく、「周」および「魏・西晋」に限られていること。

第四。右のうち、朝鮮半島・九州の国々が直接影響をうけたのは（史料状況から見て）[24]、「周」というより、「魏・西晋」からである、という可能性が高いこと。

第五。したがって、三国志にあらわれる「倭国」、すなわち「魏・西晋」と強靱な「天子——外臣（夷蛮の王）」の関係を結んだ邪馬壹国は、「チクシ」を権力中枢とする「倭国」であったこと。

第六。その「チクシ」を権力中心とする「倭国」は、七世紀末まで継続したこと。すなわち、「九州王朝」の実在である。

第七。したがって、わが国の戦後古代史学において「定説」の観を呈してきた、「四世紀中葉以来、近畿天皇家中心の統一が成立した」とか、「少なくとも六世紀以降は、近畿天皇家中心の統一的国家が成立していた」とかいった概念は、これを否定せざるをえないこと。

第八。同じく、三世紀後半から四世紀後半までの間に、「邪馬台国の東遷が行われた」とか、「騎馬民族が朝鮮半島から日本列島中央部（近畿）に侵入して、列島大半の統一を行った」とかいった、日本古代史学界に流布されてきた学説は、結局成立しがたいこと。

以上が、本稿によって証明されるところとなったのである。

註

（1）山尾幸久氏による。

（2）白鳥庫吉「倭女王卑弥呼考」（『東亜之光』第五巻第六・七号、明治四十三年六・七月）。

（3）たとえば、「今有㆓円材㆒。径二尺五寸、欲㆘為㆓方版㆒令㆗厚七寸㆖、問、広幾何。」（「九章算経」巻九、句股）など、円材の直径である。

（4）のちには「一里＝三六〇歩」。

（5）人民日報、日文版（北京）による。

（6）黄蓋の十隻の舟が中江で「降服する」と叫び、さらに「北軍を去る二里余」の位置まで近づいた、というのは、すでに中江以北では「北軍の弓矢の征圧下」に入ることを覚悟し、敵をあざむく「降服」の声をあげたのであろう。もし、中江が北岸を去る一五〇〇メートル前後（長里の場合）の位置だとすれば、いささか過大にすぎるのではあるまいか。

（7）右以上に重要なのは、流速の問題である。魏船が流されることを恐れて互いにつなぎあっていた、というのであるから、流速はかなり速い（現在、実地について見ても、秒速、五メートルくらいある）。したがって、もし約一〇〇〇メートル前後の位置から、無人火船が放たれたなら、北岸に到着する前に、はるか下流に流されてしまうであろう。何よりも、この点をおそれて、極力北岸に近づく、これがこの作戦のキイ・ポイントだったと思われるのである。この点も、問題の「二里余」を「長里」で解することを困難とするものである。

(8) 山尾幸久・白崎昭一郎・安本美典・篠原俊次氏等。

(9) 魏略・魏の如淳注・海賦(木華撰)。

(10) 関門海峡は時間帯によって、外(日本海側)と内(瀬戸内海側)と、流出方向を一変させる。これが外に向う時間帯には、「無人の卵舟」が東朝鮮暖流に〝乗る〟ことを助けうるであろう。
さらに、重要なのは、風である。冬前後は北から南へ、夏前後は南から北へ、風が吹く。東朝鮮暖流に〝乗り〟やすいのは、当然、後者であろう。

(11) 「駕洛国記(文廟朝。大康年間。金官知州事文人所撰也。今略而載之。)」。上記が冒頭の記述である。

(12) 『「邪馬台国」はなかった』参照。

(13) 脱解王は六十二歳で即位し、二三年間在位した、とされる。没時は八十六歳である。瓠《こ》公は新羅王第一代から第四代にかけて活躍した人物であるが、「倭人」と明記されている。第一代、赫居世王の三十八年(前二〇)、辰韓王の使者として馬韓に使して大功をあげた。さらに第四代、脱解王の九年(六六)にも出現している。したがって少なくとも、八六年間、新羅(辰韓)王朝下で功臣として活躍しつづけたこととなろう。もし、最初の活躍(赫居世王の使者)時に二十歳だったとしても、その寿命は百六歳を数えることとなろう。これはやはり「二倍年暦」なのではあるまいか(高田かつ子さんの御教示による)。

(14) もちろん、紙上に書かれた「直線」であるはずはない。しかし反面、陸上の屈曲した道路のごときでないこともまた、当然である。かつ「狗邪韓国」「対海国」「一大国」「末盧国」という、必ずしも南北一直線上に並んでいない、四点を結ぶコースと比べて、これを「直線距離」と表現したのである。

(15) 翰苑は「張楚金撰、雍公叡注」と冒頭に記せられ、末尾の「叙」に「大唐顕慶五年(六六〇)三月十二日」の年時が現われている。これに対し、雍公叡注の時期は不明であるが、少なくとも、天長八年(八三一)以前である。竹内理三『翰苑』解説、一四七ページ、参照(内藤湖南の文による)。

本成立の可能性も、考えられる。

(16) 今井似閑『万葉集緯』。

(17) 本居宣長は三国志の魏志倭人伝を引文するさい、原文の「邪馬壹国」を「邪馬臺国」と改定した形のものを「倭人伝本文」として使用し、これに何等注記することがない(「馭戎慨言」上之巻上)。これ、当風土記校定に共通する研究姿勢であろう(古田「邪馬壹国」、『多元的古代の成立』上巻所収、参照)。

(18)『肥前風土記新考』『豊後風土記新考』『西海道風土記逸文新考』。

(19)『大化改新の研究』。

(20) A型風土記成立の上限は、いわゆる「磐井の反乱」期以降。下限は「九州王朝滅亡」の七世紀末以前。おそらく六世紀後半、とする筆者の推定については、『よみがえる九州王朝』参照。

(21)「大きなるは長さ一尺二寸六分、囲《かくみ》一尺八寸六分、重さ十八斤五両、小《すこ》しきなるは長さ一尺一寸、囲一尺八寸、重さ十六斤十両、並皆《ともに》楕円にして、状《かたち》鶏子の如し。其の美好《うるは》しきこと論《あげつら》ふに勝《た》ふ可からず。所謂《いわゆる》径尺の璧《たま》是なり。(或るひと云はく、此の二つ石は肥前国彼杵郡平敷の石なり、占に当りて取るといふ)」(岩波古典文学大系本による)

(22) A型風土記「筑紫の風土記に曰はく、逸都《いと》の県《あがた》。子饗《こふ》の原。石両顆《ふたつ》あり。一は片長《なが》さ一尺二寸、周《めぐ》り一尺八寸、一は長さ一尺一寸、周《めぐ》り一尺八寸なり。色白くして鞕《かた》く、円《まろ》きこと磨《みが》き成《な》せるが如し。」

B型風土記「筑前の国の風土記に曰はく、怡土《いと》の郡。児饗野《こふの》。(郡の西にあり。)此む野の西に白き石二顆《ふたつ》あり。(一顆《ひとつ》は長さ一尺二寸、大きさ一尺、重さ卌一斤、一顆は長さ一尺一寸、大きさ一尺、重さ卅九斤なり。)」

(23) 原田大六監修「二丈町文化財地図」。

(24) 三国史記の「脱解王記事」、三国遺事の「元君記事」はそれぞれ一世紀及び二世紀の史実が扱われているのであるが、その記録は、十三世紀時点の成立かと思われる。

〈一九八七・四・二十七　稿了〉

第六篇　邪馬壹《いち》国の原点

〈解題〉「邪馬台国」という改定国名は、大和、山門等がいずれも弥生期の考古学的出土物の分布中心となっていない、この肝心の事実によって否定されざるをえない。代わって邪馬一国の場合、「邪馬プラス壹《いち》（「倭国」の自称）」という複合国名だ。狗邪韓国・不耐濊国というように。その中心地名たる「邪馬＝山」の地はどこか。『「邪馬台国」はなかった』以来の、この課題が、はからずも今回〝解決の糸口〟をうることとなった。

一

今を去る一八年前、筆者は日本古代史学界の前に、一個の提議を行った。

曰《いわ》く、「江戸前期以来、三国志の魏志倭人伝中の、白眉をなす中心国名『邪馬壹国《いち》』に対して改定の手が加えられてきた。すなわち、これを『大和』〈のちには山門〉に当りうると考えられた『邪馬臺国《たい》』へと直し、あたかもこれが研究上ゆるぎなき基礎文面であるかのごとく使用してきた。これは不当である(1)」と。

この帰結は、昭和三十年代を通じて筆者が専心してきた日本中世古文書学、ことに古写本および筆跡研究の中より獲得しきたった方法論、その実証主義の立場から、古代史中の当問題に目を転じたとき、おのずから生じた疑問、その自然なる帰結にすぎなかった。然り、筆者にとっては、この中心国の所在が近畿にあるにせよ、九州にあるにせよ、一切意に介するところではなかった。ただ文献処理上の方法論の厳正なるべきこと、その一事をのみ求めたのである。

その後、当問題について、さまざまの進展が見られ、逐次、論文(2)、著述(3)をもって明らかにしてきたのであるけれども、今回、幸いにも、一個の到達点を得るに至った。もって学界の面前に報告することとしたい。

二

先ず、改定文面たる「邪馬壹国」(以下「邪馬台国」とする)の是非について、すでに決定的ともいうべき「判定方法」の存在している点について注意しておきたい。それは一言にしていいうる。「近畿の大和も、九州の山門も、弥生期における考古学的出土物の中心ではない」という、この一点である。これを詳述しよう。

第一。近畿の弥生時代において、それが「銅鐸」の盛行する文明に属したこと、疑いがない。そしてその最大の製作中枢地が摂津の東奈良遺跡(大阪府茨木市)に存在したこと、今は周知のところである。これに対し、大和の場合、唐古遺跡(奈良県磯城郡田原本町)が銅鐸鋳型出土地として知られているけれど、東奈良遺跡が主中心とすれば、唐古遺跡は副中心というべきであって、決してその逆ではない。もちろん、これらが考古学上、「弥生中期」とされ、「弥生後期」(三世紀を含む)でないことは知られている。けれども、その時期に属するとされる「後期銅鐸」の場合、滋賀県、徳島県、愛知・静岡県にわたり、決して奈良県が中心ではない(4)(鋳型はいずれにも、見出されていない)。

さらに、右の「弥生後期の大和」について、「銅鐸の空白部」であることを〝逆手〟にとり、これを新しき統一権力発生のため、とする理論(5)(小林行雄氏)が出されたことは著名である。しかしながら、その理論の提出当時は、右の東奈良遺跡の出土はなかった上、倭人伝の内容と厳密な対応を行うとき、回避しえぬ矛盾がある。

(1)宮室楼観城柵厳設、常有レ人持レ兵守衛。

(2)兵用二矛・楯・木弓一。木弓短レ下、長レ上、竹箭或鉄鏃或骨鏃。

右において、卑弥呼の宮殿の地には、衛士群が常置され、彼等が矛・楯・木弓を所持していたことがしめされている。その木弓の形態がしめされ、それには竹箭・鉄鏃・骨鏃が用いられていた、と報告されている。

三国志における夷蛮伝（烏丸・鮮卑・東夷伝）の筆法は、一、二偶目した稀観物をしるすに非ず、当地出色の著目物を簡記するのが常例であるから[6]、右の記述は看過しがたい。

では、「弥生後期の大和」に、右のごとき特色ある出土物が存在するであろうか。わたしたちはその報告を見ない。これらの鋳型（銅矛）や実物（銅矛・鉄鏃等）の存在するのは、筑紫、ことに筑前中域（筆者の命名。糸島・博多湾岸・朝倉に至る領域）であって、決して大和ではないからである。

これらの遺物は、鏡のごとく、「伝世の宝物」視しうるものではないから、小林氏とその継流の論者の唱える「伝世鏡の理論」に類する論法で〝補う〟ことは、到底不可能なのである。

以上のように、簡明に思惟しきたれば、金属的出土物に関しては、ほとんど「裸の地帯」ともいうべき「弥生後期の大和」が、〝近畿弥生金属期文明の中枢地〟と称しえぬこと、けだし自明ではあるまいか。

如上の考察の意味するところは、次のようである。

卑弥呼の居する「邪馬壹国」を「大和」に当てんとして「邪馬台国」と改定した、江戸前期の松下見林にはじまる「作業仮説」は、結局不当だったのである。

第二。九州説の場合、新井白石以来、嚆矢《こうし》をなしたもの、それは筑後山門説であった。「九州にもヤマトありや」と目を転じきたったところ、それがこの地であった。

しかしながら、この「ヤマト」の不当なこと、それは近畿の大和以上に鮮明である。なぜなら、弥生・古墳期を通じて、いかなる時期においても、この地が一定の考古学的出土物の中心をなしたこと、それは一度もなかったからである。近畿大和の場合のように、古墳期の出土物たる三角縁神獣鏡を、「伝世鏡」なり、と称して、弥生期（三世紀）の渡来品（中国の天子より倭王への賜遺物）と見なす、そのような「時の技巧」をほどこすべき余地が全く存在しないのである。

これに代って採用されたのが、「場の技巧」であった。出土遺物の豊富ならざる山門の地に跼蹐《きょくせき》せず、これを筑後川全流域に拡大して、ここを「邪馬台国」の中枢と見なすのである。

けれども、このさい、見えすいた困難点が二つある。左にあげよう。

(一)筑後川全流域とした場合、先述の「筑前中域」の南端部に当る朝倉等はふくみうるけれども、最密集地たる「志賀島——博多駅——春日市——太宰府」および「室見川流域」さらにその間の博多湾岸一帯をふくみえない。依然として、出土物の最多密集地が、女王国の都たる「邪馬台国」以外に存在する、という、この根本矛盾を回避すること、到底不可能なのである。

(二)さらに看過できぬ問題がある。それは、次の点だ。〝最初は小さな山門、後には筑後川全流域へ発展〟という歴史的過程があったとしよう。そのさい、やはり、「最初」の時期、山門の地が文明中心もしくは権力中心であった、そういう時間帯が存在しなければ、〝拡大後〟にまでその原中心地名（ヤマト）がもちつづけられるべき道理はない。このように考えるのが、もっとも自然な思惟の進行ではあるまいか。

しかるに、先述のように、縄文・弥生・古墳、いずれの時間帯をとってみても、この山門が考古学的出土物分布の中枢、最密集地帯となったことはない。この事実からすれば、右のような「領域拡大」の手法による「筑紫南域『邪馬台国』説」には、基本的な難点が存在する。この点、「筑後川全流域、邪馬台国論者(7)」の注意しなかった一点、たとえ注意しても「正視」することのできなかった、根本の一点ではあるまいか。

右によって、新井白石以来の「山門、邪馬台国」への改定は、結局不当であったことが判明する。

以上の二点を総括しよう。

三国志の現版本（紹熙本・紹興本。以降、明・清・中華民国本まで）すべてが「邪馬壹国」である。これに対し、後代の研究者が「非」と見なし、「改定」する。そのこと自体は、一個の「作業仮説」として見れば、不当ではない。

ただ、それは文献に対する、一仮説である。その仮説が妥当であるか否か。それは考古学出土物の分布図と対比して見たとき、その「改定結果」が果してその一中枢、否、最大の密集中心域に当っているかどうか、その検証を経ずして、少なくとも、歴史学上の仮説とはいいえないであろう。

なぜなら歴史研究者にとって、文献に「改定」の手を加えるのは、ただ恣意的な〝文献いじり〟ではありえない。ひたすら、三世紀における、日本列島を代表する国家たる「倭国」の都、その一定領域をつきとめるための「改定」である。したがって「改定」の結果が、そのような中心領域を指さすのに成功したとすれば、その「改定」という名の「作業仮説」は妥当だったこととなろう。これに対し、そのような中心領域に当っていなかったとすれば、その「改定」、その「作業仮説」は不当であった。そのように判定せざるをえないであろう。

そして今、東の「大和」も、西の「山門」も、共に不当であった。その余の「ヤマト」に擬せられた、すべての候補地もまた例外ではなかった。(8)してみれば、「邪馬壹国から邪馬台国への改定」、その作業仮説は非であった。今や明確にそのように判定する以外に道はないのである。

三

では、邪馬壹国の所在は、いかなる領域か。

古来の難問であるかにいわれてきた、この問題も、問題追求の方法論さえあやまらねば、意外に指向すべきところは、一定している。

なぜなら、前節で分析したごとく、近畿では大和の地にこれを求むるに由《よし》なく、摂津東奈良の地にもまた、これを求めがたい。なぜなら、倭人伝の一方の記載、「兵」に関する条項に適合するところを、近畿には求めがたいからである。(9)

とすれば、この「倭国の都」は、九州、それも、いわゆる「筑前中域」の地に求める他はないであろう。九州における、最大の鏡（漢式鏡）の密集地にして、同時に銅矛・鉄鏃等の鋳型や実物の集中地は他にないからである。

それだけではない。倭人伝中にもっとも多大の記事量をもつ、錦（絹）もまた、この「筑前中域」に集中している。さらに当時における最高度の工業製品ともいうべきガラス（玻璃《はり》）製品の分布は、完全にこの「筑前中域」内に限られている。中でも注目すべきは「璧」であろう。同じくガラス製品の「ガラス璧」の出土(10)は、三雲（糸島）・須玖岡本（春日）・峰（朝倉）の三点のみであり、厳格に「筑前中域」

内に限られている。璧は、中国の天子の下の諸侯（内臣と外臣。倭王は外臣）の所帯すべきものであるから、この出土地域をおいて、他に「漢委奴国王」や「親魏倭王」の都邑の地を求めることの、法外なること、いうまでもない（以上、各分布図、参照）。

以上の検証は、もっとも率直に、かつ動かすことのできぬ重みをもって「倭国の都」の地を指定しているのである。[11]

四

右のように「倭国の都」に対する、空間的な位置措定に成功したとき、直ちに〝連動〟するもの、それは「時間軸の変動」である。

なぜなら、従来、右の「漢式鏡」は「弥生中期」を中心とする、その前後に〝当て〟られてきた。これを「前一～後一世紀」前後と見なしたのである。

これに対し、近畿を中心にして、古墳時代（後四～六世紀前後）の遺跡から出土する三角縁神獣鏡を、〝その実質は、弥生後期の存在〟と見なして処理してきた。いわゆる「伝世鏡の理論」である。

しかし、今、これを否定し、九州の中の筑紫、それも「筑前中域」に集中する「漢式鏡」をもって〝卑弥呼に送られた百枚の鏡〟に当てるとすれば、当然、今問題の三世紀は、かつて「三角縁神獣鏡の時代」とされていたものが、新たに「漢式鏡の時代」とならざるをえない。

この一大変化は、次の事態を意味しよう。

「弥生中期」として分類されてきた出土物群（先述の鏡・錦・ガラス製品・鉄鏃等）は、実は「三世紀」

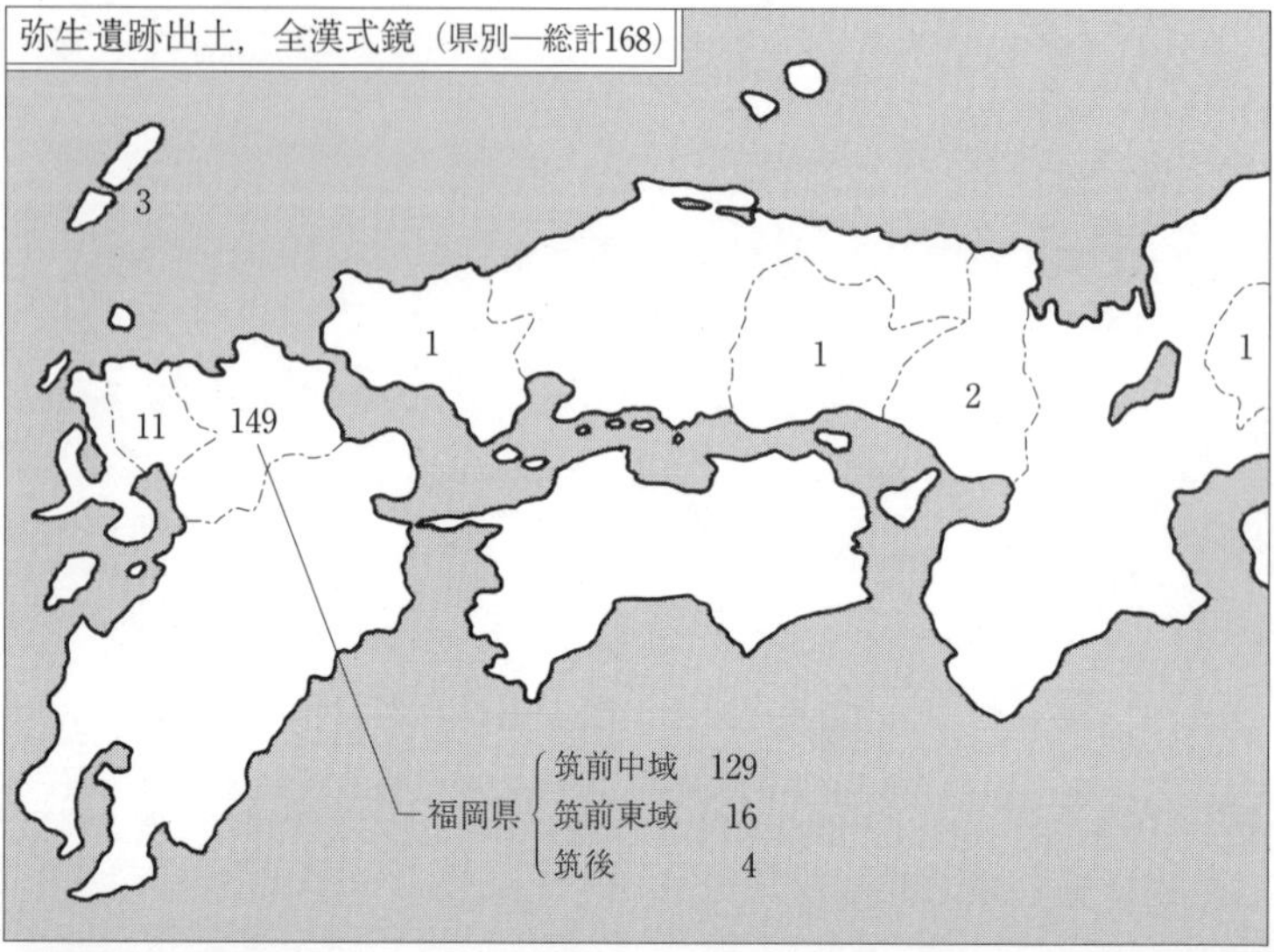

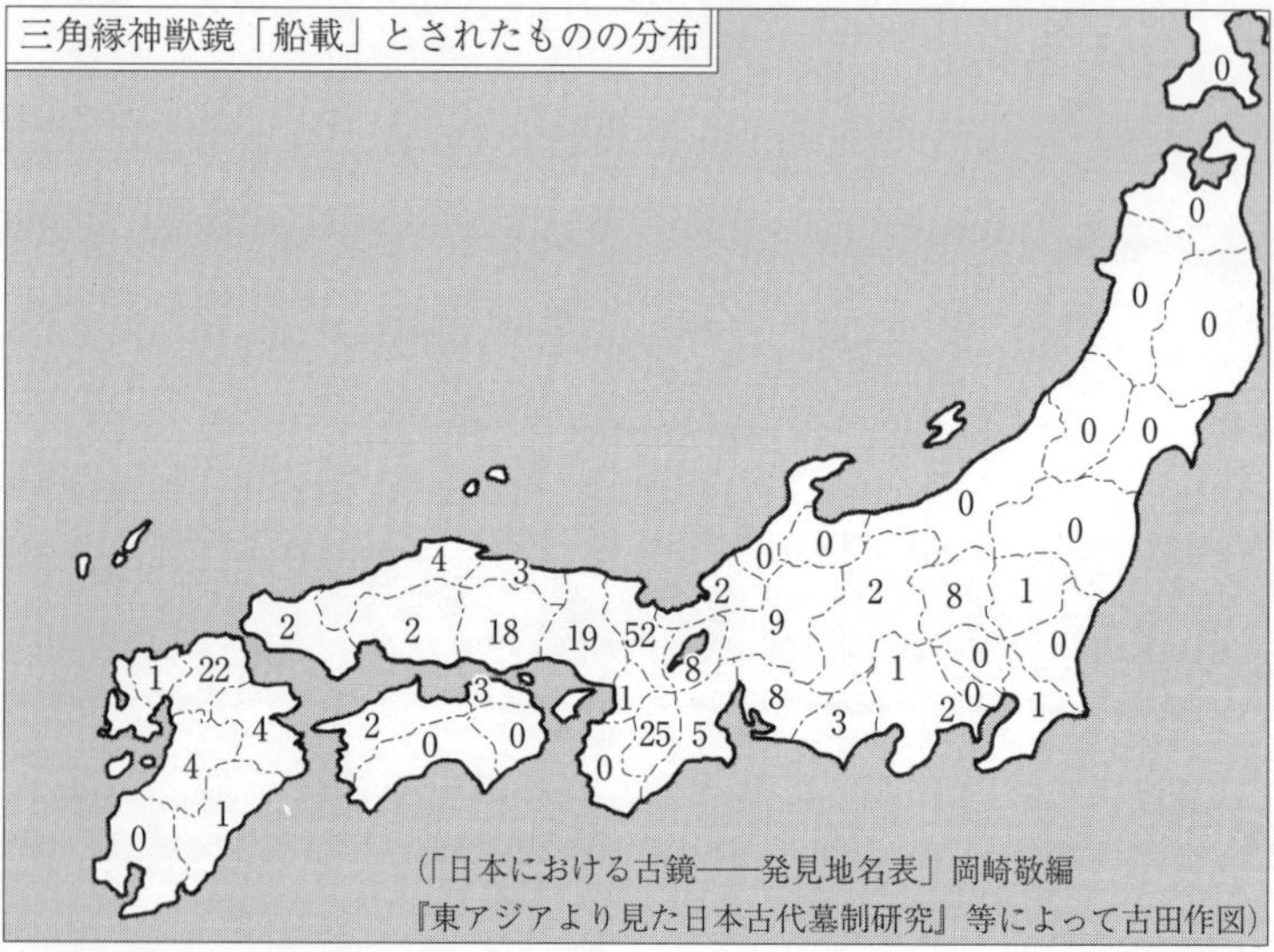

（「日本における古鏡——発見地名表」岡崎敬編
『東アジアより見た日本古代墓制研究』等によって古田作図）

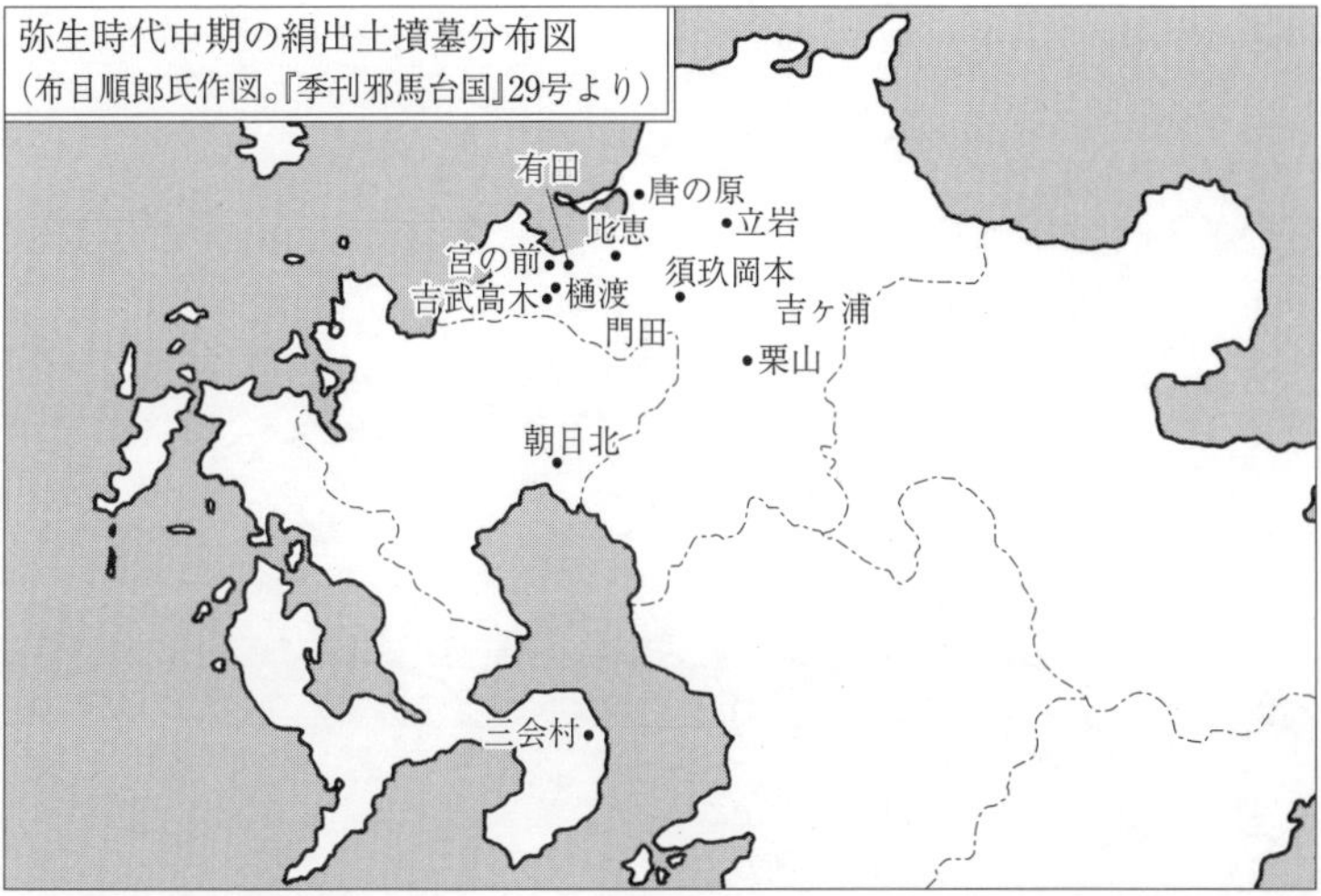

弥生時代中期の絹出土墳墓分布図
（布目順郎氏作図。『季刊邪馬台国』29号より）

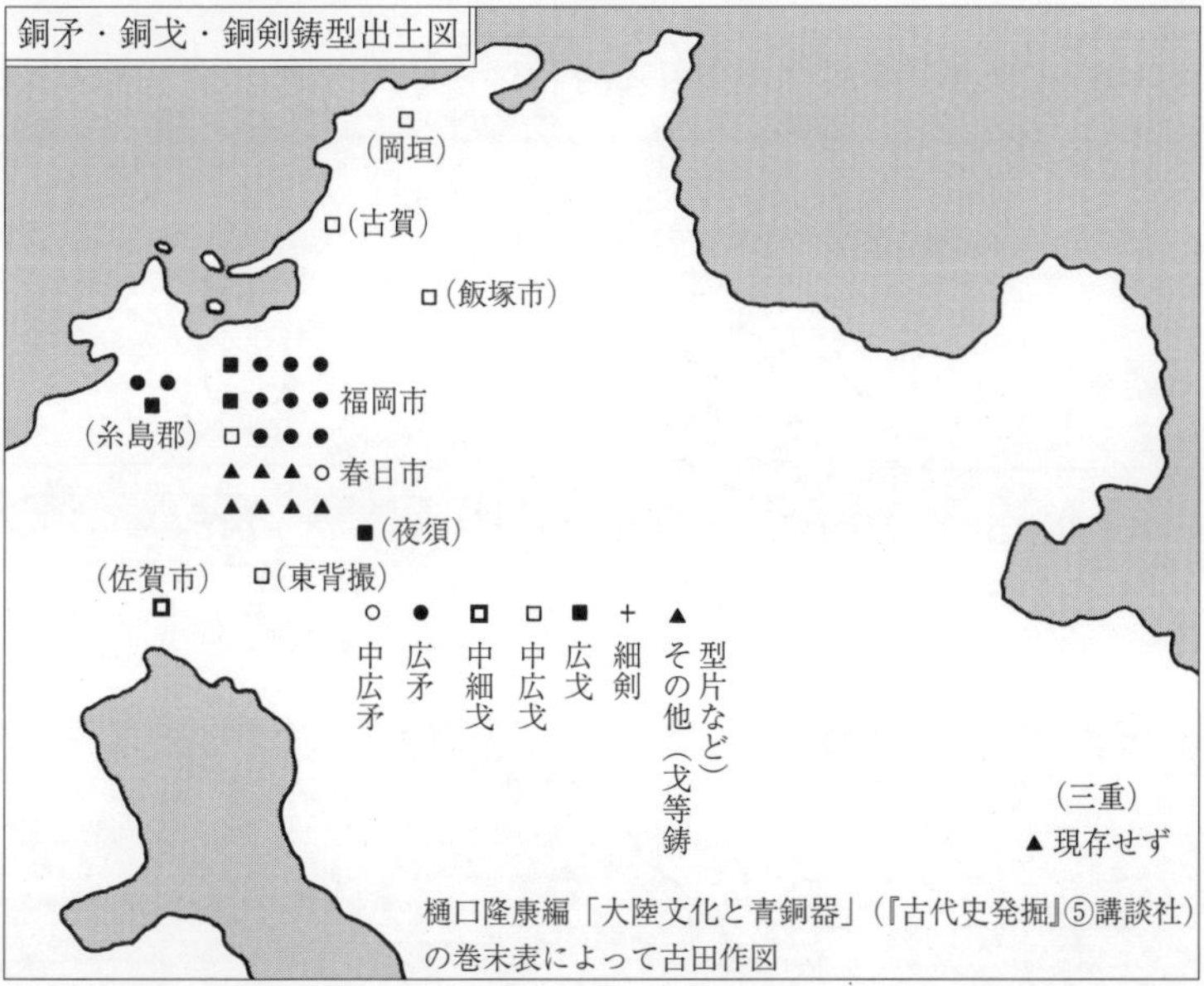

樋口隆康編「大陸文化と青銅器」（『古代史発掘』⑤講談社）の巻末表によって古田作図

銅矛・銅戈・銅剣鋳型出土図

弥生時代のガラス勾玉出土遺跡とガラス勾玉鋳型出土遺跡

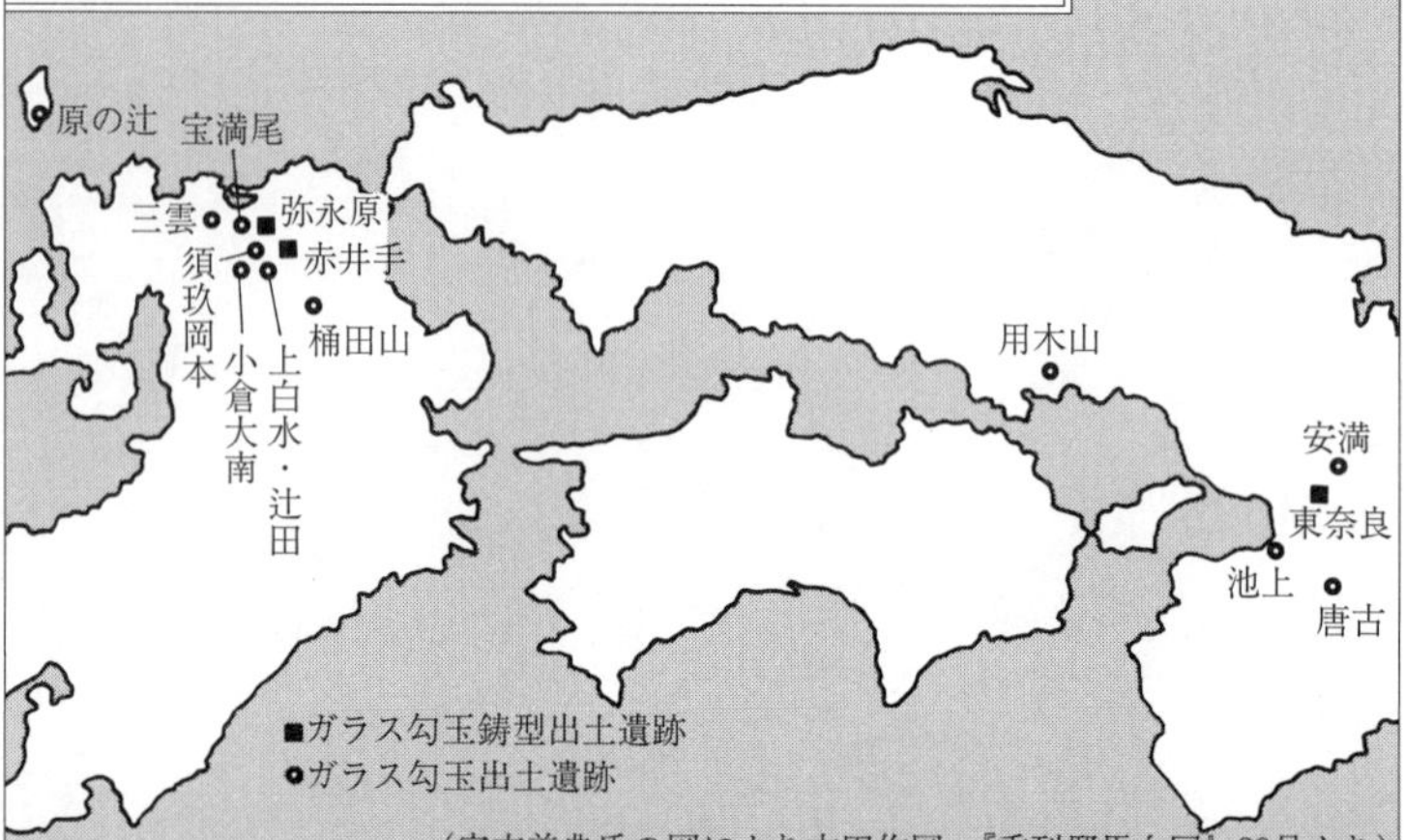

（安本美典氏の図により古田作図。『季刊邪馬台国』29号より）

璧の分布

（安本美典氏の図により古田作図。『季刊邪馬台国』29号より）

をふくむ時間帯の存在であった、という、この帰結である。

この点、いかに従来の考古学者が、「弥生前期・中期・後期」等の分類に親しみ、かつ、それと絶対年代との比定（それぞれ、前三〜二世紀、前一〜後一世紀、後二〜三世紀前後）に馴れてきていたにせよ、その「時間軸」の見直しなしに、ただ問題を「三角縁神獣鏡か、漢式鏡か」という選択のみに、局限してすますこと、それは絶対に不可能なのである。

なお、付言する。漢式鏡の中で、「後漢式鏡のみ」を三世紀に下げようとする試み(12)、これも妥当ではない。なぜなら、たとえば問題の須玖岡本の王墓、ここからは、一方では前漢式鏡が多数出ていると同時に、他方では、魏晋鏡とされるきほう鏡が出土している(13)。その上、前漢式鏡の中にも、異種の様式の文字群が検出されているからである(14)。従来、これらの指摘に〝目をつむってきた〟のは、〝漢式鏡は弥生中期（前一〜後一世紀）、三角縁神獣鏡（の本来の時期）は弥生後期（後二〜三世紀）〟という「定式」を守らんがためだったのである。

その「定式」からいったん自由になったとき、それ以前と同じく、眼前の事実に〝目をつむりつづける〟こと、それは不可解という他ないのである。

さらに「小型仿製鏡」の類が筑後川流域にかなり分布している事実をもって、この地帯が「邪馬台国」の中枢に当りうる証拠であるかに論ずる論者(15)があるようであるが、非である。なぜならこの小鏡の多く(16)は「仿製」すなわち「日本製」なのであるから、〝卑弥呼に贈られた鏡〟に擬することは不可能である。やはり「筑前中域」に集中する「漢式鏡」、ここに焦点を向けざるをえないのである。

以上を要するに、従来の考古学界が「弥生中期」と呼んできた出土物群、この比定年代を大きく移動させ、三世紀をふくむ時間帯に属するものと見なす、これ以外の解決法はありえないのである。

五

以上によって、本稿の目途とするところをのべるべき、その前提を記し終った。それらはすでに筆者の到達していた領域である。進一歩すべきところ、それは「筑前中域」なる、倭国の首都圏中、さらにその中心をなすところ、それはどの地点か。この追究である。

そのための一つの手がかり、それはこの「邪馬壹国」という中心国名の分析である。筆者は、先述したように、「邪馬台国」という改定国名が非であることを考古学的出土物分布との対照によって立証を行った。

では、筆者の是とする、原文面「邪馬壹国」に、たとえば「ヤマイ」のごとき読みを与えた上で、日本地図上にその該当地名を探すべきであろうか。——否。

なぜなら、このような従来の方法、「最初に終着点の地名を決め、始発点たる帯方郡治からその地名の地点に至るべく、倭人伝内の行路記事を〝合わせ〟読む。〝合わなけれ〟ば、原文を(「南を東へ」「一月を一日へ」といった形で)変改する」——この手法を筆者は非としたのである。

逆に、三国志の倭人伝内の里程記事を、原文面を変更することなく読み進み、至るべき地域に至る、これを正道としたのである。その帰結は、当時筆者の予想もしえなかった領域、すなわち〝博多湾岸と周辺山地〟を終着点とすることとなった。これ、先述の「筑前中域」にほぼ相当する領域である[17](『「邪馬台国」はなかった』参照)。

さらに「国名」問題については、次のように考えた。

〝三世紀の中心国名が、そのまま今日に遺存している可能性は少ない。なぜなら、その間、中心権力が継続していれば然らざるも、断絶しているときは、旧中心国名の「改定」される可能性が大であるからである。ただし、類縁地名は周縁に存在する可能性は存する〟と。

その例として、江戸時代の中心地名たる「江戸」が「東京」に変えられたこと、しかし「江戸川」といった類縁地名は現存する、この事例をあげたのであった。

次の問題は「邪馬壹国」の読みである。日本語では「ヤマイ」といった風に、「――イ」で終る地名は少ない（「――ヰ」とは、発音が異なり、同一視できない）。

その上、このさい、改めて精視すべきもの、それは後漢書倭伝の「邪馬臺国」の字面である。従来は漫然と、これを「ヤマト国」と読み、この字面をもとにして、三国志の倭人伝の「邪馬壹国」もまた、「ヤマト国」が正、このように速断してきたのである。

けれども、このような思惟の「作業仮説」の非であったことを立証しえた今、改めてこの問題を再確認してみよう。

中国を中心とする、東アジア各地において、四世紀から五世紀当時、「――臺」という呼称の名辞は相継いでいる。「単于臺」（匈奴。晋書、載記第一・劉元海）、「雲風臺」（晋書、載記第六・石季竜、上）、「留臺」（晋書、載記第十六・姚萇）等がこれである。これ、三世紀の三国志中の魏志において頻出しているごとく、「鄴の三臺」をはじめとする、魏・西晋朝における、各種の「臺」を造立、いわゆる「臺の盛行」が、ようやく周辺夷蛮の国々へ波及してきた、その証左とすべきものであろう。

後漢書の范曄《はんよう》は、このような時期（五世紀半ば）に、この倭伝を記した。その冒頭の「地の文」中に出てくるのが、この一語であるから、これは「五世紀当時」の名称であって、「後漢の光武帝の建武中元二年（五七）」といった、時点明記の項に書かれた「倭奴国」という歴史的名称（後漢当時の国名）とは、その質を異にしているのである。

とすれば、これは、右のような、東アジア各地の用例と同じく、「ヤマダイ」と読むべきであって、「ヤマト」ではない。これはたとえば、「単于臺」が「ゼンウト」ではなく、「ゼンウダイ」と読むべきと、同様である。

同じく、三国志の倭人伝の場合も、「ヤマイ」と読むべきではなく、「ヤマイチ（イツ）」と読むべきであり、「邪馬プラス壹」の形の、重層語形ではあるまいか。ちょうど、「狗邪韓国」「閔越」「不耐濊王」がそれぞれ〝韓の中の狗邪（国）〟〝越の中の閔地〟〝濊の中の不耐（王）〟といった意味の重層表記法であるのと、同様であろう。「小地名プラス、大国名」の形である。

右のように分析してくると、「邪馬壹国」は「邪馬プラス壹」となり、「壹」は「倭」に当る「大国名」ということになろう。前者は「イ（itt）」、後者は「ヰ（後にはワ）」であって発音を異にする。したがって単純な「表音」ではありえない。三国志では、〝臣下として最高の美称〟たる「壹」が尊重され、逆に〝二心〟を意味する「貳」がもっとも憎まれている。そこで倭国側が、この「壹」字をもって、国号「倭」に代えて用いたのではないか、そのように考えたのである。新の王莽が「高句麗」を卑しめて「下句麗」と表記させたように、「類音によって、表意を主とする」手法である。

この点の分析をさらにすすめれば、倭人伝中の、この「邪馬壹国」の表記は、魏代（執筆対象）のものか、それとも西晋代（執筆時点）のものか、という問題が浮び上ってこよう。この点、先の後漢書倭伝の「邪馬臺国」の場合と同じく、「魏の景初二年」「魏の正始元年」といった、紀年つきの項目ではなく、冒頭部の「地の文」中に現われるのが、この中心国名「邪馬壹国」なのであるから、執筆時点たる、西晋時の名称、と解すべきであろう。すなわち、「卑弥呼、時点」でなく、「壹与（壱与）、時点」の名称である。

とすれば、この「邪馬壹国」の「壹」と、「壹与」の「壹」は、同じく、〝「倭《ゐ》」に代え用いた佳字〟となり、「与」は、倭王としてははじめて用いられた「中国風一字名称」ということとなろう。したがって、この「邪馬壹国」という中心国名、また「壹与」という女王名、ともに、泰始二年（西晋）のさいの、壹与の壮麗な貢献（倭人伝末尾）の上表文、その中の倭王側の自署名や表文の中に現われたもの、すなわち倭国側の表記である、そのように見なすべき可能性が高いのである。

とすれば、三国志の中心たる魏志、その最末尾が、この「邪馬壹国」の記事で結ばれ、「壹与」の壮麗な大貢献をもって結ばれた、その真意ははじめて明らかとなろう。すなわち、かつて周王朝の名摂政たりし周公が、

海隅、日を出だす。率俾せざるは罔《な》し。〈尚書、巻十六〉

として、「海隅、日の出づるところ」（倭人の地）から貢献のあったことを誇ったごとく、今、その倭国から壮麗なる貢献が西晋朝になされた、それをもって「天命が西晋朝の天子を嘉《よ》みし賜うた」証左とする、そのような（西晋朝の自己P・Rとしての）構成をもつ、それが三国志の思想的構造の根本をなしていたのである（右の点、『古代は輝いていた』第一巻、参照）。

では、中心国「邪馬壹国」の、さらに中枢をなすべき小地名、「邪馬（ヤマ）」とは、いずれの地であろうか。それをさらに細密におしつめること、それは不可能であろうか。

六

前述のように、「邪馬壹国」という中心国名の全体については、きわめたる「政治地名」というべきである。それどころか、壹与という特定の女王が、特定の時期の中国の王朝たる西晋朝に対する〝二心なき臣従〟を誓うための、特殊な「造語」ないし、「造字面」というべきものであるから、これが日本列島内の地名にそのまま遺存している、という可能性は、先ず絶望的、といっていいであろう。しかしながら、この「造語」と「造字」の基本をなす小地名、「邪馬（ヤマ）」の語については、これが遺存している可能性、それは絶無とはなしがたいのである。

筆者はすでに、その類縁地名として、「山家」（太宰府と朝倉との間）、「山門」（筑後）、「下山門」（福岡市。室見川下流の西方）などをあげた（『「邪馬台国」はなかった』参照）。ことに、筑前（下山門）と筑後（山門郡）の両「山門」の場合、「山（ヤマ）」と呼ぶ中心領域を「原点」にしての「――門（ト）」の形ではないか、と考えたのである。なぜなら、自然地形としての「山」なら、日本列島至るところに存する。むしろ「山無きところ」を見出す方が困難なのである。海上に浮ぶ「山島」として当然のことだ。だから、自然地形の「山」を背景にした「――門」なら、全列島至るところに、この地名が存していいのである。しかし、それほど〝各地至る所に「山門」あり〟の状況に非ざること、人の知るごとくである。

とすれば、これはただ単に、自然地形としての「山」ではなく（当然、自然地形としての「山」が背景には存しようけれど）、「政治地名」もしくは、その地帯における「固有名詞」としての「山」ではあるまいか。それはどこか。筑前の「下山門」と筑後の「山門郡」、その両地域の中間にある。これが筆者の抱いた到達概念であった。

七

福岡県春日市に、熊野神社がある。その山麓近く、有名な須玖《すく》岡本の王墓が出土した。明治三十二年のことである。巨大な支石墓の下より一個の甕棺が現われ、中から約二十何面かの漢式鏡（前漢式鏡）、魏晋鏡（きほう鏡）、細剣四本、細矛五本、細戈一本、中国錦、倭国錦、ガラス璧二個、ガラス勾玉、銅釧三、鉄刀等のおびただしい副葬品が現われた（前述）。

糸島郡の三雲・井原・平原《ひらばる》と並ぶ、壮麗な王墓である。この遺跡はかつて農家の庭先に当っていたが、今は住宅地の下に隠れてしまった。ただ、支石墓としての巨石のみ、何箇所か転々としたのち、現在は熊野神社（丘陵部上）の中腹に安置されている。

この須玖岡本とそれを取巻く周辺地帯には、絶えず弥生時代の精華ともいうべき遺物・遺構が簇出《そうしゅつ》している。たとえば、前述のガラス勾玉の鋳型、銅矛・銅戈の鋳型群、さらに最近は、全日本列島中、（弥生期において、目下）唯一の鏡の鋳型が発見され、同時に他の何等かの鋳型の破片二種、また銅滓《し》も発見された。須玖岡本の王墓の北、約三〇〇メートルの地、家屋付属の一倉庫建て直しのさいであった、という。

その他、この一帯は、京都大学・九州大学・福岡県教委等による考古学的発掘がくりかえされ、百余個の甕棺とそれにともなう弥生期の副葬品の数々が報告されている。近くの春日市原遺跡（自衛隊敷地）から四八本の中広戈が発見された事例も著名である。それらの一端を示したものが二二一ページの図である。

要するに、この一帯は、「弥生のゴールデンベルト」と称すべき、「志賀島から朝倉に至るまで」の中心線上において、その中枢をなしている地帯である。しかも、壮麗な墓域（須玖岡本の王墓、甕棺群）と共に、当時の最高級の製造拠点（銅矛・銅戈、ガラス勾玉・鏡等の鋳型）をもち、さらに右の銅戈群等の埋置個所をもふくんでいるのである。この点、壮麗な王墓群を擁しながら、鋳型等の出土に乏しく、「王家の谷」の観を呈する糸島郡の場合と、一種相貌を異にしているようである。

以上のような、文字通りの「弥生の最中心地帯」たる、須玖岡本とその周辺部、それらを「下」に見る、すなわち俯瞰すべき位置に立つところ、それが前述の、熊野神社の位置する丘陵部である。伊奘諾尊・伊奘冉尊二神を祭神とする、この神社は、その所在地が次のように記せられている。

筑紫郡春日村大字須玖岡本山七八一

熊　野　神　社（春日神社、所蔵、熊野神社関係文書より）

ここで問題は、「字《あざ》地名」である。「須玖岡本山」とは、いかなる意味であろうか。先ず、「須玖（スク）」が地名であることは、言うをまたない。近傍に存する「須恵（スヱ）」などと同じく、古代地名の一であろう。（熊野神社の新地番は春日市岡本二丁目九二──春日市土地整備課による）。

これに対して「岡本」とあるのは、〝岡のふもと〟の意であろう。「山本」が、〝山のふもと〟の意であるのと、同断であろう。この場合、「須玖岡本」というのは、〝須玖の中の岡本〟の意である。「大地名の中の小地名」の形式であり、先の「狗邪韓国」「閔越」などのような、中国式表記法とは逆なのである。

さて、小地名の「岡本」の場合、先の王墓が発掘された旧農家の庭先、現住宅地という「平地」を指しているのであるから、ここで「岡」と呼ばれているのが、すぐそばの、熊野神社が先端に位置する丘

(一) 求積表

	基	教	相乗積
イ	二五 五	五六 三七	三〇六 〇〇
ロ	二四 二	五 三	一二八 二六
ハ	二一 〇	五 四	一一三 四〇
ニ	一八 一	四 〇	七二 四〇

計　六二〇、〇六
二除三一〇、〇三

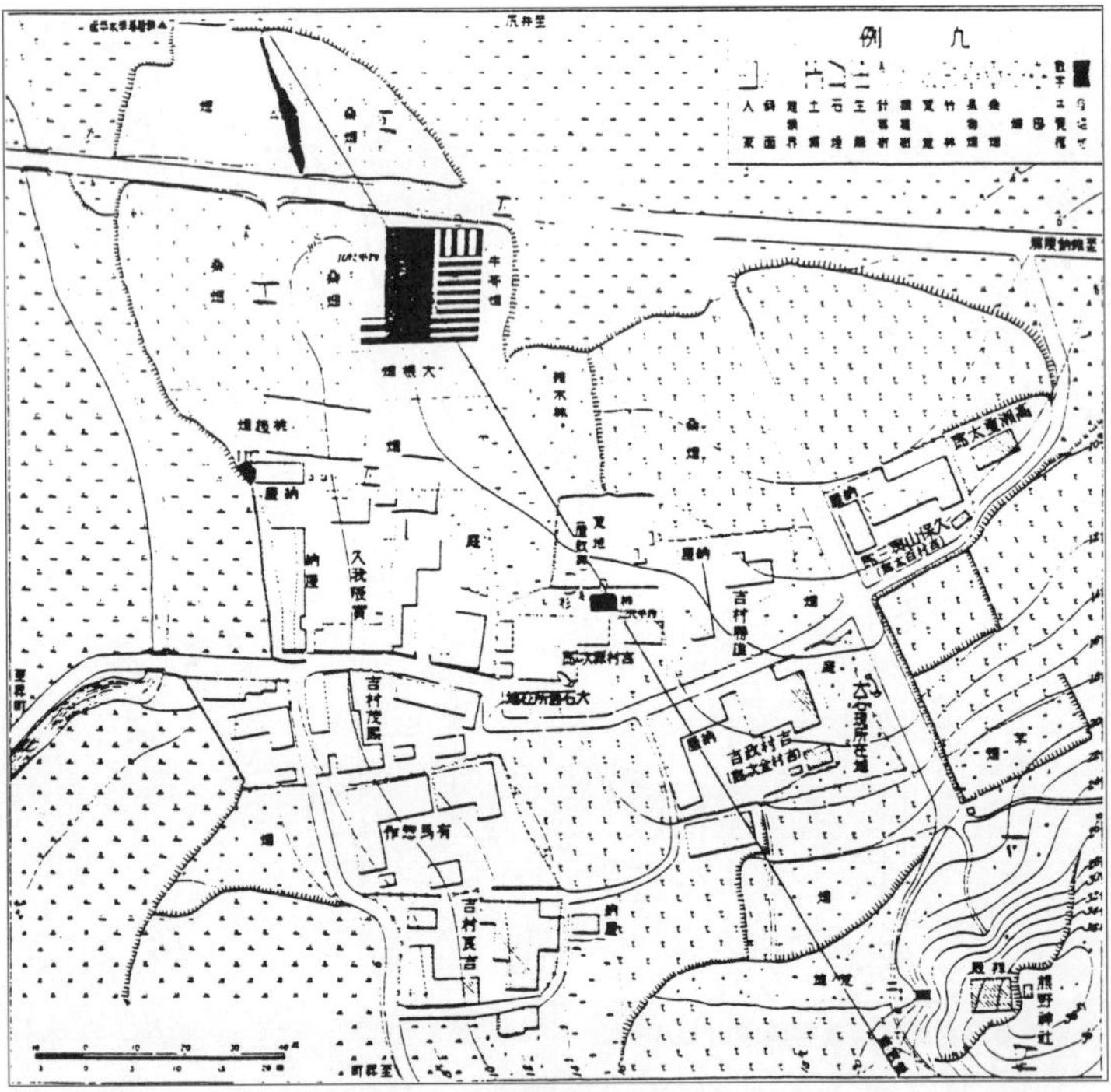

筑前国須玖遺跡・岡本発掘地点及び付近地形図

(三宅宗悦，有光教一両君実測，小野三正君製図)『筑前須玖史前遺跡の研究』(京都帝国大学文学部考古学研究報告第11冊，昭和５年，刀江書院刊) より。

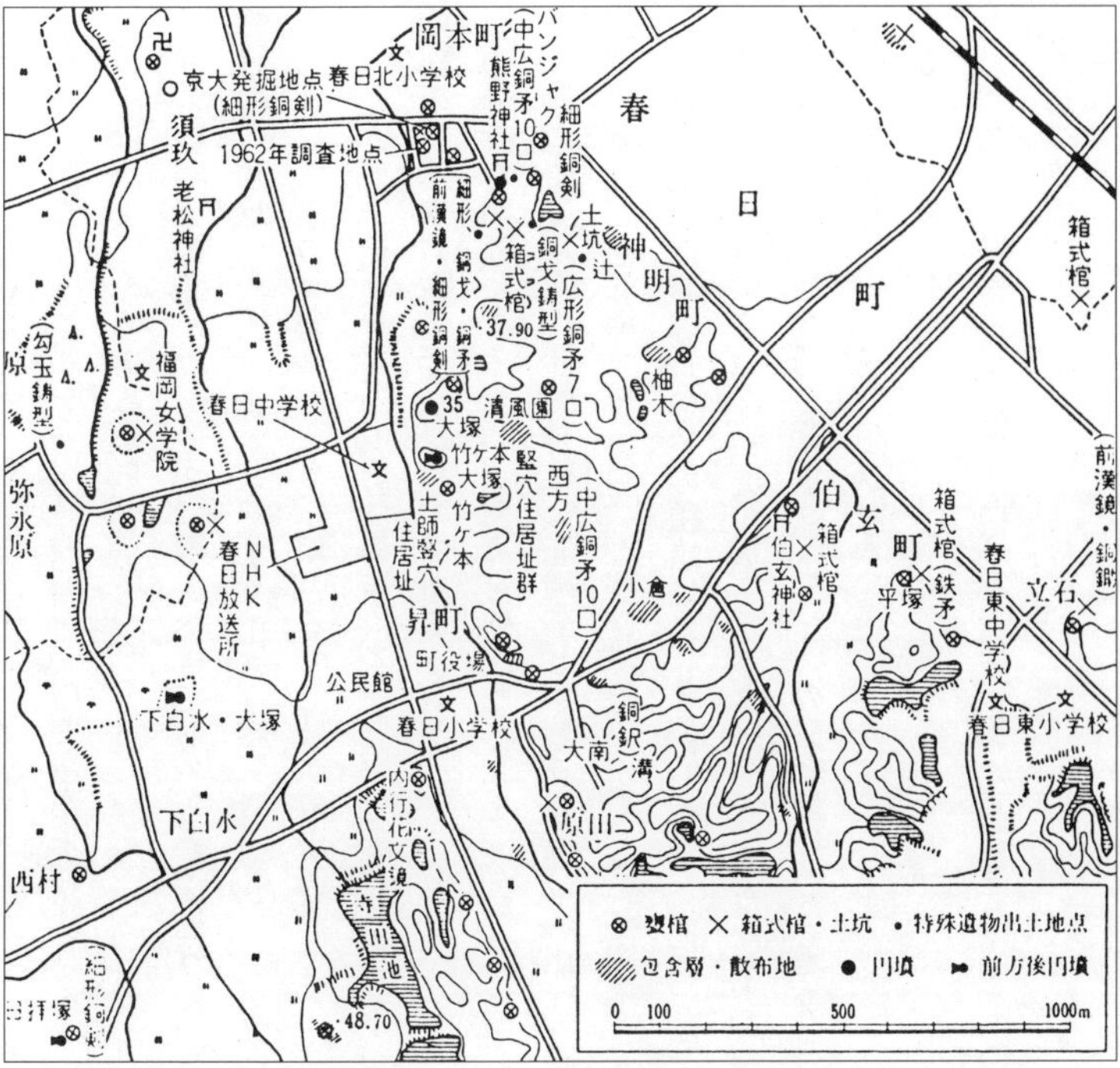

福岡県須玖・岡本遺跡を中心として弥生期から古墳期までの遺跡分布図
（福岡県教育委員会・調査概報。1963年）

陵部、それを指していること、疑いなきところであろう。
とすれば、「岡本山」などという名前の「山」が本来存在しえないことは明らかである。一種の形容矛盾というほかないのであるから。
では、この「字地名」は、いかに解すべきであろうか。思うに、これは本来、
春日村、須玖（大字）・岡本（中字）・山（小字）
というべき、三段の〝分れ方〟をしているのではあるまいか。
そしてここで「山（ヤマ）」と呼ばれているもの、それこそ、かつてこの熊野神社を先端部としていた丘陵部の、本来の古名だったのではあるまいか。
如上の分析を明晰にするため、要点を列記してみよう。
第一。かつて、現在の熊野神社を先端部とする丘陵部は「山」と呼ばれていた。
第二。のちに、同じ場所を「岡」と呼び、そのふもとを「岡本」と称する呼称が生れた。
第三。その地帯は、春日の中の須玖に属していたから、他の「岡本」地名と区別するため、「須玖岡本」と連称するようになった（「大和郡山」（奈良県）といった呼び方と類似する）。
第四。以上の歴史的経過を背景として、この熊野神社の「地番」を、
筑紫郡、春日村、（大字）須玖岡本、山、七八一
と称するようになった。
以上だ。ここに筆者は、永らく探し求めてきた「邪馬（ヤマ）」の地を、今ようやく眼前にすることとなったのである。

八

中世文書中に、次のような「山」についての記載がある。

(1)やまをいで、、六かくだう（六角堂）に百日こもらせ給て、ごせ（後世）をいのらせ給けるに……。〈恵信尼文書、第三通〉

(2)山　範宴〈「本山図跡」及び「日野一流系図」〉

右の(1)は、親鸞の妻、恵信尼の自筆文書、第三通の冒頭部である。同じく、(2)は親鸞系図の冒頭部、範宴は親鸞の俗名である。両史料に、共に出現している「山」は、比叡山を指す。前者は、十三世紀、[18]後者は十六〜十七世紀成立の史料である。[19]

周知のように、親鸞は京都で生れ、育ち、また没したのも、京都であった。また少・青年期、比叡山ですごしたことも知られている。[20]妻の恵信尼は、越後出身か、と言われているが、同じく、京都で青春期をむかえたようである。その〝京都とその周辺という世界〟の中で、「山」といえば延暦寺の存する比叡山を指す、これは自明の常識に属していた。もちろん、京都の周辺に、自然地形としての「山」は数多い。山ばかりに囲まれた盆地なのであるから。

しかし、この京都を中心とする近畿世界の常識において、「山」の一語は、宗教的権威の中枢たる「比叡山」の連峯のみを指したのである。普通名詞としての「山」が、ここでは「固有名詞」化して使用されているのである。

右のような、後世の一例をここにあげたのは、他でもない。単なる普通名詞が、一文明中枢、もしくは宗教的権威の中心地において、「固有名詞」化して用いられる、その一例としてあげたにすぎぬ。

同じく、「邪馬壹国」の中の小地名「邪馬（ヤマ）」の場合、これが第一に、自然地形の「山」をしめす日本語であること、第二に、政治的宗教的中枢地として、「固有名詞」化して使用されていたらしいこと、この二点を、ここで確認したい、と思う。

同じく、春日市の場合、その地も、東側と西側と、いずれも自然地形としての「山」に囲まれている。御笠川・那珂川の流域として、日本列島の常、他奇なき地形である。

しかるに、その中で、この熊野神社の地は、特に「山」と呼ばれている。やはり、政治上もしくは宗教上等の中枢として、「固有名詞」化した「山」の呼称、そのように見なすべき可能性を色濃くたたえている地域なのである。

九

ことに注目すべきは、平野部（須玖岡本とその周辺）との関係である。そこには、弥生期抜群の王墓（前述）が存在する。いわゆる〝須玖岡本の「山」の地域〟は、その王墓を「眼下」に見おろしている。「脚下」に見くだすべき位置である。現代人には、何の他奇とも見えぬ、この地理的状況、それはいかに重視してもしすぎることはないのではあるまいか。

けれども、現代にも一証左が見られる。いわゆる「仁徳陵」古墳の場合、そばに高塔が建てられているが、その古墳側の窓は〝閉じられた〟ままである、という。なぜなら、尊貴なる古墳を「見おろす」ことを不敬としたためである、という。このさい、〝高所より見おろすことによって、よく観察しうる〟

便利よりも、「尊貴なる霊」を〝見下す〟ことを不敬として避けしめたのである。

二十世紀の今日において、このような状況であるとすれば、弥生期における状況は察するにあまりあるものがあろう。もし、この「山」の地帯（熊野神社を突端部とする丘陵地）に、須玖岡本の王墓と同時期、もしくはそれにつづく時期の墓があった、とすれば、それは、「岡本」の王墓以上に〝位取り〟の高い墓である可能性があるのではあるまいか（もちろん、その高位墓をとりまく、配下の多くの墓もありえよう）。神社の社殿が古墳の頂部におかれている例も少なくない――たとえば岩戸山古墳[21]――から、熊野神社の社殿の下も、その可能性をもっていよう。

また、この「山」の丘陵部に、同類期の住居跡あり、とすれば、右と同じ理由で、高位者の住居及びその配下の人々の住居である可能性、無視しがたいのではあるまいか（現在はすでに、かなり住宅地と化しているようである）。

これらのことは、もとよりにわかに速断すべきところではない。なぜなら、学問は論理の厳正を必須とし、憶測をもって推断を加えること、厳に忌むべきものだからである。

だが反面、論理のおもむくべきところ、それを大胆に提示し、未来の探究にゆだねることもまた、人間の真理探究のための作業仮説として、学問にとって欠くあたわざる、必須の他面ではあるまいか。

今はただ、筆者にとって永年の懸案たりし、邪馬壹国の中枢たる「山」の地に対し、きわめて有力なる一候補地の名にふれえたことを満足とする。そして今後の慎重かつねばり強き探究のために、未来の研究者の足下に本試論を呈させていただきたいと思う。

註

(1) 古田「邪馬壹国」(『史学雑誌』七八―九、昭和四十四年九月)、『多元的古代の成立』上、所収。

(2) 「多元的古代の成立」(『史学雑誌』九一―七、昭和五十七年七月)、同右書、所収、等。

(3) 『失われた九州王朝』『盗まれた神話』『ここに古代王朝ありき』『よみがえる九州王朝』『古代は輝いていた(全三巻)』『古代史を疑う』『古代の霧の中から』等。

(4) 地理的には、(後期銅鐸出土領域中)中央部をなしているにもかかわらず、奈良県に出土はない。

(5) いわゆる「伝世鏡の理論」。小林行雄『古墳時代の研究』、『女王国の出現』(国民の歴史I)等、参照。

(6) たとえば、倭人伝中に「牛馬・虎・豹・羊・鵲なし」とあるにもかかわらず、日本列島(対馬や北部九州等各地)に「牛・馬」の骨が弥生遺跡中から出土する例のあることをもって、倭人伝に信憑性なきかに論ずる考古学者も存在したようである。

しかしながら、これは三国志中の夷蛮伝の筆法を解せざるものであろう。なぜなら、夷蛮伝のこの種の記事は、その地方においてその種の動物が〝大量に飼育されている〟か、〝多く群生している〟状況を指すのであって、〝外来の馬が(各地で)若干飼われていたから〟といって、「馬有り」とは描写しないのである。

これは現代、日本の各地の動物園に象が飼われており、将来二十世紀の地層から象骨の出土すべきは当然ながら、外国で作られた動物図鑑日本編に「象有り」とは、決して描写されないであろう。これと同様である。

以上の分析からすれば、倭人伝の中に「常に人有り、兵を持して守衛す」といい、その「兵」が、「矛・楯・木弓」であり、その木弓の形状や竹箭・鉄鏃・骨鏃の使用されていることの説かれた意義は決して軽視すべからぬものであろう。この倭国の中枢地には、これらが〝数多く〟存在していたことを意味する。ことに銅矛のような腐蝕せざるものに関しては、その実物や鋳型がかなり、その「倭国中枢地」から出土することを予想させるのである。また銅鏃でなく、鉄鏃が用いられている、という地域状況をしめす。このように考えられるのである。してみれば、それが「弥生の大和」ではなく、「弥生の筑紫」、ことにいわゆる「筑前中域」に当る特徴であること、考古学上周知の状況ではあるまいか。

(7) たとえば、植村清二「邪馬台国・狗奴国・役馬国」(『史学雑誌』第六十四編、第十二号、昭和三十年十二月)等。最近の安本美典・奥野正男氏等の論者も、この系列に入るものであろう。

(8) 他にも、豊前・豊後・薩摩等(九州)、その他、日本列島各地に「邪馬台国」の候補地のあげられていること、周知のごとくであるが、それらは要するに、倭人伝の文面をいかに「改定」し、いかに〝読みなす〟かの手法のバラエティであるにとどまる。いったん、考古学的出土物分布図とこれを対照すれば、鏡の分布中心・銅矛の実物と鋳型の集中地、中国錦と倭国錦の出土域、その他の出土状況を〝兼有〟する領域はありえないのである。

この明瞭な出土事実によれば、〝日本列島各地に「邪馬台国」の候補地あり〟と見えているのは、今日においては、畢竟〝過去の見せかけ〟にすぎず、今日の研究水準には当りえないのではあるまいか。世の識者、諸研究者に、率直にこれを問いたい。

(9) これに対し、「これらの倭人伝の記載は信憑しがたい」などとして、問題を回避しようとするのは不当である。なぜなら、そのような形で、特定の記事を〝消し去り〟ながら、他方で「銅鏡百枚」の記事のみは信憑する、というのでは、しょせん恣意的であり、学問的客観性をもちえないからである。

(10) 宮崎県南端の串間(王之山遺跡)から玉璧が出土しているが、これはガラス璧とは異質である。

(11) 糸島郡は、伊都国及び奴国の地であるから(『「邪馬台国」はなかった』参照)、邪馬壹国に属しないことは明らかである。しかし、同じく「都邑の地」に属すること、あたかも、近代の「東京と横浜・横須賀」の関係に似たものがあるのではあるまいか。しかも、国際交通が空港を主体とするに至った今日よりも、船による交通が中心であり、かつ「軍港」の重要であった戦前の状況の方が、より近似するであろう。

(12) たとえば奥野正男氏等。

(13) 古田『よみがえる九州王朝』(角川選書)第二章、Ⅲ、参照。

(14) 古田『ここに古代王朝ありき——邪馬一国の考古学——』(朝日新聞社刊)第二部第一章、一一七ページ参照(復刊本では一一六ページ)。

(15) たとえば安本美典氏等。『邪馬台国ハンドブック』（講談社刊）参照。

(16) 従来、「小型仿製鏡」とされているものの中にも、実際は中国製のものも、ありうるかもしれぬ。なぜなら中国でも、所持用・旅行用の鏡は製作されうるからである（西域等から出土）。

(17) 筆者が「博多湾岸」に対して「周辺山地」の語を付した（『「邪馬台国」はなかった』）のは、東の高祖山連峯や北の油山山地もさすことながら、ことに太宰府の北、基山の存在を意識した表現であった。

(18) 弘長三年（一二六三）。娘覚信尼あての書状。

(19) 本山図跡は「一六三〇→一六五五」の間の成立。「日野一流系図」実悟本は天文十年（一五四一）成立（古田『わたしひとりの親鸞』徳間文庫、参照）。

(20) 親鸞は比叡山の大乗院等で修行していたことが知られている。

(21) 遺骨のみで副葬品のない甕棺の場合、王墓の近傍で、死後もこれに仕える様態を意味するものも存在するであろう。その中には、いわゆる「殉葬」のケースも存在するのではあるまいか。しばらくこれを「殉葬甕棺」と呼んでおきたい。

〈一九八七・五・五　稿了〉

第七篇　日本国の創建

〈解題〉　戦前の史学では、日本国の建国を神武即位年に求め、戦後の史学では、国家の成立を四〜六世紀の間に〝浮遊〟させてきた。しかし、実証主義の立場では、日本国の成立は「天智十年（六七一）」である。隣国の史書がこれを証言し、日本書紀もまた、これを裏づける。明治以降、公的史観の座におかれてきた、近畿天皇家一元主義のイデオロギーに決別し、史料実証の方法論を貫徹する。多元史観は、その帰結である。

一

日本国の創建、それはいつか。――この問いが発せられてより、すでに年久しい。ことに、明治維新以降、新しき天皇制が「復古」して以来、この問いは喫緊のテーマとなった。

その公的な回答とされたのが、いわゆる「紀元節」である。日本書紀の神武紀に記載された「即位元年」たる辛酉の歳、その元旦(1)にわが日本国は創建された、そのような立場を「大義名分の原点」とした。これが明治維新政府の提示した、公的な歴史観であった。

これに対し、「神武天皇、架空」説を自家の理論的中枢の一とする津田左右吉の、いわゆる「造作」説は、大正期に誕生し、昭和初期に展開された(2)。

敗戦前は異端の説にとどまったものの、戦後一躍、学界の主流となり、ほとんど「定説」の座にあるかの観を与えてきたこと、周知のところである(3)。

もっとも、当の津田左右吉自身、戦後くりかえし表明したように、〝日本の歴史は、はるか古えより、天皇家を中心に発展してきた〟ことを己が個人的信条とすると共に、歴史観の中核においていたこと、周知のごとくであった(4)。したがって、少なくとも(5)明治以降、戦前と戦後を一貫して「天皇家中心の一元主義」という根本の歴史観は、かつて変動することなく連続してきた、といえよう。

しかしながら、筆者は昭和四十年代以来、中国史書（三国志・宋書・隋書・旧唐書等）の分析を通して、東アジア世界の視野の中における倭国中心が、「ヤマト」すなわち、近畿天皇家を意味するに非ざることを析出することとなった。

すなわち、右の倭国中心は「チクシ（或は、ツクシ）」である。――この仮説が樹立された。
それだけではない。国内史料（出雲風土記等）の分析より、右の倭国中心以前に、出雲中心の時代の存在した事実を提起することとなった。いわゆる「国ゆずり」の問題だ。また、これ以外にも、関東・東北や沖縄等、幾多の権力中枢が日本列島内に存在した、というテーマを古代史学界に提出するに至った。歴史的多元主義という新しき歴史観の提起である。

さて、そのような列島内の多元的な歴史展開の中で、現在も行われている「日本国」という存在、その国号とその実体が、一体何時開始したか。

この日本古代史上、中心をなすべき課題に対して、回答を与えることが、わたしの立場からようやく可能となった。

これをしめしたもの、それが本稿である。

二

従来の日本古代史学界における「倭国」研究において、著明の盲点となってきたもの、それは朝鮮半島側の史書から見た「倭国中心」の所在、これに対する究明であった。三国史記と三国遺事がこれである。

この二書は、成立こそ十二～十三世紀に下るものの、その内容はそれぞれの当代に遡る実質をもつものが多い。少なくとも、後代の「造作」と見なすべきもの、ほとんどこれを確認しえないのである。この点、「造作の史書」として、津田左右吉から完膚なきまでの批判をうけた、日本書紀とは、およそそ

の史書としての根本性格を異にしている。(6)

以上の史料状況にもかかわらず、わが国における、右の二書を通じての「倭国中心」研究はあまりにも乏しい。半島の彼方の国たる中国文献（三国志等）の倭人伝を通じての「倭国中心」すなわち邪馬壹国（いわゆる「邪馬臺国」）研究が、汗牛充棟ともいうべき盛況を呈しているのに比すれば、これは一個の「奇現象」というべきではあるまいか。

しかも、右の二書中、「倭国」ないし「倭」関係の記事は多い。

(a)倭人、兵を行い、辺を犯さんと欲す。〈三国史記、新羅本紀、赫居世八年、前五〇〉

(b)堤上、之を知り、未斯欣と舟に乗じて遊ぶ。魚鴨を捉うる者の若《ごと》し。倭人、之を見、以て無心にして喜ぶと謂う。〈三国史記、巻四十五、列伝第五、朴堤上伝、新羅、訥祇王（四一七〜五七）〉

右の(a)が、三国史記中、「倭」字出現の最初の記事であり、(b)が最後の記事である（ただし「列伝」部分であるから、最終年次ではない）。

この(a)〜(b)の間に、九七回の「倭」字が出現している（「日本国」は別とする。――後述）。

その多くは、(a)のような「侵入」記事であるが、中には、

(c)〈阿達羅尼師今、二十年、一七三〈癸丑〉夏五月〉倭女王卑弥乎、使を遣わして来聘す。〈新羅本紀、第二〉

のように、「平和的国交」の記事もある。

以上によって明らかなように、新羅（及び百済・高句麗）にとって、中国を除けば、最も関心の深い（注意と用心を要する）隣国は、他ならぬ、この「倭国」であった。――そのように見なして大過なきところといいえよう。

では、そのもっとも近い隣国、「新羅の目」[7]から見た「倭国中心」はどこであったか。この角度からの研究は、研究者が客観的な史実の確認を目指す以上、回避する能わざるところでなければならぬ。

三

全三国史記中、当該記事それ自身によって「倭国中心」が明らかになる史料、それは二個存在する。

(一)脱解、本、多婆那国の所生なり。其の国、倭国の東北一千里に在り。〈新羅本紀、巻一、脱解王（五七～七九）〉

(二)実聖王元年（四〇二）壬寅。倭国と講和す。倭王、請いて奈勿王の子、未斯欣を以て質と為す。……訥祇王（四一七～五七）即位す。……召し問いて曰く「吾が弟二人、倭・麗二国に質す。多年還らず。兄弟の故、思念自ら止む能はず。願わくは、生きて還らしめむ、と。之をいかにして可ならんか」と。（下略、前出、(b)の文につづく）〈朴堤上伝〉

右の(一)について。

前稿（第三篇「続・部民制の史料批判」）で論証したごとく、この「倭国中心」は博多湾岸を中心とする「チクシ」である。その論証を左に簡約する。

①この説話の骨骼は次のようだ。〝多婆那国王と王妃の間に「卵」が生れた。王妃はこれを壊すにしのびず、宝物と共に舟に乗せて沖合に流した。その無人の卵舟は[8]、はじめ金官国（釜山近辺）、のち阿珍浦口（慶州近辺）に漂着した〟と。この卵が海辺の老母に拾われ、その卵から子供（脱解王）が誕生した、

というのである。

このさい、見のがす能わぬ一事がある。「海流の論理」だ。

右の漂着ルートは、この無人の卵舟が東朝鮮暖流に乗じたことをしめしている。対馬海流は対馬を過ぎて、やがて（北九州市の沖合で）出雲方面へ東流する海流（わたしたちの知る対馬海流）と分岐し、北上して「釜山の沖合↓慶州の東辺」を通過する（朝鮮半島東岸の中枢部で、ウラジオストック方面から南下する寒流と衝突、竹島方面へと交錯しつつ東流する）。

とすれば、この無人の卵舟の出発地たる「多婆那国」は、北九州市・下関市近辺（遠賀川河口域から関門海峡付近）である。これより東では、東朝鮮暖流に乗ずることは困難である。
②一方、「二千里」とは「秦漢の長里（一里＝約四三五メートル）」ではなく、「魏・西晋の短里（一里＝約七七メートル）(9)」である。なぜなら、前者の場合、「多婆那国」を「関門海峡以西」におくことは不可能だからである。
③この表記の原点をなす「倭国」とは、博多湾岸を中心とする国名である。これは右の表記と「海流の論理」のしめすところ、「ヤマト」では当りえず、「チクシ」と考える他ないからである。
④この点、脱解王の即位元年（五七）が後漢の光武帝の建武中元二年、すなわち、あの志賀島の金印授与の年である。したがってこの時期の「倭国中心」を博多湾岸と見なすこと、それはきわめて自然なのである。
以上である。

次に、(二)の朴堤上説話について。

この説話の大略は次のようだ。

新羅の訥祇王は即位したとき、弟二人が高句麗（卜好）と倭国（未斯欣）の人質となっていたことを患いとした。そこで賢臣たちがその意をうけ、智謀の士、朴堤上にこの解決を依頼した。堤上は先ず高句麗に行き、卜好の帰国に成功したのち、倭国へ向った。倭王に対し、「新羅に叛き来った者」のようにのべた。倭王ははじめ信じなかったけれど、堤上の言が百済人のもたらした情報に一致したことと、新羅王が未斯欣と堤上の家人を囚えたと聞き、堤上を信じるようになった。一日、未斯欣と堤上は舟に乗り、魚鴨を捉えるのに無心であるように見せかけたあと、（未斯欣を舟で脱出させた上で）堤上ひとり眠っていた。翌朝、未斯欣が起きて来ず、ついに倭兵は「人質の王子の逃亡」を知った。早速、倭兵は舟で追いかけたが、「行舡、之を追うも、適《たまたま》煙霧晦冥、望むも及ばず」という状況で、脱出は成功した。一方、堤上は薪火で身体を焼かれ、その後、斬られた（新羅王は堤上の第二女を未斯欣の妻とし、彼の労に報いた。また未斯欣の帰国を迎えたときの楽曲、「楽憂息曲」についてのべ、説話は結ばれている）。

右において、重要な点は次の二点である。

①倭王の都は、海に臨んでいるように見える。

②脱出劇のハイライトをなす時間帯、それは「深夜から夜明けまで」の間である。この短い時間帯に〝脱出の成否〟が決った、そういう形で語られている。「煙霧晦冥」は、その時間帯の天候なのである。

とすれば、もしこの「倭王の都」が大和ないし河内にあったとすれば、全く不可解な説話となろう。なぜなら、この脱出劇の原点が大阪湾では、到底〝夜から朝まで〟では、成否は決しないからである。それどころか、瀬戸内海の東端から西端に至る長途の脱出が不可欠である。「大阪湾の軍事中枢」から狼火などで「人質の脱出」が報ぜられれば、当然関門海峡で〝キャッチ〟されよう。少なくとも、何日間にもわたる長途の脱出航海の恐怖とスリル、また関門海峡脱出のための機智と天佑、それらを語ることこそ、聴き手をわくわくさせる「説話の面目」となろう。しかし、一切それはない。ただ「夜から明け方まで」のスリルが語られるだけなのである。したがって、先入見に固執せざる限り、この「倭王の都」は大和や河内ではありえないのである。それは明瞭だとわたしには思われる。

これに対し、博多湾岸の場合、この説話の前提する条件にピタリと妥当する。

この場合、キイ・ポイントは博多湾岸の脱出だ。そしてその眼前に東流する対馬海流、それから分岐して北上する東朝鮮暖流に〝乗る〟ことができるかどうか、これが「脱出の成否」の分れ目となろう。もし脱出者の舟がこれに〝乗る〟ことに成功すれば、追跡者の軍舟は追跡をあきらめざるをえないのである。このさい、「夜から朝まで」という短い時間帯、「煙霧晦冥」という天候、この二条件のもつ意味はまさに決定的なのである（もちろん、九州北岸であれば、ほぼ同じ条件であるけれど、博多湾岸はその「中枢地帯」に当るのである）。

以上によって、この朴堤上説話における「倭王の都」が、博多湾岸をふくむ「チクシ」に存在したことが明らかになった。

四

ここで吟味しておくべき問題がある。それは右の朴堤上説話が、日本書紀の神功紀にも出現している、という事実である。そしてその事実のもつ史料批判上の意義だ。先ずその史料をあげよう。

(A)爰《ここ》に新羅の王波沙寐錦《はさむきむ》、即ち微叱己知波珍干岐《みしこちはとりかんき》を以て質として、仍《よ》りて金・銀・彩色、及び綾・羅・縑絹を齎して、八十艘の船に載せて、官軍に従わしむ。〈日本書紀、神功紀。摂政前紀、仲哀天皇

九年十月〉

(B)五年の春三月の癸卯の朔己酉に、新羅の王、汙礼斯伐《うれしほつ》・毛麻利叱智《もまりしち》・富羅母智《ほらもち》等を遣わして朝貢す。仍りて先の質、微叱許智伐旱《みしこちほつかん》を返さむの情有り。是を以て、許智伐旱に誂《あとら》えて、之を紿《あざむ》きて曰く、「使者、汙礼斯伐・毛麻利叱智等、臣に告げて曰く『我が王、臣が久しく還らざるに坐して、悉く妻子を没して孥と為す』と。冀《ねが》わくは、蹔《しばら》く本土に還りて、虚実を知りて請わむ」と。皇太后、則ち之を聴《ゆる》す。因りて以て葛城襲津彦を副へて之を遣わす。共に対馬に到り、鉏海《さひのうみ》の水門《みなと》に宿る。時に新羅の使者、毛麻利叱智等、窃《ひそか》に船及び水手《かこ》を分ち、微叱旱岐《みしかんき》を載せて、新羅に逃れしむ。乃《すなわ》ち蒭霊《くさひとかた》を造り、微叱許智の床に置きて、詳《いつは》りて病者と為し、襲津彦に告げて曰く、「微叱許智、忽ちに病み、将《まさ》に死なむとす」と。襲津彦、人を遣わして病者を看《み》しむ。即ち欺くを知りて、新羅の使者三人を捉え、檻中に納《い》れ、火を以て焚きて殺す。乃ち新羅に詣《いた》り、蹈鞴《たたら》津に次《やど》りて、草羅《さわら》城を抜きて還る。[10]〈日本書紀、神功紀、摂政五年三月〉

従来の注釈等(たとえば岩波古典文学大系六一四ページ、補注9―一五)にも指摘されているように、右の(B)が未斯欣と朴堤上に関する説話であることは疑いをいれぬところであろう。すなわち(B)の「微叱許智伐旱」が「未斯欣」であり、「毛麻利叱智」は「朴堤上」の別名「毛末」である。

朴堤上。或云、毛末。〈三国史記、第四十五、列伝第五、朴堤上伝〉

とあるごとくである。両説話の同一性をしめす挿話、それは「未斯欣の妻子、没入説」のトリック問題であろう。三国史記でも、

又、「羅王、未斯欣・堤上の家人を囚う。」と聞き、堤上を実叛者と謂《おも》う。〈三国史記、巻四十五、列伝五、朴堤上伝〉

とのべられているのと、全く軌を一にしている。したがって両説話が同一事件であることは疑いがない。

では、この朴堤上事件の、日本列島側の主催者は、日本書紀が「明記」するように、神功皇后その人であろうか。――否。

なぜなら、朴堤上事件は訥祇王元年（四一七）の史実である。これに対し、神功皇后は仲哀天皇の后であり、応神天皇の母であるから、「実在年代」は四世紀前半頃となろう。

応神天皇の「実在年代」は、古事記に、

百済の国主照古王、牡馬壹疋、牝馬壹疋を阿知吉師に付けて貢上《たてまつ》りき。亦横刀及び大鏡を貢上りき。

〈古事記、応神記〉

とあるように、「照古王（＝近肖古王）」（三四六～三七四）と同時代であるから、その母の神功皇后が五世紀の事件の当事者であるはずはないのである。

この点、右の(A)の事例を見れば、一段と明らかである。ここに出てくる新羅王「波沙寐錦」は、第五代の新羅王「婆娑王」（八〇～一一二）のことであるから、神功皇后と同時代であるはずはない。

ここに出てくる人質の「微叱己知波珍干岐」を、(B)の人質「微叱許智伐旱」（＝未斯欣）と同一人物視する注解（たとえば岩波古典文学大系『日本書紀』上、三三九ページ上欄注二四、三五〇ページ上欄注二四）があるが、これは非である。なぜなら、前者は一世紀末～二世紀初頭の事件、後者は五世紀初頭の事件[11]であるから、人質の人名が、

(A)微叱己知波珍干岐
(B)微叱許智伐旱

と、一部分同音であるからといって、両者を同一人物視することは到底不可能なのである。

以上の事実からすれば、日本書紀の「編述姿勢」がいかに〝アン・フェアー〟なものであるか、わたしたちはこれを認めまいとしても、残念ながら不可能なのである。

もし日本書紀の編者が、「波沙寐錦」や「訥祇王」の実年代を知らなかったとしても、日本書紀の本文が麗々しく叙述しているように、(A)(B)両文の文脈が本来「神功皇后」を主人公として書かれたものであったという可能性、それは万に一つもない。なぜなら(A)と(B)とにおいて、新羅側が相対した日本列島の主権者は、当然別時代の別人だったはずだからである。

以上によって、日本書紀の編者の史料操作の実態、ことに朝鮮半島関係史料の使用法の真相の一端が知られよう。

五

日本書紀の「奇怪な手法」を、さらに一層鮮明にしめすもの、それは「神功紀における『魏志』の引用法」である。

次の四項がその事例である。
①三十九年。是年、太歳己未。魏志に云う、明帝の景初三年六月、倭女王、大夫難斗米等を遣わして、郡に詣り、天子に詣りて朝献せんことを求む。(12)太守鄧夏、吏を遣わして将送し、京都に詣るなり。
②四十年。魏志に云う、正始元年、建忠校尉梯携等を遣わし、詔書印授を奉じ、倭国に詣らしむるなり。

③四十三年。魏志に云う、正始四年、倭王、復使大夫伊声者掖耶約等八人を遣わして上献す。

④六十六年。是年、晋の武帝の泰初二年なり。晋の起居注に云う、武帝の泰初二年十月、倭女王、重訳を遣わして貢献せしむ。〈以上、日本書紀、神功紀〉

右の四項について、その史料性格に関して先ず問題とすべき点がある。それは右がいずれも「魏志」「晋の起居注」からの引用という形をとっているため、これらは〝後人の付加〟部分であり、本来の日本書紀には属しないのではないか、研究史上この疑いが出されたのである(13)。しかしながら、この疑点をめぐる論争の結果、その疑いは是《ぜ》に非ず、やはり本来の書紀原文に存したものであったことが明らかとされた。田中卓氏等の論稿(14)がこれである。

確かに、右の各項は、それぞれ「引用」のみでほぼ全文を構成している。その余の部分も、それにつづく「引用」のためのものであって、「引用文」がなければ、およそ項目の態をなさないのである。ことに①の「是年、太歳己未」の一節のごとき、日本書紀固有の書法に属し、後人が追記すべきものではなく、またその必要もない。そしてそれにつづく記事としては、「魏志」の引文のみである。してみると、やはり、この引文は、本来の原文に存在したもの、そのように判断するほかはないのである。

さて、以上の確認を経て、あらためてこの四項目を通視すれば、ここにも〝きわめたる奇怪事〟の存することに気づかざるをえない。なぜなら、最初の三項目が倭国の女王、卑弥呼を主語とする文体であることは、三国志の魏志倭人伝を見れば、明白である。ところが、④の場合、ここに現われる「倭の女王」が、卑弥呼でなく、壱与を指すこと、これもまた倭人伝を一見した者にとって、疑う能わざる帰結である(15)。すなわち、①と④と、表現は同じ「倭女王」でも、その実体は別、同一人物ではない。それは、倭人伝を見た者には自明である。

にもかかわらず、書紀の神功紀の立場は、この「二人の倭女王」が、一人の神功皇后であることを、八世紀の書紀の読者に〝信ぜさせよう〟とするにある。そうでなければ、右のような記載方式は理解しがたいのである。

この点、実は、前項の問題において、一世紀末〜二世紀初頭の「婆娑王」の人質派遣対象たる「倭王」と、五世紀初頭の「訥祇王」の人質派遣対象たる「倭王」と、同一人物に非ざること、おそらくは日本書紀の編者には多少とも認識せられていたと思われるにもかかわらず、これに委細かまわず、両者を「同一視」すべき形で記載したのと、同工異曲の手法なのである。

しかも、この「魏志」「晋の起居注」の場合、右のケースとは異なる特徴がある。それは、日本書紀の編年法たる、いわゆる「皇暦」（神武天皇の即位元年を、西暦前六六〇年に当てた暦）によれば、神功皇后の「在位年数」は、「二〇一〜六九」となっている。三世紀前半から中期にかけてである。すなわち、景初二年（二三八）から正始八年（二四七）に至る、卑弥呼の在位時代、泰始（日本書紀では「泰初」）二年（二六六）の壱与の遣使、これらの年代と、ピタリ対応し、適合しているのである。

このような一致は、偶然に生じたとは考えがたい。日本書紀は「Ⓐ二人の倭女王＝Ⓑ神功皇后」説を〝押し立てている〟のであるから、むしろ両方（ⒶとⒷ）の「年代上の一致」は、必然といわねばならぬ。むしろ、ここに特に異例の「引用」即《そく》、本文の形を採用しているのは、〝中国の権威ある史書（魏志）・史料（晋の起居注）によって、神功皇后の在位年代がここ（三世紀の前半・中期）にあることは保証される〟、そういった〝裏づけ〟の形式をとる、そういったていの意義を帯びているのである。

大森志郎氏[16]によっても、すでに強調されたように、右の「物差し」は、いわゆる「皇暦」の樹立上、一つの決定的な「止め金」となっているのであるけれども、実はこの問題は冷静に観察するとき、意外に深刻な課題を内包していることが認められよう。

その一は、日本書紀の編者にとって、「神功紀」を特設して、これに「卑弥呼」や「壱与」を当てる以外に、妥当する方法を見出せなかったこと、これが基本事実である。

後代の研究者は、「夜麻登登母母曽毘売《やまととももそひめ》命」や「倭比売命」を卑弥呼に当てること、きわめて安易であったけれども、何よりも重要な第一条件、それは「卑弥呼は倭の女王であるから、中心の第一権力者である」という一点だ。この一点において右の二女性は不適格なのである。

その二は、右の点を裏返せば、次の命題がえられよう。「近畿天皇家に卑弥呼なし」この簡明な命題である。すなわち、〝近畿内に卑弥呼を求めること〟それは本来、絶望的だ。なぜなら、八世紀の天皇家の史官たち（全体）にとって、「神功皇后」を、アン・フェアーな形で特出させ、これに当てるしか方法のなかったこと、それを後代の研究者が、こと改めてなしうるはずはないのである。

その三は、さらに積極的なテーマである。前稿で詳述したように「魏志」や「晋の起居注」の「倭女王」とは、「ヤマトの女王」「ヤマトの王」ではなく、「チクシの女王」「チクシの王」だった。「倭」は、古くは「チクシ」、新しくは「ヤマト」を意味していた。その前者のケースだったのである。

ということは、次の史料状況を意味しよう。

〝日本書紀は、「チクシの王者」の中国大陸への遣使という史実を、あたかも自家（ヤマト）と中国大陸との国交であったかのごとく、いつわって記述している〟と。このテーマである。「いつわって」というのは、日本書紀の編者がその非（二人の女王が一人の神功に当りえぬこと）を知りながら、右の形の記述を行っているからである。

さて、右の記述の実態は、直ちに次の命題をも意味しよう。

〃日本書紀は、「チクシの王者」と朝鮮半島の国々（新羅・百済・高句麗、及び任那・加羅等）との国交や戦闘をも、あたかも自家（ヤマト）と半島側との交渉であるかのごとく記述しているのではないか〃と。なぜなら、「チクシの王者」の遺使が中国大陸へ向うとき、必然的に経過すべき国々が、半島の国々であるからである。このような地理関係は、当然次の史実を予想させよう。

〃「チクシの王者」は、中国との国交を開始する以前に、朝鮮半島の国々との国交を結んでいた。さらに中国との国交を結んで以後も、中国に対する以上に濃密な、平和と戦闘の国家関係を、朝鮮半島の国々と結びつづけたはずである〃と。

事実、新羅本紀には、「卑弥乎の新羅遣使」を記載していたこと、先述のごとくである。とすれば、それらの「チクシ」を主格とする対半島交渉史が、まさに換骨奪胎、「ヤマト」を主格とする対半島交渉史であるかのように、日本書紀の編者は〃いつわって〃使用し、記載した。——想像するだに、身の毛がよだつ状況ながら、前述のように日本書紀の手法を追うてきた筆者にとって、このような可能性が濃厚であること、その指向する方向を見失うわけにはいかないのである。

六

遺憾ながら、右の想定が単なる想定に非ず、事実に妥当していることをしめすもの、それこそ、先述の帰結、〃朴堤上説話が、「ヤマトの権力者の后」たる神功皇后との交渉譚であるかのように、日本書紀内に記載されている〃、この事実である。

その朴堤上説話は、三国史記という「半島側の目」による限り、「倭王の都＝ヤマト・カワチ」ではなく、「倭王の都＝チクシ（博多湾岸近辺）」をしめす姿をもっていた。すなわちこれは、「チクシの王者と新羅の王者」との国交関係の中の悲劇だったのである。これを、日本書紀の編者は、換骨奪胎、あたかも「ヤマトの王者と新羅の王者との国交関係」であるかのように、〝いつわって〟記載しているのである。

以上のような史料性格をもつ日本書紀の記事に対し、従来の論者は〝逆立ちした思考〟を行ってきたようである。すなわち、

〈その一〉朴堤上説話は、「神功皇后」に関する史実とはなしがたいけれど、おそらく「五世紀の『倭＝ヤマト』の王者」に関する史実が、ミスによってここ（神功紀）に挿入されたのであろう。

〈その二〉したがって、三国史記の朴堤上説話が、「倭王の都」をまるで九州北岸であるかのような地理関係の記載を行っているのは、不穏当である。

以上のように思惟してきたものと思われる(17)。しかしながら、このような思惟の方向はあやまっている。なぜなら、右の〈その一〉には実証がない。ただ「近畿天皇家一元主義」というイデオロギーに立てば、こう考えるしかない、というにすぎぬのである。なぜなら、これと同じ思惟方向に従う場合、先の「神功紀の中の『魏志』『晋の起居注』」についても、これは「神功皇后」に関する史実とはなしがたいけれど、おそらく「三世紀の『倭＝ヤマト』の女王」に関する史実が、ミスによってここ（神功紀）に挿入された、と考えざるをえないであろう。

しかし、残念ながら、「三世紀のヤマト」にそのような女王の存在した形跡（記・紀の記述等）が存在しない。まして「二人の女王」を「同一人」とする背理を解消すべき、正当な方法論など、いかにしても成立しえないのである。

近年、ふたたび、この〝書記の中の「朴堤上説話」の存在によって、五世紀の「ヤマトの王者」と新羅の王者との交渉が史実であることは確実であるから、古田の唱える九州王朝など存在しえない〟かに論ずる論者（たとえば、安本美典氏(18)）が現われているけれど、史料に対する客観的、かつ根本的な批判を怠り、「日本書紀のイデオロギーの目」に追従したもの、遺憾ながらそのように評さるべきではあるまいか。わたしにはそのように思われる。

七

以上によって従来説に対する批判を終え、本稿にとっての本筋に立ちかえろう。

冒頭の論証によって、われわれは次の事実を知った。

〝三国史記中に出現する、一〇〇回近い「倭」字の中で、その史料内容自身によって、「倭国中心」の位置の判明するケースは二個であり、一は一世紀中葉、一は五世紀初頭の事例である。そしてそのいずれのケースも共に、同一の地域をしめす。すなわち、博多湾岸をふくむ「チクシ」の領域である〟と。この証明は率直にしめす、三国史記中に出現する、すべての「倭」、それは「チクシ」を意味するのではないか。――この帰結である。

この帰結は、次の二つの思考方法によって裏づけられている。

(一)三国史記の本来の読者たる、慶州（新羅の首都）・開京（ソウル付近、高麗の首都）等の、朝鮮半島のインテリにとって、その中に明瞭に「首都の位置」の指示された記事があれば、そこからえられた概念（倭国の首都の位置）によって、他の「倭」に関する記事を理解すること、それはもっとも自然な読み方であり、それ以外の読み方は存在しえない。

㈡しかも、第一の例（脱解王の記事）は、三国史記の冒頭近くにあり、第二の例（朴堤上の記事）は、三国史記の末尾近くにある。すなわち、爾余の「倭」の記事、一〇〇回近くは、右の二つの記事の間に、ほぼおさめられているのである。とすれば、いよいよ、「三国史記のすべての『倭』は『チクシ』と解すべし」という命題は、妥当、かつ必然性を帯びているのである。

以上の論旨は、従来説の論者にとっては、あるいは、〝恐るべきもの〟と見えるであろう。しかしながら、筆者が十数年来、中国文献（三国志・宋書・隋書・旧唐書等）に対して行ってきた分析結果、その帰結と全く同軌に帰していたのである。

これに対し、従来、朝鮮半島や中国の学者、あるいは日本の朝鮮史の学者たちの中に、三国史記中の「倭」が、「海賊」の類であるかに論じなす者がしばしば見られた[19]。これは次のような思惟方法によったものと思われる。

〈その一〉「倭国＝ヤマト」を動かしがたい、中心概念と見なす（日本書紀・古事記等による先入観の影響か[20]）。

〈その二〉にもかかわらず、三国史記中の「倭」の動態が、「ヤマト中心」の動きとは解しがたい点の、まま見えること。

右の二つの「思惟」が分裂したまま、混交された結果、生み出されたイメージ。――それがこの「倭人＝海賊」説だったのではあるまいか。そのさい、もっとも遺憾だったこと、それは、「倭国の都」の所在地をしめす、二つの明瞭な事例に対し、この二史料に正面から対面しなかったこと、この一事である。

八

「倭国＝チクシ」という立場で、その全記事を一貫させている三国史記において、根本的な変化、それはいつおとずれているだろうか。それはあまりにも明白な形で叙述されている。

（文武十＝六七〇年、十二月）倭国、更《か》えて日本と号す。自ら言う「日の出づる所に近し。」と。以て名と為す。(21)〈三国史記、新羅本紀第六、文武王紀〉

ここでは、歴史的淵源の永かった「倭国」の名号が終結し、「日本」という新国号が始まったことが記せられている。

この文面は、一見したところ、〝同一国の名号変更〟にすぎないようにも見える。しかしながら、先述来の論証を背景として見れば、これは「権力中心の変動」をふくむ、重大な国号変更であることが判明する。なぜなら、

(a)この「新、日本国」の権力中心が「ヤマト」であることを、わたしたちは疑うことができない。

(b)その理由は、やがて半世紀後（七二〇年）、「日本書紀」を正史の名としたのは近畿天皇家であるから、その「日本」（八世紀初頭）とこの「日本」（七世紀後半）が同一国家であると見なすこと、それは極めて蓋然性の高い推定であろう。

(c)さらに、旧唐書に次の記事がある。

（長安二＝七〇二年）冬十月、日本国、使を遣わして方物を貢す。〈旧唐書、本紀巻六、則天皇后〉

この年は、日本の文武天皇の大宝二年（七〇二）に当る。この「日本国」が近畿天皇家を指すことは、

この年以降つづく「日本国」記事が、文武天皇以降の続日本紀中の記事とよく対応しているのを見ても、疑いがたい。とすれば、三国史記の告げる「新、日本国」建号との時間差はさらにちぢまり、約三〇年間となる。いよいよ、両「日本国」をもって別国と見なすことは困難となろう。

(d)とすれば、これ以前の「倭国」が「チクシ中心」であったのに対し、これより後の「日本国」は「ヤマト中心」となったこととなろう。すなわち、単純な〝名義変更〟に非ず、重大な「権力中心の変動」である（この点、「自ら言う『日の出づる所に近し。』と。」という表現も、「チクシ〈西〉→ヤマト〈東〉」という中心変動にともなう変号〈国号変更の理由〉と考えるとき、一段と適切となろう）。

以上のように考えられるからである。すなわち、本体そのものからは、「単純変号」か、「実体変動」かは不明であるけれども、内容的に分析するとき、後者であることが判明するのである。

さらに進一歩しよう。

右のように、近畿天皇家がこの時点においてこのような「変号」と「中心権力移動」を宣明した、とすれば、その理由は何であろうか。

その「実質的理由」については、わたしたちは容易にこれを察しえよう。なぜなら、「倭国の、白江（白村江）における大敗戦」は、竜朔二年（六六二。旧唐書。新羅本紀・日本書紀では翌年）であり、その「倭国＝チクシ」の王者たる筑紫君、薩夜麻は、唐側の捕囚の身となっていた[22]。すなわち、「倭国＝チクシ」の実質、その権力と権威が失われて、すでに八年を閲《けみ》していたのであるから。

けれども、残された重大な問題がある。いやしくも、一国家の国号の創始という大事件だ。ただ「隣国の史書に、かく書かれている」というだけでは、不十分だ。もちろん、のちにも再説するように、「隣国証言」の価値は重要、かつ切実である。それは認めるとしても、やはり、当該、新国家たる近畿天皇家側に、果してそのような「一大画期の存在した」その史的記載もしくは史的痕跡が存在するであろうか。――この問いにわたしたちは直面せざるをえぬであろう。

九

八世紀に対する研究史上、著名の論争点がある。続日本紀の各天皇の詔勅中に頻出する「不改常典」のフレーズである。先ず、その史料をあげよう。

㈠〈慶雲四年七月〉詔曰。……是者開母威岐近江大津宮御宇大倭根子天皇乃与天地共長与日月共遠不改常典止立賜比敷賜覆留法乎。受被賜坐而行賜事止衆被賜丙。恐美仕奉利豆羅久止詔命乎衆聞宣。……又天地之共長遠不改常典止立賜覆留食国法母傾事無久……〈元明天皇、即位詔〉

㈡〈神亀元年二月〉詔曰。……高天原尓神留坐皇親神魯岐神魯美命……霊亀元年尓此乃天日嗣高御座之業食国天下之政乎朕尓授賜譲賜而教賜詔賜都良久。持畏淡海大津宮御宇倭根子天皇乃万世尓不改常典止立賜敷賜閉留随法後遂者……〈元正譲位の詔。聖武天皇、即位詔〉

㈢〈天平勝宝元年七月〉詔曰。……高天原神積坐皇親神魯棄神魯美命……挂畏近江大津乃宮尓御宇之天皇乃不改自因常典等初賜比定賜部流法随斯天日嗣高御座乃業者……〈孝謙天皇、即位詔〉

㈣〈天応元年四月〉詔曰。……掛畏近江大津乃宮御宇之天皇乃初賜比定賜部流法随尓被賜弖仕奉止仰賜比授賜閉婆……。〈桓武天皇、即位詔〉

右の㈠㈡㈢に「不改常典（あらたむまじきつねののり）……法」という表現が見られ、いずれもそれが「近江大津宮御宇大倭根子天皇」（天智天皇）によるものである、とされている。㈠㈡では「立て賜ひ、敷き賜ふる」「立て賜ひ敷き賜へる」と言い、㈢では「初め賜ひ、定め賜へる」と言っている。㈣には、「不改常典」の語こそないが、「天智天皇」が「初め賜ひ、定め賜へる法」と言っているのであるから、㈠㈡㈢と同一の内容を指す。このように考えてあやまらないであろう。

では、この「天智天皇による、不改常典」とは、何を指すであろうか。この点、研究史上の立論を要約された門脇禎二氏の所説を引用させていただこう。

「ところが、これまで『不改常典』についていろんな理解がなされているわけで、その一つは、『不改常典』は近江令であろうというのが古くからある説です。しかし、最近では、近江令が実際に編さんされたかどうかという疑問が出てきた。もちろんそれに対して、天智朝にはある程度宮廷組織も整備されたのだから、それほど整ったものではないとしても、一応近江令というものを認めていいのではないかという反論もあります。

もう一つは、この『不改常典』とは近江令とは別の皇位継承法だろうという有力な説です。事実、このことばは、皇位継承のとき以外は引用されないわけですが、天智天皇から始まって、持統天皇から嫡孫の文武天皇への譲位、元正天皇から甥の聖武天皇への譲位にともなう即位の詔に引用されている。だが、その皇位継承法が、今の継嗣令に通じる嫡々相承主義にかかわるものか、それとは直接つながらないものかについては問題が残っています。[23]」

門脇氏は、㈠で、「藤原宮御宇倭根子天皇（持統）」と「日並知皇太子（草壁皇子）之嫡子、今御宇豆留天皇（文武）」との間の関係として、「並坐而此天下乎治賜比諧賜岐（並びまして、此の天下を治め賜ひ、諧《ととの》へ賜ひき）」とある点に注意し、このような「共治」は、「推古女帝（＝前大后）と聖徳太子（＝大王）」「斉明女帝（前大后）と中大兄」のときにも行われてきた、「従来からの王権のあり方」が強調されているもの、とした。

そして最後を次のように結んでおられる。

「『不改常典』が、もし律令的な嫡系主義を定めた皇位継承法なら、律令施行後にことさら思い起こされ強調された意味を問う必要がある。そう考えると、『並坐而……治賜比諧賜岐』と『不改常典』とが無関係だとは思えないのです。前大后あるいは皇太后との共治という体制は、古代王権の中枢部において根強く残っていたのではないかと私は思います。(24)」

以上のような二種の、従来の見解に対して、わたしの批判を率直にのべよう。

第一。「共治」説と「皇位継承法」説について。

門脇氏は、右に引用した叙述を、

「したがって、ここにあらためて浮かび上がってくるのが、持統女帝が嫡孫の文武天皇に譲位したときの詔にみえる『不改常典（改むまじき常の典）』の問題です。(25)」

という書き出しをもって開始しておられる。すなわち、先にわたしの挙げた㈠の事例に当る。そこには確かに「持統」と「文武」とのかかわりが説かれ、その直後、

今御宇豆留天皇（文武）尓授賜而並坐而。此天下乎治賜比諧賜岐。是者開母威岐近江大津宮御宇大倭根子天皇乃天地共長与日月共遠不改常典……

とつづいているのであるから、門脇氏の説かれるように、氏のいわれる「共治」問題が、今問題の「不改常典」の概念と深いかかわりをもつ、という当説は、文脈上明証をもつ、とも見えよう。

しかしながら、この説には反面、明瞭な矛盾点が存在する。それは、先の㈡㈢㈣の用例では必ずしも、そのような「共治」に関する「前置き」が存在しない、という事実である。そのもっとも明瞭な例とし

て、㈢㈣のケースについて、より詳しくあげてみよう。

㈢詔曰。現神止御宇倭根子天皇可御命良止宣御命乎衆聞食宣。高天原神積坐皇親神魯棄神魯美命以吾授乃命乃将知食国天下止言依奉乃随遠皇祖御世始而天皇御世聞香来食国天ッ日嗣高御座乃業止奈母随神所念行佐久止勅天皇我御命乎衆聞食勅。平城乃宮尓御宇之天皇（聖武）乃詔之久。挂畏近江大津乃宮尓御宇之天皇（以下、既出に続く）〈孝謙即位の詔〉

㈣詔曰。明神止大八洲所知天皇詔旨良麻止宣勅親王諸王百官人等天下公民衆聞食宣。挂畏現神坐倭根子天皇我皇此天日嗣高座之業乎掛畏近江大津乃宮尓御宇乃天皇（以下、既出に続く）〈桓武即位の詔〉

右の㈢を見ると、前代の天皇、聖武の詔勅の形で語られているものの、別に「共治」など提唱されていない。

その点、さらに明瞭なのは㈣である。全く固有名詞（「共治」対象たる天皇名）も挙げられていない。

以上のような史料事実から見ると、門脇氏の強調された㈠の「並坐而此天下乎治賜比諧賜岐」というのは、このケースについては当てはまっても、㈡㈢㈣には必ずしも当らない、と見なすのが、厳密な理解ではなかろうか。

もし、門脇氏の「想定」されたごとく、いわゆる「共治」問題が、この「不改常典」の核心をなす概念であったとすれば、㈡㈢㈣においても、〝いとわず〟に、「前置」し、「強調」さるべきではあるまいか。しかし、それはない。したがって門脇氏の「想定」は、遺憾ながら、当っていないようである。

十

では、いわゆる「共治」問題は別として、「皇位継承法こそ、『不改常典』に当る」と見なす立論について、分析してみよう。

確かに、右の㈠㈡㈢㈣とも、それぞれの天皇の即位の詔、ないし譲位の詔に現われるものであるから、この「不改常典」という概念が「皇位継承」にさいして述べられたものであることは疑いがない。したがってこの概念が、何等かの意味において、「皇位継承」と深いかかわりのある概念であることは、当然と見なしえよう。

一見、自明と見えるこの説も、一歩立ち入ってみれば、いちじるしい困難に逢着する。それは、この概念が終始「天智天皇」と密着した形で語られていることである。それどころか、㈣のように、「不改常典」という常套句そのものは〝省略〟されても、「天智天皇」は〝省略〟されることがない。その意味では、「不改常典」という〝表現形式〟よりも、「天智天皇が初められ、定められた法」という〝実質〟の方が、より重要である。――そのように解しても、何等差しつかえない。むしろ史料事実から見れば、的確なのである。

とすれば、なぜ、天智天皇がその「皇位継承法」なるものの創始者であるがごとく説かれるのか、それがこの立場の論者にとって、不可避の課題となるであろう。

しかし、日本書紀の孝徳紀・斉明紀・天智紀の三巻、すなわち〝天智の活躍期〟を通して、「天智天皇が、かくかくの皇位継承法を制定した」旨の記事は存在しない。これは書紀を通観すれば、誰人にも疑いようのない史料事実である。

そこで次に、〝「制定法」はなくとも、事実上、天智が「ある特定の継承の仕方」を創始し、これを元明以下が「慣例化」しようとした〟、すなわち、「特定の、最近の始源点をもつ、慣習法」と見なす立場へとおもむかざるをえないのである。

しかしながら、この立場も、およそ成立が困難である。なぜなら「斉明→天智」の継承は、前者が崩じたあと、七年目に後者（皇太子）が皇位についた、という変則なものであったこと、書紀に明記されている。またこのような「七年の空白をおいての、皇太子の即位」というような異例事態が、その後「慣例化」された形跡のないこと、いうまでもない。

さらに「天智→弘文（大友皇子）」のケースは、一層「異例」である。天智自身の「皇位継承の意思」が、己が子供たる「大友皇子への継受」にあったこと、およそ疑いがないであろう。そして事実、「天智の次」に天皇位に即した者が、「大友皇子」その人であったことも、現今、疑う人はないであろう。

しかるに、「壬申の乱」によって、反乱者、天武が勝利し、天皇位に即いた。これも、周知の事実である。それは、当時（八世紀）においては、より一層、「周知」のところだったであろう。いわば、歴代の天皇中、天智ほど、「己が皇位継承に関する意思」、その本意が無残に裏切られた天皇は、他にこれを発見することがほとんど困難なのである。(26)

このような「万人周知の事実」をかえりみず、いきなり、何の屈折もなく、「天智天皇の初め賜い、定め賜うた皇位継承法によって、わたし（新天皇）は即位する」などと、公的な即位の場において宣言しうるものであろうか。わたしには、考えがたい。

もちろん、日本書紀の立場は「すでに、天武は正規の皇太子であった。それゆえ『反乱者』は大友皇子である」との大義名分に立つ。それは当然だ。それは当然にしても、このとき（天智崩後）、皇位継承に関して、最大、最高の混乱がおきたこと、それは書紀の中の詳密な「壬申の乱」の記述が雄弁に証言するごとくである。

そのような〝最近の史実〟にかんがみれば、先のような「天智天皇が創始し賜うた、皇位継承法により」という解釈は、根本的に成立しがたいのである。「皇位継承法」論者が、この矛盾を正視しないとすれば、まさに「眼前の灯火はかえって見えにくい」のたとえに類するものではあるまいか。

さらに一証を付しよう。

明治以後、敗戦までしきりに用いられた用語に「不磨の大典」という用語があった。

　すりへってしまわず、永久に伝えられる憲法。大日本帝国憲法の美称とした。（広辞苑）

この先例としては、

　嗚呼千里之差、興レ自二毫端一、失得之源、百世不磨。〈後漢書、南匈奴伝〉

　承二天之大典一覧二羣下一。〈任昉、王文憲集序〉

などがあろう。

「大典」は、

　すぐれた法則。立派なのり。尊ぶべきのり。重要なのり。重要な法典。（諸橋大漢和辞典）

の意義であり、

「常典」の、

　定まったおきて。かわらないみち。常例。常度。（同右）

の意義と同じ。

為二無窮之常典一。〈蔡邕、宗廟迭毀議〉

周公流涕、而決二二叔之罪一、孝武傷懐、而断二昭乎之獄一、古今常典也。〈魏志、楚王彪伝、注〉

とあるごとくである。なお「常典」には「五経」などの経典を指す用法がある。

三墳、三皇時書、五典、五帝之常典。〈周礼、春官、外史、掌二三皇五帝之書一、疏〉

とあるごとくである。

右のような「常典」の用例から、近年の「大典」の用例にまで触れたのは、他でもない。これは、古くは中国の古典中の典範ともいうべき五経から、新しくは明治憲法に至るまで、いずれも〝中枢をなすべき典範〟をしめす、荘重な用法である。たとえば、明治以降の「不磨の大典」は、あくまで「明治憲法」そのものであって、「皇室典範」のみを指すものではない。ましてその一部たる「皇位継承法」を指して、「不磨の大典」と呼ぶ、などという用法は存在しなかったのである。

此ノ不磨ノ大典ヲ宣布ス。〈憲法発布勅語〉

とあるがごとくである。

この点、右の文面の作者たる、明治の漢学者（たとえば、後述の杉浦重剛など）は、この「造語」のもつ、漢語としてのひびき、使用慣例を、よく熟知していたもの、といいうるであろう。

この点、「不改常典＝皇位継承法」説の場合、先ず〝変ることのない、きまり。あるいはルール〟といった形で「翻訳」し、それなら「皇位継承法」もそれに当る、といった風に、一種「換骨奪胎」風の〝転釈〟に奔ったことに気づかなかったのではなかろうか。この点、「和語」ではもちろん「アラタムマジキツネノノリ」であるけれど、その意をしめす「漢語」として、この「不改常典」が用いられている点、本居宣長風の「漢字は借り物」といった見地に軽々と逃避することは許されないのであるすなわち、右のいずれの点から見ても、一見もっとも成り立ちやすいかに見えた「皇位継承法」説は成立困難、そのように帰結せざるをえない。

十一

では、次の「近江令」説を分析しよう。

この場合は、「皇位継承法」とは異なって、「――令」として発布された、レッキたる成文法である点、「不改常典」として〝適格〟であるかに見えよう。

しかしながら、ここにも、公知の困難点がある。それは、少なくとも、日本書紀に拠る限り、天智紀には、

「近江令が発布された」

という記事が一切存在しないこと、周知のごとくである。

研究史上、「近江令」存否論争は有名であるが、「近江令」の存在を認める論者（たとえば、井上光貞氏）も、当然ながら、「日本書紀にその記事がない」史料事実に関しては争いがないのである。

ただ、

①降りて天智天皇元年に至りて、令廿二巻を制せり。世の人の所謂近江朝廷の令なり。〈弘仁格式序。類聚三代格より〉

②先に此の帝（天智）、大臣（藤原鎌足）をして礼儀を撰述し、律令を刊定せしむ。〈藤氏家伝、上鎌足伝〉

のごとき記事に信憑性あり、と見なし、「事実において、近江令は存在した」ことを説くのである。

この「近江令存否」論争は、それ自体、きわめて興味深い論点を提供しているものであるけれども、今の論点については関係がない。ただ「日本書紀に近江令の記事なし」という、公知の史料事実を確認すれば、それで足りるのである(27)（「近江令存否」問題については、別稿でふれることとなろう）。

なぜなら、今問題の「不改常典」の場合、㈠㈡は、元明・元正の二帝にかかわる詔である。元正といえば、日本書紀完成時の天皇であり、書紀編成の最高責任者、ともいうべき存在である。元明もまた、日本書紀が着々と完成に向けて作業中の期間の天皇であるから、日本書紀の内容を熟知していたどころか、日本書紀編成の最高責任者の一人と称してあやまらないであろう。

以上の事実の意味するところは、次のようである。「不改常典は、書紀の中に、堂々と明記されている事項でなければならぬ」と。

なぜなら、元明や元正がこれだけ詔の冒頭に「強調」しているものが、その天皇の下で作られた日本書紀中に明記されていない、ということは考えられないからである。「明記」どころか、特筆大書されていなければならない。――これがわたしにとって、根本の指標である。

この指標から見ると、いわゆる「近江令」なるものは、当然、失格といわざるをえない。

次に、もう一つ、意外な論点がある。

「令と法」の関係である。

(A)（大宝元年八月）癸卯。遣㆓三品刑部親王。正三位藤原朝臣不比等。従四位下下毛野朝臣古麻呂。従五位下伊吉連博徳。伊余部連馬養等㆒撰㆓定律令㆒。於㆑是始成。大略以㆓浄御原朝廷㆒為㆓准正㆒。仍賜㆑禄有㆑差。〈続日本紀、文武天皇〉

(B)以㆓大宝元年㆒律令初定。〈威奈大村骨蔵器（銅製鍍金）、慶雲四年、七〇七〉

(A)は正史たる続日本紀、(B)は第一史料たる金石文である。そのいずれも「大宝元年、律令初定」をしめす根本史料である。この史料事実自身、後代史料たる「弘仁格式序」に優先する性格をもつ。すなわち、いわゆる「天智の即位元年（＝天智七年）、近江令制定」説を否定するものであるが、今の問題は別の側面である。

右の(A)(B)と先の「不改常典」の(一)(二)(三)(四)との関係は、どのようであろうか。後者では、いずれも、天智天皇が「立て賜ひ、敷賜へる法」「初め賜ひ、定め賜へる法」の存在したことがのべられている。この「法」と(A)(B)の「律令」との関係である。

この答は、思うに一つしかないであろう。――「律令は、法ではない」と。

現代人の見地では、一見不可思議とも見えるこの命題も、実は不可解ではない。

法

①みち。道理。天下の至道。人の守るべき準則。

法者天下之至道也。

〈注〉法者、妙事之迹也。〈管子、任法〉

②てほん、模範。

制而用㆑之、謂㆓之法㆒。

〈疏〉言、聖人裁㆓制其物㆒、而施㆓用之㆒、垂為㆓模範㆒、故謂㆓之法㆒。〈易、繋辞上〉

法、法度也。〈章句〉

③度・量・衡・規・矩・準・縄等すべて物の依拠となる器。

工、依㆓於法㆒。

〈注〉法、規矩尺寸之数也。〈礼、少儀〉

右のように、「法」とは、「道理」であり、「模範」であり、「物の依拠となる器」である。これに対し、八世紀の「大宝律令」が、唐制の「律令格式」の模倣であったことはよく知られている。

令――尊卑貴賤の等数、国家の制度。

格――百官有司の常に行ふべき事。

式――その常に守る所の法。

律――以上三者に触れる者、及び他の罪戻を犯す者を断ずる規定を記した書。〈諸橋大漢和辞典〉

その典拠として、

唐之刑書有㆑四、曰、律令格式、令者、尊卑貴賤之等数、国家之制度也、格者、百官有司之所㆓常行㆒之事也、式者、其所㆓常守㆒之法也、凡邦国之政、必従㆓事於此㆒、三者其有㆑有㆑違、及人之為㆑悪而入㆓于罪戻㆒者、一断比㆑律。〈文献通考、刑制考〉

とあるがごとくである。

したがって、先の「法」の場合は、いわば〝統治の根本精神〟をしめす用例なのであり、〝根本規範〟であるのに対して、後の「律令」は、それを〝具体化〟したものをしめす用例なのである。

以上のような理解に立てば、先にのべたように、〝天智天皇が「法」を定め、文武天皇が「律令」を作った〟という命題は必ずしも矛盾ではない。そのことが知られるのである。

以上のように分析してくれば、「不改常典」に対して、いわゆる「近江令」をあてることの非なることが知られるであろう。なぜなら「近江令」とは、所詮「律令の一部」に他ならない。したがって「不改常典という根本法」とは、その根本性格を異にするもの、そのように判断せざるをえないのである。

以上の意味で、「法は、律令に非ず」この命題をここでは確認したいと思う。(28)

十二

では、「不改常典」が指すもの、それは何であろうか。

その問題に立ち入る前に、今までにのべてきた、それを求めるための要件を、左に列記してみよう。
(一)「皇位継承法」といった、重要ではあっても、特殊なもの、跼蹐《きょくせき》されたものではなく、〝統治上の大本〟となるようなものであること。
(二)それは、いわゆる「近江令」のように、〝それは存在したが、日本書紀には明記されていない〟といったものではなく、日本書紀の中に明記、それも特筆大書されているものであること。
(三)その上、当然ながら、それは「天智天皇の業績」として、日本書紀中に刻入されているものであること。
以上の三点である。これだけ明確な格率が認識されたとき、すでにその回答は定まっているであろう。ことの筋道から見て、わたしにはそのように思われる。
ことに第三点。これはことの筋道上、動かしがたい。しかも、天智の治世は短い。一〇年間である。
さらに、
　七年春正月丙戌朔戊子、皇太子即天皇位。(或本云、六年歳次丁卯三月、即レ位。)〈日本書紀、天智紀〉
というように、天智七年が、正確には、天智の即位元年であるから、天智十年は、即位四年となる。すなわち、正式の在位期間は「四年間」である。右の第三点は、この範囲内に存在しなければならぬ。

このように問題を煮つめてくれれば、この短期間中、可能性のある記載はただ一つしかないことが知られよう。次の記事だ。

（天智十年、春正月）甲辰、東宮太皇弟奉宣、（或本云、大友皇子宣命。）施二行冠位法度之事一。大二赦天下一。（法度冠位之名、具載二於新律令一也。）〈日本書紀、天智紀〉

〝天智天皇の下、のちの天武天皇（東宮太皇弟）が「奉宣」して施行した〟――このメンバーの組合せのもつ意義、ことに天智や天武の〝複合した〟子孫である、元明・元正たちにとって、いかに絶大であったか、思い半ばに過ぐるものがあろう。

では、この「冠位法度」とは、何を指す言葉であろうか。

先ず、「冠位」については、簡明である。

（天智）三年春二月己卯朔丁亥、天皇命二大皇弟一、宣下増二換冠位階名一、及氏上・民部・家部等事上。其冠有二廿六階一。大織・小織・大縫・小縫・大紫・小紫・大錦上・大錦中・大錦下・小錦上・小錦中・小錦下・大山上・大山中・大山下・小山上・小山中・小山下・大乙上・大乙中・大乙下・小乙上・小乙中・小乙下・大建・小建、是為二廿六階一焉。改二前花一曰レ錦。従レ錦至レ乙加二十階一。又加二換前初位一階一、為二大建・小建、二階一。以レ此為レ異。余並依レ前。其大氏之氏上賜二大刀一。小氏之氏上賜二小刀一。其伴造等之氏上賜二干楯・弓矢一。亦定二其民部・家部一。〈日本書紀、天智紀〉

周知の、この文面をここに掲げたのは、他でもない。冒頭に「命……宣」といい、その内実は「増換」「為」「改……曰」「加」「加換」「定」といった形で書かれている。ここに「増」とか「加」とか、といわれているのは、「大化五年」の詔を承けているからである。

それは次のようである。

（大化五年）二月、制二冠十九階一。一曰、大織。二曰、小織。三曰、大繡。四曰、小繡。五曰、大紫。六曰、小紫。七曰、大花上。八曰、大花下。九曰、小花上。十曰、小花下。十一曰、大山上。十二曰、大山下。十三曰、小山上。十四曰、小山下。十五曰、大乙上。十六曰、大乙下。十七曰、小乙上。十八曰、小乙下。〈日本書紀、孝徳紀〉

「天智三年の宣」は、この「大化五年の制」の修正形であった。その「宣」に、

余は並びに前に依る。

とある「前」とは、すなわち「大化五年の制」を指しているのである。

以上のように考察すれば、今問題の「天智十年の施行」が、「奉宣」といっているのは、「『大化五年の制』プラス『天智三年の宣』」の施行だったのである。すなわち、その根本において、「『大化五年の制』の施行」という意義をもっていたことが知られるのである(29)。

では次に、「法度」とは何であろうか。

儆二戒無虞一、罔レ失二法度一。
〈伝〉秉レ法守レ度、言レ有レ恒。〈書、大禹謨〉

守二文王之法度一。〈公羊、文、九〉

法度制令、各順二其宣一、衣服器械、各便二其用一。〈戦国、趙策〉

起二礼儀一、制二法度一、以矯二飾人之情性一。〈荀子、性悪〉

長不レ奉二法度一。〈史記、淮南万王長伝〉

外攘二四夷一、内改二法度一。〈漢書、循吏伝〉

右は「法律と制度。はっと。おきて。さだめ。規則」〈諸橋大漢和辞典〉という用例であるけれど、その各文例を見れば、判るように、むしろ「治政の大本をなすべき、おきて」をしめしている。「文王之法度」という表現はそれをしめしている。周王朝の第一代たる武王の父、文王の依拠した「法の大本」を指している。周王朝は、その「法の大本」を守って、今日に至っていることをのべた文章なのである。

また「戦国、趙策」の「法度・制令」という用例も、「法度」と「制令」とが同じ概念であることをしめすものではなく、むしろ、両概念が同一でないことをしめしているのである。「根本」が「法度」、「具体化」が「制令」なのである。

この点、論語にも、次のような用例がある。

謹㆓権量㆒、審㆓法度㆒、脩㆓廃官㆒、四方之政行焉。

〈疏〉法度、謂㆓車服旌旂之礼儀㆒也。

〈集注〉法度、礼楽制度、皆是也。〈論語、尭曰〉

右は、「礼法の尺度。のっとるべき礼儀」〈諸橋大漢和辞典〉とされている用例であるが、「礼儀」〈疏〉、「礼楽制度」〈集注〉というように、やはり「法の大本」を意味する用法なのである。また、

今言㆓仁義㆒、則必以㆓三王㆒為㆓法度㆒、不㆑識其故何也。〈管子、中匡〉

これは「てほん。模範」の意とされているが、「三王」が「堯・舜・禹」を指すことからも判るように、夏・殷・周朝にとっての「治世の大本」を指す、やはりそういう用例なのである。

以上、いずれも、各用例によってニュアンスは異なるものの、皆、一脈共通するもの、それは「治世の大本をなす、根本の法ないし制度」を指すものなのである。

では、「天智十年の奉宣」の場合、天智や天武は、何を「法度」すなわち根本法として「前提」して

いるのであろうか。日本書紀は、いかにそれを記しているのであろうか。

このように問うとき、わたしたちの眼前には、大化元年より大化五年に至り、いわば〝目白押し〟に「群立並置」されている、「詔」や「奏請」や「制」が厳然と存在している、あまりにも、絢爛《けんらん》たる史料事実が認識されよう。

「これらの、数々の『詔』や『奏請』や『制』を、『施行』したまうたのは、天智天皇。それはその最後の年であった」――これが、天智十年項の記事が、八世紀の読者に告げんと欲した、特筆大書の事件なのであった。

それは「正月」の事件であり、その同じ年の十二月に、天智は崩じた。その「天智の遺志」を継続し、実施していったのが、「東宮皇太弟」たる天武と、その妻、持統であった。――これが、「天武紀」と「持統紀」をもって巻を閉じた日本書紀が、天下に明らかならしめんと欲する、最終にして最大のテーマだったのである。それはすなわち、「天智の子、大友皇子（弘文）」を自害せしめた「反逆者」、天武・持統の後継王者にとって、己が大義名分の正当化のためになすべき、不可欠の一事、すなわち、これこそ日本書紀撰定の最高目的、そのように称しても、およそ過言ではないであろう。

だからこそ、元明・元正や孝謙・桓武・聖武の各天皇は、「天智天皇の初め賜ひ、定め賜うた法」を「不改常典」と称し、その根本精神を継受していることを誇ったのである。

「元明・元正等の『即位の詔』が、日本書紀の根本の主張点と同一事を強調している」――このような理解は、あまりにも自然にして、あまりにも平凡、そしてあまりにも必然の帰結というべきものではあるまいか。

十三

明治維新以降の史家は、「大化改新」という〝新造語〟を用い慣れてきた。戦前も、戦後も、すべての教科書がこの熟語を用いて、日本の歴史を解説してきた。あらゆる青年たちは、この熟語を記憶せずして、学校を、また日本歴史の試験を経過できなかった。——そのように称してもおそらく不当ではないであろう。

このように「常識化」「一般化」されたために、この熟語が実は、日本書紀自身の用語ではなく、後代史家の〝新造語〟であること、しかも、すぐれて政治的な、イデオロギー用語であること、その事実に対して、世人は多く注意することがなかったようである。

この用語が、明治二十一年、「帝王の師」として著名な杉浦重剛等による著述『日本通鑑』で採用されたことが知られている。その目途するところは、次の一点にあった。

〝古え、蘇我氏の壟断《ろうだん》を打倒し、天皇の親政に返し給うたのが「大化の改新」であり、今、徳川氏の専権を斥け、天皇の親政に返し給うたもの、それが「明治の維新」である〟と。

実に、日本歴史の通観は、右の一句でもって足りたのである。いいかえれば、「王政復古」という、維新政府のかかげた旗印を〝正当化〟するための、重要な〝新造語〟なのであった。だからこそ、それ以後の国史や日本史の教科書で、右の一点がくりかえし力説されたのである。

では、当の原史料たるべき日本書紀内の実際の史料状況はどのようであったであろうか。

第一に、「大化改新」という用語が、日本書紀中に一切出現しないこと、右にのべた通りである。

第二に、「大化」という年号が、孝徳紀に出現していることは、周知のところである。「孝徳天皇の第一年より、第五年まで」の五年間である。

これに対し、「改新」の語は、一回だけ出現する。

二年春正月甲子朔、賀正礼畢、即宣二改レ新之詔一曰、「其一曰、罷二昔在天皇等所立……」〈日本書紀、孝徳紀〉

大化年代を通じて、「十二の詔」「一の奏請」「三の制」が、〝軒を接する〟ようにして並置されている。

その各々を左に標示しよう。

(一)(大化元年)八月丙申朔庚子、拝二東国等国司一。仍詔二国司等一曰、「随二天神……」

(二)(大化元年八月)是日、設二鍾匱於朝一、而詔曰、「若憂訴……」

(三)(大化元年八月)癸卯、遣二使於大寺一、喚二聚僧尼一、而詔曰、「於磯城宮御宇……」

(四)(大化元年九月)甲申、遣二使者於諸国一、録二民元数一。仍詔曰、「自レ古以降、……」

(五)(大化二年正月)春正月甲子朔、賀正礼畢、即宣二改レ新之詔一曰、「其一曰、罷二昔在天皇等所立……」——前出

(六)(大化二年二月)二月甲午朔戊申、天皇幸二宮東門一。使二蘇我右大臣詔一曰、「明神御宇日本倭根子天皇、……」

(七)(大化二年二月)又詔、「集在国民、……」

(八)(大化二年三月二日)詔二東国々司等一曰、「集侍群卿大夫及臣連国造伴造、并諸百姓等、……」

(九)(大化二年三月十九日)詔二東国朝集使等一曰、「集侍群卿大夫及国造伴造、并諸百姓等、……」

(十)(大化二年三月二十日)皇太子使レ々奏請曰、「昔在天皇等世、混二斉天下一而治。……」

(十一)（大化二年三月二十二日）詔曰、「朕聞、西土之君、……」
(十二)（大化二年八月）詔曰、「原夫天地陰陽、……」
(十三)（大化三年四月）詔曰、「惟神（惟神者、謂レ随二神道一。亦謂三自有二神道一也。）……」
(十四)（大化三年四月、是歳）壊二小郡一而営レ宮。天皇処二小郡宮一、而定二礼法一。其制曰、「凡有レ位者、……」
(十五)（大化三年四月、是歳）制二七色一十三階之冠一「一曰、織冠。有二大小二階一。以レ織為レ之。以レ繡裁二冠之縁一。服色並用二深紫一。二曰、繡冠。……」
(十六)（大化五年二月）制二冠十九階一。「一曰、大織。二曰、小織。三曰、大繡。……」——前出

右の実情況から見ると、厳密、かつ正確な意味において、「大化の改新」と呼ばるべきもの、それは右の「第五詔」のみなのであった。いいかえれば、他の一五個の「詔」「奏請」「制」はこれに当らぬ。いわんや、皇極四年（六四五）六月のクーデターなど、この言葉（「大化の改新」）に当るべくもないのである。

しかしながら、先にものべたごとく、明治の史家たち、というよりも、思想家たちは、右の第五詔の用語にヒントをえて、この新造語に新しい概念内容を与えた。すなわち、

第一、皇極四年六月のクーデター。

第二、大化元年～五年の間の、一六個の「詔、奏請、制」の〝施行〟。

これらを総括して、「大化の改新」と称したのであった。

もちろん、その後の研究史において、右の「大化の改新」なるものの史実について、疑惑と論争の生じたこと、周知のごとくであった。

先ず、津田左右吉は次のようにのべている。

「大化の改新といへば国史の上の常識であって、それについては今さら事新しくいふべきことも無いやうであるが、しかし、よく考へてみると、わからぬことはいくらもある。……

根本問題は何を改新し如何に改新したかにあるが、何故にさういふ改新が要求せられたか、或は企てられたか、如何なる過程をふんで改新が行はれたか、改新を企て又は行ったものの意図と其の実際の成果とは一致してゐるか、如何に唐制を学び如何にそれを変改したか、などの諸問題が、それに関聯して考へられねばならぬ。」（『日本上代史の研究』第二篇大化改新の研究、第一章改新の目的、一五三ページ）

以上の冒頭部の叙述の中にも、津田が「国史上の常識」に従って、この用語を理解し、その上に種々の疑問を提起している姿がうかがえよう。

また井上光貞氏は次のように論じておられる。

「東アジアの視角が開けはじめたころ、関西の日本史研究会を中心に、いわゆる『大化改新否定論』がおこった。一九六六年の原秀三郎氏の『大化改新批判序説』（『日本史研究』八六・八五）は精緻な分析の論文であり、門脇禎二氏の『大化改新は存在したのか』（『中央公論』一九六七年、Ⅳ）は世間に反響をよんだ。

私の眼からみると、この否定論は、『日本書紀』の大化改新詔は当時のままではないという点で共通性をもつが、そもそも大化の政治改革は、『日本書紀』編者のつくったフィクション（虚構）だとする点で決定的に違っている。『日本書紀』は、㈠クーデターによって蘇我氏を倒した鎌足の政権が、律令制への転換をめざして、㈡政治改革を行なったとして記述をすすめる。否定論者も、

㈠クーデターを否定するのではない。しかし鎌足らがそうした㈡改革を行なったとするのは、『日本書紀』編纂当時の為政者の、藤原氏の祖、鎌足を律令国家の創始者にみせかけるためのフィクションである、というのである。」[30]（『大化改新と東アジア』四〜五ページ）

ここには、同じく津田の系流を引きながら、「大化の改新」の実在を（基本的に）[31]うけ入れる井上氏と、これを否定する、いわゆる「大化改新否定論者」との主張が、要領よく紹介されている。

そのいずれの論者も、津田の言うと同じく、「大化の改新」の用語を、先にあげた通りの、「明治以降、新造の、新概念」（クーデターと一六個の詔・奏請・制の、大化における施行を指す）に立った上で、

㈠そのような史実が（基本的に）存在した。――井上氏等

㈡そのように書かれているが、それはフィクションであり、史実ではない。

このような形で、論が分れているように見える。

しかしながら、筆者が先に分析したように、日本書紀には、本来、そのような記述は全く存在していないのである。

＊　＊

このさい、一個の留意すべきテーマがある。それは「日本書紀の中の『類集』問題」である。

安閑紀には、数多くの「屯倉」の記事がある。

（安閑元年四月）謹専為㆓皇后㆒、献㆓伊甚屯倉㆒、請㆑贖㆓闌入之罪㆒。因定㆓伊甚屯倉㆒。今分為㆑郡。

以下、次のような「屯倉」記事が群置されている。

（安閑元年）伊甚屯倉〜横渟・橘花・多氷・倉樔、四処の屯倉――計一〇個[32]

（安閑二年）穂波屯倉〜稚贄屯倉――計二六個

すなわち、わずか二年間に、三六個もの「屯倉」の文字が群立し、それらの設置等の関連記事が現われている。

津田左右吉は、このような「異常集中現象」に対して不審を抱いた。これらが史実に非ず、一連の「造作」なり、として疑ったのである。この津田の疑いは、人間の根本感覚として、正当かつ健全である。ただ、より冷静な分析のためには、一個の別視点が必要だったのではないか、と思われる。それは「類集」という方法の存在である。

日本書紀の編者の眼前には、数多くの「屯倉史料」があった。ただ、それには、必ずしも「絶対年代」が明らかではなかった（このような原状況から見ると、それらが本来の原形において「近畿天皇家内の史料」ではなかった可能性もあろう。この点、別述する）。しかし、日本書紀が、その書物の体裁上、「編年体」をとっていたため、もよりの（と、編者には考えられた）年時に、同類（たとえば「屯倉」）の資料を「類集」して掲載したのである。

もちろん、このような手法は、「編年体の史書」として、「違法」である。史実とは、本来「年時つき」のものであるから、過失にせよ、故意にせよ、「虚偽の史実」記載となるおそれは、はなはだ大、といわざるをえない。

ではあるけれども、日本書紀の「記事構成の手法」として、右のような「編年体の中の類集」という方法論の存したこと、この事実は認むべきなのではあるまいか。

以上のような分析に立ってみると、今問題の「大化元年～五年」間に集中して群置された、一六個の「詔・奏請・制」もまた、右と同じ「類集の手法」に立つものではないか、この視点が現われてくる。

そしてそれらの「群置」された、「詔・奏請・制」について、日本書紀は、その「施行」が天智十年正月にあった、そのように明記しているのである。

すでにのべたように、日本書紀全体の中でこれだけの「詔・奏請・制」が群置されている個所はない。その「施行」が、この「天智十年正月」であるから、この年時こそ、日本書紀を「正史」とした「日本国」にとって「最も大いなる時」だったのである。

その前年の前月たる天智九年十二月（新羅の文武王十年十二月）、新羅側が「倭国の廃止、日本国の創建」の通知を「日本国」側よりえて、これを記録した。これが三国史記の新羅本紀の文武王十年の「倭国更号、日本」記事の意義だ。

すなわち、これは「天智十年正月」の盛儀を前にして、天智天皇の王朝が宣言したもの、そのように解するほかに、道はない。わたしにはそのように思われるのである。

十四

残された問題はただ一つである。

新羅本紀の「倭国更号、日本」記事の〝発進地〟は、当然ながら、日本国それ自身しかありえない。すなわち、天智朝である。その天智九年十二月のことであるから、その翌月たる天智十年正月に〝外国の使臣〟を集めて「倭国の終結、日本国・開始」を宣言した、そのための連絡の情報、それがこの記事である。そのように解する他なし、これが前節の帰結であった。

では、日本書紀の天智十年正月項に、なぜ実在したはずの「廃倭国、建日本国」の宣言、その詔勅が記載されていないのであろうか。この「一大欠如」こそ、従来、新羅本紀の問題の記事が「正視」されずにきた原由ではなかったであろうか。

しかし、今、日本書紀の全体系を精視するに、右の「欠如」の理由は、察するに困難ではない。なぜなら、日本書紀の「建前」とする大義名分において、

〈その一〉「神武天皇の即位年」をもって「日本国の創建」とする。この虚構を、「新日本国」の建前とすることとした。

〈その二〉神功紀の「倭の女王」「倭王」「倭国」記事に見るごとく、歴史的に実在し、東アジアに公認されていた「チクシ、倭国」を〝抹消〟し、近畿天皇家一元主義のもとに、「偽わられた正史」を構成することとなった。

以上、いずれの点からも、実在した「廃倭国、建日本国」の詔勅は、日本書紀の中にあるべき「位置」がなかった。よって〝カット〟されたのである。

このような事態は、むろん、史書としてあるべき姿ではない。しかし、すでにその実例がある。有名な「郡評問題」である。要点を列記しよう。

㈠井上光貞氏と坂本太郎氏との論争の中で、藤原宮・伊場遺跡の木簡の出現があり、その結果、やはり「七世紀まで『評』、八世紀はじめから『郡』」という定理（井上氏の立場）が定立されることとなった。

㈡しかし、これは問題の終結であると共に、出発点でもあった。なぜなら、八世紀はじめの大宝元年（七〇一）、当然「廃評、建郡の詔勅」が出されたはずである。時は文武朝の五年目である。それでなければ各地で「評から郡への移転」が自然発生的に行われる、などということは不可能だからである。それ故、右の詔勅の実在は不可欠である。

しかるに、当年代の前後にも、他の項にも、全くそのような詔勅は記載されていない。これが続日本紀の事実である。

それも無理ではない。なぜなら、続日本紀は、最初（文徳元＝六九七年）からすでに「郡」で記述されている。それはすべて続日本紀において変るところがない。

さらに、続日本紀に先立つ「正史」たる日本書紀においても、全巻「郡」で一貫している。したがって「日本書紀」と「続日本紀」の二正史を通して、「近畿天皇家は、七世紀以前から、『郡』制を一貫してきた」。そういう「建前」をとり、金石文や木簡のしめす史実に反しているのである。そのため、実在した「廃評、建郡の詔勅」という、一大画期をなしたはずの詔勅が〝カット〟されたのである。

思うに、この「評」は、「倭国」下の行政単位だったのではあるまいか。

以上の検証によって、「廃倭国、建日本国」の詔勅が、実在したにもかかわらず、日本書紀の文面に姿を現わさぬ理由をわたしたちは知った。

すなわち、真実の歴史の進行において、「倭国」が白村江で大敗を喫した「六六三」(33)より七年目にして、天智天皇は、その「倭国」の滅亡と、「日本国」の〝遺産相続〟を宣告したのである。

時に、伝統ある「倭国の王者」たる、筑紫君（薩夜麻）は、唐側の捕囚の身となっていたのであった。

十五

白村江の戦に対する、天智天皇の〝政策〟をしめす、興味ある説話が、風土記逸文の中に残されている。

臣　去寛平五年　任二備中介一　彼国下道郡　有二邇磨郷一　爰見二彼国風土記一　皇極天皇六年　大唐将軍蘇定方　率二新羅軍一伐二百済一　百済遣レ使乞レ救　天皇行二幸筑紫一　将レ出二救兵一時　天智天皇為二皇太子一　摂レ政従行　路宿二下道郡一　見二一郷戸邑甚盛一　天皇下レ詔　試徴二此郷軍士一　即得二勝兵二万人一　天皇大悦　名二此邑一曰二二万郷一　後改曰二邇磨一　其後天皇崩二於筑紫行宮一　終不レ遣二此軍一〈備中国風土記逸文、邇磨郷〉

右の要旨は左のようである。

(一)わたし（臣、三善清行）は寛平五年（八五三。宇多天皇の代）、備中の介《すけ》に任ぜられた。備中国の下道郡に邇磨郷がある。ここで備中国風土記を見ると、次のように書かれてあった。

(二)皇極天皇の六年（斉明天皇。六六〇）、大唐の将軍、蘇定方が、新羅の軍を率いて百済を伐《う》った。百済は使者を送って救援を求めた。

(三)天皇は筑紫に行幸して、救援の兵を出そうとした。時に、天智天皇は皇太子だった。摂政として従行した。

(四)路に下道郡に宿り、一郷の戸邑《いえむら》の甚だ盛なるを見て、天皇は詔を下し、試みに此の郷の軍士を徴したところ、すぐさま勝《すぐ》れた兵二万人を得た。

(五)天皇は大いに悦び、此の邑を「二万郷」と名づけた。後に改めて「邇磨」といった。

(六)その後、天皇は筑紫行宮に崩じ、終《つい》にこの軍を遣わさなかった。

この説話の性格は、(五)に現われているように「地名説話」である。この類の説話は、時（この場合は、八世紀以降の風土記成立時点）の権力者側の王者の言動に〝ちなんだ〟形で「地名の由来」を説くものである。もとより〝こじつけ〟にすぎぬことが多い。この場合も、「にま」は「すま」（須磨）などと同じく「ま」という接尾辞をもつ地名群の一つであり、「二万の縮約」などといった〃作られた由来〃をもつとは、考えられない。

しかしながら、それとは別に、ここに語られた白村江にまつわる出陣や徴兵の件自身が〃虚偽〃であるとはいいえない。むしろ、七世紀中葉の著名の史実を背景に、この「地名説話」が付せられた。——それがことの経緯であろう。

以上のように分析してきたとき、この説話の結末は注目される。斉明天皇の崩御の結果、この「大量徴兵の吉備軍」は、発遣しなかった。このように結ばれているのである。

この斉明天皇の朝倉における崩御は、斉明七年（六六一）であるが、肝心の白村江の戦は、天智二年（六六三）八月に行われ、「倭国」と百済側の大敗戦となった。しかし、そのさい、近畿天皇家側の徴兵した大量の吉備軍は〃参加〃していなかったのである。おそらくそれは「吉備軍」だけではなかったであろう。近畿天皇家側の徴兵した軍勢は、「斉明天皇の崩御に対する服喪」を名として〃出発延期〃させられたまま、白村江における「世紀の大会戦」は実行されたのである。このとき、百済と同盟して、唐・新羅連合軍と決戦した「倭国」が、近畿天皇家中心の存在ではなかったことが知られよう。

この点、最大の〃裏付け〃がある。

白村江の「大敗戦」のあと、わずか半年、天智三年（六六四）二月に、絢爛たる叙勲（冠位制定）の発表されたこと、先述のごとくであった。それだけではない。近畿天皇家側では、天皇・皇太子・皇太弟以下、藤原鎌足等の重臣をふくめて、誰一人「戦死」していない。——この雄弁な「沈黙の事実」である。

この事実ほど、旧唐書と三国史記で、共に白江（白村江）の対戦相手、百済との同盟者として明記された「倭国」、それが近畿天皇家中心の存在でなかったこと、それを的確に裏付けしているものはないのではなかろうか。

そして近畿天皇家側「不参加」のまま行われた、「倭国」の大敗戦のあと、同盟者、百済は滅亡した。天智三年（百済王、余豊二＝六六四年）のことであった。

そして天智四年（唐の麟徳二＝六六五年）、唐帝によって熊津の都督に任命せられた夫余隆（百済の王族）は、熊津城において新羅王と会見した。そして有名な「白馬の盟」を結んだのである。その「盟文」には、次のようにのべられている。

「往者、百済先王、迷二於逆順一、不レ敦二隣好一、不レ睦二親姻一。結二託高句麗一、交二通倭国一。共為二残暴一、侵二削新羅一。……故立二前百済大司稼・正卿、夫余隆一、為二熊津都督一。守二其祭祀一、保二其桑梓一、依二倚新羅一、長為二与国一。……〈三国史記、新羅本紀、文武王五年〉

ここでは、百済の先王が「倭国」と交通したことを、大義の「逆順」に迷うたためであると、自国（百済）側の行為が排斥されている。そして「高句麗」や「倭国」と結託し、交通してきた、といい、その帰結を「共に残暴を為し、新羅を侵削した」と結んでいる。高句麗と共に、倭国は「残暴国」とされている。

その高句麗は、この三年あと（文武王八＝六六八）、滅亡した。新羅の文武王が軍を発し、唐軍の助力を得て、九月に平穣に侵入し、高句麗王、宝蔵は降服した。そして「王宝蔵、王子福男、徳男、大臣等二十余万口」は捕虜として唐に送られた。「残暴国」の一方が滅亡したのである。

その二年後、それが今問題の「文武王十年」である。その十二月、他方の「残暴国」たる「倭国」の滅亡が、天智朝側からの宣言として通知され、新たに「日本国」の成立が告げられることとなったのである。

ただ、白村江の戦が日本書紀では天智二年（六六三）であるのに対し、三国史記（及び旧唐書）ではその前年（竜朔二＝六六二年）に記せられている。一年の誤差だ。これに準ずるとすれば、文武十年はすなわち天智十年と合致する。

そしてその「天智十年正月」の盛儀がもよおされた。このときの「天智〜天武」のコンビによる宣言をうけついで「即位」していったのが、元明・元正以降の八世紀の天皇であり、その中から「はじめから日本国であり、倭国はなかった」かのような体裁をもつ「正史」たる、日本書紀が編集されたのであった。

十六

以上、本稿の論旨、多岐にわたったのであるけれども、その要点を左に集約しよう。

第一。三国史記の新羅本紀の中の一〇〇個近い「倭」の字の中で、その「倭国の都」が行文そのものによって判明する二つのケースがある。一は、脱解王の出生記事（一世紀）であり、他は、訥祇王の朴堤上記事（五世紀）である。

第二。前者は、本書の冒頭、後者は本書の末尾にあり、その中の「倭」はすべてこの「倭国の都」のもとに理解されるべきである。

第三。その「倭国の都」は、右の二者いずれも、九州北岸部の中枢、博多湾岸をふくむ筑紫の中に存在する。

第四。三国史記の新羅本紀中、文武王十年（六九〇）十月の項に、「倭国」が終り、変更して「日本」の国号がはじまった旨の記事が記載されている。

第五。これはことの性格上、日本国（近畿天皇家）側からの通知ないし情報によるものと見なさざるをえない。

第六。一方、八世紀の近畿の各天皇（元明・元正・孝謙・聖武・桓武）は、即位ないし譲位の詔勅の中で常套句として、「不改常典」の語を用い、「天智天皇の初め定められた法」によって即位する旨がのべられている。

第七。元明・元正は、日本書紀成立に関する最高の当事者であるから、その詔勅中の〝歴史上の強調点〟は、当の日本書紀中においても、明白かつ堂々と特筆大書されているはずである。

この点からも、この「不改常典」に対する理解として提出されていた、「天智天皇による皇位継承法」「近江令」といった従来説はいずれも当らないであろう。なぜなら、右は共に、日本書紀中にその記載を全く見ないからである。

第八。天智十年（六七一）正月に、天智天皇のもと、皇太弟（天武）が奉宣し、「冠位・法度の事」を「施行」した、と記せられている。

この「冠位法度の事」とは、大化元年から五年の間の一六個の「詔・奏請・制」および天智三年の「制」を指すもの、と考えられる。すなわち、これらの〝壮大な根本法〟群が、実際に「施行」されたのが、右の年時。これが日本書紀という史書によって、最大の力説点となっていたのであった。

第九。明治政府下の史家・思想家は、「大化の改新」という新造語を使用し、これと〝併立〟させることによって、現代の「明治維新」の歴史的意義を強調した。ともに〝豪族の専権を斥け、天皇の親政にもどした〟とするのである。

この「大化――明治」の精神こそ、日本歴史の主軸なり、との主張が明治・大正・昭和三代の「国史教育」の根本とせられ、敗戦後も、この点、本質的には変るところはなかった。

第十。しかし、日本書紀の根本構造においては、「天智十年正月」の盛儀こその「正史」の眼目である。これと、その前月の「文武王十年（天智九年）十二月」の「倭国更号、日本国」記事と、無関係とは見なしがたい（しかも、両記事が同年の可能性が高い）。

第十一。実際には、実在したはずの「廃倭国、建日本国」の詔勅が、日本書紀中に〝カット〟されたのは、「神武即位年をもって日本国の創建」とする、「正史」の〝いつわられた大義名分〟のための、代償であった、と思われる。

この点、同類の事例がある。七世紀末、八世紀初の「大宝元年時点」（文武天皇）において、必ず「廃評建郡の詔勅」が発布せられていたはずであるにもかかわらず、その実在した詔勅が〝カット〟されているのである。これも、「実在した評制」を史上から〝消す〟ための、アン・フェアーな〝史書の技巧〟にもとづくものと思われる（この点「倭国」と「評制」の間に、相呼応すべき関係の存在することが考えられる）。

第十二。天智二年（六六三）八月、白村江の戦が行われ、百済と倭国は大敗戦を喫した。勝者たる新羅と唐の連合国側は、百済を滅した（六六四）上、高句麗をも滅した（六六八）。そして「倭国」を「残暴国」の一、とした。

その二年あと（六七〇）、天智朝側から「倭国」の消滅、「日本国」の開始が新羅側に伝えられ、翌月の盛儀を迎えたのである。

以上が要旨である。

最後に注目すべき存在、それは文武王（六六一～八〇）である。彼は新羅第三十代の王であるが、「白村江の勝戦」も、「熊津城の盟」も、「高句麗の滅国」も、「倭国と日本国の交替」も、すべてこの文武王治下の事件と記録である。この「倭国」に対する勝利王たる文武王側の記録の中に、「倭国の存否」に対する正確な情報を見んと欲すること、それは果して史学において不当であろうか。――非ず。隣国の客観的な観察と記録を無視ないし軽視し、「神武元年、日本国創建」という、日本書紀の〝いつわられた大義名分〟に酔い痴《し》れてきたこと、これが明治以降の「日本国の公的史学」の通弊ではなかったであろうか。

けれどもわたしたちは、歴史の真実に対して、これを恐れるべきではないであろう。この一事を本稿の最後に明記し、日本国民の面前に呈したいと思う。

註

（1）いわゆる「紀元節」の二月十一日は、これを太陽暦に換算したものとされる。

（2）津田左右吉『古事記及び日本書紀の新研究』（大正八年）、『神代史の研究』（大正十二年）、『日本上代史研究』（昭和五年）等。

（3）坂本太郎氏や田中卓氏等、必ずしもこれに賛意を表さぬ研究者の系列も存在したこと、見のがしえぬところであろう。

（4）津田左右吉「日本の国家形成の過程と皇室の恒久性に関する思想の由来」（昭和十九年一月）『日本上代史の研究』所収。

（5）はやくは、八世紀における古事記・日本書紀の成立期に、すでにこの歴史観ははじまっている（これをさかのぼる、一つの画期が本稿の主要テーマたる「天智十年正月」問題である。さらにこれをさかのぼる「推古期」の「倭皇」問題等については、別稿にのべる)。

(6) この点、津田左右吉には、朝鮮側の史書に対する、極端な偏見が存在したようである。「三国史記の新羅本紀について」『古事記及び日本書紀の新研究』附録、参照。この点、別稿で論じたい。

(7) 百済から見た「倭国」も、当然重要なテーマであるけれども、三国史記には「百済本紀中の倭」の記事は乏しい。百済が滅亡したあと、新羅側でこの原史料が収集されたからであろう(古田『失われた九州王朝』第四章Ⅳ、参照)。

(8) 三国史記では「以レ帛裹二卵幷宝物一、置二於櫝中一、浮二於海一、任二其所往一」とあって、「無人の卵舟」である。三国遺事では「刀造レ裹置二我幷七宝・奴婢一、載二於舡中一、浮レ海……」とあり、「奴婢」を載せている。ここでは三国史記によって、その「倭国」の所在を追求した。ただ、三国遺事の場合も、「倭国＝チクシ」で、何の矛盾もない。したがって、三国史記、三国遺事を通じて、史料事実を満足させうる「倭国」は、やはり筑紫以外にない、といえよう。

(9) 古田『邪馬一国の証明』(角川文庫)「解説にかえて」(谷本茂氏による)参照。

(10) この時の倭人は、五世紀初頭(朴堤上当時)の存在であるから、神功皇后の「存在期」(四世紀前半)にも、「皇暦上の在位期」(三世紀)にも、共に妥当しない。この事実も、朴堤上説話の「倭国」が、近畿天皇家中心の国名でないことを裏書きするものであろう。

(11) この(A)に当る事件は、三国史記には現われていない。

(12) 岩波古典文学大系本では、「郡に詣りて、天子に詣らむことを求めて朝献す」と読んでいる(『日本書紀』上、三五一ページ)。

(13) 村上啓一氏「日本書紀編修に関する私見(一)」『天理大学学報』第五輯。昭和二十六年九月刊。また和田博徳氏「神功皇后紀の倭女王注記について」『史学雑誌』第六十二編第一号、昭和二十八年一月刊、参照。

(14) 田中卓氏「神功皇后をめぐる紀・記の所伝」昭和四十七年五月刊、『神功皇后』所収。また同氏『日本古典の研究』所収。他に平田俊春氏「神功皇后紀の成立と日本書紀の紀年」(『芸林』第二巻第二号、昭和二十六年四月刊)「神功皇后と倭女王」(共に、同氏『日本古典の研究』所収、昭和三十四年十月刊)などがある。

(15) 神功紀所引のものは、「晋起居注」であるけれども、これは倭人伝末尾の「壱与貢献」に当る。正始八年項の「卑弥呼以死」記事以後の年時である。

(16) 大森志郎氏「魏志倭人伝と日本書紀の成立」『日本文化史論考』所収。なお、平田俊春氏にも、註(14)の同氏書中に同様の議論がある。

(17) たとえば、末松保和氏の『任那興亡史』では、「即ち三六七年、百済ははじめて使を日本に送り、ここに日本朝廷との直接通交の端を開いた」(六九ページ)とした上で、その後(七四ページ)、この三国史記の朴堤上伝を引用しておられる。

(18) 安本美典氏『古代九州王朝はなかった』。

(19) 朴時亨『広開土王陵碑』、王健群『好太王碑の研究』。日本では旗田巍等の論文に見られる。

ただ、金錫亨『古代朝日関係史』(昭和四十年)において、「朴堤上説話」を詳しく引用した上で、次のような記述がなされていることに注目したいと思う。

「脱出の経緯については『遺事』ではひじょうに粗雑になっているが『三国史記』ではかなり論理的に書かれている。『百済人』にそそのかされ、倭が新羅を撃ったということも、倭が北九州の倭王国であるとすれば、さらに真実な面を反映していると言うべきであろう。未斯欣の逃亡経緯を『三国史記』でみると、この倭が大和の倭ではなく、海にさえ出れば、あとはすぐ新羅に行きつけるような北九州の倭だということが容易に分る。」(三五四ページ)

右では、本稿における筆者の論証に対し、すぐれた先行者としての行文が展開されている。深く敬意を表したい。

さらに氏は、日本書紀の中の「未斯欣関係説話」にふれ、これを三国史記の朴堤上説話と同一の事件と見なした上で、次のようにのべておられる。

「そうみると『書紀』にも『対馬』が出ている。新羅の王子が対馬から逃亡したということは、未斯欣が行っていたのは大和の倭王国ではなく、腆支と同様、北九州の倭王国であり、従って『書紀』の未斯欣関係説話も、北九州のものが大和へと移されて多くの潤色をうけることになったものとみなければならないであろう。」（同右）

鋭い考察で、間然するところがない。昭和四十年にすでにこの分析が出ていながら、わたしたちはその真理性に対して深く目を向けずに来たのではなかろうか。ただ氏には、同じ五世紀の「倭の五王」を近畿の王者とする、独自の議論がある。倭王武の上表文中の「渡平海北」の語について次のように解説される。

「大和から九州の島まで行くのも当時としては《渡平海北》であることは充分ありうる（註24）」

（註24）当時は、日本列島が東西に位置していることをよく知らないで、南北に多くの島が位置しているものと認識していたことは日本の学者が述べている。（金錫亨「三韓三国の日本列島内分国について」歴史科学、一九六三年一月三十日発行、村山正雄・都竜雨共訳）

右のような前提があったために、金氏は本稿の論証とは全く異なった道を歩まれることとなったようである（この「倭の五王」という大和王朝は、五世紀末頃に北九州から攻め込んできた勢力によって征服された、とされる。これが、「近畿天皇家」だというのである。『古代朝日関係史』三〇四ページ）。

(20) 朝鮮半島や中国の学者が、好太王碑文の「倭」を「海賊」と見なすのも、一面では「この倭は大和朝廷に非ず」としながら、他面で「大和朝廷ではないから『海賊』」という、〝裏返し〟にされた近畿中心主義（皇国史観）に立っているもの、そのように見なしうるのではあるまいか。

(21) ここの読み方について、「自ら言う『日の出づる所に近し、以て名と為す』と」も、ありうる。

(22) 『失われた九州王朝』第五章Ｉ、『邪馬一国への道標』第四章、参照。

(23) 門脇禎二「女帝の世紀」『日本古代史の謎』（朝日新聞社刊、ゼミナール）所収。三七八ページ。

(24) 同右書、三七九ページ。

(25) 同右書、三七七ページ。

(26) 仲哀天皇の場合も、その王権継受の意思は、正妃の王子たる香坂王・忍熊王にあったと思われるが、それは裏切られ、第二妃、神功皇后とその子、応神が、王位を継承することとなった（『古代は輝いていた』第二巻、参照）。

(27) 日本書紀では、他には「（天智九年二月）造二戸籍一」とあるのみである。正面からいわゆる「近江令」に言及したのは、左の二史料である。

①降りて天智天皇元年に至りて、令廿二巻を制《つく》れり。世の人の所謂近江朝廷の令なり。〈『弘仁格式』序。『類聚三代格』による〉

②先に此の帝（天智）、大臣（藤原鎌足）をして礼儀を撰述し、律令を刊定せしむ。……大臣、時の賢臣と、旧章を損益し、略条令を為《つく》る。〈『藤原家伝』上鎌足伝、『大化改新と東アジア』山川出版社の巻末資料による〉

なお、右の資料では「㈧冠位・法度の施行」として、右をかかげ、その冒頭に、今問題の「天智十年正月」の資料をかかげている。

(28) 「天智十年正月」の項には、左の原註がある。

法度・冠位の名は、具《つぶさ》に新しき律令に載せたり。

右の「新しき律令」について、岩波古典文学大系本（三七五ページ、上欄三六）では、「一般に近江令とする（ただし、近江令には律がなかったとする説が有力）」とあるけれど、「新しき律令」と書いたのは、日本書紀成立（七二〇）時点であるから、その直前の「大宝律令」を指すのではあるまいか（この「大宝律令」は現存しない）。

(29) この「大化五年の制」は、「大化三年四月、是歳の制」の継受である（後述）。

(30) この文につづき、「そして原氏などは、改新詔の眼目の部民制の廃止策（第一条）なども、ずっと後の天智朝にはじまり、天武朝に確立したものだ、とした」とのべ、この否定論は「振り子が少しゆきすぎた」もの、と批評しておられる。

(31) 井上氏は次のように帰結しておられる。
「『日本書紀』は、四世紀頃までの記述はフィクションばかりである。しかし他方、七世紀はじめに朝廷で公文書や政治記録をつくりはじめていたので、大化改新の記述（全三十巻中、巻二五）には記録性がある、とみられるからである。その上、大化の時点では問題の改新詔の他にも多くの詔が『日本書紀』に載っているが、それらの法令も基本線が一致するのである。これらも、編者の手で修飾されてはいるだろうが、ねつ造されたとは考えがたい。」（『大化改新と東アジア』五ページ）

(32) その個数は「屯倉」という文字の数。したがって「四処の屯倉」も、個数は一。

(33) 旧唐書では、竜朔二年（六六二）七月の項に、「白江の戦」が記せられている。本文後述した、いわゆる「二年の誤差」問題をしめす。本稿の論証の骨格をなす「新羅の文武王十年（六七〇）」と「天智十年（六七一）」の両年時が、実は同年ではないか、という問題がここに内蔵されている。

補

本稿の論証の成立に関して、深く示唆を与えられたものに、左の諸稿がある。

(一)「市民の古代」第七集、昭和六十年
中村幸雄「誤読されていた日本書紀」
(二)「市民の古代」第八集、昭和六十一年
中村幸雄「万葉集『ヤマト』考」
山田武雄「天智天皇は新王朝の皇祖か」
〈同誌は「市民の古代研究会編」。第七集は青弓社、第八集以降は新泉社刊。〉

右は在野の古代史研究者・愛好者による研究誌であるが、御教示いただくこと、多かった。記して感謝の意をのべさせていただきたい。

〈一九八七・五・二十　稿了〉

第八篇　好太王碑文「改削」説の批判——李進熙氏『広開土王陵碑の研究』について

〈解題〉　昭和四十七年、それは好太王碑研究にとって、一の画期をなした年である。李進熙氏の改竄《かいざん》説が学会に衝撃を与えたからである。同年五月の『思想』の論文につづき、十月、『広開土王陵碑の研究』が世に問われた。同年これに対する再検証を加えるものとして、「書評論文」の形をとって当論文は執筆された。爾来、十五年の歳月が流れ、論争の当否について、すでに大勢上の決着を迎えるに至ったようである。

（『史学雑誌』八二—八、昭和四十八年、所載）

序

一つの海峡をへだてた両側の国の歴史の内実が全く相互にかみあわないまま、それぞれ国民の歴史教養の基本を形成してゆくとしたら、——それはまことに不幸な現象といえるであろう。それが長期にわたる場合、単なる知識領域の問題に局限しえぬ〝災厄〟を両者にもたらすかもしれない。

これは架空の話ではない。日本と朝鮮半島側の国（朝鮮民主主義人民共和国と大韓民国）との間に、古代史の歴史認識について、厳存する事実である。たとえば「任那日本府」の問題一つとってみても、日本側の教科書はこれを古代史上の著名な事実としてとりあつかっているのに、半島側の国では姿をあらわさない。これを「侵略」と見るか、「経営」と見るか、といった次元の問題ではない。事実認識の問題として、日本側はこれを明白な事実とし、半島側は一切事実と認めていないのである。

これは日本側で古代史の主要文献としている日本書紀（及び古事記）と半島側でそれに当る三国史記（及び三国遺事）とを比較すれば、一目瞭然である。前者には欽明紀を中心におびただしい「日本府」の記事が満ちているのに対し、後者には全く存在しない。新羅本紀・高句麗本紀・百済本紀の三者とも、一切その記事を見ないのである。

このような状況のまま、二〇〜三〇年の歳月が過ぎた。そして突如、昭和三十年代後半、金錫亨氏の分国論を迎え(1)、昭和四十年代後半、李進熙氏の高句麗好太王碑の改削論（『広開土王陵碑の研究』吉川弘文館、昭和四十七年十月）(2)に出会うこととなったのである。

註

（1）㈠「三韓三国の日本列島内分国について」朝鮮民主主義人民共和国『歴史科学』一九六三年第一号所載。村山正雄・都竜雨共訳（朝鮮史研究会）一九六四年十一月刊。㈡『初期朝日関係研究』（朝鮮民主主義人民共和国社会科学院出版社、一九六六年）。〈日本語訳〉『古代朝日関係史――大和政権と任那』朝鮮史研究会訳、勁草書房刊、一九六九年。

（2）他に李氏の関係論文をあげよう。㈠「広開土王陵碑文の謎――初期朝日関係研究史上の問題点」（『思想』岩波書店、一九七二年五月）㈡「広開土王陵碑研究史上の問題点」（『考古学雑誌』、第五十八巻、第一号）㈢「なぜ『広開土王陵碑文』は改ざんされたか」（『流動』一九七三年一月号）。

一

李氏の書（以下「李書」と呼ばせていただく）の構成は左の通りである。

はしがき
第一章　広開土王陵碑研究の歴史
第二章　広開土王の時代と碑の現状
第三章　碑の再発見と双鉤本、拓本の作成
第四章　酒匂双鉤加墨本とその解読作業
第五章　参謀本部によるいわゆる「石灰塗布作戦」
第六章　広開土王陵碑文の問題点

氏の研究の動因（モチーフ）をしめす点において、李書の「はしがき」は重要である。「任那日本府」

問題への関心と、そこから好太王碑文の研究に向われたことがのべられている。以下各章の大略を紹介しよう。

第一章。日本・中国・朝鮮三者の研究史が克明に叙述され、氏の立場からする分析がなされている。この問題について日本側では池内宏（『通溝』一九三八）、藤田亮策（「朝鮮人の見たる通溝の遺蹟」一九三九）、水谷悌二郎（「書品」一〇〇、一九五九）の各氏によるものがあった。李氏はこれをさらに拡充し詳説された。この章の叙述においてわたしが感銘をうけたのはつぎの四点である。

(一)横井忠直「会余録」第五集（一八八九）から「日韓併合」直後の『歴史地理』臨時増刊の「朝鮮号」まで、「確立期の日本の近代史学が、どれほど日本の朝鮮植民地支配を歴史的に正当化するのに奉仕したか」という具体例をあげ、日本のいわゆる「近代史学」の弱点が鋭く指摘されている。

(二)中国の研究史について、従来の業績と人名を対比・表示してみよう。

〈池内宏『通溝』〉

劉喜海・劉承幹・葉昌熾・金毓黻・談国桓・顧燮光・張延厚・潘祖蔭・李眉生・李大竜・李雲従・盛昱・呉大澂・陳士芸・栄禧・方丹山・章樾・関月山・崇実・楊頤・楊守敬・曹彝・劉天成

〈水谷悌二郎「書品」一〇〇〉

羅振玉・呉椒甫・呉重熹・王志修・戴裕沈・王彦荘・張金波

〈李進熙『李書』〉

談広慶・王慶生・王少廬・陸心源・伝雲竜・張鳳臺・呉光国・戴葵甫・欧陽輔・劉節・楊同桂・張

拱垣・干莱陽・羅福頤（第一章）

張雲祥・張翼・張佩光・王為澂（第三章）

張小浦（第五章）

高永興・小宋・陸誠斎（第六章）

（先行者と重複する者は省略されている。）

池内・水谷両氏のしめされた三〇名が研究史の大幹である。李氏の叙述も当然それを中心としているが、それに関連してさらに二二名を点綴された。

㈢朝鮮の研究史について。

〈池内宏『通溝』〉

李晬光・金在魯・金正喜

〈藤田亮策「朝鮮人の見たる通溝の遺蹟」一九三九〉

沈彦光・申忠一・崔晛・尹廷琦・古山子

〈李進熙「李書」〉（時代順）

成俔・丁若鏞・金正浩・金命長・趙寅永・趙秉亀（第二章）

申采浩・高裕爕・李仁栄・李丙燾・崔南善・李弘稙・鄭寅普・文定昌・金錫亨・崔吉成・李址麟・李相昊・朴時亨・金載洪（第一章）

（∴以下は内容伝承のないもの）

さすがに朝鮮人研究者について、多くが加えられた。李氏の貴重な業績である。

㈣文定昌氏の「日本上古史」（一九七〇）において「黒板勝美が一九一九年に碑文の一部を削りとったという指摘」がされている。(1) 文説の内容は李説と全く異なる。しかし「拓本等にもとづく推定」「日本人による改削犯行という結論」この二点において文説は李説の先蹤をなすものであった。

第二章。先ず「広開土王の時代」でこの時代の国家関係を概観している。ことに「『三国史記』高句麗本紀の広開土王条には、対倭関係の記事が全く見当らない」ことを指摘した一文は、李氏の発想の基本をしめすものとして注目される。すなわち三国史記によるかぎり、当時の「高句麗——倭」の関係は存在しない、というのである（逆に対燕関係は史記に存在し、碑にない）。つぎに「広開土王陵碑に関する朝鮮の古文献」「輯安の高句麗遺蹟と碑の現状」がある。

第三章。「碑再発見の時期の問題」「双鉤加墨本と拓本の作成」（後述）

第四章。「解読本の種類」「解読作業と『会余録』の出版」（後述）

第五章。これが李氏の分析の基点である。先ず「資料の編年的検討」。楊守敬（一九〇二以前）・シャバンヌ（一九〇七）・三井家（一九一二）の各拓本が「真黒の地」の明確な碑文であるのに対し、今西竜（一九一三）・池内宏（一九三五）の調査で各行に「縦線」のあることに李氏は注目した。そして内藤湖南旧蔵写真を見るに及び、その疑問を解いたという。すなわち「それは石灰を塗ったというより、きれいな石灰面に字画の明確な『碑文』が書きこまれているといった方がより正確」だとし、その石灰面は「碑文の大きさが一二センチ平方であることから推して、厚さは二センチを越える」（一五四ページ）と観察された。そのため「縦線」が消えたというのである。そしてこの巨大な碑面への作業は「尋常でない準備と多数の人員なくしては絶対に不可能」と断定された。

つぎに「『石灰塗布作戦』と第三次加工」。李氏はつぎの各種写真を対照される。鳥居竜蔵（一九〇五）、シャバンヌ（一九〇七）、関野貞・今西竜（一九一三）、黒板勝美（一九一八）、池内宏（一九三五）及び内藤（「露日戦争」前と推定）写真を比較し、「日本の参謀本部は酒匂景信の行為をおおいかくすために、いわゆる『石灰塗布作戦』を行ない、その後また新たな加工まで行なったことが明らか」と断定されたのである。すなわち⑴酒匂景信《さこうかげのぶ》の改削と双鉤（一八八三〜四）、⑵参謀本部による石灰塗布作戦（一九〇〇前後）、⑶参謀本部による第三次加工（右の直後）である。この際、三宅米吉論文（一八九八）に使用された「小松宮拓本」ともっとも新しい（一九三〇以後と推定）「水谷拓本」が、右の⑵⑶の上限・下限を画するために重要な基準とされている。最後は「碑の日本への搬出計画」(2)。

第六章。先ず「初期の資料、釈文の問題点」。酒匂以前もしくは直後の双鉤本・拓本の記録が、少なからず中国側の文献に伝えられている。

㈠酒匂本以前とされるもの。

栄禧本・張金波本・王志修所見の「初拓本」・王彦荘本：李眉生本・陳士芸本・〝朝鮮人〟本

㈡「石灰塗布作戦」以前

李雲従本・呉椒甫本：楊頤本

（：以下は内容伝承のないもの）

これらの史料中、現存するものについては、李氏はいずれも著者の「全くの嘘」である、「誤り」である、といった風に否定された。要するに酒匂本以前の双鉤本・拓本またはそれによった校訂文は存在しない、といわれるのである。

つぎに「すり替えられた碑文」（内実を註記する）(3)。この結尾に「酒匂景信のすり替えた碑文のうちボロが出たのは、碑の裂け目や隅角上の比較的石灰の剝落しやすい箇所である」といい、「一九六三年現在、碑面にはまだ広範囲に石灰が残っている」とし、「広開土王陵碑は、凝灰岩でできているから、碑面に付着している墨や糊を洗い落し、綿密な科学的観察を行なえば、石灰の残存箇所は容易に識別できるであろう」と結ばれるのである。

以上の李氏の鋭角的な分析が日本の学会に対し、いかに強い衝撃を与えたかは、いうまでもない。しかし、それ以上に李氏の永き貢献となるであろうと思われるのは、「資料編」（文献・図版。釈文・拓本等〈別装〉）である。労を多としたい。

註

（1） 李氏はこれに対し、「文氏の推論は何らの根拠もない」と否定された。
（2） 白鳥庫吉の言によって、参謀本部の計画と推定、それが輯安県知事の反対で挫折したとのべておられる。
（3） (一)酒匂の〝すりかえた文字〟とされるのはつぎの点である（上が原形）。

①履竜→黄竜
②□□□□→来渡海破
③□卯年→来卯年
④大軍→水軍
⑤討□残国→討利残国
⑥関弥城→閣弥城
⑦百戦王威赫怒→交戦王威赫奴
⑧生口→生白
⑨朝貢□事→朝貢論事
⑩倭□通→倭和通
⑪遣使還告→違使還告
⑫往救新羅→住救新羅
⑬官軍→官兵

⑭□□加羅→任那加羅
⑮来背急至→来背息至
⑯□□□潰→倭満倭潰
⑰寐錦→安錦
⑱侵入□□界→侵入帯方界

(二)「石灰塗布作戦」で書きこまれた字、とされるのはつぎの点である。

①□奴城→貫奴城
②□靁城→□羅城
③献□男女→献出男女
④莫□羅→莫新羅
⑥太王□→太王恩

(三)「第三次加工」の書き入れによる、とされるもの。

①牟盧□→牟盧城
②安羅人戍兵□→安羅人戍兵満

二

以下、わたしの批判をのべる。先人への辛辣な批議を行った李書に対し、同じく真摯な再批判を行うことが、その労に報いる唯一の道であると思うからである。

(一)「編年」の論理的基礎

李氏の立論の根幹は編年にある。氏独自の編年の根本は、先にのべたように、①酒匂改削（一八八三〜四）時点、②「石灰塗布作戦」の時点（一九〇〇前後）、③「第三次加工」の時点（②の直後）、の三時点を基準尺とするにある。そこで、

A（①〜②間）張金波本・小松宮拓本等
B（②〜③間）内藤拓本・楊守敬拓本等
C（③以後）シャバンヌ拓本・総督府拓本等
D（最末期）東洋文庫拓本・水谷拓本等

といった風に分類されるのである。

ところが、先にあげたように、酒匂本以前、また「石灰塗布作戦」以前に淵源する、とされる諸本（約一〇種）がある。

これら諸本は、李説にとっていわば〝死命を制する鬼門〟である。なぜなら「酒匂本以前」あるいは「石灰塗布作戦以前」の諸本が先の李氏「独自の編年」による結論と矛盾しているからである。

たとえば栄禧本を見よう。この本には「黄竜負昇天」「倭以辛卯年来渡海破百残」等が出現している。これはいわゆる「酒匂改削」の文字だ。すなわち李氏の立論からすると、酒匂本以前（一八八二）の搨《とう》本《ほん》に根拠をもつ、と著者（栄禧）の明記するこの本に、〝出現してはならない〟文句である。

李説のもっとも注目すべき問題点――それは、李氏が「独自の編年」をうちたてる際、この栄禧本をはじめとする一群の初期史料をあらかじめ対象から除外した上で〝ルール作り〟を行われたことである。

ところが、李氏は栄禧本を〝にせ物〟と断定する、肝心の箇所でつぎのように言われる。

「酒匂のすり替えた『碑文』である第一面三行四一字『黄』、九行一一〜一三字『来渡海』などが両

者全く同じであることは、栄禧の『碑文』が酒匂以後の双鉤本に拠ったことを示している。」

（『広開土王陵碑の研究』、一八四ページ、傍点古田）

あらかじめ栄禧本を除外しておいて作ったルールで、除外されていた栄禧本を裁く。——これは、文字通り論理の〝禁じ手〟を犯したものである。このような手法を用いるなら、いかなる異例（自己の立論に不都合な実例）があろうとも、およそ恐るるに足りないであろう。まさに〝万能の手法〟である。

李氏がこの手法を適用されるのは、栄禧本に対してだけではない。一八八四年（明治十七）以前に拓出されたという張金波本に対しても、「黄竜」「来渡海」の存在することをあげ、これは「張金波双鉤本がすり替え後の双鉤本であることを示している」（一八〇ページ）と断定される。

この手法はさらに、一八八九年（明治二十二）拓出の李雲従拓本に依拠したとされる、鄭文焯釈文や羅振玉釈文に対しても適用される。鄭文焯本が「会余録」と共通する〝あやまり〟をもっているから、「李雲従拓本を入手したというのが嘘であるか、あるいはその時の拓本に拠らずに『会余録』の釈文をとったか、のいずれかであることを示している」（一八二～三ページ）と断定。同じく李雲従拓本を検証の基礎においたという羅振玉の釈文にも、「黄竜」「来渡海破」が存在する。また「石灰塗布作戦後」であるはずの諸字も出現する。ところが、これらの事実自身を根拠に李氏は「李雲従拓本と石灰塗布後の拓本とで互に違う碑文の場合は、李雲従拓本でなしに字画の明確な後者の碑文を採用している」（一八八ページ）と判定される。肝心の「李雲従拓本」そのものは現存しないから、もっぱら李氏「独自の編年」という物差しが断定の基礎となっているのである。

また「中日之役」（明治二十七～八年）に得た本によって書かれたという呉椒甫拓本（『旧拓好太王碑』所収）にも「石灰塗布作戦時の改作」「第三次加工」によるものであるはずの諸字が出現している。李氏はこの事実を逆手にとって「刊記の誤りであることはいうまでもない」として、『旧拓好太王碑』の小宋の刊記が〝まちがっているのだ〟と、無造作に処理されるのである。
このように、あらかじめ自己の立論に不都合なものを除外しておき、それ以外でルールを作る。そのあと、そのルールに適合しない、そのことを理由に、その除外例を虚偽とする。——これは論理の根本的な錯乱である、というほかない。

三

㈡史料読解の問題点
右のような根本矛盾を正当化するため、李氏は史料読解上、数々の無理を重ねられることとなったようである。すなわち、酒匂改削以前の諸本を否定せんとして、それらの記述に対し、誤読としかいいようのない読法をつぎつぎと試みられるにいたったのである。
(A)栄禧本について。
李氏は栄禧本について「全く問題にならない虚偽にみちたもの」「全くの嘘」といった評価を連発しておられる。ところが、その判断の基礎となる史料操作において李氏の所論は多くの錯誤をふくんでいる。
①李氏は言われる。〝王彦荘が通溝の巡検であったのは、光緒二十九～三十年（明治三十六～七）の間だ。だから、王彦荘が好太王碑を発見した、という栄禧の言は、王彦荘の嘘の「手柄話」を信じたものだろう〟と（一八三～五ページ）。しかし史料上の事実として、栄禧は「王彦荘が碑の発見者だ」などと

は、どこにも言っていない。栄禧は「彦荘好レ古敏レ学、目二覩是碑一」（「讕言」）と書いている。王彦荘は現地の巡検であった時期があるのだから、〝此の碑を目覩した〟といって不思議はない。しかし栄禧は王彦荘の「発見」などとは一切書いていないのである。それなのに、李氏は、関口隆正の「満州産物字彙」の中で、関口が王彦荘発見説を書いている(1)ことを根拠とされる。つまり〝関口は「栄禧に会った」と言っているから、この王彦荘発見説はおそらく栄禧から聞いたものだろう〟と李氏は想像されるのである。李氏はこの想定によって、王彦荘発見説を関口より栄禧のものへと転化したのち、「王彦荘の嘘」及び「栄禧の嘘」説を唱えられるのである。失礼ながら、端的な例をあげさせていただこう。〝李氏に会った〟と称する人の叙述を「証拠」にして、李氏は「全くの嘘」を言っている、などという学者がいるとすれば、李氏は果してこれを容認されるであろうか。肝心な「関口の所述＝栄禧の言」という論証を李氏は一切行われない。しかも、栄禧を一挙に〝嘘つき〟と断定しておられるのである。

②また李氏は言われる。〝栄禧の言う光緒八年（明治十五）当時に「完璧な拓本」をとれるはずがないから、栄禧はここでも「全くの嘘」をついている〟と（一一二〜七ページ）。しかし栄禧は「完璧な拓本」などとは書いていない。「余於二光緒八年壬午一曾倩二山東布衣方丹山一往搨、得レ獲二完璧一」（「讕言」）という文は、〝それまでは部分的な搨出(2)しか知らなかったが、ついに全体にわたって搨出してもらった〟ことを言っているにすぎぬ。「搨」は「双鉤本」にも「拓本」にも用いうる表現である(3)。だから、今日の目から見れば荒削りであったとしても、とにかく〝全体にわたる搨出〟を方丹山に依頼し、これを得たことをのべているのである(4)。それなのに、李氏がこれをあたかも、のちの楊守敬拓本や水谷拓本を思わせるような「完璧な拓本」という表現に書き直した上で、〝まだこの当時は、こんな「完璧な拓本」はありえないはずだ〟という判定を加え、一気に栄禧嘘つき説を断定されるのは、史料操作の上で慎重さ

を欠いているのではあるまいか。

なぜ、李氏はこのように〝アンフェアー〟ともいうべき史料操作を駆使してまで、栄禧に対して「全くの嘘つき」という、一種感情的な表現を連発されているのであろうか。

それはいうまでもない。酒匂改削時点（一八八三〜四年）以前に搨出された方丹山本にもとづく、という栄禧本の中には、「黄竜」「倭――来渡海破」という、李氏によれば〝酒匂がのちに改削したはずの文面〟が明確にすでにあらわれているからである。だから、この栄禧を「全くの嘘つき」としなければ、李氏の酒匂犯行説も、参謀本部犯行説も、雲散霧消してしまうほかないからである。しかるに、李氏にとって肝要な「栄禧嘘つき」説の「論証」は、以上のように、いずれも史料操作上重大な錯誤をふくんでいたのである。(5)

註

（1）この部分は栄禧からの所聞として直接法の形で書かれているものではない。

（2）最初は関月山のように、一字一紙、数枚といった状況であった。

（3）写字生のことを「搨字生」（『称謂録』）というように、「搨」字は拓本以外にも広く用いられうる。李氏が「双鉤本」だと論定された張金波蔵本も「光緒十年以前所搨也」（「長白彙徴録」）というように、「搨」字が使われている。

（4）栄禧の手にしていた搨本がけっして〝明快な拓本〟の如きものでなかった証拠に、
①栄禧は釈文を作るために「博二考群籍一」しなければならなかった。
②栄禧の見た「王彦荘の初本」は「闕略」が多かったので碑文の全体をしめそうとしてみた（王彦荘に「初本」と「再本」があり、ここで問題にしているのは「初本」の方である。天理大蔵本はほぼ栄禧本と同じ全体

を掲載しているから、「初本」の方ではあるまい）。

③栄禧は、「是耶、非耶、更望二世之博雅君子考定一焉、此特為二此嚆矢一也可」といって、自分の到達した釈文を、ともあれ、〝一応の試案〟としてほしい、とのべている。

このいずれも、栄禧の手にしていた搨本が荒削りで読みにくいものであったことを、栄禧みずから他に隠していないのである。

（5）ただ注意すべきことは、栄禧嘘つき説の否定が直ちに〝栄禧本のしめす全碑文はそのまま原形の真実を伝えている〟という命題にはすすみえないことである。なぜなら、栄禧自身の言っているように、その釈文は一方では方丹山搨本に依拠しつつ、他方では〝群籍を博考〟した、栄禧自身の〝考察結果〟をしめすものだからである。だから、それが当っているか、当っていないか、栄禧自身後代の再検討にまつ、といっているのである。

四

(B)李大竜往拓本（張延厚「遼東文献徴略」）について。

張延厚によると、清朝の金石学者として著名な潘祖蔭は、光緒の初め（明治八年ごろ）、この碑を訪い(1)、その後、京師の李大竜に命じて「往拓」せしめ、「歴二尽艱険一得二五十本一」という。これに対し、李氏は〝この段階で拓本五〇本などとれるはずはない〟とし、この記事もあやまりだ、としておられる。しかし問題は「本」の単位である。ここの一本を後の楊守敬・水谷拓本のような完本（千数百字）とすれば、「五十本」というのは、たしかに空想的な量である。しかし、張延厚はそんな〝空想的な記述〟を、知らずに書いたのだろうか。はじめ、関月山は「一字一紙」で数枚をとった（後述）という。ここの「一本」も、「一字〜数字」で一紙のものを指すものだ、と見るのが穏当であろう。つまり、比較的とりやすい文字のみ、拓出したのである。中国ではじめ書道の「字」として碑字を愛翫した。張延厚がこの「五十本」に対して「一時貴游争相購翫」と書いているのも、この理解を裏づける。またこのあと「流伝日寡」とか、「其墨本之稀有可ㇾ知矣」と言っているのも、李氏のような〝五〇本の完本〟というような理解のあやまっていることを如実にしめしている(2)。

ここにおいても、李氏は、原文を原旨と異なった「巨大な虚像」に一旦見たてておいて、のち〝これは当時の状況に反する〟として、その記事自体を一挙に消し去ろうとしておられるのである。しかし李氏の理解に反し、わたしたちはこの史料事実から、酒匂本よりずっと以前から、拓出の努力が清朝側において重ねられ、愛翫されていたことを認めざるをえない。また潘祖蔭のような金石学の大家が現地に訪問してすでに碑を見ているのである(後述)。この事実も、やっと明治十六〜七年以降になって、日本側(酒匂大尉と参謀本部)が〝碑面改竄を企てた〟というような李氏の立論が、時期的に見ておそきにすぎ、到底無理であることをしめすものである。

註

(1)「勝清光緒初、呉県潘鄭盦尚書、始訪得ㇾ之」と張延厚は書いている。李氏はこれを潘祖蔭発見説のように解しておられるが、これも誤読である(後述)。

(2) 呉大澂や葉昌熾が光緒十五年(明治二十二)、李雲従拓本に対して「精拓始散見」(呉)、「始得二精拓本一」(葉)といっているのも、李氏の理解とは逆に、わたしの「五十本」理解の正しいことを証する。なぜなら、呉・葉ともすでに粗拓本や双鉤本や断片拓本の類を知っていたことを、この表現が自然にしめしているからである。

五

(C)葉昌熾「語石」について。

「光緒六年、辺民斬レ山刊レ木、始得レ之。窮辺無二紙墨一。土人以二径尺皮紙一搗二煤汁一拓レ之。苔蘚封蝕之処、拓者又以レ意描尽、往往失レ真。」

右の葉氏の文こそ、李氏がもっとも信憑できる史料として依拠されたところである。つまり、光緒六年（明治十三）現地民発見説を右の文によって李氏は立てられ、それによって他の多くの史料のしめす「懐仁県設置（光緒二年（明治九））前後、清朝側公知説」[1]（後述）を一蹴されたのである（「清朝側」とは〝清朝の官吏・文人〟を指す）。

しかし、ここにおいても、李氏は致命的な誤読を犯しておられるようである。右において「始得レ之」の「之」は現地民の拓した素朴な拓本（厳密には双鉤本の類）[2]のことである。つまり「始得レ之」といっておいてから、その内実を以下に詳述しているのである（「辺民」と「土人」とは同義である）。その証拠をあげよう。

①好太王碑は高さ六・三四メートルという雄大な巨碑が河辺の平地中に聳え立っているのであるから、〝山の木をきりたおしてはじめて「発見」できる〟（「斬山刊木」は「山木を斬刊す」を対句形にしたもの。「刊」も〝キル〟）といったものではない。ところが、どんな双鉤本や粗拓本の類でも、それを搨出するためには、周辺の木が邪魔になっていたことは、内藤写真やシャバンヌ写真のしめす通りである（光緒六年にはさらに周辺の樹木は多かったと思われる）。したがって「斬山刊木」という表現は、「搨出」のため

にはふさわしい形容句であっても、「発見」のために必要な形容句ではないのである。(3)

②通溝は、永らく清朝「封禁制」の地であった。しかし輯安県志に「久則法綱漸疏、偸渡私墾者日多、律令雖レ厳、而法不レ及レ衆」とあるように、民衆は懐仁県設置以前に、この領域内に浸透し、耕作し、生活していた。その河辺の平地に六メートルを越える、雄偉な好太王碑が存在していたのであるから、彼等は当然その存在を認識していた。この点、たとえば志賀島金印の「発見」などとは根本的に異なる。従ってこの点からも「光緒六年」というような特定の一時点に現地民の発見時点を想定することは全く実情に反する、というほかない。

以上の二点からして、この葉昌熾の文は、李氏の望まれたような内容の文面でないことは明らかである。さらに注意すべき点は、葉昌熾が右の文につづいてつぎのようにのべていることである。

「乙酉年、中江李眉生丈得二両本一、以二其一一贈二潘文勤師一。其三四十紙、属レ余為二排比一。攷釈竭二旬日之力一、未レ能二聯綴一。」

つまり、乙酉の年（光緒十一、明治十八年）、先にのべた現地民作製の双鉤本のうち、二本を李眉生が得、その一本（三〇～四〇紙）を葉の師、潘祖蔭に贈った、というのである。注意すべき点は、この双鉤本は光緒六年（明治十三）に搨取されたものであり、一応三〇～四〇紙で全体をなしていた、ということである。それが五年後に潘祖蔭の手に入っているのである。さらにこの四年あと（明治二十二年）、有名な「精拓本」たる李雲従拓本が拓出されたことを葉氏はのべる。当然、先の現地民双鉤本はこの李雲従拓本に対比されて、聯綴し直されたであろう。

このような状況からみても、この両時点（明治十三年と明治二十二年）の中間に当る、明治十六～七年という時点に酒匂大尉（当時は中尉）が重大な改削を行い、しかも清朝側が全く気づかずにきた。――

このような想定は、所詮〝空想的〟というほかないのではなかろうか。

註

（1）現地民の認識に対して、清朝側の官人・文人たちの認識を「公知」と呼んだのであるが、厳密にはなお問題がある。なぜなら「竜飛御天歌」（一四四七）等によって、この碑の存在は清朝側の金石学者の知識に早くから入っていたかもしれぬからである。

（2）この例で見るように、「双鉤」の場合も、「拓」（広義）字で表わしうるようである。

（3）碑の位置は平地に存在するから、「斬㆑山刊㆑木」という「山」の字は必ずしも適切ではない。思うに清朝の都の方から見たとき、長白山脈の彼方にこの碑があるところから、山地にあるものと考えて、この表現が用いられたのではあるまいか。

六

(D)談国桓「跋」と『手札』について。

葉昌熾と共に、李氏の依拠されたのは談国桓の「跋」と『手札』であるが、ここでも李氏はやはり強引な読解を行っておられる。

「按、章君《ハ》宰《スルコト》㆓懐仁《ニ》㆒、在光緒八九年。関君《ハ》即《チ》発㆓現《スル》此碑《ノ》㆒之人《ヲ》。」〈「跋」〉

（李氏は右の「発現」を「発見」として引用しておられる〔一〇八ページ〕が、「資料集」のしめすように、あやまりである〔『思想』でも「発見」として引用されている〕）。

この文を李氏は〝章樾が知県在任中の光緒八・九年に関月山が碑を発見した〟と理解された。これを吟味しよう。

「在光緒八・九年」について。

①「在」の文法的用法に、つぎの二種類がある。

㋑前置詞的用法（＝於）〈時の助辞〉

在猶㆑於也。〈古書虚字集釈、八〉

㋺動詞的用法（＝居）

在、居也。〈広韻、釈詁二〉

それぞれ訓読と訳を記そう。

㋑′「在《リテ》㆓光緒《ニ》㆒八・九年。」（訳）〝章君は光緒年間において八〜九年間、長として懐仁県にいた〟

㋺′「在《リ》㆓光緒八・九年《ニ》㆒。」（訳）〝章君が懐仁に長としていたのは、光緒八・九年の二年間に当っている〟

②談国桓は「在」を「時の前置詞」として用いる、という慣用を有している。

光緒十一年歳在乙酉〈「跋」[1]〉

近得㆓高句麗好太王碑㆒、尚不㆑悪。当㆘在㆓光緒㆒初葉時所㆖㆑拓。〈『手札』[2]〉

この点からみて、問題の「跋」の「在㆓光緒㆒」も、「時の前置詞」の用法であると見る方が自然である。

③章君の懐仁県在任の事実問題からみても、右の㋺′は事実に反し、㋑′が正しいことがわかる。つまり、章君は「三年任㆓設治委員㆒」（「奉天通志」）とされているが、実際はその何年か前（同治末年＝明治七〜光緒二年＝明治九ころ）から、懐仁県設治のことに奔走していた、と見られる。[3] 以来、光緒八年正月ま

でその任にあった（「奉天通志」）から、「設治準備期間（二～三年）＋任命期間（六年）」が彼の在地八～九年間の内実である。この事実からみても、光緒八年と九年の二年間だけ長であったとする、㋺の理解は到底成立できない。

なお、この点を裏づけるのはつぎの二点である。

ⓐ談国桓は『手札』で「奉天懐仁県設治之時、首膺《（アタ）ル》二其選一者、為二章君樾字幼樵一」と書き、懐仁県「設治」のことに章君が活躍した旨、書いている。これは談自身が章君をもって、「設治」の光緒二年前後に現地で活躍していた人として認識していたことをしめしている。

ⓑ先の「跋」の文においては、談は「章君宰二懐仁一在光緒八・九年」といっている。「任二懐仁一」としなかったのは、任命期間が六年であることを知り、その上にさらに「設治」準備期間を二、三年プラスしたから、「任」でなく一般的な「宰」の字を用いたものと思われる。

④さらに「在光緒八・九年」は明白に上文の「章君宰二懐仁一」をうけている。これを下文にまたがらせて、〝在任中の光緒八・九年に関月山が碑を見つけた〟と李氏のように解するのは、文脈を無視した恣意的な解釈というほかない。

⑤李氏は章君の「光緒八年一月離任」を関月山の碑発見の季節（「荒煙蔓草」春～秋）にあわせるため、これは「談国桓の聞きちがいか記憶ちがいで、実際は光緒七年（一八八一）の夏ごろだったとすべきであろう」と原文（と李氏の信じた解釈）をさらに〝手直し〟せざるを得なくなっている。

⑥では、章君の部下、関月山が碑を訪れたのはいつだったのだろうか。それは第一に金毓黻のつぎの文が明白に証言している通りである。

此碑於二清光緒初年一、為二懐仁県設治委員章樾一所二発現一。〈「高句麗好太王碑」〉

これは実は談国桓自身の『手札』のつぎの文によっても、裏づけされている。

「奉天懐仁県設治之時、首膺二其選一者、為二章君樾字幼樵一、幕中関月山癖二於金石一、公余訪二諸（＝於之）野一、獲二此碑於荒煙蔓草中一、喜欲レ狂、手拓数字、分贈二同好一。」

これは素直に読むかぎり、懐仁県「設治」の当初（つまり「光緒初年」）章君の「幕中」にあった関月山がこれを訪れて見出した、と解するほかない。つまり、それは章君の懐仁県にあった八、九年間の最初の時期（光緒初年＝明治八年ころ）に当っていたのである。

以上によって、李氏は「現地民光緒六年発見説」（葉氏にもとづく）と「関月山光緒八・九年（七年と訂正）発見説」（談氏にもとづく）の二説を立て、それに依拠して他の多くの史料（次項）を一挙に否定せられんとしたのであるけれども、その肝心の二箇所とも、誤読の上に立っておられたことが判明したのである。

註

（1）古碑に多い用法である。

（2）「在《リテ》二光緒初葉時《ニ》一」と読んでも、時をしめす前置詞的用法である点、変りはない。

（3）既設の県への就任と異なり、県新設準備の予備活動期が必要だったと見られる。

七

(E)他史料の「発現」時期について。

同治末年	(明7)	「伝」京師に入る
光緒初	(明8ころ)	清朝官人知る
		関月山訪 { 一字一紙 / 数枚拓出 }
		藩祖蔭訪 { 李大龍に命じて / 五十本拓出せしむ }
光緒六年	(明13)	現地人双鉤本搨出
光緒八年	(明15)	栄禧の依頼をうけて
	↑	方丹山，全体にわたって搨出
光緒十年以前	(明17)	張金波本搨出
		(「以前」は当該年をふくまない(1))
光緒十年	(明17)	酒匂本
		(盛京将軍本)

好太王碑文の経緯

右のようなわたしの理解は、つぎの各史料とも相応する。

①此碑同治末年始伝入京師。呉県潘文勤公（祖蔭）先得之。〈劉承幹『海東金石苑補遺』〉

これはこの碑の「伝」が同治末年（明治七）に京師に入った、というものである。そして潘祖蔭が真先にこの情報を得た、というのである。

②清光緒初、呉県潘鄭盦尚書（潘祖蔭）始訪得之。〈張延厚『遼東文献徴略』所引跋語〉

先にあげた例であるが、これは潘祖蔭が右の情報によって「光緒の初」に現地を訪うてこれを見た、という記事である。李氏が①②を矛盾するように解しておられるのは、①の「伝」字に注意されなかったためであろう。

③光緒元年（葉氏語石作六年）開墾東辺荒地始発見。〈顧燮光『夢碧簃不言』〉

ここには「開墾東辺荒地」とあるので「始発見」の主語は現地民であるかに見える。しかし輯安県志・巻二に「光緒二年、盛京将軍崇実奏准、開墾東辺荒地、建設県治、老嶺南北、設通化・懐仁（後改桓仁）二県」とあるように、盛京将軍のごとき清朝の公人が主語である。またここに「発見」とあるのは、のちにのべるように「発現」と同じ意味である。

④按、此碑於㆓清光緒初年㆒、為㆓懐仁県設治委員章樾㆒所㆓発現㆒。〈金毓黻「高句麗好太王碑」〉──前出

以上、いずれの史料によってみても「同治末年～光緒初」（明治七～八年ごろ）の間に清朝の官人側の知るところとなった、という記述は一致している。

すなわちこれは右の表のような酒匂本以前の搨出史が存在したことをしめしている。

このように酒匂本以前に少なくとも四次の搨出史が存在し、清朝の官人・文人・拓手がこれを実見しているのである。清朝側がこのように豊富な搨出史をもつ、という事実は、すなわち〝やっと明治十七年ごろになって、酒匂がはじめて改削し、しかも清朝側はその後すべてそれに気づかなかった〟という、李氏の発想が畢竟一箇の「虚構」にほかならぬことを明瞭にしめしている。

註

（1）張鳳臺は「非㆓秦漢以下文字㆒」（「長白彙徴録」）といって「以下」を「秦漢」をふくまない用法で使っている。「光緒十年以前所搨也」もこれに同じ。

補註一　「発見」の語義について、「能使㆓人畏敬奉承㆒、而発見昭著如㆑此」（中庸）、「其発見亦有㆓大運㆒」（史記、天官書）。この「発見」は「あらわれ出ること」である（「発現」の場合と同義）。近代科学の「発見」の意義ではない。この点、

殆中国未㆓発見㆒以前、高麗有㆑心人之搨而秘蔵者也。〈欧陽輔「高麗好太王碑」〉

の場合も、「発見」の語義が〝中国人の知識社会の認識に入る〟という意味に明断に限定して使用されている。この点、李氏は近代的「発見」概念をもって〝何年にこの碑は「再発見」されたか〟という問題意識で論ぜられたが、この問題の場合、かえって議論の不明瞭をまねいたのである。これに対し、「発現」（談国桓）、「文字ある官民の往来ありて、世に知らるるに至りしなり」（今西竜）、「文字ある人に注目され紹介された」（藤田亮

策）、「俄然世に知られた」（三宅俊成）といった表現の方がかえってこの間の実情に留意したものであろう。

補註二　「三宅・今西説」について。李氏は三宅米吉・今西竜の両氏を「明治十五年発見説」だと見なしてその上で否定しておられる。これも両論文の誤読である。右は盛京将軍による酒匂本搨出の年に関する論であって、碑発見の年ではない。「前年有人……我が明治十五年盛京将軍……（中略）……其年代の明治十五年頃なること誤りなかるべし」（今西論文）。この「中略」部分が長いので、誤読されたのであろう（この誤読は池内宏・水谷悌二郎両氏の継承）。

八

㈢写真・拓本・写本処理の問題点

(A)写真観察の問題。

先にのべたように、李氏は内藤写真をもとに、その第三面第一行「辞」字の周辺の観察から、「厚さは二センチを越える」石灰面が全碑面をおおっている、と主張された。これは氏の立論の原点ともいうべき肝要点である。

わたしは内藤写真（京大人文科学研究所所蔵のフィルムからの写真）を、李氏と同じく日比野丈夫氏の御好意により、いただいていた（「李書」一五四ページの写真はあまりにも不鮮明である）。そこでそれをあるいは拡大し、あるいは光学装置を通し、百方観察を集中した。しかし、遺憾ながら、ついに李氏の言われるような、「二センチを越える」石灰面という現象を認識できなかったのである。わたしにできなかっただけではない。現地に原碑を見、詳細な観察を行われた現存の研究者（たとえば梅原末治氏）も、そ

のような事実を一切否認されたのである。(1)

思うに、「舌」（左の筆者による模写参照）字付近の剝落した地肌（右面）と左側の「亣土境」の部分（左面）との落差について「二センチメートルを越える」と見られたのであろう。しかし、右面は本来の碑面ではない。なぜなら右面はわずかに「舌」字を残して他の文字はすべて存在しない。いいかえれば「文字の深さ」を越える剝落が存在しているのである。すなわちこれが右面と左面の落差の原因とみなすべきである（右の「舌」は、原碑面の上表が剝落し、原文字の基底部の一部が遺存したものと思われる。この部分も「本来の碑面」でない証拠に、剝落したこの字の「旁《つくり》」部分との間（及びこの字の上・下との間）にはほとんど落差が見えない）。

左の右面と左面との間の大落差、さらに「土」と「舌」の間の小落差がそれぞれ何センチメートルであるかは、容易にこの写真からは断定しがたい。したがって李氏がこの写真をもとにして左面の全体を直ちに〝二センチメートルを越える石灰塗布面だ〟と断定されることは、決して客観的な観察結果とはいえないものである。

内藤湖南旧蔵写真による三面一行二十七字「舌」字附近の筆者模写図

つぎに「縦線」問題について。

李氏は水谷拓本に出現している縦線が内藤写真に存在しないことをもって、〝全碑面石灰におおわれている〟証拠とされた（事実は、内藤写真にも一部縦線が出現している。——第三面八行三十三・三十四字）。しかし一九一三年関野貞・

今西竜調査時撮影（今西春秋氏提供）の写真（資料集64・65）は広範囲に縦線が写されている。ところが、その写真においてもやはり「黄竜」「渡海破」が見えている。(2) この点も李氏の立論に矛盾する。(3)

註

（1）梅原末治氏に直接おうかがいした所による（氏自身も執筆されるよしである）。

（2）この写真は光線のあたり具合が悪いため、明暗はげしく、「倭」は「委」のみ見えるが、「イ」は明確でない。「渡」も右下部分は暗い。この点、「破」字の場合、角度を変えて二回写されている（64と65）ので、両者は対比しうる。

（3）この点、李氏は縦線のもっともよく見えている水谷拓本に対してすら、特定の文字（たとえば「破」）の両脇に縦線が見えない場合は、その文字を「石灰仮字」と見なそうとしておられる（二〇〇ページ）。このような論法は一見〝厳密〟に見えて、実は李氏の〝主観的判断の裁量範囲〟を増大させるものである。それ故、問題を「観察結果」という形で、実は恣意的な結論へと導くものである。

九

(B)水谷拓本の問題（「黄竜」と「履竜」）。

李氏「独自の編年」の内部からの支点は水谷拓本である。(1) 〝酒匂本・内藤拓本・シャバンヌ拓本等、従来本と異なった水谷拓本の拓面。それは「従来本の仮構性」と「水谷拓本の真実性」をしめしている〟——この観点が李氏の従来本批判の原点である。そして両者の差異のメルクマールをなすものが、第一面三行四十一字の「黄」（従来本）と「履」（水谷本）とのちがいである。(2) 今、両文面を比較しよう。

①「履竜首昇天」（水谷拓本）

これを読み下すと「竜首を履《ふ》んで昇天す」(3)となる。「履」は「くつ、ぞうり、はきもの」「ふむ、ふみつける」の意義である。従って〝竜の首を履みつけて天に昇った〟という意味となる。つぎに直前の文を見よう。鄒牟王の死期のエピソードである。

因遣二黄竜一来下迎レ王。王於二忽本東岡一。

右の「於」は「於、居也」（広韻）というように、「居す」の意味の動詞である（「衛有二士十八一、於二吾所一。（注）於、猶レ在也。」〈呂覧、期賢〉）。

右の「黄竜」は天子徳行の瑞徴として中国古典に頻出する。

黄帝得二大徳一、黄竜地螾見。〈史記、封禅書〉

黄竜元年、春正月。応劭曰、先是黄竜見二新豊一。（師古注略）〈漢書、宣帝紀〉

黄竜元年。……夏四月、夏口・武昌並言「黄竜・鳳凰見」。〈三国志、呉志二〉

このように黄竜は鳳凰と並ぶ神聖な動物である。天帝の使者たる黄竜に対し、その首を足でふみつけて天に昇る、というのはいささか〝勇ましすぎる〟のではあるまいか。中国史書等に前例を見ない。

②「黄竜負昇天」(4)（従来本）

これは「黄竜（王を）負うて天に昇る」である。「負」は「せおう、背の上にのせる」の義である。

負、背也。在二項背一也。〈釈名、釈、姿容〉

なお、この字面には典故がある。

㋑南省レ方、済二於江一。黄竜負レ舟。舟中之人、五色無レ主、禹乃熙笑而称曰「我受二命於天一、竭レ力而労二万民一。生、寄也。死、帰也。何足二以滑和一。」視レ竜猶二蝘蜓一。顔色不レ変。竜乃弭レ耳掉レ尾

而逃。〈淮南子、精神訓〉

㋺駭二黄竜之負レ舟、識二伯禹之仰嗟一。〈郭璞、江賦〉

右の㋑の故事が聖天子禹の故事である上、㋺は四世紀前半、東晋の碩学として著名な郭璞の句であるから、五世紀はじめの好太王碑文造文者の教養の基礎をなしていた、と見ることはきわめて自然である。

以上のように、意外にも文面検証は、水谷拓本に非、従来本に是、という帰結をしめした。ひるがえって水谷拓本（及びこれと同一形状をしめす東洋文庫拓本、京大人文研所蔵拓本及び一九一八年写真〈資料編26と30〉）を精査すると、「履」の「尸」はけっして安定した字画ではない（ことに「ノ」が左に開きすぎている。――資料編45）。すなわち、本来「黄」であったものが削傷をうけて「履」めいて見えだしたのか、それとも本来「履」であったものか、「目による検証」(5)そのものからは容易に断定しがたいのである。

したがって、この「履」めいて見える、後代（一九一八年前後）(6)の字画を「本来形」と断定し、そこに従来本批判の拠点を求める。このような手法に立つ李氏の判断の基盤は意外にも主観的、かつ脆弱である。(7)

註

（1）小松宮拓本（三宅論文所収）と水谷拓本が李氏立論、拓本上の二支柱である。

（2）文章理解の立場を〝優先〟させながら、金石文の字面を読解してゆく、という方法は危険である。しかしながら、このように煮つめられた、いわば焦点をなす一点に対して、それぞれの場合、どのような文脈を構成するか、を検証することは不可避の課題である。

（3）この解は「書品」一〇〇にも「首が読み得たら履も読み得た筈と思ふ」（一三七ページ）として示唆されていると共に、水谷氏から直接お聞きして確認したところである。

（4）　栄禧本・内藤拓本（資料集）が「負」の字画をしめしている。

（5）　李氏は「『履』とするには問題があるとしても、『黄』字でないことは明らかである」（一九三ページ）として「履」そのものとする点は保留されつつも、「履」めいて見える字形の方を本来形とされたのである。

（6）　水谷氏は李氏と異なり、水谷拓本をもって〝最も早い時期の拓本〟と見なしておられる。しかしその拓面が一九一八年写真のしめす碑面と極めて近似していることからすれば、これに近い時点の拓出と見なす、李氏の判断の方が正しい、と思われる。

（7）　ここで水谷氏と李氏の立論の共通点と差異点及びその意義を簡約しておこう。

①水谷拓本を従来本批判の原点とする点、両者共通している。また文献読解の各所において、李氏が水谷氏をうけついでおられること、本論文の各所に見る通りである。

②両氏の差異の第一点は「水谷拓本の時期」である。水谷氏は〝最初〟とし、李氏は〝最後〟とする。対照的である。水谷氏は、

Ⓐ〈水谷拓本〉――従来本（各種）――Ⓑ〈1918年写真〉（「通溝」所載）　〔水谷氏の場合〕

と見ておられたから、ⒶⒷ両者の一致から容易に「従来本仮構説」へと進まれたのである。李氏はこれと異なり、Ⓐを Ⓑ点に移行させたから、

〈酒匂本以前の諸本〉　酒匂本―従来本（各種）―Ⓐ＝Ⓑ　〔李氏の場合〕

その結果、ⓐ「酒匂本以前の諸本」を排除すること、ⓑ「仮構字面」の責任の第一の淵源を酒匂本に帰着せしめること（酒匂改削説）。

この二点が一段と緊急性を帯びることとなったのである。

なお、水谷説と李説の最も大きな差異は「拓工の仮面字」（水谷氏）と見るか、「酒匂大尉を冒頭とする参謀本部の犯行」（李氏）と見るか、のちがいである。

十

(C)「参謀本部の解読作業」について。

①李氏がいわゆる「参謀本部の解読作業」説を樹立される上で、依拠史料とされたのは、青江秀「東夫余永楽太王碑銘之解」である。ここに栗田寛や中村不能斉の付箋がついている事実を指摘した上、「これによって広開土王陵碑文の解読作業が参謀本部で行われたことをはっきりつかむことができた」とのべておられる。しかし、ここには写本事実の誤読がある。青江本の奥書に「右古碑注解郷友青江氏命ヲ奉シテ試ニ筆録スル所ナリ。注解ノ述意ニ於テ聊愚見ヲ示ス所アリシヲ以テ其原稿ノマヽニ写サシメ寄贈セラルヽ者ナリ。明治十八年二月十八日」とあるのは小杉杉園の筆跡奥書であり、冒頭の横井忠直の「高句麗碑出土記」「高句麗古碑考」の書き加えも小杉の筆跡である。また付箋も、それぞれ栗田や中村の筆跡である。

これを右奥書に対すると、状況はつぎのようだ。ⓐ青江は小杉に読解の知識援助を仰いだ（「郷友」としての私的関係）。ⓑ青江はその礼として自分の釈文・読解（草稿及び清書）の再写本を小杉に献じた。ⓒ

小杉は学者仲間にこれを回覧し、各自の意見を記入してもらった（学的交友関係）。だから、この場合、「命ヲ奉シテ」（青江は海軍省嘱託）というのは、青江一人にかかっている。これに反し、この写本を〝青江・小杉・栗田・中村等が参謀本部の命によって共同解読を行った証拠史料〟と解するのは、全く右の奥書の内容及び再写筆跡と付箋筆跡の前後関係をかえりみないものである。(1)

②「しかし、解読作業が参謀本部で行われたことは世に知らされなかった。解読、校閲に動員された者は誰ひとりとしてこのことを書いておらず、克明な日記をつけた谷森でさえ、あれほど解読に困難をきわめたのに、一言半句もそのことを書き残していない。こうしたことは、参謀本部からきびしい緘口令が出ていたからであろう。」（一四二ページ）(2)

文献や史料上、何の証拠もないことこそ、〝「解読作業」についての「緘口令」の敷かれた証拠だ〟という。このような「論理」が許されるなら、史家はいかなる事件をも「仮構」し、史料なしに「認定」しうるであろう。(3)

註

（1）もし、青江持参の再写本にすでに付箋がついていたとしたら、その付箋筆跡は本文の筆跡（青江秀側）と同一でなければならない。

（2）『思想』にも、ほぼ同様の文がある。

（3）たとえば裁判で〝被疑者の犯行について、何の証拠もないことこそ、被疑者が犯行に関する「きびしい緘口令」を周囲にはりめぐらした証拠だ〟というような「論理」が裁判官に許されるなら、それこそ暗黒裁判以外の何物でもない。そのような事態は一般論としてはありうることであるかもしれぬ。しかし、その証拠をつきとめ、それに立って判定することこそ、誠実な裁判官（そして誠実な史家も）の責務でなければならぬ。

十一

㈣酒匂本の諸問題

(A)酒匂景信の名前と経歴について。

李氏は酒匂大尉の「名前」が「ひたかくし」にされ、「経歴」も昭和四十七年佐伯有清氏[1]によって「はじめて」明らかにされた、とのべ、あたかも酒匂の存在が永く秘密のベールにおおわれてきたかのように描写しておられる。全叙述中、「ひたかくし」説がしばしば強調されているのも、氏の結論たる「酒匂スパイ犯行」説に対して、いかにもふさわしきムードを提供している観がある。

しかしこれは、端的に事実に反する。なぜなら、昭和十一年四月三日に公刊された「対支回顧録下[2]」中に酒匂景信の「名前」と「経歴」は詳記されているからである[3]。すなわち佐伯氏の場合、官員録・職員録等によられたから、明治十年十一月(陸軍少尉)以降しか検出しえなかった。しかしこの本では、嘉永三年八月十五日、日向国都城に生れたことにはじまり、戊辰の役参加、明治四年八月の御親兵徴兵として上京以来、明治二十四年三月までの「経歴」がくわしくのべられている。そして何よりも、伝記の冒頭は「君は明治十三年度の清国派遣将校である」と書きはじめられ、酒匂の生涯の中心事件が明記されている(年別記事にはさらに詳しく「十三年九月清国差遣の命を受け、十月六日玉井曨虎少尉と上海に渡り……十七年五月砲兵大尉に進級と共に帰朝を命ぜられ」と記す)。

したがって、李氏が「酒匂がいつ派遣されたのかを知りうる資料はない」とし、「その名前まで隠蔽することが必要だった」(一五〇ページ)と言われるのは、氏自身の調査不足を語っておられるにすぎぬ[4]

（また佐伯氏は「景信」を「カゲアキ」と読む、と推定せられたが、これは誤断であった。文字通り「カゲノブ」である）。(5)

註

（1）佐伯有清氏「高句麗広開土王陵碑文再検討のための序章」（『日本歴史』二八七号）。

（2）東亜同文会内、対支功労者伝記編纂会（中島真雄）刊行。

（3）また官員録・職員録等も公表されたものである。

（4）また酒匂大尉の任官辞令・書簡等が酒匂夕子（たね）未亡人及び酒匂大尉の次男景紀氏の妻であった、現・堤春子さん（と現夫、堤甫さん）等によって丹念に保存されており、その中には好太王碑双鉤本に関する証書も厳存する（これらは現在、宮崎県総合博物館に寄贈されている。永井哲雄氏「高句麗広開土王碑文の将来者をめぐる一・二の史料追加について」〔『日本歴史』二九六号〕参照）。酒匂家では双鉤本献上に対して明治天皇から下賜された「銅花瓶」を無上の家宝とし、正月にはその銅花瓶が飾られるのを常とした、という（肥田一穂氏の言）。むしろ遺族はこれを〝誇り〟とし、〝顕示〟してきた、といっていい。李氏のいわゆる「ひたかくし」説はまことに事実に遠いのである。

（5）堤春子・白川千鶴子（酒匂大尉の孫）・酒匂和雄（現在、酒匂姓を継承）等、遺族の方々による。

十二

(B)「碑文之由来記」について。

宮内庁書陵部に「高句麗古碑考、横井忠直編」がある（同名で「明治写」と「大正写」の二種がある。

——後述）。この末尾に「碑文之由来記」という文書（三紙）が合綴されている。これを李氏は〝横井忠直の作〟と見なし、「高句麗碑出土記」（「会余録」所収——漢文）を書く前に、横井が日本文で先ず書いたもの、と見なされた（一二六ページ）。これは一見些少な、しかし、実は重大な、氏の誤認である。

①この合綴本は、書陵部の目録カードでは「明治写」「大正写」とも「横井忠直編」となっている。[1]けれども「高句麗古碑考」そのものは明白に横井忠直の作であるから、合綴された「碑文之由来記」もまた横井の作なら、当然全体の題は「横井忠直著（または述など）」と書かれるべきである。それゆえこの合綴本の総題そのものが、〝合綴された一方の文書「碑文之由来記」は必ずしも横井忠直の作ではない〟ことをさししめしている。

②さらに明確な証拠は、内容そのものにある。

ⓐ一人称の文体。

「故に余ハ断シテ二書ヲ以テ謬伝ト為スナリ」（高句麗古碑考）「余太タ惑ヘリ」（同）、このように横井は主語として「余」を用いている。ところが「碑文之由来記」は一切主語抜きである。[2]すなわち横井の一種文人・学者風の文体とは異質の、簡明な文体をもつ（高句麗碑出土記では、碑文将来者は「日本人某」として、第三人称で表現されている）。

ⓑ「臨地」と「机上」の差。

㋑状況描写。由来記は「内ニ一小家屋在リ。懐仁県ノ分衙ヲ設ク。城外人家散在シテ一般ニ数フル時ハ凡四五十戸アリ」といった風に具体的に眼前の認識を描出する。「出土記」にはない。

㋺石碑の位置。出土記では「久為ニ渓流所レ激、缺損処甚多」と、石碑が川の中に立っているように書かれている。これは全く事実に反する。[3]ところが、由来記では鴨緑江岸の矩形（「長サ十二三里、幅三四里」）の「平地」に碑が立ち、その平地は「山脈ヨリ下流スル一小水路ニアリ」として、小さな川筋に沿うている、と書いている。これは実地の全く正しい描写である。(4) すなわち前者は、現地を知らざる机上の作文にすぎず、(5) 後者は実地に足跡を印した人の文であることをしめしている。

㈧将軍墳。出土記には「其墳突二出地上一者一丈七尺、上有二両層一、地下更不レ知レ有二幾層一」として、将軍墳が地上一丈七尺の高さでそれが両層をなし、他は地下にあるかに見える描写をしている。これは事実にふさわしくない。(6) 将軍墳は〝地上七層〟の特異の形状をもっているからである。

これに対し、由来記はつぎのようだ。「其広大ナル実ニ云フ可ラス。其一班ヲ挙レハ其地上ニ出ルヿ一丈七尺ニ〆二階アリ。土人曰ク、地下又幾層階アルヲ知ラスト。上階ノ石門ヲ入レハ……」。将軍墳の全体の形状は「云フ可ラス」とし、その「一班」として自分が地上一丈七尺の所にある玄室（「二階」分にまたがる）に直接入った体験談を記しているのである。(7) この描写はすべて実地に適合している上、玄室内部の簡明な実測も事実に合致する。ここにも机上の作文者と臨地の体験者のちがいが歴然としている。

㈡入手方法。

「高句麗碑出土記」＝日本人某適遊二此地一、因求二得其一一齎還。(8)

「碑文之由来記」＝一昨年（当時ノ答）盛京将軍左氏(9)工人四名ヲ天津ヨリ呼ヒ之レヲ摺写セシム……一昨年ヨリ爾今ニ至ル沾僅ニ二幅ヲ成就セリ然ルニ盛京将軍ヨリ数十度ノ催促ヲ受レ𪜈一幅タモ出サス是後日利己ノ計ヲナスモノナランノミ故ニ強迫シテ漸ク手ニ入レタリ。

由来記の最後の一文は「故ニ（我）強迫シテ漸ク手ニ入レタリ」の第一人称抜きの文体である。出土記の第三人称描写と異なり、碑文入手者（酒匂大尉）自身の文と見なすほかない。

酒匂景信自筆（堤家蔵）

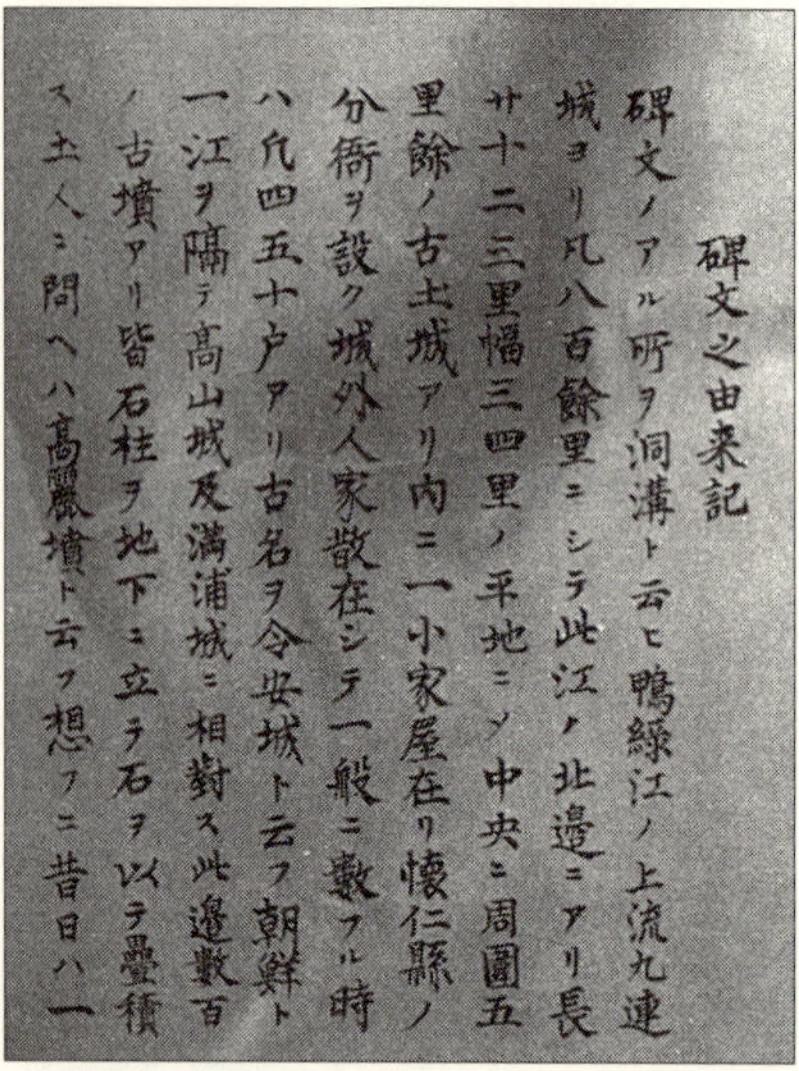
碑文之由来記

碑文ノアル所ヲ洞溝ト云ヒ鴨緑江ノ上流九連城ヨリ凡八百餘里ニシテ此江ノ北邊ニアリ長廿十二三里幅三四里ノ平地ニソ中央ニ周圍五里餘ノ古土城アリ内ニ一小家屋在リ懐仁縣ノ分衙ヲ設ク城外人家散在シテ一般ニ數フル時ハ凡四五十戸アリ古名ヲ今安城ト云フ朝鮮ト一江ヲ隔テ高山城及滿浦城ニ相對ス此邊數百ノ古墳アリ皆石柱ヲ地下ニ立テ石ヲ以テ疊積ス土人ニ問ヘハ高麗墳ト云フ想フニ昔日ハ一

『碑文之由来記』（明治写）

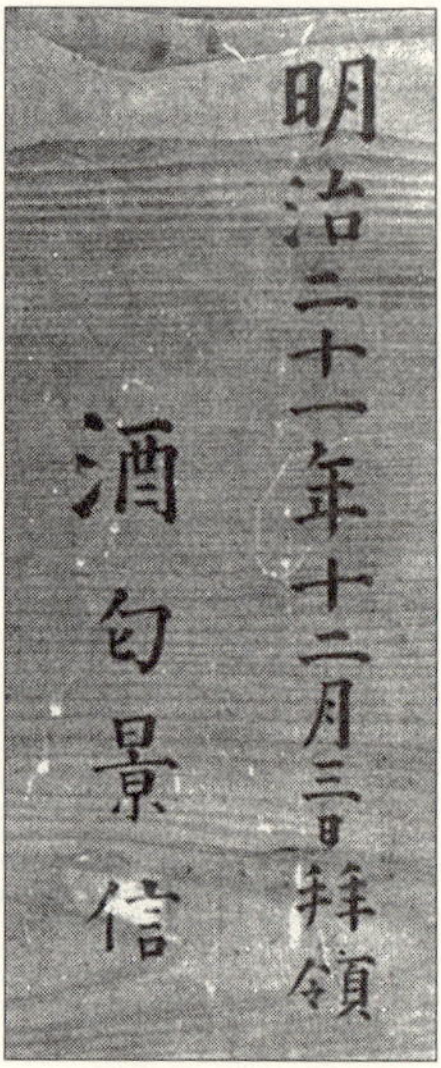

酒匂景信自筆（堤家蔵）

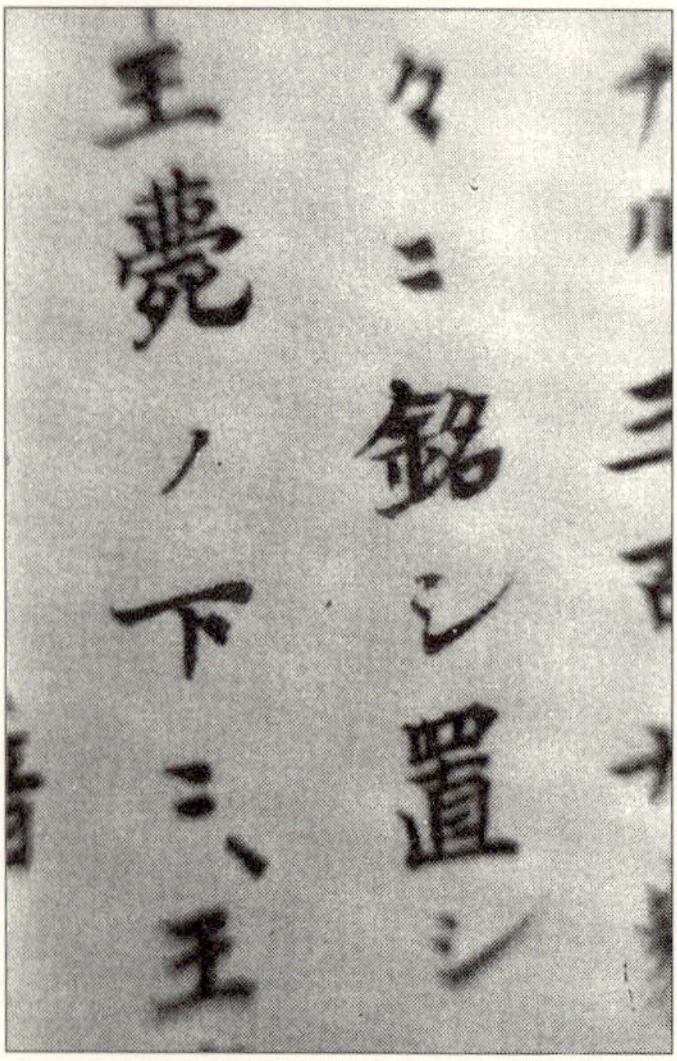

『高句麗古碑考』（明治写）

㋭文書性格。「本部ニアルモノ則チ是ナリ」これは由来記末尾[10]の文である。参謀本部をズバリ「本部」と呼んで通用しうるのは、参謀本部内部の文書、またはそれに準ずる場合[11]である。したがって、この文書の基本性格は酒匂大尉が参謀本部の上司に提出した報告書である[12]。出土記のように外部向けの記事として書き変えられ、〝紳士風に修飾された〟美文とは文書性格を異にする。「強迫」という用語自体のもつ、赤裸々なひびきと共に、これが酒匂本入手方法の真相であることを、率直に信ぜしめるに足るものである。

㋬酒匂大尉の真筆。しかも、この碑文之由来記（「明治写」本）は、全文、酒匂大尉自身の真筆であることが判明した（前頁写真は酒匂大尉自筆との比較）。

酒匂大尉は酒匂本を明治天皇（宮内省）に献上した。〝高句麗古碑考と碑文之由来記の合綴本〟も、その際付載されたものと思われる[13]。そのときの宮内省の受領文書も、酒匂家に伝来された。

以上㋑〜㋬の事実によって、「碑文之由来記」（明治写）が酒匂本将来の真相を語る第一史料（本人の自作真筆献上本）であることが判明した。

註

（1）　李氏は「横井忠直大正写」（一二六ページ六行、一二八ページ一行・九行）「横井忠直明治写」（一二七ページ末行）といった風に「編」字をとりのぞいてしめしておられる。不用意である。

（2）　「一昨々年盛京将軍兵員ヲ派遣シ土人ヲ使役シ五日間堀開（ママ）セシニ僅四個ヲ得タリト云フ之ヲ得ンカ為メ土人ニ告クルニ無損ノ磚瓦一個ニ付現戔十銭ヲ与フヘシト然ルニ男女相集リテ半日ニ〆十余個ヲ得タリ」「之ヲ得ンカタメ」の直前か直後に「我」を挿入するのが通常である。

（3）　この点、今西竜・池内宏がすでに指摘した。

（4）『通溝』参照。

（5）青江秀釈本（明治十七年七月）の序文に「此頃新聞ニ曰ク……鴨緑江ノ上流ニテ古来水底ニ埋モレタル大石碑ノアルヲ……」とある。この新聞の浮説が横井にも影響を与えたようである。

（6）『通溝』で池内宏が指摘した。

（7）「内部ニ丈四方ニ〆其高サ一丈四尺皆大石ヲ以テ畳積ス其柱石及桁石ハ一丈四尺余ニ〆三尺二寸ノ四角柱ナリ」（『通溝』参照）。

（8）「当時」というのは〝我現地に在りし当時〟の意である。この文章の読者（参謀本部の上司）は、その時点をすでに熟知しているから、それを「何年何月何日」とわざわざ註記する必要を見ないのである。「答」とは「土人の答」である。前文に「土人ニ問ヘハ」「土人ノ言ニ依レハ」とあるのに応ずる。またこのあとにも、「土人曰ク」「土人ニ告クルニ」と、この文の執筆者と「土人」との応答が全文に点綴されているのである。すなわち、この一句も、この文の執筆者が臨地者すなわち酒匂大尉自身であることを確証している。これに対し、この文の作者を横井としたため、〝この「答」えた相手の人物を酒匂大尉とする〟のが李氏の解釈のようである（一九七二、史学会大会発言）が、「酒匂大尉に問うに」という趣旨の句が前文に全く存在しないのに、突如として〝酒匂の「答」〟を突発させる、というのは、あまりにも唐突に過ぎ、尋常の文章の態をなさない、というよりほかはない。

（9）この「盛京将軍左氏」の行の上欄部に朱筆で「左恐クハ崇ノ誤」という記入がある。本文と同筆跡である（「明治写」「大正写」とも）。これは、酒匂大尉が〝わたしは土人から「左氏」と聞いたが、当時の盛京将軍は「崇氏」だから、おそらくこれは「崇氏」のあやまりだろう〟とみずから註記しているのである。かつて『通溝』で池内宏が三宅論文の「左氏」（ここには右の注釈はない）について、事実に反することを疑った。その点、右は貴重な書き入れである。しかるに、李氏は李書（一二六ページ）に「碑文之由来記」の「全文をあげる」といわれながら、この貴重な記入を全くことわり書きなしに削除しておられる（文末の里程に関する朱筆記入〔同筆跡〕も削除）。原本はあくまで〝そのまま転載〟した上で、〝李氏の判断〟を記せらるべきであろう。

不用意というほかない。

(10)　本項註(2)の文の終りに直接する文である。

(11)　参謀本部のさらに上にある、明治天皇に献上したものが本写本（明治写）である。この点、酒匂家に伝来した宮内省の受領文書と、この「明治写」本が宮内庁書陵部に現蔵される事実の二点より推察しうる（なお、当時すでに「憲兵本部《ママ》」も存在した）。

(12)　正確には、明治十七年六月二日以前、酒匂大尉が参謀本部出仕であったとき（明治十七年六月二日に「参謀本部被免」――酒匂家文書）にこの由来記は上申の報告書として書かれた（初本）。そして明治二十一年十二月七日（好太王碑文石摺受領の宮内省文書の時点）以前の、酒匂本献上時点に、みずから再写謹書本（「明治写」本）を作り、それが提出されたのである。

(13)　「高句麗古碑考」（明治写）の方は、酒匂大尉（β）と他の一人（α。家人もしくは親近者であろう）と計二人の筆跡から成っている（由来記の方は全文、三紙とも酒匂自筆）。両筆跡の交替状況は左の如くである。

α（六）、β（七）、α（二七）、β（一三）――計五三紙

（なお先頭の双鉤字及び釈文九紙はすべてαの筆跡。端正繊細である。）

補註　明治写本と大正写本について。宮内庁書陵部の「高句麗古碑考」（「碑文之由来記」合綴）には、先記のように「明治写」と「大正写」の二本がある。そのうち、李氏はもっぱら「大正写」によって議論をすすめておられる（ただし、冒頭の双鉤字と釈文は「明治写」にしかない）。これは不可解である。両本を精細に比較すればわかるように、「大正写」は「明治写」の再写本である（表紙の図書ラベルも、「明治写」の方は大正以前の古いラベルと昭和以降の新しいラベルと双方貼付されている。これに対し、「大正写」の方は昭和以降の新しいラベルだけである）。もし、李氏が図書目録カードの記載を疑い、「大正写」の方を、より古い写本と見なされるなら、その論証が必要である（李氏は「明治写本」をもって「『横井忠直大正写』本にさらに手を入れた考証文」〔一一八ページ〕と言っておられるが、これは事実に反する。その証拠をしめされるべきであったと思われる）。

「図書目録には『横井忠直大正写』となっているが、『修史館考按……』の付箋がついているので、修史館が臨時修史局に改組される一八八六年（明治十九）一月以前の釈本であることに間違いない」（一二六ページ）

ここで李氏は非常な〝勘ちがい〟をされたようである。なぜなら〝修史館の付箋が明治十九年以前〟というのは、横井忠直の「高句麗古碑考」著作段階の問題である。本文中「漢元建昭二年ハ甲申ノ歳ニテ、我カ崇神天皇六十一年ナリ、今茲甲申ヲ距ル、一千九百二十年トス」とあるように、この本は「明治十七年」を「今」として成立している（漢の元帝の建昭二年甲申は前三七。明治十七＝一八八四年まで一九二〇年）。だから、明治十九年以前の付箋がついていて不思議はない。つまり経過は四段階となる。

① 〝付箋つきの高句麗古碑考〟は明治十七〜九年（一月）の間に成立。

② 「碑文之由来記」は明治十七年（六月二日以前）に成立。

③右の①②をあわせて酒匂が書写（「明治写」本の成立）——明治二十一年十二月七日以前。

④大正に入って③の再写（「大正写」本の成立。この際、冒頭の双鉤字、釈文はカット）。「修史館考按」の付箋は「明治写」「大正写」両本とも、本文と同筆である。この点も、両本とも写本であることをしめしている。「明治写」本の書写原本（あるいは「横井の自筆本」であろう）では、この付箋は本文と別筆（本文は横井自筆。付箋は修史館員の筆跡）であった可能性が高い。

このような、筆跡問題をおさえた上での、写本検査の場合の常道的理解法をかえりみず、李氏はいきなり付箋のしめす「書写原本の成立時点」と「大正写」という「写本の成立時点」とを混合されたのである（なお、「明治写」本には釈文と高句麗古碑考本文とそれぞれ一紙ずつ紙の位置に誤綴を生じている。これは献上後、一度バラバラにして綴じ直したことがあり、そのさい誤綴されたもの、と見られる）。

十三

(C)酒匂本の史料性格。

酒匂本（東京国立博物館現蔵）のしめす史料性格について、わたしの直接の原本観察にもとづく所見を簡明率直に記させていただく。

①「凵」（二面三行二十五字）「仉」（四面八行三字）のような、漢字に存在しない文字が双鉤されている。これは、後世の亀裂・擦傷によって錯綜した姿をしめす原碑字に対し、双鉤者が「自己の頭脳の漢字教養」にもとづいて判定する、という態度をとらず、それが自分の文字教養に解しがたくても、「自己の眼に映じた碑面の姿」に従って双鉤する、という態度をとっていることをしめす。

②「生白」（二面四行十六・十七字）のような語が双鉤されている。これも、漢字の古典的素養の立場から見れば、当然「生口」（三国志倭人伝、後漢書倭伝等に頻出）であって、「生白」では意味をなさない。しかしこの双鉤者は、そのような読解上の問題に意をはらわず、自分の目に一見「白」と見える姿が映じていたから、そのままこれを双鉤したのである。つまりこの点からも教養ある「有意」の（意図的な）双鉤者ではないことがうかがい得る。

③「倭賊」「倭寇」「倭潰」等の文字が双鉤されている点も、同様である。双鉤者がイデオロギー的に〝倭の立場に立つ〟といった立場から、〝頭によって左右された〟双鉤を行ったものではない、という史料性格をしめしている。

右の三点いずれにおいても、この双鉤者は〝「有意」の双鉤者〟でなく、〝無邪気なる双鉤者〟である、という史料性格をしめしている。以上がわたしの観察所見であり、李氏のそれと明白に相反している。

つぎに酒匂本の貼付状況についてのべよう（現本は、酒匂大尉のもち帰った百数十枚の紙を、四紙に貼付して「碑面の原型」を「復元」しようとした、四巻本である）。

㋑四面の下端二紙（一〜八行、各行とも三八〜四一字。一紙一六字、計三二字）分は、四面の上端に来るべきものを、あやまって下端に位置させたものである。このような誤貼は、この貼付時点まで、日本側が原碑面の実態について無知識であったことをしめしている（酒匂大尉が明治天皇に献上した「高句麗古碑考」〔「明治写」〕冒頭の釈本では、さらに大量の「あやまった配置」が見られる。すなわち、二面全行一〜十三字間、計七紙〔全九五字の双鈎字をふくむ〕分が、いっせいに各行下端に大量移動させられ、あやまって位置づけられているのである。このような大量誤置が生じている、という史料事実は、すなわち酒匂大尉自身をふくむ日本側に、実地の双鈎者が存在しなかったことをしめしている）。

㋺三面最初行の末端に「潰」字がある。これは、原碑では、第一行は全体として削傷していたため、この一字を除いては、すべて双鈎できず、わずかにこの第四十一字（最末字）のみ双鈎しえたものである。しかるに貼付者たちは、このような原碑面のあまりにも特異な姿を知らず、常識的に実は第二行（末端部分を欠く）に当る部分の末端に貼付してしまった。実地の双鈎者自身は当然、この特異な状況下の双鈎について、印象的な記憶を有しているはずである。それ故、この誤貼もまた、日本側に〝双鈎の実際に当った者〟はいなかったことをしめしている。

㋩原碑では、四面末行末字、つまり全碑面の最末字に「之」字がある。これも、あやまって同じ行の最初に貼付している。これはⓐ通常の「之」の用法ではすべて意味が通じない(1)。ⓑこの「之」字は「一字一紙」の形で双鈎されていた。この二つの事情によって、右の誤貼が生じたものである。しかし、実

酒匂本の記号

際の双鉤者にとっては、〝最末の「之」の字〟である上、例外的に「一字一紙」の形で双鉤したのであるから、最も印象深い文字である。それ故、この問題もまた、〝日本側に実地の双鉤者はいなかった〟という、明確な事実を指示している。(2)

註

(1)「所有格の用法」の「之」は文末に来る字ではない。「代名詞的用法」の「之」に解しても通意しない。「其有二違令売一者刑レ之、買人制令二守墓一之」の上の「之」は明らかに「売る人」(売者)を指す。だから、下の「之」も代名詞と見るときは「買人」を指さねばならないが、「令《メム》二之《ヲシテ》守墓《セ》一」という文形ではないから、この用法も文脈上妥当性をもちえない。

(2)この「之」は「兮」の意味の古字であろうと思われる。「之、猶レ兮也。」〈経伝釈詞、九〉「鸜之鵒之。公出辱レ之。」〈左氏、昭、二十五〉

補註　酒匂本内の記号の筆跡について。酒匂本には、各紙(ただし、現在は切り継ぎして貼り合せた際、残存したもののみ)の隅に小字で「南三」「東二」のように記号(方向、数字等)が書きこまれている。酒匂本は百数十枚の小紙片群から成っているから、双鉤者があとで混乱しないよう、順序を記したもの、と思われる。この文字を酒匂大尉の真筆と比較したところ、全く別人の筆であることが判明した。(右の写真参照)

十四

㈤最後の問題

(A)仮説の問題。

李説は、種々の変化をしめす写真・拓本・双鉤本・釈本群に対し、一貫した理解を与えるために提起された、一箇の「仮説」である。それは貴重な「学的冒険」とさえいえよう。しかし、それが真に写真・拓本・文献史料・筆跡史料等のしめす諸現象に合致するか否かは、厳密に検証されねばならぬ。そして遺憾ながら、今、各所に破綻をしめしていたことが検出されたのである。

(B)未発の問題。

李書に表面〝書かれていない〟けれども、実は全篇の指向する、肝心の一点がある。それは「倭以辛卯年来渡海破……」の「倭」の一字である。李氏は「黄竜――履竜」問題を突破口として、すすんで「来渡海破」を疑われた。けれども、冷静に思考すれば、すぐ判明するように、上に「倭」字があって、〝倭の来襲〟が説かれている以上、倭人が〝海を渡って来襲した〟こと、それは事実の問題として見れば必然である。(1) このことを逆にたどれば、「来渡海破」に対する李氏の疑惑の目は、当然その上の「倭」にむけられねば、論理貫徹できない。――これが隠された焦点である。(2)

しかし、全写真・拓本・双鉤本・釈本とも、ここに「倭」字は厳存する。しかも、実地の調査者も、つぎのようにこれを確認している。

(C)実地調査の問題。

李仮説の重要なウィーク・ポイントは、研究者の実地調査報告を重視しない点にある。鳥居竜蔵（一九〇五）シャバンヌ（一九〇七）関野貞・今西竜（一九一三）黒板勝美（一九一八）池内宏・梅原末治（一九三五）、三宅俊成（一九三九前後）、末松保和（一九三八）、金錫亨・朴時亨〈朝鮮民主主義人民共和国社会科学院調査団〉（一九六三）とくりかえし研究者たちが実地に調査し、その調査結果を報告しているにもかかわらず、それらを的確に尊重していないのである。

すなわち、これら研究者の多くは石灰仮構の行われた文字（拓工による）のあることを特記して注意を喚起しているが、にもかかわらず、「倭以辛卯年来渡海破」の文面には、疑いをはさんでいない。ことにもっとも最近の実地調査者たる金錫亨氏の場合も、「倭……来渡海破」について、「海」字が「不明確」であることの指摘のほか、他字（「倭」や「来・渡・破」）は疑っておられない。ことに金氏は慎重に①「見えないもの」②「不明確な文字」③「かってそう読めたというもの」の三者を分類し、「海」字を②に属せしめている（『古代朝日関係史』三六八ページ）。しかしみずからの読解は「海」という文面のもとに行われている。その上の「倭」字及び「来・渡・破」字については、金氏は右の①②③いずれともせず、「明確な文字」として処理されている。(3)

さらに金氏は「後世の人の手が加わった文字も二、三、目につく」（同書三八一ページ。傍点古田）と証言される。すなわち〝碑面全体に数多くの「石灰仮構文字」がある〟とする、李氏の仮説と明白にくいちがっているのである。この点、金氏は従来の日本側学者と同じ結論である。

また朴時亨氏も、釈文において「倭……破」の一句を「明確な碑文」としておられる（「李書」九八ページ参照）。

ところが、李氏は「李書」の結論（二〇九ページ）において次のようにのべておられる。

「一九六三年現在、碑面にはまだ広範囲に石灰が残っている。それは、資料編釈文の項、朴時亨釈文を対比すればわかることである」と。「一九六三年現在」とは、金氏・朴氏等の現碑調査時点である。したがって右の李氏の文を見れば、一般の読者は、「一九六三年現在」の金氏・朴氏等の調査そのものが「広範囲に石灰が残っている」事実を報告しているかのように、錯覚するであろう。

しかし事実は逆である。金・朴両氏とも、李氏の"広範囲石灰面残存説"と正反対の報告をしておられるのである。しかし、李氏の文の意味するところは、〝朴氏等が「倭……破」を「明確な碑文」として報告している事実こそが、一九六三年現在、広範囲に石灰が残っていて、それに朴氏等が「だまされている」証拠だ〟ということなのである。これは朴氏等の「目」に対する軽視であると共に、このような李氏の文体（自分の主観的判断を「客観的事実」のような叙事の文体に書き変える）は、読者に対して決してフェアーであるとはいえないであろう。

李氏は戦前の日本の研究調査者に対し、あるいは「観察は粗雑」（鳥居竜蔵）、あるいは「気づかなかった」「作為のあったことを看破できず」（今西竜）、あるいは「口をつぐんだ」（黒板勝美）といった形で、つぎつぎと処理されたが、金・朴両氏等の朝鮮民主主義人民共和国社会科学院の調査団に対してもまた、これらの言葉を浴びせられるのであろうか。

思うに、この両氏等が日本軍国主義のために「口をつぐむ」必要があるとは思われぬから、この両氏等の場合、「観察の粗雑さ」という点に、純粋に原因が求められることとなろう。

しかしながら、わたしは、みずからの立てた仮説が調査結果とくいちがうとき、仮説樹立者に必要な一事、それは仮説自身の廃棄である、と信ずる。

註

(1)　ただ、碑文解読の問題として見た場合、「渡海破」の主語が倭であるかどうか、またその「倭」がはたして大和朝廷であるかどうか、これらは当然別個の問題である（この点、別稿に論ずる）。しかし少なくとも〝敗戦前の日本側の読解において、この句の主語が倭であるとして一点の疑いもいだかれなかったこと〟、これについては争いがない（中塚明氏「近代日本史学史における朝鮮問題——とくに『広開土王陵碑』をめぐって——」『思想』五六一号参照）。それ故、今わたしたちが〝日本側のいわゆる「改削者」の意識〟を追求するときにおいては、この理解にそって考えるのが当然である。

(2)　ここにおいて李氏が「李書」の冒頭で力説された、六世紀「任那日本府」の存否問題と俄然、はるかに相呼応しあうこととなろう。すなわち李氏は「否」の方向を指向されているのである（この点も、別稿に論ずる）。

(3)　この点、一九三八年写真、水谷拓本と同じである。

最後に李書の検討を通じて碑文の探究を深めえたことを厚く李氏に感謝したい。なお、本論究の途次、原碑面の原形を遡源すべき重要な史料に遭逢した。稿を改めて報告したい。

追補

一、朴時亨氏の「広開土王陵碑」には、現碑面の全体をしめす大きな紙葉が添付され、一九六三年の貴重な調査結果がしめされている。ところが、李氏はなぜか、これを「資料集」に採録せず、かわって朴氏の「釈文」の方だけを掲載された。ために、「李書」九八ページの朴氏「一九六三年の碑文の現状」と対比しても、合致しない。

今、対照に必要な誤差を摘示する。

世（一面三行二十五字）↓凹　　詞（一面六行三十八字）↓言

負（一面四行二字）↓百
㞢（二面二行十一字）↓㞢
還（一面四行二十四字）↓罒

二、朴氏の右の著書には、中国・朝鮮の研究史が史料の摘出によって、整然と叙述されている。葉昌熾の「語石」、談国桓の「手札」等についても紹介され、李氏に先行する業績である。しかるに、李氏は談国桓の跋以外、この朴氏の研究史にふれられるところのなかったのは残念である。

三、「李書」一六二ページの表中、「栄禧碑文」の項は誤謬の類（たとえば、一面十一行二十二字・二十三字、二面三行七字）が多いようである。

四、同じく「資料集」の栄禧釈文中、「古家」（三面十二行三十二・三十三字）は「家古」（東洋文庫本による）のミスであろう。右の一六二ページの表にあわない。

五、「資料集」中、栄禧「古高句麗永楽太王墓碑文攷」中のつぎの部分（釈文直後の、栄禧の文章）がカットされている。右に掲示する。

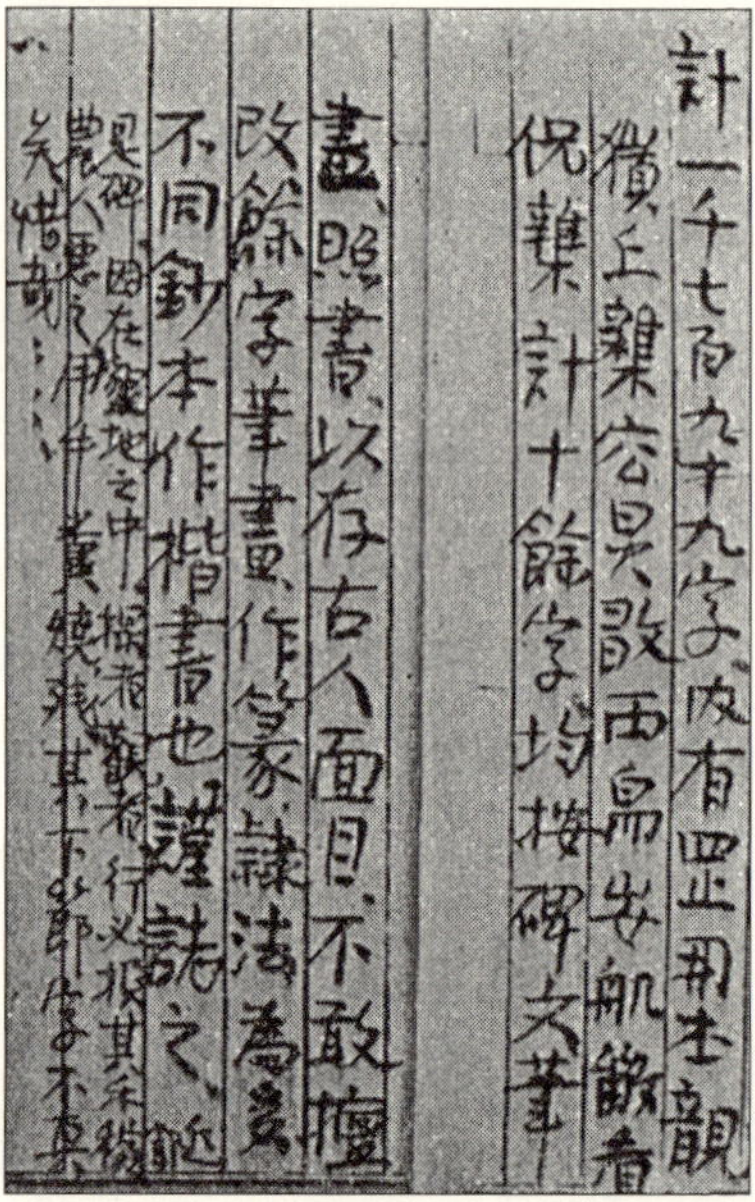

栄禧の文章

第九篇　好太王碑の史料批判——共和国（北朝鮮）と中国の学者に問う

〈解題〉　李氏との「改竄」論争において、一の決定的なポイントが〝欠落〟していた。それは好太王碑そのものを実地に検証すること、この一点である。その宿願が達せられたのが、昭和六十年三月下旬。好太王碑の碑面に目をこすりつけるようにしながら、問題の「倭」字が、何の疑うべくもない「石の文字」で刻みつけられているのを眼前にしたのであった。その記念すべき研究調査行の報告である。

序

日本古代史学界にとって永く鎖されてきた、第一史料宝庫の地があった。中国吉林省集安県がこれである。そこには「国岡」と呼ばれる王陵の地があり、その一帯は漢墓・高句麗墓・渤海墓等をふくむ、一万余の一大古墳群を擁している。その中枢域に、著名なる高句麗好太王碑が存在する。(1)

周知のように、この碑文をめぐって各種の歴史理解が成立し、交替してきた。むしろ、各時期の歴史観はそれぞれ自己の似姿をこの碑文中に求めようとしてきた。そのようにも言いうるであろう。

すなわち、戦前の史学は記・紀中心の皇国史観の裏付けをここに求め、戦後の史学は逆に、「造作」説という記・紀説話不信論の立場から、この金石文史料に依拠して日本古代史像の骨格を形成した。いわく「(近畿中心の)倭は、四世紀中葉以前にすでに九州を支配し、ために朝鮮半島に出兵しえたものであろう」と。東は関東より西は九州に至るまでの統一権力の樹立、その中心に近畿天皇家を置きえた、その根本的依拠史料がこれだったのである。(2)

一九七二年五月に発表された李進熙氏の「改削」説はこれに激震を与えた。同年十一月、筆者は史学会大会で反論を発表し、(3)さらに翌年の『史学雑誌』発表論文以来、(4)十余年にわたって「改削」説と対峙してきたのであった。

そして果然、一九八三年に至って中国学界より待望の論文が現われた。王健群氏の「好太王碑の発現と拓本」(5)がこれである。さらに翌年(一九八四)、『好太王碑の研究』(6)が日中同時刊行され、現地周密踏査という学問の本道に立つ業績として当研究史に画期を与えることとなった。それは「改削」説否定という肝要の一点において、『史学雑誌』所載の愚稿の論証を各所において裏付けられたものであった。望外の幸せというべきであろう。[7]

けれども反面、王氏の史的理解そのものに関しては、枢要の根幹に関して従いえぬことを遺憾とする。いわゆる「倭＝海賊」説がこれである。これはすでに朝鮮民主主義人民共和国（以下「共和国」と略称）の学者（たとえば朴時亨氏）からすでに提出されていたところだ。この継承説ともいいえよう。共和国及び中国側の学者の多年の学的努力に謝するがゆえに、あえてここに新たな学的論争点を提起することとしたい。[8]

一

一九八五年三月下旬、筆者は集安県の地に到った。[9] 五日間、或は夕刻、或は早朝、或は曇天、或は晴天、或は雪映えの間に、好太王碑に対する観察に全力を集中した。その結果、確認したところを次に列挙する。

第一。全碑面中、九個の「倭」字が存在することがすでに報告されている（今西竜[10]）。これらはほぼすべて安定した石面の原刻文字であり、決して〝石灰の仮構文字〟などではない。この点、王氏の報告とも、ほぼ一致している。ただ、王氏が新たに付加された「倭」字（総計一一個とする[11]）に関しては、必ずしも安定した字形とは言いがたいようである[12]（ただ、それも字形不鮮明というにとどまり、決して石灰文字などではない）。

第二。新旧各種の石灰沫は、なお各面にその痕跡をとどめている。[13] 中には、「石灰文字」かと疑われるものも、一部に存在する（たとえば、第一面の「酉」（六行十九字）、「往」（七行十九字））。にもかかわらず、先記の「倭」字は、いずれも「石灰文字」という疑いをもつことが不可能である。[14]

第三。従来、問題の焦点とされてきた「倭以辛卯年来渡海破……」の項についてのべよう。先ず、文字を鮮明度によって五段階に分類する。[15]

A型——完全に鮮明であるもの。
B型——若干不鮮明であるが、ほぼ字形を確認できるもの。
C型——不鮮明で、残存した字形が二通り以上に読めるもの。
D型——不鮮明度が高く、字形を確認しがたいもの。
E型——完全に不鮮明であるもの。

肉眼及び双眼鏡ないし望遠レンズで、晴天下早朝に観察したところ、結果は次のようであった。[16]

「倭」——A型ないしB型
「以」——同右
「辛」——同右
「卯」——同右
「年」——同右
「来」——同右
「渡」——C型
「海」——D型[17]
「破」——B型

「百」――B型
「残」――B型
「残―羅」間の文字――E型
「羅」――B型
「以」――A型ないしB型
「為」――B型ないしC型
「臣」――A型
「民」――A型ないしB型

以上である（なお、先記の「九つの倭」字は、ほとんど「A型ないしB型」に属し、一部（第二面九行三十八字）「D型ないしE型」と見なすべきものがある、と見られる[18]）。

第四。李氏が自家の「改削」論証の一発起点とされたのは、「黄――履」字（第一面三行四十一字）であった。酒匂《さこう》本をはじめ、従来のほぼすべての拓本が、「黄」としていたのに対し、ひとり水谷本はこれを一見「履」様の字面に拓出していた。水谷悌二郎氏はこれを「履」と判読された。李氏はこの判読に従われた以上、「黄」を「石灰仮構文字」の一例とされた。すなわち、従来知られていた碑面の信憑するに足らざる理由、仮構文字の大幅に存在する状況の露出した一端と見なされたのである[19]。

これに対し、筆者は「尸」の第三画が著しく傾斜していること、「復」部分は不鮮明なこと、「履竜首昇天」の表現が中国古典の慣用表記になじまず、不穏当であること、などをあげ、これに反論した（本書第八篇「好太王碑文『改削』説の批判」参照[20]）。

今回、この個所を熟視した。やはり「尸」第三画は斜傾しすぎ、「履」の一部とは見なしがたかった。

「復」部分は全くなかった（「黄」字形も全くない）。要するに、E型の字形である。けれども、その周辺に「石灰仮構字」の存在せぬこともまた、明瞭である。従ってこの一字をもって「改削」説の発起点と見なすことは、全く不当であることが判明したのである。(21)

第五。李氏が「改削」論証の裏付けとされたものに、「辞」字（第三面一行二十七字）がある。「辛」部分は全くなく、「舌」に一見近い字形のみが残っている。この行は全体としてほとんど大部分が剝離している。この状況を写真等によって観察された李氏は、ここには、未だに分厚い石灰部が蓄積されている、と判断されたのであった。(22)

これに対し筆者は、同写真を部分拡大し、光学器具で観察した結果、李氏のような判断の不当であることを述べたのである。(23)

今回、これを熟視したところ、やはりここは石面の原刻文字であり、李氏の想定されたような石灰堆積部は実在しなかった。(24)

以上、いずれも、すでに今西竜、王健群氏等の観察結果の裏書きにすぎぬものであるけれども、『史学雑誌』上で論争の交わされた諸点であるから、改めてここに報告させていただいた。

二

一九八四年来の「好太王碑、開放」によって、「改竄《かいざん》」説は、学問的意義の実質を失った。なぜなら、この説の学界に与えた激震の本質は、〝四世紀末から五世紀初頭にかけて、「倭」が朝鮮半島中枢部（平壌とソウルの間とその周辺）等で、高句麗軍と激突していた〟という史実の有無を問う、というその一点にあったからである。

李氏が強調された、第一面九行の「倭以辛卯年来渡海破百残……羅以為臣民」の部分の現況は、むしろ問題の〝一端〟をなす露頭にすぎず、ことの本質はあくまで「碑面における『倭』字全体の有無」にあったのである。それゆえ、現地におもむけば、直ちに、碑面は「石の『倭』字」の存在を各所に確認できる現在、すでに「改竄」説は、その客観的意義を失ったといわざるをえないのである。李氏はなお、自説を「固持」しておられるようであるけれど、それは「名存実亡」の状況に陥っているといえよう。(25)

では、碑面に実在する「倭」とは、何者か。九回（もしくは一一回。王氏）も出現し、高句麗軍と激闘した「倭」の実態いかに。これこそ学問上の新しき問いでなければならぬ。

もっとも、戦前の「皇国史観」の時代以来、右の問いに対する答、それは「自明」のごとく見なされてきた。「倭＝大和朝廷の派遣軍」という概念がこれである。

表面、「皇国史観の否定者」のごとき〝相貌〟をもって登場した戦後史学は、実はこの点、〝皇国史観の、よき祖述者〟であった。「大和朝廷」を「大和を中心とした連合政権」などといいかえたとしても、〝近畿天皇家一元主義の立場から好太王碑を見る〟、この肝心の一点においては、毫《ごう》も変りなきものなのであった。(26)

そればかりではない。古事記・日本書紀を最大の依拠史料としえた戦前史学と異なり、津田（左右吉）説によって記・紀神話・説話の信憑性を否定した戦後史学にとって、この好太王碑文中の「倭」の各文字こそ、〝大和中心の統一政権がすでに日本列島に存在していた、屈強の証拠〟、そのように信ぜられた。従って祖述者たる戦後史学は、源流たる戦前史学以上に、この海外史料に対して「大和中心主義」の依拠点たることを求めた。そのようにも評しうるであろう。(27)

これに対して一石を投じたもの、それは朴時亨氏の『広開土王陵碑』だ。日本語の全文訳（全浩天氏訳、そしえて刊。一九八五年八月）こそ今回世に出たのであるけれど、この原著はすでに二〇年前、一九六五年、社会科学院出版社から刊行されている。(28)

この著書は、一九六三年の秋、共和国の社会科学院歴史研究所と考古学および民俗学研究所の研究集団が現地（中国吉林省輯〈集〉安県）で詳細な調査を行い、それにもとづいて報告されたものだ。それゆえ、きわめて貴重な学的業績である上、今回の訳者あとがきによれば、この時点（一九六三年）以前、すでに共和国内で「改竄」論争が行われ、その論争に対する実証的検証の意味もふくめて、右の学術調査が実施された、とのことである。わたしたちには〝未見〟の事実だ。従来の研究史をまとめた、佐伯有清氏の『研究史、広開土王碑』（吉川弘文館）にも、その旨の記載はない。(29)

しかし、右の事実が明らかにされた以上、これを「研究史」の重要な一環に加えることは当然である上、「改竄」説を発表された李氏が、右の事実を知られなかったかどうかが、一個の問題となろう(30)（一九七二年の発表当時、氏は朝鮮大学の講師であり、共和国側の情報には接しやすい立場にあった）。

その問題はさておくとしても、「改竄」説問題において、李氏は「創唱者」に非ず、「祖述者」もしくは「再唱者」であった事実は、新たな研究史には、明記されるべきではなかろうか（もちろん、氏の「再唱」の根拠が、日本に存在する双鉤《そうこう》本、拓本、写真等の比較検査にあり、そこに氏の「創意」の存在したこと、また氏の提起がわが国の好太王碑研究に深刻かつ新鮮な刺激をもたらしたこと、これらについては、いかに評価してもよいであろう。そのことと右の研究史上の事実の認識、またそこから生ずる若干の問題点とは、別次元の問題に属しよう(31)）。

さて、以上の考察のみからも、朴氏の著作の、研究史上にもつ重要な意義は知られよう。しかし、そ

れだけではない。朴氏の著作のもった、もう一つの意義、それは「倭＝大和朝廷の派遣軍」説の否定にあった。(32)

「一般的には、初期倭人の南部朝鮮、とくに新羅沿岸に対する頻繁な海賊行為――倭寇現象は、この時期、倭人たちが政治的に強固な統一をなしておらず、したがって国内は常に不安定な状態にあった歴史的事実を反映したものである。それは、十四世紀後半高麗海岸に対してと、十六世紀華中、明国海岸に対する倭寇の被害が頻繁であった歴史的事実と類似している原因から生じている。それは勿論、ある統一された強国が外国に対して行う征服行為のようなものとは違う性質のものである。」（『広開土王陵碑』全訳書、九九ページ）

「（好太王碑第三面、三行の「十四年甲辰。而倭不軌。侵入帯方界……。」の文面に対して）これは四〇四年、永楽十四年甲辰に高句麗水軍が西海岸から侵犯して上ってきた倭寇船を真正面から受けとめ、撃滅した事実を記録したものである。これは広開土王の直接の征伐によるものである。」（同右、一二三ページ）

以上のように、氏は好太王碑文中の「倭」をもって、後代（十四～十六世紀）の「倭寇」いわゆる〝海賊たち〟の所業と見なされた。すなわち、従来の日本側の「定説」の観をなしていた「碑文中の『倭』＝大和朝廷」説（その修正説としての「大和中心の連合政権」説も同じ）は、正面から否定されたのである。けれども、爾後二〇年間、本書の日本語の全訳が刊行されなかったこともあってか、日本の学界の、これに対する反応は必ずしも活発であったとはいいがたいであろう。(33)

これに対し、一九八四年刊行された中国の学者、王健群氏の『好太王碑の研究』は、この「海賊」説の継承と発展であった。(34)

「日本に現存する史料を分析してみると、当時すでに、大和朝廷により日本が統一されていたとすることは不可能である。当時の日本では、諸国が分立し、それぞれ全地方に割拠していた。北九州一帯の豪族は、しばしば海賊行為をはたらき、海を渡って三韓に侵入し、攪乱した。好太王碑の記述によると、これは事実であった。」（同書、雄渾社版、一八四ページ、下段）

「たとえ『以為臣民』が事実であったとしても、それは北九州の海賊がしばらくのあいだ凶暴をほしいままにしたのにすぎないのである。」（同右、上段）

右のように、氏は、〝大和朝廷による日本統一〟という、日本側の、いわゆる「定説」に対し、きびしい批判をしめされた。その上で、「北九州一帯の豪族」が、この碑文中の「倭」である、という、注目すべき見解がしめされている。これをもって、いわゆる「海賊行為」の主体、そのように見なされたのである。

この「倭＝海賊」説は、果たして学問的に妥当性をもつものであろうか。

三

「倭＝海賊」説に対する、もっとも鋭い反証は、碑文そのものの中に存在する。それらについてのべよう。

(1)「其の国境」問題

碑文第二面七行に次の一文がある。

王（＝好太王）平穰に巡下す。而して新羅、使を遣わし、王に白《もう》して云う。「倭人其の国境に満ち、城池を潰破し、奴客を以て民と為す。王に帰し、命を請わん。」と。

ここに現われた「其の」という代名詞、それが指すものは何か。直接法の文体の冒頭であるから、これ以前には「倭」もしくは「倭人」しか、名詞がない。原文は「倭人満其国境……」である。従って「其の国境」とは、「倭の国境」と解する他、道はないのである。

その上、「国境」とは、一国だけでは成立しない。二国間において成立する概念だ。では、もう一方の国は何か。これも、文章構成上、明白である。なぜなら、右の文章は、新羅の使者の口上であるから、「新羅と倭との国境」問題、そのように解する他はないであろう。

以上の文脈解析からすれば、この「倭」とは、当然「倭国」である。「海賊」ではありえない。なぜなら「国境をもつ海賊」などという概念は存在しえないからである。

以上の論証によって碑文中の「九個（ないし一一個）の倭」は、「倭国」を意味する。この帰結を得ることができるのである。

同時に、この問題は、もう一つの重要なテーマを指し示す。それは「朝鮮半島内の倭地」問題である。「倭と新羅との国境」、それは当然、朝鮮半島内になければならぬ。とすれば、そこに「倭地」なくして、右の文面は成立しえないであろう。

しかも、これは、最良の史料性格をもつ。なぜなら、金石文という、最上の第一史料である上、倭国にとっての敵手、新羅の使者が、最大の敵手たる高句麗王へ報告した内容である。それが「朝鮮半島の倭地」の存在を前提にして語られているのだ。しかも、その金石文は、高句麗側の建造。〝倭国側の「夜郎自大」の主張〟などとは、性格を異にしているのである。倭国の「敵」側の証言なのであるから、これ以上、確かな証言はない。これを信憑しない人は、他のいかなる性格の史料に対して、これを信憑するのであろうか[35]。

＊　＊

「朝鮮半島内の倭地」この概念は、この好太王碑においてはじめて出現した命題ではない。一世紀有余を遡る、三世紀の三国志、その東夷伝中にくりかえしのべられたところだった。

㋑韓は帯方の南に在り、東西海を以て限りと為し、南、倭と接す。〈韓伝〉

㋺（弁辰）其の瀆盧国、倭と界を接す。〈同右〉

㋩（郡より倭に至るに）……其の北岸、狗邪韓国に到る。〈倭人伝〉

㊁(a)倭地を参問するに、……周旋五千余里なる可し。〈同右〉

(b)郡より女王国に至る、一万二千余里。〈同右〉

(c)（郡より……）其の北岸、狗邪韓国に到る、七千余里。〈同右〉

右の㋑は、朝鮮半島の南岸部が「倭地」に属していたことをしめしている。

また㋺は、弁辰の瀆盧国が「倭地」と接していたことをしめしている。㋑より、一段と具体的な叙述である。

さらに㋩の場合、狗邪韓国は「其の（倭を指す）北岸」とされている。朝鮮海峡の彼方、南岸部には「倭（の首都）」がある。これに対して「倭地の北岸部」に当たるのが、狗邪韓国だというのである。ここで注意すべきは次の二点だ。

(A)狗邪韓国は、その「～韓国」という表現にもかかわらず、「倭地」に属する、と見なされているようである。

思うに、一つの領域が二つの言語領域に接しているとき、「二つの名」をもつことは珍しくない。むしろ、必然的といっていい。たとえば「裏海とカスピ海」「樺太とサハリン」「久場島・大正島と黄尾礁・赤尾礁（尖閣列島）」などがそれである。

同じく、この「狗邪韓国」も、これは中国語地名であって、他方に「倭名」をもっているのではあるまいか。たとえば「任那」といった風に。

倭人伝中、この狗邪韓国につづいて現われる「対海国」「一大国」も、それぞれ「対馬（の南半部）」「壱岐」に対する中国名称ではあるまいか。[36]

(B)次に、「其の北岸」の「其の」は「倭」を指すこと、右にのべたごとくである。原文では、

従郡至倭、循海岸水行、歴韓国、乍南乍東、到其北岸狗邪韓国、七千余里。

となっている。ところが、「従郡至倭」というとき、「郡」は帯方郡治を指すのに対し、「倭」は「倭の首都（＝邪馬壹国）」を指す。なぜなら、これは魏使（帯方郡の官吏）の倭国派遣をしめす一句だから、〝郡治から首都まで〟であることは当然であるからである。

とすると、「其の北岸」も、先記のように「倭国の首都の北岸」の意となることとなろう。従ってこの倭人伝における地理的認識では、「倭国の首都」を九州北岸において描写している。そういう重大な問題が浮び上ってくるのである。この点、後に再述する。

以上によって、三国志の東夷伝に対し、先入観なく率直に理解する限り、「朝鮮半島内に倭地あり」の立場を前提にしていることを承認せざるをえない。これに対し、現代のイデオロギー的見地等を優先させ、「文意歪曲」の挙に出ることは、「客観的実在としての歴史」という歴史学の基本をなす大前提を忘却したものではあるまいか。[37]

すなわち、好太王碑から析出される「朝鮮半島内の倭地」という四世紀末～五世紀初の状勢は、実は

三世紀における同様の状勢の継受にすぎぬ。そういう歴史の流れが看取されるのである。

四

以上の問題は、わたしたちに次のテーマを暗示する。「三国志の倭国と好太王碑の倭国とは、同一の倭国であろう」と。これである。

このことは、実は、好太王碑の第一面においてすでに明示されている。

倭以辛卯年来渡海破百残……為臣民

「倭」の文字が最初に現われてくる、有名な個所である。ここで「倭」に関して何の注釈も説明もなく、いきなりこの「国名」をもって書き始められている、という史料事実のもつ意義は重大である。なぜなら、この「四世紀末〜五世紀初」以前から、周知の「倭国」であることをしめしているからである。この時点の高句麗人がはや祖父の代から聞いている、〝あの倭国〟であることを意味する。すなわち、三〜四世紀の倭国と、これは同一の倭国なのである。

一方では次のことを意味する。当時の高句麗のインテリたち（識字層）は、当然、三国志を読んでいた。この史書はすでに一世紀余り前に世に出ている上、「高句麗伝」を載せた、最初の、そして当時唯一の史書であるから、高句麗のインテリがこれを読んでいないことは考えがたい。

そしてこの史書には、高句麗伝のあと、倭人伝をもって東夷伝が、そして魏志全体がしめくくられている。高句麗伝を読んで倭人伝を読まぬ読者など、かえって想定しがたいのである。

とすれば、高句麗の識字層、その識字社会の産物である、この好太王碑、ここに何の解説（たとえば

「東辺の倭」とか、「倭の別種」とか）もなしに登場し、書きはじめられている「倭」は、三国志の魏志倭人伝の「倭国」と同一存在。わたしたちはこのように認定せざるをえないのである。

この点、「卑弥呼の『倭国』（いわゆる「邪馬台国」）の所在は、不明（あるいは不定）だが、好太王碑の『倭』は一定（すなわち、大和中心政権）である」かのように処理してきた日本の学界（及び教科書類）の姿勢は、根本的な史料解読上の誤認を犯していたのではあるまいか。[38]

と同時に、倭国の女王、卑弥呼が「海賊の女頭目」の類でないことは自明であるから、この好太王碑内の「倭」を「倭の中心国」に非ず、「海賊」の類と見なす、朴氏・王氏等の立論もまた、否定されざるをえないのである。[39]

五

以上によって「好太王碑の倭＝海賊」説の成立しがたいことを論証したのであるけれども、さらに用語の面から追跡してみよう。

(2)「与倭和通」問題

碑文第二面六行に、次の文面がある。

九年己亥、百残、誓に違い、倭と和通す。

ここに現われた「通」の用語は、中国歴代の史書中、伝統をもつ術語であった。

(A)匈奴、漢の烏孫に通ずるを聞き、怒り、之を撃たんと欲す。〈史記、大宛列伝〉

(B)（漢）其の後、使を遣わすも、昆明、復た寇を為し、意《つい》に能く通ずるを得る莫し。〈同右〉

(C)西域、孝武の時を以て始めて通ず、本三十六国、其の後、稍《やや》分れて五十余に至る。〈漢書、西域伝、上〉

(D)〈倭人〉旧百余国、漢の時朝見する者有り、今使訳通ずる所三十国。〈三国志、倭人伝〉

右のいずれにおいても、「通」は、〃A国とB国と二国間の国交関係の成立を指す〃術語として用いられており、例外がない。このような「通」の歴史的用例から見ると、好太王碑の場合も、その用法の歴史の中において理解すべきこと、当然である。

とすれば、百残と「通」じた、とされる「倭」とは、「国」でなければならぬ。なぜなら〃国と海賊との交渉〃など、「通」という表現には到底妥当しえないからである。

(3)「倭不軌侵入」問題

碑文第三面三行に次の文面がある。

　十四年甲辰、而るに倭、不軌にして帯方界に侵入す。

右の「軌」の用語は、次のような意義が知られている。

〈1〉天体が運行するみち。軌道。

五星、軌に循《したが》い、其の行を失わず。〈注〉軌、道なり。〈淮南子、本経訓〉

〈2〉人のふみ行うべきみち。法則。

東平、軌を失う。〈注〉師古曰く、軌、法則なり。〈漢書、叙伝、下〉〈諸橋大漢和辞典〉

「軌」は本来「車の輪と輪との距離」を意味する文字であったけれども、発展して右のように〃天体間の秩序〃また〃人間間の秩序〃を意味することとなった。

この碑文の「軌」も、右の用法上の発展史の中にあり、東アジアの一角、朝鮮半島周辺における〃国家間の秩序〟を意味する用法であることは、容易に察せられよう。いいかえれば、〈1〉の主体が「天体」であり、〈2〉の主体が「人間」であるように、碑文における「不軌」問題の主体は「国家」である。ここで、「倭」が非難されているのは、その「倭国」が「国家間のルール」と高句麗側の信ずるところに順《したが》わなかったためである。

すなわち、この「不軌侵入」の用語を見て、この主語をなす「倭」が〝正規の国家〟にあらぬ「海賊」の類の無法者である証拠、そのように見なす論者ありとすれば、それは文章の皮相を見て、文章をささえる論理構造の本質を見あやまつもの、そのように評ざざるをえないのではなかろうか。この「不軌」問題は、逆に、「高句麗は、『倭』を倭国という、東アジア内の、正規の国家群秩序の中の一つ、と見なしている」、この動かぬ事実を証言していたのである(40)。

六

右では、用語分析を通じて、好太王碑の「倭＝海賊」説の非を立証した。さらにすすんで四〜五世紀の東アジア東辺における国家関係の構造分析を通じて、これを再検証してみよう。

好太王碑と同時代たる、五世紀の史書として、中国側に宋書がある。その夷蛮伝には、次の四国名が各伝中に出現している。

(A)高句麗伝・百済伝・倭国伝・新羅（倭国伝中）

ところが、好太王碑中にも、次の四国名が出現している。

(B)高句麗・百残・倭・新羅

右の(A)と(B)を比較すると、「百済＝百残」であるから、同一の四つの固有名詞が出現していることが分る。これは、同時代史料として当然の事態であるともいえよう。

ところが、(B)の場合、各中心リーダーの称号が次のような形で表わされている。

①高句麗――王（太王）〈例〉雛牟王・好太王等。（第一面等）

②百残――王（もしくは「主」――王健群氏による）

③倭――なし。

④新羅――寐錦（第三面二行。十三・十四字。王健群氏によれば、三十六・三十七字も）

右のうち、先ず注目すべきは、中心リーダーの称号の表記法に二種類あることだ。

甲類＝王（主）――東アジアの普遍語としての中国語（と中国字）

乙類＝寐錦――新羅の民族風称号（王に相当する）

さて、この二種類の表記法出現の意味を考える前に、先ず吟味すべき問題がある。それは③の問題である。この「倭」は九回ないし一一回も出現しながら、その中心リーダーの称号が一回も出現しない。これはなぜであろうか。

その理由は、わたしには唯一つしかないように思われる。それは「この碑文中、『倭』は、絶えず、高句麗の戦闘対象としてのみ出現し、交渉対象としては一回も出現しない」からである。なぜなら、

㋑残王（主）、困逼して男女生口一千人・細布一千匹を献出し、王に帰し、（跪き）、自ら誓う。「今より以後、永く奴客と為らん。」と、（第二面四行。（　）内は王健群氏）

㋺（好太王）是に於て五十八城・村七百を得、残王（主）の弟並びに大臣十人を将《ひき》い、師を旋《めぐら》し、都に還る。（第二面五行）

㋩昔、新羅寐錦、未だ身《みずから》来る有らず、論事……（広）開土境好太王……寐錦……家僕句請……朝貢。（第三面二行。王氏による）

右の㋑は、百残王が好太王に降服し、永遠の帰順を誓った、といういくだりである。㋺は好太王が百残軍を撃破し、多大の捕虜を得た、という、そのメンバーを挙げたところである。

これに対し、㋩には二回の「寐錦」がある（王健群氏による）とされるけれども、欠損部が多く、文意が判然とはしない。しかし、現存文字からすれば、過去から現在に至る、高句麗王家と新羅の王者との関係を叙述しているようである。最後の「朝貢」の語が、〝新羅から高句麗王への朝貢〟を意味することは、いうまでもない。

以上、いずれも、「高句麗～百済」間、もしくは「高句麗～新羅」間の関係が叙述されている。すなわち、広い意味での「交渉対象」といえよう。

ところが、倭の場合、「高句麗～倭」間の関係の叙述、すなわち広・狭、いかなる意味でも、「交渉対象」としては、一切出現しないのである。ここに、「倭の中心リーダー称号」の出現が一切ない、その背景を求めること、それは果して不当であろうか。

これに対して、もしこの「不出現」をもって、〝倭が、国家存在にまで達せぬ、それ以下の存在（ある種の政治勢力）である事実の反映である〟といった類の理解を主張する論者(41)があるとすれば、それは不当であろう。なぜなら、いかなる「政治勢力」といえども、「中心リーダー」をもたぬ存在など、ありえない。あれば、その称号、ことに「民族風名称」（この場合、「倭風称号」）をもたぬリーダーなど、ありえないからである。

また、あるいは「王」（主）、あるいは「師」あるいは「首長」といった中国語（中国字）で表現することも、可能なはずである。

このように考察してみれば、右の「不存在」は、やはり、先のような理由を考えざるをえないのではあるまいか。

さて、以上のような吟味を終えて、再び、最初の、甲類と乙類との比較の問題にかえってみよう。

この碑文の立場において、甲類の中国風称号と、乙類の民族風称号と、いずれが〝より上位〟の表記であろうか。当然、前者である。なぜなら、好太王碑は高句麗側の築造であるから、高句麗の王者に対する「民族風称号」(高句麗風称号)を知らないはずはない。にもかかわらず、それを記さず、「王」ないし「太王」という中国風称号で記している。ということは、この称号こそ、東アジア共通の普遍的称号として、「正式称号」であったことを意味している。そのように考えざるをえないのである。そして百済の王者も、これと同列の、あるいはこれに準ずるもの、として、「東アジア共通の普遍称号」たる「王」もしくは「主」という、中国風称号をもって表記されているのである。

これと異なるのが、新羅の場合、乙類である。新羅の民族風称号で、「寐錦」と記されている。これは、「東アジア共通の普遍称号」たる「王」や「主」には、いまだ達していないから。——そのように考えざるをえないのではあるまいか。

以上のように分析してみると、「高句麗・百残」と「新羅」との間には、「格差」のあることを、わたしたちは認めざるをえないであろう。

さらに、宋書夷蛮伝の場合。これも、

(A′)高句麗伝——「王」あり。

百済伝——「王」あり。

(B′)新羅――「伝」なし。従って「王」なし。(倭国伝の一部にのみ、出現)

というように、(A′)グループと(B′)との間には、明白に「格差」が認められるのである。

これは見のがすべからざる対応と一致である。なぜなら、好太王碑では、新羅が一貫して親高句麗国として出現するのに対し、百残は、いわば「叛・服のただならぬ国」として描かれている。にもかかわらず、右の「格差」を高句麗側が表現しているのであるから、この「格差」は無視しえぬ客観性をもつ、といわねばならぬ。

これに対し、宋書の場合。中国(南朝劉宋)側が、ことに一方(百済)に〝えこひいき〟すべき理由は見出しがたい。にもかかわらず、倭王側の、

使持節・都督・倭・百済・新羅・任那・秦韓・慕韓・六国諸軍事・安東大将軍・倭国王(珍)〈宋書、倭国伝〉

といった自称に対し、中国側は、「新羅」に対してはこれを認めながら、「百済」に対しては終始、頑強にこれを拒否し通したこと、周知のごとくである。ここでも、明らかに「百済と新羅」の二国間に「格差」があるのである。(42)

以上の分析の意味するところ、それは次のようである。

〝好太王碑の国家関係と、宋書夷蛮伝のそれとは、平面的な国名分布のみならず、国家間の「格差」まで、一致し、対応している。すなわち、両者は、構造的に一致している〟と。

この事実は、次の帰結を指し示している。

「(A)(宋書夷蛮伝)の『倭国』は、(B)(好太王碑)の『倭』と一致する」と。

両者が構造的に一致している以上、その中の一つたる、「倭国」と「倭」のみは別、ということは許

されない。そのように言いなす論者は、客観的な論証に従わず、主観的・恣意的主張に奔るもの、そのように評されざるをえないであろう。

このような構造的分析もまた、「好太王碑の倭＝海賊」説を拒否しているのである。(43)

七

冒頭にのべたように、共和国・中国側の「倭＝海賊」説は、従来の日本側の「定説」のような位置を占めてきた「倭＝大和朝廷（あるいは大和中心の連合政権）」説に対する否定であった。そこに研究史上の意義が存在したのである。

では、本稿における、如上の「倭＝海賊」説の否定は、すなわち、従来の日本側の「定説」の復権を意味するものであろうか。

これに対して、この好太王碑に現われた、四世紀末～五世紀初の「倭国」なるものの、実態をうかがうべき重要な史料事実を次に提示したいと思う。

それは朝鮮半島側の史書、三国史記における、朴堤上《ぼくていじょう》説話である。(44) この著名の説話は、次のような内容をもっている。
(1)新羅の実聖王の元年（四〇二）、新羅は倭王の要請によって、奈勿王《なこつ》（実聖王の前代の王。三五六～四〇二）の子、未斯欣《みしこん》を、人質として倭国へ送った。
(2)同じく、実聖王の十一年（四一二）、高句麗の要求によって、未斯欣の兄、卜好を、人質として高句麗へ送った。

(3)訥祇《とつぎ》王（四一七～四五七）は即位したとき、自分の弟二人が永年、他国（倭国と高句麗）で人質となっていることを歎き、その生還を望み、三人の賢者にこれを告げた。

(4)賢者たちの推挙によって、朴堤上が呼ばれた。堤上は、先ず高句麗に赴き、王に情理を説いて卜好の返還に成功した。

(5)次いで堤上は、倭人に対するに「詐謀」をもってせんとし、倭国に赴いた。そして新羅に叛き来ったことを倭王に訴えた。はじめ王は、これを信じなかったが、国際情勢の動きが堤上の言に合致しているように見えたので、ついにこれを信じた。

(6)堤上は未斯欣と共に舟遊びし、その夜、未斯欣を舟で脱出させた。翌朝、舟遊びの疲れでおそくまで寝ているように見せかけ、ようやく倭兵がこれに気づき、速舟でこれを追ったが、ちょうど「煙霧晦冥」のため、これに追い着くことができなかった。

(7)倭王は怒り、堤上を木島（地名）に流し、やがて火あぶりにした上、彼を斬った。

(8)訥祇王は、堤上の志に謝し、その遺族に対して厚く報いた。

以上の説話は、同じく朝鮮半島の史書（説話集）、三国遺事（巻一）においても、「金堤上説話」として、掲載されている（ここでは、高句麗でも、「夜中逃出」したこととなっている。また倭国の場合、倭兵は「日の暮れるに及んで」人質王子の逃亡に気づいたことになっている）。

この説話について、注目すべき点をあげよう。

(A)新羅の奈勿王（三五六～四〇二）は、高句麗の好太王（三九二～四一二。碑文では、三九一より）と同時代の王である。次の実聖王（四〇二～四一六）もまた、好太王の末年の新羅王である。

先にあげた、好太王碑中の「新羅寐錦」（二回）の記事は、好太王十年（四〇〇）と十四年（四〇四。碑面）の間にあるから、奈勿王の末年、もしくは実聖王の初年である。

また好太王九年（三九九。碑面）の新羅王は、疑いなく、奈勿王である（このとき、好太王に使を送り、例の「倭人満其国境……」の訴えを行う）。

また、実聖王十一年（四一二）に、卜好を人質として高句麗へ送った、という、そのときの高句麗王は、好太王その人であった可能性が高い（その没年に当る）。

また好太王碑の建立された、長寿王（好太王の子）二年（四一四）は、新羅では実聖王十三年であった。さらに訥祇王元年（四一七）は、長寿王五年に当っている。すなわち、堤上が先ず訪問して人質王子、卜好の返還交渉に成功したという高句麗王とは、好太王碑の建立者、長寿王その人だったのである。

以上によって、この朴堤上説話の語る時代と好太王碑成立時とは、ほぼ同時代に当っていることが確認せられよう。

(B)三国史記と三国遺事の語るところ、いずれも「倭国――倭王」と高句麗・百済・新羅との関係の叙述である。

(C)この「倭国」の「倭王の都」は、いずれにあったのであろうか。三国史記の語るところ、到底「大和」や「難波」ではありえない。なぜなら、そのさいは当然「瀬戸内海の東端から西端まで」の長途逃亡説話が必要であり、その上、「関門海峡脱出」という、スリルある〝逃亡譚の仕上げ〟が不可欠であり、右のような「深夜から夜明けまでの勝負」といった形の説話では、あまりにも、〝不足〟だからである（この点、三国遺事のケースも、大同小異であり、肝心の「長途脱出譚」を欠いている）。

以上の自然地理的考察は、必然に、この「倭王の都」なるものの存在領域をわたしたちに告げるであろう。――それは、九州北岸である。ことに、博多湾岸は、その最適地となろう。

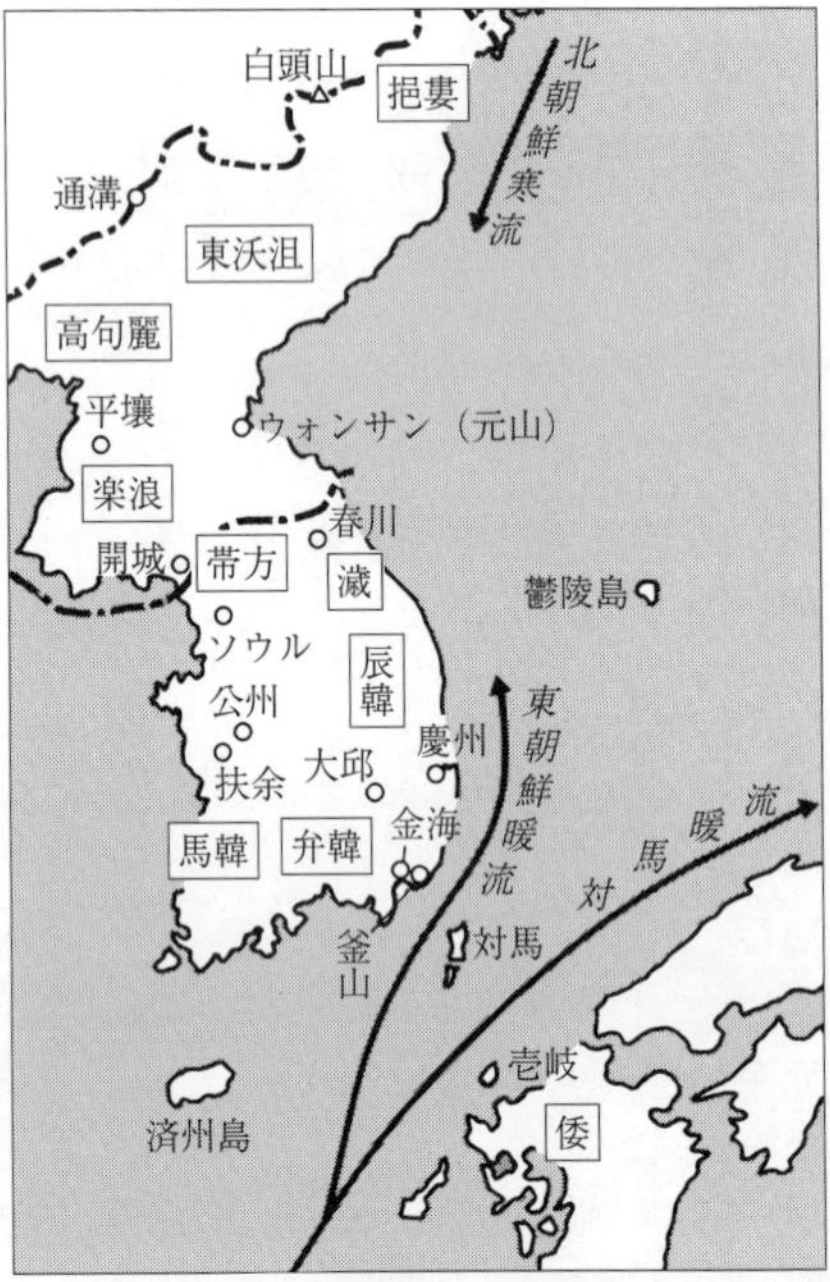

東朝鮮暖流の分岐図
「対馬海流の一枝は対馬海峡東口で北上し，元山沖から鬱陵島辺まで達するが，やがて東転して能登半島沖附近で対馬海流の主流に合する。これを東鮮暖流という」日高孝次著『海流』(52ページ）より

掲載地図にしめすように、対馬海流は対馬海域を過ぎたころ、二つに分れる。一つは出雲方面へ、他は、朝鮮半島東岸部を北上する。そしてウラジオストックから南下した寒流と衝突し、竹島方面へ東流する。この北上暖流が「東朝鮮暖流」であり、新羅の慶州の海岸部をよぎっている。

従って、たとえば、博多湾岸から出て北上し、いったん東朝鮮暖流〔現在は「東韓暖流」とも呼ばれている〕に乗じたならば、すでに追手は、追跡をあきらめざるをえない。すなわち、右の説話のしめすところと自然の地理状況とピッタリ一致して、寸分の狂いがないのである。

以上の考察によって、この朴堤上説話の中の「倭王の都」は、筑紫、おそらく博多湾岸周辺にあった

ことが知られよう。すなわち、この倭王は「筑紫の王者」なのである。(45)

＊　＊

ここで重要な対比がある。

宋書の倭国伝のしめすところ、それは「四二一〜四七八」の「倭国」であり、「倭王」である。すなわち、右の朴堤上説話のしめす「倭国」および「倭王」とほぼ同時代なのである。

同時代に、「二つの倭国」や「二つの倭王」があるはずはない。これは、「二つの高句麗」や「二つの高句麗王」、また「二つの百済」や「二つの百済王」、「二つの新羅」や「二つの新羅王」が同時代に存在しえないことと、同じ道理である。

とすれば、宋書倭国伝中の「倭の五王」とは、同じく「筑紫の王者」でなければならぬ。おそらく「博多湾岸の王都」に、「倭の五王」たちはいた。このように考えざるをえないのである。

以上の論理は、中国史書と朝鮮半島側の史書という、いずれも第三者たる他国史料の証言である点が重要である。なぜなら、彼等には、他国たる「倭国」や「倭王の都」を〝書き歪めねばならぬ〟ような必要など、全く存在しないからである。

これに対し、古事記・日本書紀という、近畿天皇家の史書にのみ、「依拠点」を求めて、右のような他国史料の意義を否定するとすれば、それはきわめたる主観主義といわざるをえないのではあるまいか。

しかも、右においても、古事記の場合、朴堤上説話や倭の五王記事と対応するところが全くない。すなわち、国内史料においても、古事記は「好太王碑の倭＝大和朝廷（大和中心の連合政権）」説に荷担していないのである。

このようにしてみるとき、日本書紀のしめすところが、海外史料のすべて、及び国内史料からも〝孤立〟している状況がうかがえよう。すなわち、「偽られた史書」としての疑いが濃いのである（この点の、詳細な史料批判については、『失われた九州王朝』『盗まれた神話』や『古代は輝いていた』全三巻参照[46]）。

この「偽られた史書」の語るところを、基本イメージとして、その上において、海外史料を〝恣意的〟に利用してきたもの、それがわが国の戦後史学、その、いわゆる「定説」なるものの正体だったのではないであろうか。

八

以上の帰結、それは決して唐突に生れたものではない。すでに本稿でふれた、三世紀における「倭国の都」、それが九州北岸に存在する、と見なされたことと、よく対応し、一致しているからである。また「朝鮮半島内の倭地」問題も、三世紀の「倭地」が全く同様に四〜五世紀へと連続していたことをしめしていた。すなわち、両時期の「倭国」が同一の倭国であることを〝暗示〟していたのである。

けれども、従来の日本の古代史学界は、右のような可能性を、極力排除してきた。学界の論争においても、「好太王碑の倭」は「大和朝廷（大和中心の連合政権）」か、それとも「海賊」（あるいは「政治勢力[47]」）か、その二者択一であるかのように、「偽られた学界図」を提示してきたのである。

すなわち、わたしの「好太王碑の倭＝宋書倭国伝の『倭国』＝九州王朝」説など、あたかも存在しなかったかのように〝擬勢〟を行って来て、年久しかったのである[48]。

けれども日本の学界は、このような〝姑息の境地〟に永らくとどまるべきではないであろう。現に存在する学説を、存在するものとして認め、その正否を問うてゆく。そういった潔い学的姿勢を回復する

ことなしに、何の学問的前途が存在しえよう。(49)

自己の立論にとって「不利な史料」(たとえば「朴堤上説話」)に関しては、「あの史料には問題がある」などといって、問題への直面を回避する、そのような姿勢こそ、今後、厳に拒否さるべきところであろう。(50)

その上、この「好太王碑の倭」問題の究明は、必然的に、わが国古代史学界にとって、宿年の課題ともいうべき、「倭人伝内の倭都」の所在地問題にもおのずからなる回答を与える。そういう問題性格を内蔵していることを指摘しておきたい。(51)

もはや、いわゆる「邪馬台国」問題を〝未定〟のように放置したままでは、日本の古代史学は、一歩も実質ある進歩をなしえない。そういう研究史上の時点に、今やさしかかっているのである。(52)

以上のような、斯学界にとってもっとも本質的、かつ根本的な問題を指摘するために、本稿を草させていただいた。古代史学界をはじめ、各学界の諸賢の御批正を待つことを最後に特筆し、いったんここに筆を擱かせていただくこととしたい。

註

(1) 三六四ページの地図参照。
(2) たとえば、井上光貞『日本国家の起源』等。
(3) 古田「高句麗好太王碑文の新事実――李進熙説への批判を中心として――」(史学会第七十回大会。昭和四十七年十一月十二日。『史学雑誌』八一―一二、同年十二月に研究発表要旨、所載)。
(4) 古田「好太王碑文『改削』説の批判――李進熙氏『広開土王陵碑の研究』について――」(『史学雑誌』八二―八、昭和四十八年八月、本書第八篇)。

(5) 『社会科学戦線』第四号、吉林省社会科学院編集、所収。

(6) 吉林人民出版社、及び京都・雄渾社刊行。

(7) 『好太王碑の研究』では、右のわたしの発表及び論文が紹介され、その内容紹介も行っておられる(日本語版、一二八〜一三〇ページ)けれども、直接わたしの論文を見られず、佐伯有清氏の著書(『研究史、広開土王碑』)からの「孫引き」だったようである。

ために、わたしが右の論文ですでに詳述している論点を、あたかも自己の新知見であるかのごとき形で叙述されているところが現われている。たとえば、

(a)碑文最末の文字「之」字(第四面九行)を、酒匂本では、同行の最上部に誤貼している。もし酒匂景信が碑面に対する「改竄」の実行者であったならば、このような誤貼が生ずることは、考えがたい。

(b)同じく、酒匂本では、第四面において下端二紙(一〜八行、各行とも三八〜四一字)分は、四面の上端に来るべきものを、あやまって下端に誤貼されている。このような大量誤貼は、もし酒匂景信が「改竄」というような行為の実行ないし指揮者であったならば、考えがたい状況である。

以上によって、いずれも、李氏の「酒匂改竄」説の不当であることを論証した。ところが、王氏も、同じ論証で、同じ結論を、自己の立説・展開によってのべられたのである。

この点、すでに、王氏がわたしの論文を実際に見られず、「孫引き」によられたため、生じた問題であったことを、王氏自身が認められたため、事実関係は明確になった(一九八五年三月、長春における王氏との会見による)。

のちの研究史のために明記させていただいた。

これと同類の問題は、三角縁神獣鏡をめぐる論証においても、王仲殊氏とわたしたちの説との間において生じた(古田『多元的古代の成立(下)』の第六篇「考古学の方法」参照)。

この種の問題は、国際的な学術交流においては往々にして生じやすい問題であるともいえよう。しかしその反面、わが国の古代史学界において、学界の「定説」ないし主流に属せざる論文を「軽視」もしくは「無視」

するという、年来の悪習とも、深いかかわりをもっていることをここに明記させていただきたい。右の後者の場合、ことにその点が注目されよう。

　また前者の場合も、佐伯氏をはじめ、各論者が、この好太王碑の「倭」について、「大和朝廷（ないし大和中心の連合政権）」説と「海賊」説の他に、「九州王朝」説の存在することを、故意に「無視」し、論争対象の「場」から除こうとしてきたことが、今ここで特記せられねばならぬ。そのため、国際的な学術交流上においても、一種重大な「歪み」を与えるに至っていること、本編全体の明らかにせんと欲した、肝要の一点なのであった。

(8) 本稿において提起された問題について、わたしはすでに中国および共和国の学者と討論を行うことができた。第一は、王健群氏。一九八五年三月三十日および八月二十三日。いずれも、長春、吉林省博物館において。第二は、孫永鐘氏（共和国）。一九八五年九月二十日。大阪府茨木市立福祉会館（講演・討論会「好太王碑と高句麗文化について——日本列島内分国論と九州王朝——」において）。いずれもテープ収録。わたしの論点の主要点は、すなわち本稿の論旨である。

(9) 東方史学会団長として。

(10) 早稲田大学編『訂正増補大日本時代史、日本古代史・上巻』所収、「高麗好太王碑」（今西竜解説）、参照。古田『失われた九州王朝』第三章所収。

(11) 王健群『好太王碑の研究』一六〇～一六三ページ参照。

(12) 王氏が新たに追加されたのは、

自倭背急（第二面九行、九字）

拒随倭安羅人（第二面十行、二十二字）

残倭潰（第三面一行、四十字）

の、三個の「倭」である。

これに対し、新たに〝除外〟されたのは、

寇大潰城内（第二面九行、三十八字）の「大」に当る字である（この字は、今西竜によれば「倭」であった）。

(13) 石灰痕は、あくまで部分的な点痕に近い。碑面全体が「石灰面」で構成されている、などというような様相とは、全く異なっている。この点、強調しておきたい。

(14) 「倭」字の中には、碑面下部のものもあり（たとえば、第二面六行、四十字。また第二面八行、三十一字及び三十九字。また第二面九行、三十六字、等）、これらは肉眼で目を接するようにして観察できた。上部のものは、双眼鏡によった。

(15) この使用にさいしては、「A型ないしB型」という形のケースをふくむから、総計九段階に分けたこととなる。

(16) この「晴天下早朝」以外にも、「曇天午後」や「豪雪午前」など、四回碑前に行き、各回とも、半日（午前もしくは午後、全部）、観察を集中した（三月下旬）。また八月下旬にも、半日、観察を集中した。

(17) ただし、写真によっては、ほぼ「海」字と推認しうるものもあった（渡辺好庸氏等による）。この例によると、「肉眼」はもちろん「写真」によっても、季節、日光、時間帯によって〃変化〃を生じることが知られる。碑面下辺の場合などと異なり、上辺の場合、（足組みを行って観察しない以上）この種の問題が存在することが注意される。

(18) 現在、この「寇大潰城」（王氏読解による。第二面九行、三十八字）は、「大」とも「倭」とも、全く認識しがたい様相と、わたしには観察された。

(19) 李進熙「広開土王陵碑の謎――初期朝日関係研究史上の問題点――」（『思想』五七五、昭和四十七年五月）

(20) 先掲古田論文、註（4）。

(21) この点、なお確言しておく。現在、「黄」という字は全く判読できない。しかし、「履」と読むには、「復」がなく、「尸」も、〃はね〃が拡がりすぎている。従って「尸」として判読することも無理である。要するに、現在字面そのものから、いずれかの字に判読するのは、その論者の、単なる「主観」もしくは「希望的判読」

にすぎないのである（先記の基準では、E型である）。

(22) 先掲李氏論文、及び李氏著書『広開土王陵碑の研究』等。

(23) 先掲古田論文、註（4）。

(24) 先掲李氏論文、及び李氏著書。

(25) 李氏は、一九八五年一月の読売シンポジウム以降も、ことあるごとに「改竄」説の〝継続〟を主張しておられるようである。たとえば、一九八五年七月十五日『好太王碑の謎』（講談社文庫）参照。

(26) 好太王碑の研究史の著者として著名の、佐伯有清氏の立場も、この〝大和を中心とする連合政権〟論のようである。この点が、一見公平に見える氏の筆に、一種の歪みを与えているようである（「倭＝九州王朝」説を、論争の中におこうとせぬ点など）。

(27) 井上光貞氏、先掲書、註（2）。

(28) 抄訳としては、井上秀雄・永島暉臣慎「広開土王碑」（『朝鮮研究年報』一九六七年、第九号）がある。

(29) こういった問題もふくめ、より十分な研究史の記述が将来に期待されよう。

(30) 李氏の著書（『広開土王陵碑の研究』）は、その第一章として「広開土王陵碑研究の歴史」をふくんでいるのであるから、もし氏がこの、共和国における「改竄」説論争について知っておられたならば、当然それを「特筆」されるべきであったであろう。そして氏は朝鮮大学の講師として、そのような共和国側の学術情報を、もっとも入手しやすい立場におられたのではないかと思われる。

この間の経緯が、李氏自身及び関係者によって明らかにされることが望まれる。そして何よりも大切なこと、それは、最初の、共和国における「改竄」説を、第一次「改竄」説、李氏のものを、第二次「改竄」説として、研究史上に正確に位置づけることであろう。

(31) たとえば、右の問題点がそれである。また、李氏の「広開土王陵碑研究の歴史」が、その先蹤として、朴時亨氏の『広開土王陵碑』の「第一章　広開土王陵碑の建立と陵碑に関する古文献の記録」や「第二章　陵碑再発見の経緯」をもちながら、この貴重な先行研究に負うところを詳記、もしくは明記していない点、学問的にフェアーといいがたい点がうかがわれるのではあるまいか。正確な研究史作製上、今後注目すべき点の一つであろう（佐伯有清氏の研究史においても、この点を明らかにしているとはいいがたいことを遺憾とせざるをえないのである）。

(32) この点、今後、氏の「倭＝海賊」説が否定せられた場合においても、逸すべからざる、研究史上の意義といわねばならぬ。

(33) 「抄訳」のみでは、これに対する「賛・否」とも、出しがたいうらみがあろう。

(34) 王氏の場合も、「倭＝海賊」説が朴氏の先蹤説の継承説であることが、十分には明らかにされていないようである。

（なお、王氏の著書の「日本語訳」の刊行について、氏が病床にあったため、十分な連絡が（王氏個人に）行われず、ために王氏自身は、その「日本語訳」に必ずしも〝責任を負いがたい〟旨、のべられた。――一九八五年三月の会見のさい。）

(35) この「其の国境」問題に対する、朴氏と王氏の対応を見よう。

(A)朴時亨氏

「今回の新羅王の手紙によれば、倭人は新羅国境地方の数城で一定の損害を受けていた。」（日本語訳、二二四ページ、傍点は、原文のまま）

(B)王健群氏

①「『白王云』以下の句は、新羅の使者の話した内容を記述したもので、新羅の使者の言葉をそのまま記録したものではない。さもなければ、『倭人満其国境』の『其』（第三人称）は説明がつかない。後の句は前の句のつづきであり、同様に新羅の使者の話をそのまま記録したものとみなすべきではない。さもなければ、前と後とがつづかなくなる。」（日本語訳、一九六ページ）

②「『国境』は『土境』と同様、国土の意味であるので、それを現代語の『国境』のように理解してはならない。」（同右、一九五ページ）

右のⒶの場合、「新羅国境地方」という言葉が使われている。しかし、〝新羅と何国との間の国境か〟それをしめすことを〝慎重に〟避けている。

しかし、それが「倭国との国境」でないことは、（朴氏にとっては）必然であった。なぜなら、もしそれを認めれば、氏の「倭＝海賊」説は、保持しえないからである。こういう〝文章の文法的分析〟に対して、正面から取り組んでおられない点に、朴氏の所論の〝ウイーク・ポイント〟があるようである。

次のⒷの場合。

①では、王氏は、朴氏とは異なり、〝文章の文法的側面〟への取り組みをしめしておられる。しかしながら、ここに見られる、氏の論法は奇妙である。なぜなら、

㋑「王に白《もう》して云う」以下の文章「倭人、其の国境に満ち……」は、直接法ではない。

㋺そう見なさなければ、前後関係に矛盾を生ずる。

といった論法だからである。要するに、

「一見、直接法の引用と見えるが、そうとると、わたしの考える『前後の意味』につづかないから、直接法ととりたくない」

ということなのである。これは逆である。「基本をなす文法的理解を先とし、自己の構想の是非を、その理解の立場から判断する」。これが正しい方法論ではあるまいか。それが〝逆立ち〟させられているのである。

好太王碑には、四つの引文がある。

(1)王（鄒牟王）、津に臨みて言いて曰く「我は是れ皇天の子、……」（第一面二行）

(2)残王困逼して男女生口一千人、細布一千匹を献出し、王（好太王）に跪き、自ら誓う。「今より以後、永く奴客と為らん。」と。（第二面四行）

(3)王、平穰に巡下す。而して新羅、使を遣わして王に白して云う。「倭人、其の国境に満ち、城池を潰破し、奴客を以て民と為す。王に帰して命を請わん。」と。（第二面七行、前出）

(4)国岡上広開土境好太王の存する時、教えて言う。「祖王・先王、但《ただ》遠近の旧民を取り、守墓・洒掃せし

めよ。吾旧民の転《うた》た羸劣に当るを慮り、……」（第四面五〜六行）

右のように、(1)(2)(4)とも、見事な「直接法の引文」だ。しかるに、論者が自分の（立論の）都合で、(3)だけは「直接法の引文ととりたくない」などというとしたら、文章理解の邪道ではあるまいか。

しかも、この「云う」の用語例は、次のように明晰である。

牢曰く、子云う。吾試ならず、故に芸あり。〈論語、子罕〉

これは、「云――他人の言葉を引用していふ」（諸橋大漢和辞典）の事例とされている。上の「牢」は、孔子の門人、子張のことである。その「牢」が、（文法的には、「第三者」である）孔子の言葉を引用しているのである。「吾……」ではじまるように、完全に「直接法の引用」である。

この好太王碑の場合も同じである。高句麗側にとって「第三者」たる、新羅の使者の言葉の引用、もちろん「直接法」の引用であるから、「云う」の表現を用いている。すなわち、好太王碑の用法は、論語の用法に一致しているのである。この頃当時の高句麗の「識字層」にとって、「論語」は、おそらく最高の教養・古典の一であったであろうから、この用語の一致は当然である。これに対し、王氏は「自家の都合」で歪めんとされたのではあるまいか。

次の②の文。これこそ不可解である。好太王の名、「国岡上広開土境平安好太王」の傍点部は「土境（＝国境）を拡大した」の意から、「国土を拡大した」の意となること、当然である。それを「逆転」させて〝これは「国土を拡大した」の意であるから、「土境」に国境の意味はない〟などといわれるのは、まことに〝強引〟としかいいようがない。「国境」を拡大せずして、（この当時の朝鮮半島で）いかにして、「国土」をひろげうるものであろうか。

率直にいって、王氏は、自家の「倭＝海賊」説を固持するために、文法をふみにじり、語義を歪曲せざるをえなかった。――これがことの真相のように、わたしには思われる。

かつて古代中国の詭弁術に、「白馬非馬の論」があった、という。王氏の論が「国境非境の論」と後人に称されねば幸いである。批言深謝。

(36)　古田『「邪馬台国」はなかった』第二章Ⅲ、参照。

(37)　この問題に対する、異なった見解として、たとえば、山尾幸久「朝鮮における両漢の郡県と倭人」(『立命館文学』四三九〜四四一合併号。『東アジアの古代文化』四四号、一九八五年にも、「中国史料に見える『倭』と『倭人』」の題で掲載)がある。この点、改めて詳述したい。

(38)　わが国では、古代史に関して論議はなはだ盛に見えながら、こういった問題(邪馬一国の所在論証法の検討、邪馬一国と好太王碑の倭との関係等)に関して、学界における各学者の相互批判が、学会誌や学会(大会)等において極度に乏しい。本稿がその一助とならんことを希求せざるをえない。

(39)　朴氏・王氏とも、三世紀段階の「倭」、すなわち三国志魏志倭人伝の「倭」についての分析がない、もしくは極度に乏しいことが、その立論の脆弱点をなしているように思われる。なぜなら、「歴史」である以上、三世紀の「倭」にふれずにおいて、四〜五世紀の「倭」が明らかになるはずはないからである(この点、金錫亨氏の「分国論」については、『失われた九州王朝』において批判したが、改めて詳述したい)。

(40)　朴氏はこの一節に対し、次のような「翻訳文」をのせておられる。

「十四年甲辰に倭が無知にも法規を守らずに侵入した。」(日本語訳、二三二ページ)

そして「歴史的事実」として、

「碑文ではとくに、『不軌』と指摘したのは倭が高句麗大王が設定した法秩序を守らず、非常識にも侵入してきた事実を極度に憎悪したのである。」(二三四ページ)

と書かれている。

ここでは、「倭国側には、倭国側の法秩序の主張があり、それが高句麗側のそれと衝突した」といった、客観的視点が欠如している。それが「無知」「非常識にも」といった表現にも表われている。

これに対し、王健群氏の場合、

「『不軌』——法規にもとづかないで事を運ぶこと。ここでは両国の正常な関係を破壊したことを指す。」(日本語訳、二三二ページ)

なお、この点、中国語原文をあげよう。

「不軌…渭不按法度办事。这里指破坏两国的正常美系。」(二二〇ページ)

右の中国語原文でも、「両国」という表現がハッキリ出ている。とすれば、これは一方の高句麗が「国」であると同じく、他方の「倭」もまた、「国」であることになろう。この点、王氏自身の「倭=海賊」説と、右注記といかに関係しているのであろうか。

(41) たとえば、最近の上田正昭氏は、この立場をとっておられるようである(一九八五年一月の読売シンポジウム、等)。氏はかつては「大和朝廷」の立場であった。この好太王碑の「倭」に関して、

「倭軍の敗北は、当時のわが王朝にとって深刻な打撃であった」(上田『大和朝廷』角川新書、昭和四十二年刊、傍点古田)

と書いておられた。

(42) 三国志の魏志韓伝中、「馬韓」の五十余国中に「伯済国」があり、「辰韓」の一二国中に「斯盧国」があり、それぞれ「百済」「新羅」の前身であることをしめしている。

(43) この点、一九八五年三月の王氏との会見(長春)のさい、わたしは強調した。

(44) 古田『失われた九州王朝』第四章Ⅳ、参照。

(45) わたしはすでに右註(44)の著で、この説話に深く注目していたけれども、この説話が宋書夷蛮伝・好太王碑と相対して強力な論証力をもっていることに対する認識が十分ではなかった。

この説話に対し、朴氏は、

「盗賊たちの侵入を粉砕・撃退するのに連続的に成功している新羅人がその盗賊たちに人質を出すということは本来ありえないことであり、また、侵入を継続しつつ殲滅的打撃を受ける賊たちがこれまでとっていた人質を殺さずに二十年間もそのままにしておいて、取り返されるということはない。このことはあまりにも自明なことである」(日本語訳、九八ページ、傍点古田)

とのべ、従ってこの説話は、

「高句麗の人質卜好と朴堤上についての事実を結合・類推して作成された愛国伝説である。」（九九ページ）

「三代の新羅王の葛藤に関する事実が誇張されて反映されていることはいうまでもない。」（同右）

とのべて、この説話の史料価値を否定された。けれども、右の「その盗賊たち」の表現にも見られるように、自家の「海賊」説を先に立て、その立場から、問題の史料の史料価値を否定する、というのは、歴史学においてフェアーな方法ではない。なぜなら、この方法が許されれば、何人でも、自家の立論に不都合な史料の「史料価値」を否定できるからである（この点、皇国史観の史家、大和中心の連合政権論の史家も、喜んでこの朴氏の方法に便乗するであろう。方法論上の「便宜主義」を共有しうるからである）。

(46)　たとえば、景行紀における、「景行天皇」の「九州大遠征譚」の分析、参照。

(47)　註（41）参照。

(48)　一九八五年一月の読売シンポジウム、同年九月の宝塚シンポジウム（阪急）等、枚挙にいとまがない。

(49)　この点、本稿の力説すべき最大のテーマである。

(50)　「海賊」論者、大和中心主義論者とも、厳密、かつ良心的に、この問題についての所見を提出されることを切望する。

(51)　この点もまた、右と同じである。

(52)　「邪馬台国」問題、実は邪馬一国問題に対して、わが国の古代史学界が、正面から、問題点を余さず、対論し、論争しあう、その時期の来ることを、強く要望したい。

第十篇　アイアン・ロード（鉄の道）——韓王と好太王の軌跡

〈解題〉　好太王碑の碑面に現れず、しかもそこに記せられた好太王の生涯の軌跡の秘密を解くカギ、それは「鉄」の問題である。この点、すでに三国志の魏志韓伝の中にこの問題が記され、半島における、韓・濊・倭の動向、さらに中国（魏。楽浪郡・帯方郡）の関心が、この一点を焦点としていたことを示しているのである。この三世紀の鉄の軌道、それを追うて南下したのが、好太王の軍であった。

一

好太王碑は史料の宝庫である。約二千字、その中には、倭国に関する、また高句麗に関する豊醇な同時代史料が内蔵されている。

今、その中のもっとも重要なもの、若干をえらんで次にのべよう。

先ずとりあげるべきは、好太王碑に現われた好太王の行動、高句麗軍の軌跡、その真の意義である。すなわち、なぜ、好太王は鴨緑江北中流域、集安県の地、国内城より出撃して、平穰（楽浪郡）へ、さらに帯方郡の領域へと、その勢力を拡大しようとしたのか。いわゆる「広開土境」の目的は何か。単に〝領土拡大〟のみがその企図するところだったのであろうか。

またこれに対し、倭国の軍が「帯方界に侵入」した、というのは、いかなる目的をもつ出兵だったのか。この問いである。

この問いに答えるために、わたしたちは先ず、三国志の魏志韓伝に対する分析へと赴かねばならないであろう。

二

倭人伝に対する研究が、汗牛充棟の観を呈していたのに対し、その直前に当る韓伝に対する研究は、従来、必ずしも十分であったとはいいえないであろう(1)。

これは、思うに奇異、もしくは不当な事態である。なぜなら倭人伝の直前におかれているのが韓伝である以上、〝韓伝の知識を前提にして倭人伝を読む〟――これは、倭人伝の読み方として、あまりにも自然な姿勢というべきではあるまいか。少なくとも、三国志の著者陳寿が予想した「読者」、それはそのようなものではなかったであろうか。韓伝を読まず、あるいは熟読せず、いきなり倭人伝を「深読み」する、そのような読者は、著者の期待した、本来の読み方ではないであろう。

わたしはかつて、倭人伝が〝三国志の中の一部〟すなわち、その〝ワン・ノブ・ゼム〟であることを強調し、力説した（『「邪馬台国」はなかった』参照）。

倭人伝のみをとりあげて、その読み方について種々の想像や〝読みこみ〟を行うのではなく、倭人伝中の、問題の語句や語法に対して、これと同一の語句や語法を三国志全体に求め、それらのしめす帰結に従って倭人伝を読む。これを「倭人伝解読の根本ルール」として提唱し、かつこれを実行せんと欲したのである。(2)

それと同じ意味で、あるいはもっと切実な意味において、「韓伝を前提にして倭人伝を読む」、この姿勢は、倭人伝解読上、もっとも不可欠の方法論をしめすものといえよう。なぜなら、魏志三〇巻の最末に属する倭人伝にとって、韓伝こそもっとも接近し、かつその直前に位置する一節だからである。

この立場に立つとき、たとえば里単位問題もまた、従来の読法とは異なった視点を早くから獲得できていたであろう。なぜなら、そこには、冒頭に、

韓は帯方の南に在り。東西、海を以て限りと為し、南、倭と接す。方、四千里なる可し。

とあるから、朝鮮半島の東西幅を「四千里」となす立場、すなわち「短里」（一里＝約七六～七七メートル）(3)の立場に立って、その上で倭人伝の里程記事を読む、そのようにならざるをえなかったであろうか

らである。

この点は、すでに各所で論じたところ(4)、今あらためてくりかえす必要はない。しかし、今は、さらに一層広い視野において、「韓伝、前提読法」の必要を論じてみたい。

三

韓伝は、馬韓・辰韓・弁韓の三つに分かれ、その各々に属する小国名が記載されている。

〈馬韓〉爰襄国・牟水国・桑外国・小石索国・大石索国・優休牟涿国・臣濆沽国・伯濟国・速盧不斯国・日華国・古誕者国・古離国・怒藍国・月支国・咨離牟盧国・素謂乾国・古爰国・莫盧国・卑離国・占離卑国・臣釁国・支侵国・狗盧国・卑彌国・監奚卑離国・古蒲国・致利鞠国・冉路国・兒林国・駟盧国・内卑離国・感奚国・万盧国・辟卑離国・臼斯烏旦国・一離国・不彌国・友半国・狗素国・捷盧国・牟盧卑離国・臣蘇塗国・莫盧国・古臘国・臨素半国・臣雲新国・如来卑離国・楚山塗卑離国・一離国・狗奚国・不雲国・不斯濆邪国・爰池国・乾馬国・楚離国――凡そ五十余国(5)。

（辰王、月支国に治す。）

〈辰韓・弁韓〉已柢国・不斯国・弁辰彌離彌凍国・弁辰接塗国・勤耆国・難彌離彌凍国・弁辰古資彌凍国・弁辰古淳是国・冉奚国・弁辰半路国・弁楽奴国・軍彌国・弁軍彌国・弁辰彌烏邪馬国・如湛国・弁辰甘路国・戸路国・州鮮国・馬延国・弁辰狗邪国・弁辰走漕馬国・弁辰安邪国・馬延国・弁辰濆盧国・斯盧国（優中国）(6)――弁辰韓、合して二十四国。

右のような諸国名の記載は、倭人伝にも見られること、周知のごとくだ。それは、次のようである。

(A)〈行路国〉狗邪韓国・対海国・一大国・末盧国・伊都国・奴国・不彌国・投馬国・邪馬壹国
(B)〈諸国名列記〉斯馬国・已百支国・伊邪国・都支国・彌奴国・好古都国・不呼国・姐奴国・対蘇国・蘇奴国・呼邑国・華奴蘇奴国・鬼国・為吾国・鬼奴国・邪馬国・躬臣国・巴利国・支惟国・烏奴国・奴国(7)
(C)狗奴国

右のように、韓伝と倭人伝は、諸国名の記載という一点において、全く共通している。この史料事実のもつ意味は、次の事実と対比するとき、くっきりと浮び上ってこよう。すなわち、三国志の烏丸・鮮卑・東夷伝には、次のような国々があるけれども、

烏丸・鮮卑・夫余・高句麗・東沃沮・挹婁・濊・韓・倭人

その中で、「諸国名記載」をふくむものは、右の二伝以外にない、という、この事実である。「烏丸——濊」の七伝については、全くこのような記載を見ないのである。これは、なぜであろうか。従来、このような〝巨視的疑問〟が提出されなかったこと、むしろその方が不思議ではあるまいか。

けれども、この疑問に対する回答、それは意外に簡単であるように、わたしには思われる。その回答の鍵は、次の二文にある。

㈠長老説くに「異面之人有り、日の出づる所に近し。」と。遂に諸国を周観し、其の法俗を采り、小・大区別、各名号有り、得て詳紀す可し。……故に其の国を撰次し、其の同異を列し、以て前史の未だ備えざる所に接せしむ。〈東夷伝、序文〉

㈡郡より倭に至るに、海岸に循《したが》ひて水行し、韓国を歴るに、乍《たちま》ち南し乍ち東し、……南、邪馬壹国に至る、女王の都する所、水行十日、陸行一月。〈倭人伝〉

右のうち、(二)は周知の文章である。ここには、「帯方郡治→邪馬壹国」の行程を魏使（帯方郡官僚）が踏破し、歴巡したことが記されている。

そしてその踏破・歴巡の間に「周観」した「諸国」を「撰次」した、とのべているのが、(一)の文である。ここに、なぜ、韓伝と倭人伝のみに、諸国名が列挙されているか、その理由が明白に記されている。しかも、「其の同異を列し」とあるのが注目される。〈馬韓〉における「莫盧国」、〈辰韓・弁韓〉における「馬延国」は、それぞれ同一国名が二回出現している。単なる〝机上の国名列記〟でなく、〝巡行コース〟によって記されたため、このような形態になったのではなかろうか。なぜなら、それぞれを「同名の別国」と見たのでは、「国数の総計」が、記載と合致しえないからである（この点、詳細には、註記参照(8)）。

ともあれ、(一)に明記されているように「これら（韓伝のすべてと、倭人伝のⒶ）は、巡行コースの国々である」、このように見なすとき、はじめて問題の解決を見よう。なぜなら、「夫余——濊」の五国について、中国側が「それら（内包小国名）を知らなかったから、書かれていない」などという思惟は、およそ不可能だからである（倭人伝のⒷについては、註記参照(9)）。

以上の考察は、わたしたちに次の事実を指し示す。——「魏使は、韓国内を陸行した」と。さもなければ（単に韓国の西岸と南岸の通過だけならば）、右のような韓伝内の記載事実、また（二）の文章の明記は全く意味を失うからである。「全水行」では、「諸国、周観」など、到底無理だからである。

以上のようにして、わたしがかつて行った「韓国陸行」という概念に立つ行路解読、それはわたしの里程解読法の必然の帰結であったのであるけれども、それがここでも裏書きを得ることとなったのである(10)。

四

わたしが、一見本稿のテーマと直接かかわりなきかに見える、韓伝内の問題点をとり上げ、これに分析をほどこしたのは、他でもない。従来、「粗雑」であり、幾多の「錯雑」をふくむ、と考えられやすかった韓伝が、その実、やはり三国志の著者、陳寿の周到なる筆致によっていたことをしめさんと欲したのである。

他の例をもう一つあげよう。従来、韓伝の不信憑性の事例の一としてあげられていたのは、次の問題である。

(一)′（馬韓）大国、万余家。小国、数千家。摠《すべ》て十余万戸。――五十余国

(二)′（辰韓・弁韓）大国、四・五千家。小国、六・七百家。摠て四・五万戸。――二十四国

右で、大国の「標準数」と小国の「標準数」と各国数との関係を見ると、全く矛盾する、とはいえないまでも、やや〝不相応〟の観をいだかせやすい。たとえば、(一)′の馬韓の場合、「大国」が〝五～六国〟あれば、「小国」の五〇国弱をプラスすれば、容易に総計は「十余万戸」を超えるであろう（「数千家」は、〝約五千～六千家〟）（本書一七二ページ参照）。この点、(二)′の辰韓・弁韓の場合も、同様である。

しかしながら、右の考察のさい、根本的な盲点がある。それは「家＝戸」という等式を自明の前提としている点である。

これを三国志全体に事例を求めれば、「家」と「戸」とは、明らかに異なった概念である。

①太和元年（二二七）三月、中山・魏昌の安城郷、戸千を以て逸（文昭甄皇后の父）に追封す。〈魏志、

后妃伝、第五〉

②安国亭侯に封ず、邑五百戸。〈魏志、張燕伝〉

③秋、魏将、梅敷（人名）、張倹（人名）に使して、求見撫納せしむ。南陽の陰・酇・筑陽（筑、音は逐）・山都・中廬（以上、地名）、五県の民、五千家、来付す。〈呉主伝〉

④璋（潘璋）の妻、建業（都）に居す。田宅を賜い、客五十家を復す。〈呉志、潘璋伝〉

⑤（遼西の烏丸大人、丘力居）衆五千余落。〈魏志、烏丸伝〉

⑥又懐き来る鮮卑・素利・彌加等、十余万落、皆、款塞せしむ。〈魏志、牽招伝〉

右の①②にしめされているように、魏志の場合、約一〇〇例にわたる「戸」の事例がしめされている。これらはすべて「戸」という表記が用いられている。

ところが、蜀志・呉志になると、その事例は激減する。蜀志の場合、「　」内に当る、直接法の文章の中に現われるのみであり、地の文には現われない。

呉志の場合、③④の事例のしめすように、「家」の表現で記されてあり、「戸」を用いないのが通例である。[11]

また、⑤⑥の事例がしめしているように、烏丸や鮮卑の場合、「落」という表記の用いられるのが通例であり、やはり「戸」は用いられていない。[12]

以上を要するに、

〈その一〉「戸」「家」「落」はいずれも、弁別して使用されている。

〈その二〉「戸」は、「魏戸」に対してのみ用いられている。「落」は塞外の烏丸や鮮卑等に限って用いられている。

〈その三〉「家」は、右以外について用いられる、より一般的な用法のようである。

以上のような使用例の区別の厳密さから見ると、魏志韓伝の場合も、漫然と「家＝戸」として用いられたとは考えられない。すなわち、「大国、万余家」を「大国、万余戸」と等置して〝計算〟したり、〝考察〟したりすること、それは根本において妥当ではないのである。

では、韓伝では、どのような意義でそれぞれ用いられているのであろうか。

〈その四〉「魏志韓伝」であることからも分るように、韓伝中の「十余万戸」（馬韓）、「四・五万戸」（辰韓・弁韓）は、いずれも、〝魏朝の冊封体制下の正式の「戸」〟に属する数値をしめしている。

〈その五〉これに対し、「万余家」（馬韓、大国）、「数千家」（馬韓、小国）、「四・五千家」（辰韓・弁韓、大国）、「六・七百家」（辰韓・弁韓、小国）の場合は、これと異なる。いわゆる〝正規の魏戸〟としての編成単位ではない。「戸」とは、いわば、その国（ここでは、韓）の〝正規の徴税・徴役・徴兵の基礎単位〟をなすものである。ところが、韓国には、その形式では〝処理し切れぬ〟実態があったようである。

(a)桓・霊の末・韓・濊彊盛、郡県制する能わず、民多く韓国に流入す。〈馬韓〉

(b)邑落雑居、善く相制御する能わず。跪拝の礼無し。居処に、草室・土室を作る。形は家の如し。其の戸、上に在り。挙家共に中に在り。善く制御する能わず。〈同右〉

(c)弁辰と辰韓と雑居す。〈弁辰〉

右のような実情の上、楽浪人・帯方人といった中国人も多かったことと思われる。これらは「韓国内の、韓戸」とは、また別の存在だったのではあるまいか。

要するに、「戸＝家」としては、単純に〝換算〟しえないのである。

（この点、倭人伝においても、この「～家」の形をとるものに、

一大国――三千許家
不弥国――千余家

がある。これも、他がすべて「戸」表記であるのと異なっている。この二国はいずれも、海に臨む港津の地であり、それぞれ少なからぬ〝外国人〟（楽浪人や帯方人、また韓人など）の居住があったのではあるまいか。そのため、いずれも、敢えて「三千許戸」「千余戸」としなかったのではないか、と思われる。この点も、一試案として提起しておきたい。）

五

以上によって、従来、ややもすれば粗雑な描写に流れているかに見られることのあった韓伝が、実はさにあらず、周到な筆致に拠っていることが知られよう。

そのような韓伝の中で、もっとも注目すべき問題点がある。それは「王の所在の有無」の問題である。

(a)（馬韓）辰王、月支国に治す。……（辰韓）其の十二国、辰王に属す。辰王、常に馬韓人を用いて之を作《な》す。世世相継ぐ。辰王自立して王たるを得ず。

(b)（弁辰）十二国、亦王有り。

(a)には、特異な「辰王」の存在が語られている。その政治的位置は、一種〝特異〟であるけれども、その叙述するところ、それ自体は明確である。すなわち、

〈その一〉韓伝の冒頭には、「辰韓は、古の辰国なり」と記せられてある。従って「辰王」とは、「辰国の王」の意義の「古名」であり、やがては「辰韓の王」をしめす称号として、現在（三世紀現在）も、

使われていることが知られる。

〈その二〉辰韓については、その歴史的由来として、次のようにのべられている。

辰韓は馬韓の東に在り。其の耆老、世に伝えて自ら言う。「古の亡人、秦の役を避けて韓国に来適す。馬韓、其の東界の地を割きて之に与う」と。

すなわち、地理的には辰韓はその成り立ちからして、〝馬韓の被保護国〟の性格をもっている、というのである。それゆえ、「馬韓」の一部である「月支国」を治所としながら、〝馬韓の東界の地〟に当る一二国を、「辰韓」と称して統治している。その上、その統治は、「馬韓人」が〝政治顧問〟のような形で、これを補佐している、というのである。ここにも、〝馬韓の従属国〟としての姿が現わされている、といえよう。

以上のような、一種〝変則〟の形ながら、「辰韓に代々王あり。辰王と称す」という事実に関しては、記載は明確であって、疑う余地がない(13)。

次に、(b)。これは、王の称号や統治形態やその歴史的由来等、一切記述はないものの、「弁韓に王あり」の事実だけは明晰である。

これに反し、肝心の「馬韓」の場合、五十余国もあるにもかかわらず、「王」の存在が書かれていないのである。これはなぜか。

これはいかにも〝奇態〟に見えよう。しかし、東夷伝を子細に検すれば、その歴史的現在が明記されているのが知られよう。
(1)昔、箕子、既に朝鮮に適《ゆ》き、八条之教を作り、以て之を教う。門戸の閉じる無くして民、盗を為さず。其の後、四十余世、朝鮮侯准、僭号して王を称す。〈濊伝〉

(2)侯準、既に僭号して王を称し、燕の亡人衛満の為に攻奪せらる。其の左右の宮人を将《ひき》いて走りて海に入り、韓地に居り、自ら韓王と号するも、其の後絶滅す。今も韓人猶《なお》其の祭祀を奉ずる者有り。〈馬韓〉

(3)部従事、呉林、楽浪の本、韓国を統ずるを以て、辰韓八国を分割して以て楽浪に与う。吏訳転じて異同有り。臣幘沾韓、忿《いか》りて帯方郡の崎離営《きりえい》を攻む。時に大守・弓遵、楽浪太守・劉茂、兵を興して之を伐つ。遵、戦死し、二郡遂に韓を滅す。〈馬韓〉

(4)国に鉄を出す。韓・濊・倭、皆従いて之を取る。諸市買、皆鉄を用う。中国に銭を用うるが如し。又二郡に供給す。〈辰韓〉

右の(1)は、有名な「箕氏朝鮮」の記事である。のちの楽浪郡、今の平壌の地に統治中心をおいていたようである。

それが(2)では、燕からの亡命者、衛満に追われた経緯が描かれている。いわゆる「衛氏朝鮮」である。そのため、箕子の子孫が南下し、韓地に遷った、という。わたしはこれを「箕氏韓国」と名づけよう。ここに「馬韓王」としての「韓王の成立」が語られているのである。

ところが、その「韓国」は、劇的な消滅をとげた。それはすでに(2)で語られているが、その具体的な経緯をのべたのが、(3)である。

中国側（魏）の官僚たる、部従事の呉林が突如、「辰韓の八国」を併合した、という。その理由は、本来、楽浪郡がそこを統轄していたからだという。これはおよそ、〝無体〟な理由である。なぜなら、この種の理由で「併合」が可能なら、朝鮮半島のほとんどの部分は、漢の四郡の下にあったから、今あらためて〝併合しうる〟こととなるであろうから。

この「不法」に反抗した韓王側は、楽浪・帯方の二郡を攻撃し、一時は帯方郡太守の戦死までまねいたものの、やがて戦局反転し、「韓国滅亡」の帰結となった、というのである。これが、(2)にのべられた「韓王（馬韓王）滅亡」をまねいたのであった。

六

ここに真の問題が生れる。

中国はなぜ、このような「暴挙」を行ったか。——この問いである。

わたしは、この問いに答える鍵を(4)の文章に見出したいと思う。

ここでは、辰韓に鉄の産地があり、韓・濊・倭の三者がここに「鉄の入手源」を求めていたということが記されている。しかも、中国で「銭」による貨幣制度が成立していた。と同じく、ここ朝鮮半島付近（韓・濊・倭）では、「鉄」が貨幣の役割を果していたことが語られている（わたしはかつてこれに対して「鉄本位制」の名を与えた。『ここに古代王朝ありき』及び『古代は輝いていた』第一巻、参照）。

ところが、今の焦点は、最後の一句である。

又供給二郡。

わずか五字であるが、この五字のもつ意味は絶大である。なぜなら、「辰韓→二郡（楽浪・帯方）」という、〝鉄の供給ルート〟が、朝鮮半島の中枢部を横切っていたことをしめしているからである。

とすれば、先の一見〝無体〟な、「辰韓八国割譲」問題も、この「アイアン・ルート」の保持、という、中国側にとって至上の要請が、その背景にあった。そのように考えることは、果して無謀であろうか。

その「アイアン・ルート」の確保のために、中国（魏）は、敢然と、伝統ある「韓王（馬韓王）家の滅亡」をも辞さなかった。そしてその「韓国（馬韓）無王時代」、いいかえれば、「中国側の、軍事直接統治時代」に属していたのが、三世紀の韓国、魏志韓伝の世界であった。

やがて景初二年（二三八）、遼東半島の公孫氏が魏軍の包囲下に陥落の命運が迫っていたとき、倭国の女王卑弥呼は、急遽、使者難升米たちを帯方郡へ派遣した。そして洛陽なる天子に会わんことを求めた。

この倭使が「倭→辰韓」の「分岐した、アイアン・ルート」を通って、朝鮮半島へ向ったこと、また「主要、アイアン・ルート」たる「辰韓→帯方」の道をも通った、あるいは相接した道を辿ったであろうことは、十分に察せられよう。

そして卑弥呼の要請の一つに、「倭国へのアイアン・ルートの確保」があった、と見なすことは、果して過当な想像であろうか。わたしにはむしろ、そのような側面から倭人伝に光を当てることの、従来あまりにも乏しかったことを、不可思議とせざるをえないのである。

以上によってわたしは、本編最後のテーマに到達する、その基礎を確保しえた。この立場から好太王碑の碑面を観察しよう。

(1)九年己亥（三九九）百残、誓に違し、倭と和通す。王（好太王）平穣に巡下す。而して新羅、使を遣わして王に白《もう》して云う、「倭人、其の国境に満ち……」（第二面六・七行。前出）

(2)十四年甲辰（四〇四）而して倭、不軌にして帯方界に侵入す。……王躬《みずか》ら率いて往きて討ち、平穣より……。（第三面三行。前出。解読は王健群氏による）

(3)平穣の城民、国烟一、看烟十。（第三面九行）

(4)新来の韓穢、沙水城の国烟一、看烟一。（第三面十一行）

(5)吾が躬ら巡り、略し来る韓穢を取り、洒掃に備えしめよ。(第四面六行。好太王の言)

(6)言教、此《かく》の如し。是を以て教令の如く、韓穢二百廿家を取り、……。(第四面六行)

右の(1)(2)(3)において、三回も「平穰」という地名が出ている。もと、楽浪郡の地だ。それを「楽浪」と呼ばず、「平穰」という新地名(現在は「平壌」)と呼んでいるのが注目される。ここを〝中国の直轄領〟としての「楽浪郡」と認めず、新たに「高句麗統治下の領域」と見なしているのである。しかも、くりかえし出ていることからもうかがえるように、好太王にとっても重要な拠点だったことがうかがえよう(「平穰遷都」は、次の長寿王の時代である)。

次に、「帯方」。ここでは「帯方郡」の地名を使っている。「平穰」のような新地名を記していないのは、ここがまだ「高句麗の統治下」の〝安定した領域〟とはなっていなかったからであろう。けれども反面、「帯方郡」といわず、「帯方界」としたところ、やがてここをも「高句麗の統治下」の安定領域としようとした、その〝野心〟もしくは〝期待〟が見えるのかもしれぬ。ともあれ、「帯方郡」の近辺が、高句麗軍と倭国軍の決戦場の一つとなっていたことが知られよう。

しかも、このさい、好太王が平穰から進軍し、その結果、「倭寇潰敗、斬煞無数」(第三面四行)の戦果をえたことが記されている。従って、少なくともこの直後には、高句麗側がこの「帯方界」を征圧していた状況がうかがえよう。

次は、「韓・穢」の問題である。(4)(5)(6)の史料がしめすように、好太王は「韓・穢」の地を征圧し、その民を支配するようになった結果、その「新征服民」をもって、高句麗の代々の王墓の「洒掃」など、「守墓」のための労役を行わせるようにした旨がのべられている。

以上によってみると、好太王軍の進軍の主線行路は、「平穰(楽浪郡)→帯方界(郡)」」の線上にあるようである。少なくとも、この二地点の征圧が重要な戦略目標となっていたことは疑いない。この戦略行動の結果、「韓・穢」の民を支配した、というのである。

そしてこのような高句麗軍に対し、もっとも頑強な敵対者の一となったのが、倭国軍であったこともまた、前稿の論証によって今や疑いがない。

以上の考察をまとめてみよう。

(A)平穰、帯方――征圧の主目標地点。

(B)韓・穢――土地と民を征服（百残・新羅をふくむ）。

(C)倭――敵対者。

このような地名、民族名、国名を見るとき、わたしには、先にのべた、魏志韓伝における「アイアン・ルート」をめぐる分布を想起せざるをえない。

(A)′二郡（楽浪郡・帯方郡）

(B)′韓・濊・倭

辰韓の鉄の産地をめぐって、登場する五者、これが右の(A)(B)(C)とピッタリ対応し、登場している。

しかも、単に五者の「平面的な一致」だけではない。魏志韓伝の場合、「辰韓の八国割譲」が「韓国滅亡」の〝引き金〟となっていた。

好太王碑の場合も、「辰韓」の後身である「新羅」の高句麗側への〝訴求〟が、重要な〝キー・ボード〟になっていることは疑えない。

好太王碑において、この「新羅訴求」問題は、単なる〝一挿話〟ではない。限られた字数の金石文にとって、そのようなことはありえないであろう。否、その直後の「新羅救援」のための進軍、倭軍

（「倭賊」「倭寇」）との激突が、この救援要請にもとづくことは当然である。さらにそのあと、「帯方界」において倭軍（「倭寇」）を潰敗させる大決戦に至ったのも、上の「新羅訴求」が背景になっていることは疑いえない。なぜなら、三国志の魏志倭人伝によってみても、「倭国」が直接〝対中国（魏）国交の場〟としていたのが「帯方郡」であったのに対し、高句麗が「帯方郡」を通じて中国側に交渉していた形跡は見られないからである。

このように考えてみれば、高句麗の軍の「帯方界への進入」にとって、右の「新羅訴求」のもっていた、切実、かつ具体的な〝意義〟を察することができよう（大義名分上の問題については、註記参照[14]）。

以上のように考察してみれば、平面的のみならず、軍事行動進発の誘因においても、三世紀と四世紀末〜五世紀初と、両者の間、あまりにも大きい共通性のあることに驚かされざるをえない。それは何か。いわく、「アイアン・ルートの奪取と確保」――これである。

好太王碑における、高句麗軍の行動、そのマスターズ・キイ、それは「鉄」であった。少なくとも、この問題を抜きにして、好太王碑の文面を、正確に、そしてありのままに深く読むこと、それは不可能であるとわたしには思われる。

高句麗軍は、「新羅訴求」に応じて新羅へと南下し、倭軍と戦った。そして倭軍を急追して「任那・加羅に至った」（第二面九行）という。それは、高句麗側にとって「新羅救援」という〝正義の実行〟であったであろう。それに疑いはない。

だが、反面、倭国側にとっては、その高句麗の大援軍が、「倭国へのアイアン・ルート」をおびやかすもの、そのように映じていたこともまた、同じく疑いえないところなのではあるまいか。なぜなら、倭国にとって鉄はすなわち「貨幣」であった。そして同時に、最新の「農具」であり、最強の「武器」

だったのである。そして高句麗の急迫したという「任那・加羅」、それは倭国にとっては、「倭国へのアイアン・ルート」の重要な一角をなしていたこと、その事実をわたしは、疑うことができないからである[15]。

高句麗の立場と、倭国の立場と、いずれが非か、いずれが是か。それを論ずることは、現代の各論者の自由にまかせよう。しかし、それはともあれ、史的事実として疑いえないところ、それは、四世紀以来の、東アジアの一角に「鉄の磁場」をめぐって、北の高句麗と南の倭国が、朝鮮半島の中枢域等各領域において、執拗に激突しつづけていたこと、その客観的な史的事実ではあるまいか[16]。

「鉄」をもとに三国志の魏志東夷伝を読み、好太王碑文を読む。——この方法論こそ東アジア古代史研究の前進にとって不可欠の道であること、この一点を本稿によって、東アジア諸国の古代史学界の前に提示させていただきたいと思う。

註

(1) もちろん、朝鮮半島側の学者は、韓伝等に対して、もっとも学問的興味をいだいていたであろうけれども、「韓伝を通して倭人伝を読む」研究を、わたしは寡聞にして知ることが少ない。
(2) わたしが一九八四年四月以来、連続してきた「倭人伝を徹底して読む」(朝日カルチャー、大阪・梅田)の講義は、この立場からなされている(古田、同名書、大阪書籍刊〔復刊本は二〇一〇年十二月、ミネルヴァ書房刊〕)。
(3) 谷本茂氏の測定による(古田『邪馬一国の証明』〔角川文庫〕「あとがきにかえて」参照)。
(4) 古田『「邪馬台国」はなかった』『多元的古代の成立(上・下)』『よみがえる九州王朝』等、参照。
(5) この国名列記は「行路記事」であり、再出する「莫盧国」は同一国再出ではあるまいか。

(6) この「馬延国」再出も、右と同じケースであろう。また「優中国」を国名とするものもあるが、これは「中国に優なり」と読み、〃中国に対して友誼的である〃の意ではあるまいか（先述のように、馬韓は、中国側の軍事的直接支配下にあった。これに対比した表現であろう）。

(7) この列記については、
(イ)魏使が倭国に来て〃聞き書き〃した。
(ロ)倭国側（卑弥呼や壱与）の上表文の〃末尾の列名〃（邪馬一国の配下の国々として）が書かれてあり、その転載。

右の二つの可能性があろう（従来は、(イ)のケースのみが考えられていたようである）。

(8) 註（5）（6）参照。

(9) 註（7）参照。

(10) 従来、各論者がこの問題についてふれなかった、また解明しえなかった一因は、魏使の「韓国水行（西岸・南岸）」を自明としたためであろう（しかし、実は、韓国は「西岸」はあっても、「南岸」はしるされていない。韓伝冒頭に「東西」のみ海に接することをのべ、「南」については、〃海に接する〃といっていないからである）。

(11) 呉志中に「戸」の出る例として、次の例がある。

「初め、曹公（曹操）、江浜の郡県、権（孫権）の為に略せられるを恐れ、徴して内移せしむ。民転《うた》た相驚き、廬江・九江・蘄春・廣陵より、戸十余万、皆東のかた江を渡る。江西、遂に虚《むな》し。」〈呉志、呉主伝〉

右は、曹操が「魏戸」を〃南遷〃せしめた記事である。それゆえ、「呉志」中にありながら、「戸」と記せられているのである。

(12) 全用例について、「落」の表現がとられている。

(13) 江上波夫氏の騎馬民族説において、この「辰王」に対して特殊な解がほどこされ、日本列島へ渡来して、近畿天皇家を構成したごとく説かれたのであるけれども、韓伝内において客観的に処理する限り、「辰韓の王」、いいかえれば「辰国の王」の義に他ならず、何等、他奇はない（古田『古代は輝いていた』Ⅱ、参照）。

(14) 平壌の南北にある、安岳三号墳と徳興里古墳の銘文は、「高句麗と倭国」間の大義名分上の問題を解き明かす、重要な鍵を提供している。この点、別述したい（『市民の古代』第八集参照）。

(15) 「任那・加羅」の四文字が、好太王碑第二面九行に出現している。

(16) 好太王碑中の「倭賊」（第二面八行）「倭寇」（第二面九行）といった表現は、高句麗側からの「大義名分」上の表現であり、〃海賊〃の類の表現ではない。

あとがき

昭和四十四年九月、「邪馬壹国《いち》」（『史学雑誌』78―9）の一篇を世に問うてより、すでに十有八年の歳月が流れた。

それは孤立の一探究者にとって、辛苦に満ちた、永き歳月であったともいえよう。が、ふりかえれば一瞬。――そういう思いもまた、消しがたいのである。わたしたちの人生全体が、この地球という星の一隅を舞台とする一瞬の演劇であるとすれば、この感懐も、あるいは虚ではないのかもしれぬ。

そのような短い歳月の間に、わたしは多くの問いを発し、その答えをえたようである。それらの問いの多くは、わが国の研究史上、永年の宿題、あるいは懸案と称すべきもの、少なくないのであるから、このような回答を手中にしたこと自体、探究の原野に生涯をさまよう者にとって、過ぎたる幸いと思わざるをえないであろう。

あるいは、江戸時代以来、慣用されてきた「邪馬台国」という改定名称の当否、それは「邪馬壹国《いち》の原点」冒頭の論証によって晴天の天日よりも明らか、今のわたしの目にはそのように見えているのである。

あるいはまた、倭国の女王卑弥呼《ひみか》。外《と》つ国に喧伝せられながら、わが国の文献内に対応すべき人物が「確定」しなかった。安定した「同定」がえられなかったのである。ところが今、「卑弥呼の比定」にしめしえたごとく、筑後国風土記の一文を、これも「原文改定」のほこりをはらってみれば、ほぼ確実とおぼしき女性像、その活躍の姿と場所と時間の諸相を認識することができたのであった。

この認識はまた、東アジア諸国の目に映じていた「倭国」なる国家の中心、都邑の地がどこであったか、それを明瞭にさししめすこととなったのだ。——「チクシ（ツクシ）」の地がこれである。

あるいはまた、旧「倭国」に替わる、新「日本国」、その成立時点がいつか。この問題がハッキリとした上限をしめして浮かび上がってきた。——天智十年（六七一）がこれだ。今後、日本国家の起源を論ずる場合、誰人にも回避しえぬ論点となるであろう。〝悠遠の古えより、わが国は天皇家を中心に発展してきた〟——戦前はもとより、戦後の史学（ことにその始祖たる津田史学）でも安易に傾きやすかった、このような見地、それは今後、実証を回避することなしには成立しえなくなったのである。

あるいはまた、出雲王朝。朝廷の用語は、近畿天皇家のみではなかった。それよりはるかに古く、出雲王朝、さらに筑紫なる九州王朝。そこでもすでに使用されていた。大和朝廷はそれらの模倣者だったのである。〝中国から大和朝廷へ〟——この直輸入関係のみを誇張し、これに先行する、先行王朝との関係を無視、ないし軽視してきた。これが明治以降の「天皇制」下の歴史学、教科書、報道機関の常とするところであった。

しかし今、わたしたちは、実証の名のもとに、真実を真実として守りとおすために、ただそれだけのために、右のようなもろもろの誘惑やPRに対して、静かに首を横に振らねばならぬであろう。

そのために本書は書かれたのである。

昭和六十二年七月三十日

古田武彦

文庫版によせて

一

本書の朝日文庫版刊行の企画をはじめて聞いたとき、わたしは深い感慨に打たれざるをえなかった。なぜなら、冒頭にある出雲風土記三篇は、日本の古代史学界、ことにプロ（専門）の学者たちに対する、一個の挑戦、それも〝清水の舞台から飛び降りるような〟知的冒険の論稿だったからである。

従来の、日本の学者は信じてきた。「官職名や制度名があれば、すべて大和朝廷任命の結果である。」と。

この〝信仰〟によって、地中から出た木簡に「評」や「郡」などがあれば、それらはすべて「天皇家制定」のもの、として処理し、これを疑わずに来たのである。そして、

「ではなぜ、日本書紀は『評』という制度を避け、一切『郡』に〝取り変え〟たのか。」

「もし、ある天皇（たとえば、孝徳天皇）が『評』という制度を施行したのなら、なぜ書紀はそれを隠し、たかだか七世紀中葉前後の、その『施行記事』をカットしたのか。」

こういった、およそ理性ある人間なら、誰でも抱くはずの問いを、徹底して真剣に発しようとはしなかったのである。

このようなTennolog（天皇家中心の一元主義）の立場は、戦前（皇国史観）より、戦後において一層強化され、深化している。この一事をわたしは冷静に指摘したいと思う。

なぜなら、人々は津田左右吉《つだそうきち》の学説を「定説」化することによって、古事記や日本書紀の記事の多くを「造作」とし、虚妄とした。その結果、右のような「制度施行記事」の有無に一切頓着せず、先の〝信仰〟を一貫し、完成することができた。これが、〝幸福なる〟戦後半世紀の学界状況だったからである。わたしには、研究史の実状をそのように評して大過ないように思われる。

この〝安眠〟を打ち破らんと欲したもの、それが冒頭の三篇だった。

そこでは、出雲風土記中の「国造」や「部」といった、公的な制度が、決して近畿天皇家中心の制度ではないこと、逆に、「出雲朝廷」（さらに、それ以前の中枢者）を中心とする、古代の制度、公的呼称に属したこと、それらを逐一、各古写本の各史料事実に依拠しつつ、論証したのであった。

しかも、そのような古写本の史料事実を、江戸時代の国学者、荷田春満《かだのあずままろ》たちは「改竄《かいざん》」した。すなわち、近畿天皇家中心のイデオロギーと〝合致〟しえぬ史料事実を、〝合う〟ように「改竄」し、これを「出雲風土記の正文」とした。

そして明治以降、現在に至るまで、各学者の依拠史料、各出版の本文は、それに従い、これを遵守《じゅんしゅ》してきたのである。わたしは、決して一切のイデオロギーの立場からではなく、ただひたすら実証と真実のために、この一事を厳密に指摘しつづけた。それが、右の三稿の基本をなす研究思想だった。

しかるに一九八七年（十月、駸々堂刊）以来の学界は、一切これに対して「沈黙」を守りつづけた。それが印象的だった。けれども、多くの読者と心ある編集者は、幸いにわたしの提案の意義を認められたようである。

二

右の三篇を通読された方は、一個の不審を抱かれるであろう。それは「別稿で詳述したい。」といった注記が頻出することである。

これは、論証の方途が絶えず、学界未踏の領域に踏みこんでいるため、「では、この問題については、どうなるのか。」といった、新疑問が続出すべきこと、わたしには当然ながら行文中、常に痛感させられていた。むしろ、そのような〝未知の密林〟の中の、歩一歩の探索行だった、と言っていいであろう。

さりとて、その一つ、一つはまた、同量の、あるいはこれ以上の行文を要すべき一大テーマだ。ここで〝軽く〟[1]論述できるていのものではなかった。ために、右のようなフレーズを多用することとなったのである。

思うに、たとえば原子物理学の領域において、一つの現象を解明するために、一つの仮説を立て、一連の事象分析を行う。その直後、直ちに新たな学的疑問に出会う。そしてまた、こういった経験が常にくりかえされているのではあるまいか。わたしの場合も、同一だった。

すでに早く、わたしの研究方法が宇宙物理学、いわゆる天文学の学問的方法と共通する点の多いこと、その点を指摘して下さったのは、オランダのユトレヒト大学天文台の難波収氏（京大、宇宙物理出身）だった。

わたしはそれを聞いて一驚した。けれども昨年、はからずも、その偶然ならぬことを知るに至った。

なぜなら、十一月七日、博多で行われた物理学の国際会議の晩餐会で、世話人側（日本）を代表して三十分間行われた上村正康氏（九州大学助教授）の講演（英語）は、

（「金印と九州王朝——古代日本に関する、古田の新理論——」）と題され、すべてわたしの学問の方法論と内実で満たされていたからである。（ワシントン本部刊行の国際会議の会議録に収録の予定と聞く）(2)。そしてわたし自身も、その三日後、糸島郡（福岡県）の芥屋《けや》の国民宿舎において、核物理学者（九州中心）の前で、二時間半にわたる講演と、数時間（昼食時をふくむ）に及ぶ、真摯なる学的質問にさらされる、望外の光栄と喜びをえたのであった。

三

本書の、次の四篇（第四〜七）は、まさにそのさい質問と討論の中心となったテーマ、邪馬壱国と九州王朝に関するものである。

ところが、幸いにも、この問題は、昨年の八月以降、重大なエポックを迎えることとなった。その発端は、八月一日から六日まで行われた「白樺シンポ」（東方史学会主催、昭和薬科大学諏訪校舎にて）の中にはじまった。八月三日、「行路里程」の日に提起された木佐発言（NHK放送文化研究所、主任研究員、木佐敬久氏）がこれである。氏によれば、

第一、倭人伝に、帯方郡の塞曹掾史（軍司令官）張政が倭国に派遣されてきたことが記されている（正始八年、二四七）。

第二、彼の帰国は泰始二年（二六六）である（晋書倭国伝、日本書紀神功紀）から、倭国滞在は「二十年間」に及ぶ。

第三、従って倭人伝の行路里程記事は、彼の軍事報告書をもとに、軍事用の実用にたえうるものとし

て、記載されたもの、と考えざるをえない。

第四、それ故、次の三点が帰結される。

〈その一〉「南」を「東」のあやまり、とは見なしえない。

〈その二〉「里程」を「五〜六倍の誇張」とは見なしえない。

〈その三〉他の何物より、重要にして不可欠な記事、それは「帯方郡治から倭国の首都までの総日程」である。なぜなら、それなしに、食糧補給や兵力増派は不可能だからである。

以上だ。この至理至当の提言によって、幸運にも、二十年前のわたしの提起（「水行十日、陸行一月」を、帯方郡治から邪馬壹国までの総日程と帰結する立場。『「邪馬台国」はなかった』）が、唯一の合格説として浮び上ることとなったのである。「方角」「里程」については、言うまでもない。倭人伝の「里単位」と、洛陽なる魏の天子の「里単位」と、同一でなければ、軍事報告書として、本来無意味である。また、実地の軍事的使用にも耐ええぬこと、当然だ。

四

この木佐提言の方法に習い、同一の論理によって「九州王朝の実在」を証明しうることを、わたしは知った。

旧唐書が、古事記、日本書紀側のしめす「近畿天皇家中心の一元的歴史像」とは全く異った、別個の歴史像をしめしていること、周知のところである。すなわち、倭国伝では、この国が後漢の光武帝の金印（志賀島出土）から白村江の戦まで、一貫して九州を中心とする国であることをのべ、次の日本国伝では、この国が倭国の分派であり、八世紀以降、母なる倭国を併呑して統一の王者を称するに至った経緯が記載されている。

さて、これに対する、二人の裏付けがある。

その一は、郭務悰。白村江の勝利後、三回にわたって日本列島（倭国）に派遣された、唐の部将だ。先の倭国伝の内容は、彼の軍事報告書にもとづく（日本書紀、天智紀）。

その二は、阿部仲麻呂。日本国（大和朝廷）の遣唐使として派遣され、「五十年間」長安に滞在し、そこに没した。唐の高級官僚を歴任した経緯が、日本国伝に書かれている（中国名、仲満）。従って日本国伝（及び倭国伝）は、彼の情報にもとづく。

以上の実状であるから、旧唐書の所述は、「小異」はたとえあったとしても、「倭国」と「日本国」との国家関係、といった主幹をなす根本問題に「大異」がある、とは考えられない（この仲麻呂の証言問題は、わたしがすでに詳述したことがあり、木佐氏はかつてこれを見られた、とのことである）。

以上を、わたしは「政、悰、満の法則」（張政・郭務悰・仲満）と呼び、本年一月一日、論文化し、昭和薬科大学の紀要―一九九二―に掲載した。また英文・中国文・韓国文も、すでに用意している（新泉社刊行予定（未刊））。

これによって、本書の四篇は、強力な裏付け、その骨格を獲得しえたのである。(3)

五

本書を通観して、一種独特の感懐をさそわれるのは、最後の三篇（第八～十）である。昭和四十七年以来、激越なりし李進熙氏との論争の思い出、酒匂大尉の遺族を求めて南九州を馳けめぐり、乞しい旅費の尽きる寸前、天啓のように、日向市のそのお宅に到達し、大尉の真影と自筆に対面しえたこと、そしてまた中国の吉林省に旅し、当局に好太王碑の「開放」をせまったこと、そして再度現地集安で念願の現碑に接し、「改削」説はやはり非であった事実を確認しえたこと、王健群氏との会見の思い出も忘れがたい。

このように、すでに論争は終結し、本稿（第八）の研究史上の位置は定まったようであるけれども、今なお「光と影」が残されている。

その「影」とは、右のような経緯（わたしが李説批判の先鋒であり、中心的位置にあったこと）にもかかわらず、その後の「好太王碑をめぐる討論のシンポジウム」において、わたしを必ず〝しめ出し〟、討論の場に入れない、という、「日本の学界の閉鎖性」がここでもまた認められたことである。すなわち、この碑面に現われた「倭」が〝近畿を中心とする連合勢力（旧、大和朝廷論）か、海賊か〟という議論にとどまり、「九州王朝か」というテーマは、「学問的討議」の場から排除するのを慣行としている。国際社会の中の先進国の一たる、日本の学界として、信じられぬ閉鎖性である。

折しも、新しく筑波大学学長に就任された江崎玲於奈氏の談に接した（今年四月十七日、東京テレビ、サテライトスタジオ）。氏いわく、〝学問は、トライ・アンド・トライだ。大家の言でもうきまっている、というような、そんなものではない。逆に独創を生む自由な気風こそ、大学の場にもっとも重要である。〟と。そして日本に着任して以来、〝日々、不思議な経験をしています〟と。日本の歴史学界の実状に照らし、わたしにも深くうなずくものがあった。

しかし「光」がある。わたしと共に「開放」を求めて彷徨《ほうこう》した藤田友治氏が『好太王碑論争の解明』（新泉社刊）の好著を出し、「倭」の歴史的実像を、学界の閉鎖性にとらわれず、追求すべきを率直にのべておられることも、その一例だ。(4)

一昨年、「ベルリンの壁」が崩れ去ったように、人間の作った「壁」は、ある期間いかに強固に見えようとも、時の審判のもと、結局崩れ去らざるをえぬ、これがクリオ（歴史の女神）が人間にしめす、最高の教訓なのではあるまいか。わたしはそれを信じ、未来の多くの読者が本書を机辺におかれることをひそかに切願するものである。

註

（1）「別稿」の実例について、若干を指摘しておこう。

第一に、三九ページの4行の「別稿」。これは本書の第二、第三篇がズバリこれに相当している。

第二に、四三ページの㉖の「別に詳論する。」は、古田著『まぼろしの祝詞誕生』（新泉社刊）となって実現された。従来、歴史学上の史料としては必ずしも〝活用〟されなかった祝詞が、実は「弥生期の筑紫朝廷の中で作られた詞」として、絶大な史料価値をもつ（大祓の祝詞）。その分析である。もちろん、各祝詞、それぞれ「誕生」のときとところを異にしている。その生産時点の、その地の文明中枢の息吹きを生々しく伝える、貴重無比とも言うべき史料なのである（ここでは、はじめ全体を扱う予定であったが、「大祓の祝詞」のみでその紙幅が満たされた）。

第三に、八二ページの後ろから6行の「より詳しくは、別論文において詳述しよう」。この「筑紫中心の『部』や『伴』『緒』等をしめす史料」の問題については、昨年一大進展があった。それは「神武東行」をめぐる問題である。本書では、従来の通説通り、「日向国（宮崎県）発進」と考えていた。しかし、昨年五月末、青森県に向う夜行列車の中で、「神武と久米の子等」の関係について疑問を生じ、このテーマを深化した結果、福岡県糸島郡の久米（旧、志麻郡）をもって、当の比定地と見なさざるをえぬこととなった（しかし、中心勢力の「東遷」ではなく、分派の「東行」である点が重要である）。

ここから新しく発生した諸問題については、『神武歌謡は生きかえった――古代史の新局面――』（新泉社近刊）にのべられている。それが右の「詳述」の一に当るものである。

さらに、今後のわたしの論文、著述の中で、漸次明らかにされるところ、その中から人々は当の「別稿」を発見されることであろう。

（2）副題―― Unsolved Mysteries of Ancient Japan

（3）「白樺シンポ」の実状とその後の発展は、次の四書にしめされている。

①『「邪馬台国」徹底論争――邪馬壹国問題を起点として――』（全三冊。六日間のテープおこし、全表現。新泉社。今年五月末より逐次刊行）。

②『古代史徹底論争――「白樺シンポ」以後――』（論文集。駸々堂、今年六月刊行予定）。

（4）関連の著作として星野良作『広開土王碑文研究の軌跡』（吉川弘文館刊）がある。

（一九九二、四月十八日）

日本の生きた歴史(七)

日本の生きた歴史(七)

第一　朝廷論
第二　国造と部民論
第三　日本論
第四　続・倭語論
第五　史料批判論

第一　朝廷論

一

「古田さんも、出雲王朝などといい出したら、もう駄目ですね。」

高名な古代史学の学者から、そういう声が伝えられたのです。ある新聞社の方を介して。昭和五十年（一九七五）二月、わたしの『盗まれた神話』（ミネルヴァ書房から復刊）が出された直後のことでした。この本の最後に、

「わたしはこの日本最古の王朝に対し、今、『出雲王朝』の名を呈しよう。」（復刊本、三四六ページ）

と書いたことに対する、学界からの反応でした。

しかしわたしには確信がありました。「九州王朝と出雲王朝」という二つの王朝は〝ワン・セット〟、論理の「二階建て」だったのです。だから、動じることはありませんでした。だが、学界は「大和朝廷一元説」のからを脱ぎ捨てることができなかったのです。

二

たとえば、風土記。日本列島各地の歴史や伝承をしるした、貴重な記録とされていますが、その先頭に「出雲の地形」が書かれています。

「国の大き体《かたち》は、震《ひむがし》を首《はじめ》とし、坤《ひつじさる》のかたを尾《をはり》とす。東と南とは山にして、西と北とは海に属《つ》

けり。」（岩波古典文学大系、九五ページ）

出雲（島根県）の地形は「東が首、西南を尾とする」動物の形になっている、というのです。ですが、「本来の原文」では、これとはちがっているのです。

「国の大体、震を首とし、坤を尾とす。東と南なり。宮の北は海に属す。」（細川本・倉野本・日御前本・六所神社本とも、同じ。万葉緯本も、本文は同じ）

「失われた、キイ・ワード」、それは「宮」の一語です。これは杵築《きづき》の宮。現在の出雲大社を指しています。その出雲大社のあるところを「首」として、他を、その「しっぽ（尾）」としているのです。その「首尾」としての「出雲の国、全体」は、「杵築の宮の、東と南に拡がっている」。これが、冒頭の「地形説明の全体図」です。

この中心の「宮（杵築の宮）」の一字が、原文から〝取り除かれ〟ているのです。肝心の一語を〝欠いた〟形へと「改ざん（竄）」されているのです。なぜでしょう。

三

「出雲大社のあることなど、分かりきっている。縁結びの神だろう。それが〝あった〟か、〝なかった〟か。自分には関係ないよ。」

あなたは、そう思うかもしれません。否、友だちにも、そう語るでしょう。しかし、そうではないのです。この「肝心の一点」から、問題は途方もなく大きく、拡がるのですから。

出雲風土記全体の「中心の神」は、三四回という抜群の出現率をもつ、

「天の下造らしし大神、大穴持命」

です。「オオアナモチ（大穴持）」の「アナ」は「ア」が接頭語、「ナ」が「海辺の大地」です。「モ」は〝むらがるところ〟「海の藻」の「モ」です。「チ」は「神以前の、神の古名」です。この「大穴持命」が、あの「杵築宮」にいる、とされているのです。

すなわち、この出雲風土記は、その全体がこの「大穴持命、中心」で描かれているのです。

四

問題の「キイ・ポイント」、それは次の二カ所です。

（A）国造、神吉《かむよ》調《しらべ》望み、朝廷に参向する時、御沐之忌王、故に忌部と云う。（意宇《おう》郡、忌部の神戸）

（B）故《それ》、国造、神吉事《かむよごと》奏し、朝廷に参向する時、其の水活きて用い初むるなり。（仁多郡、三津の郷）

右の（A）の意宇郡の忌部は島根県松江市だから、杵築宮からも近い。また（B）の仁多郡の三津の郷は同じく島根県の仁多町の三沢の郷の近辺です。その上、この仁多町は斐伊川及びその支流の流域地ですから、肝心の杵築宮とは、同じ斐伊川の上流と下流の関係なのです（現在の斐伊川は「変流」させ、宍道湖に流入）。

しかも、（B）の場合はこの仁多町産出の「吉《よ》き水」を「朝廷」に献上するためです。大穴持命の息子（アヂスキタカヒコの命）の病気（「唖《おし》病」）が治癒したという〝縁起〟に因んだ、この三津の郷（三沢の郷）の「吉き水」の献上です。大穴持命にとって「縁起のいい水」なのです。

ですから、当然ながら、右の（A）と（B）の「朝廷」とは、「出雲朝廷」です。「杵築宮」とは、大穴持命の「宮」を端的に指す言葉だったのです。

五

それを江戸時代の「国学者たち」が「改ざん」したのです。

「わが国で『朝廷』といえば、『大和朝廷』以外にはありえない。」

このイデオロギーを「根本方針」として、これと〝矛盾する〟古典の「原文」は遠慮なく〝改ざん〟する。――これが国学者たちにとっての「学問」の〝手法〟でした。そのために、この問題の出発点をなす、冒頭の「宮」の一字を〝取りはずした〟のです。

江戸時代の「国学」とは、「実証」ではなく、「大義名分」を第一とする、イデオロギーの「擬似学問」だったからでした。それを、明治以降の「近代」の国語学者、言語学者、日本史学者等、そろってこれを継承して、敗戦後の今日に至っているのです。

六

明治以後、天皇の詔勅において「万世一系」という四文字がくりかえされます。

「朕天佑《テンユウ》ヲ保有シ萬世一系ナル皇祚《コウソ》ヲ踐《フ》ミシ以来未タ和親ノ各國ニ聘問《ヘイモン》ノ禮《レイ》ヲ修メタルヲ以テ（中略）聘門ノ禮ヲ修メ益《マスマス》親好ノ情誼《ジョウギ》厚クセント欲ス」（英國皇帝へ特命全權大使派遣ノ國書、明治四年十一月四日）

「天佑ヲ保全シ萬世一系ノ皇祚ヲ踐メル大日本帝國皇帝ハ忠實《ジツ》勇武ナル汝《ナンジ》有衆ニ示《シメ》ス（下略）」（清國ニ對スル宣戰ノ詔勅、明治二十七年八月一日）

これらの「万世一系」という四文字は、必ずしも「歴史事実」を確認した上での「発言」ではありま

せん。いわば、

「三百年弱の徳川家より、はるかに古い淵源を天皇家はもっている」

という「イメージ」を、〝過大に表現した〟ものです。その証拠に、古事記にも、日本書紀にも、この〝印象的〟な四文字は全く現われていません。

それどころか、日本書紀では第二十五代武烈天皇を「無二の悪逆者」として延々と書き連ね、「武烈以前の旧王朝」と「継体以後の（天智・天武・元明・元正などの）新王朝」との両者が「断絶」していることが強調されています。その「武烈天皇の陵墓」も、（丘陵部のみで）造られていません。他にも、「王朝断絶の証拠」はたくさんあります。詳しくは別稿に書きました（『俾弥呼《ひみか》』ミネルヴァ日本評伝選、二〇一一年）。

けれども、「天皇家中心の制度」となった明治維新以降、国文学者も言語学者も、そろって右の「万世一系のイメージ」を守ろうとした。その結果、江戸時代の国学者たちの「改ざん」に対して、目をつむり続けて今日に至っているのです。

すなわち、近畿天皇家以前に、すでに「朝廷」という言葉が用いられていたこと、それが「大和以外」にあったことを〝承認〟できなかったからです。

だから、出雲風土記冒頭の「宮」の一字は削られ、そこに出てくる「朝廷」を、無理矢理、「大和朝廷」として〝解釈し通し〟てきたのです。

けれども一時代の「政治体制」を守るために、古代の史料を〝書き変える〟、そんな無残なことが許されてはならない。これがわたしの信ずるところです。

第二　国造と部民論

一

おどろいた。津田左右吉の基本著作『日本上代史研究』を読み返してみて、全くおどろきました。これが「戦後史学」をリードして今日に至っている、いわゆる「学問」の事実なのです。

彼は次のように論じました。

「神代史や上代の物語は、早くも六世紀に入つてから後、朝廷に於いて製作せられ、朝廷を本位とし、統治者の地位に立つて統治者の由来を説いたものであるから、それは決して民間に存在した古伝説では無く、（中略）基の材料としては民間説話が採つてあるが、全体としての神代史や上代の物語は官府の述作である。」

これは、有名な彼の「述作説」です。その立場から、出雲風土記の問題の個所をとりあげているのです。

「出雲風土記によれば意宇郡に忌部神戸があつて、玉作部の住地と接近してゐたらしいが、それは、多分、忌部氏が玉作部と何等かの交渉をなし、或はそれを監督する用務上の必要から置かれたものであらう。風土記には『国造神吉詞奏参向朝廷旼、御沐之忌里、故云忌部』（引文、ママ、古田）とあるが、これは忌部といふ名を負うた神戸の説明にはならない。（下略）」

例の、意宇郡の忌部の神戸の記事を（国学者の「改ざん文」のまま引用した上で）、みずからの「部民論」

の出発点としているのです。

彼は昭和五年公刊の、この『日本上代史研究』中の「上代の部の研究」の中で、『古語拾遺』の研究から、

「忌部は朝廷の神事に与かるものの特殊の称呼であつて（下略）」

といっています。その自説の証拠となるべき肝心の「史料」こそ、右にあげた出雲風土記の一文、「忌部の神戸」の項だったのです。注意してください。この文中の「朝廷」とは、当然「大和朝廷」のことです。「出雲朝廷」では、彼の「大和の皇室、第一主義」が全く成立できませんから。

この文中の「国造」もまた、当然「大和朝廷配下の国造」です。こうなれば、「部」についても、もちろん「大和朝廷配下の部」とならざるをえません。はじめから結論はきまっているのです。「国学」丸うつしの、

「近畿天皇家一元主義」

のイデオロギーに立って、今までわたしの述べてきた分析、

「天の下造らしし大神、大穴持命→各国造→各部民」

といった、出雲風土記自身の客観的な根本構造は、あらかじめ「無視」されているのです。いいかえれば、自分のイデオロギーにとって一番都合の悪い「出雲風土記の原文面の全体構造」を〝無視〟し、〝ふみにじる〟ところから津田左右吉は自分の、立論をはじめていたのです。

もう、ここまでやれば、否、ここからはじめれば、もう〝こわい〟ものなし。「天下無敵」でしょう。自分のイデオロギーに「反する」あるいは「都合の悪い」史料は、正面から「撃破」あるいは「無視」すればいい。それだけのことなのですから。

わたしは津田さんの学風に対して、反対しながらも敬意をはらってきましたけれど、ここまで「露骨」に本来の史料の、本来の古代の真実を〝かえりみぬ〟立場を出発点としていた、とは。改めて驚きました。

そしてこれが戦後六十数年を貫き、日本の歴史像の中心とされてきていたのです。

二

冷静に考えてみましょう。

第一に、「部」や「部民」という単位が「大和朝廷創出の政治制度」ではないこと、確実です。なぜなら、出雲風土記ではすでに、「出雲朝廷中心の国造」として「その配下の部と部民」が明記されているのですから。

第二に、そのような「国造」と「部と部民」の単位は、「出雲から筑紫へ」と〝移譲〟されました。いわゆる「国ゆずり」です。「国ゆずり」とは、「朝廷」の中心が〝変動〟したことをしめします。これは当然ながら「出雲から大和へ」ではなく、「出雲から筑紫へ」の〝変動〟です。

そして「朝廷」という中心が〝変動〟したということは、すなわちその配下の「国造」や「部と部民」も、〝変動〟したことを意味する他、ありません。「国ゆずり」とは「国造ゆずり」です。そしてその配下の「部と部民ゆずり」だったのです。それなしに「頂点だけ」の「国ゆずり」など、全く無意味です。

第三に、では「国造」や「部と部民」は、「出雲朝廷の創出」か。そのように問えば、直ちに「諾（イエス）」とはいえません。

「国造」の方は、出雲神話の「天の下造らしし大神」の「下部単位」ですから、「出雲創出」の可能性は高い、と思います。

しかし「部と部民」となると、ちがいます。『東日流《つがる》〔内外〕三郡誌』には、すでに「阿蘇部《あそべ》族」の伝承があります。この「ア」は「吾が」の意の接頭語。「ソ」は「神の(古)名」。「アソ(阿蘇)山」、「アソ(浅茅)湾」(対馬)、「アソ(阿蘇)海」(京都)、「キソ(木曾)」(長野)などの「ソ」です。

そして末尾の「ベ(辺、部)」が、今問題の「ベ(部)」と共通しています。シベリアから樺太・本州・沖縄へと南下してきた、最初の部族、その伝承の基本語が「ベ(部)」なのです。旧石器・縄文期の到来です。

これらについては、『東日流外三郡誌』(第一巻、古代篇、北方新社刊等)に詳述されています。この貴重な史料を営々と書写し、後世に保存しようとしていた人、それが津田左右吉と同時代の和田末吉・長作の父子でしたが、残念ながら、津田さんは全くこの貴重な文献の存在を知らずにその一生を終えたようです。

今後の、日本の正しい歴史は、このような「先入観」から自由となって、新たに再出発すべきでしょう。

第三　日本論

一

太陽はどこから出ているか。日本列島に住むわたしたちは、どう思っているでしょう。まさか、この日本列島から朝日が出る、などとは思いませんね。当然、東の彼方、太平洋の向こうから「日は昇る」のです。

もちろん、信州（長野県）などの高地の中に住んでいる人でしたら、「あの山から朝日は昇る」。たとえばアルプス連峯の一つを指して、そう言うかもしれません。しかしやがて信州以外、東海方面を知るに至れば、関東や信州を「太陽の出る国」とは呼ばなくなるでしょう。当然のことです。

以上の「思考実験」、すなわち物の道理を考えてみれば、ハッキリします。「この日本列島を『日本』と呼んだのは、日本列島の人間の『目』からではない」。これが真実《リアル》な回答です。

その目から、この国号問題を考え、しっかりと基本から見すえ直してみましょう。

二

地名の基本は「小字《こあざ》」です。身のまわりの地名なのです。たとえば、朝晩の行動でも「どこどこへ行く」という場合、自分の住地の近くの、ある場所を指差して使います。それが地名の〝つけはじめ〟といってもいいでしょう。

ですから、やがては広く、遠くへと〝つけ〟られる地名も、まずは「身のまわり」から。これが原則です。

最近、この「小字」を知る人が減ってきました。新しい地名の〝つけ変え〟が進んで、次々と旧来の「小字」が消えてゆく。淋しいことです。

ある地域では、この「消えてゆく小字」を惜しみ、山ぎわに「小字地蔵」を作って、その胎内に「古くからの小字」を書いた史料を封入した、といいます。島根県から広島県へと越える中国山脈の一角だそうで、微笑ましい話です。

さて、今の問題を見つめましょう。

日本列島の一角に「日ノ本」という「小字」が集中している地域があることを御存知ですか。福岡県を中心とする地帯です。

㈠筑前国　那珂郡　屋形原村　〈日本《ヒノモト》〉——八ページ、下——
㈡筑前国　那珂郡　板付村　〈日《ヒ》ノ本《モト》〉——一八ページ、下——
㈢筑前国　志摩郡　石丸村　〈日《ヒ》ノ本《モト》〉——八九ページ、上——
㈣筑後国　竹野郡　殖木村　〈日《ヒ》ノ本《モト》〉——二六六ページ、上——
㈤筑後国　御原村干潟村　〈日《ヒ》ノ本《モト》〉——二八九ページ、下——

(明治前期地誌資料、明治前期、全国村名小字調査書第4巻、内務省地理局編纂善本叢書3号、ゆまに書房、一九八六年十月刊)

(他に壱岐(長崎県)や山口県にも所在あり。)

これらは何を意味するのでしょう。この地帯の人々は自分のところが「太陽が昇る場所」と信じていたのでしょうか。そんなはずはありません。太陽は当然、「自分の場所」より東から昇ってくるのです。

最初にも述べた通り、これが人間の認識の根本です。

とすれば、この地帯を「太陽の昇るところ」、そのもととして「認識」し、「命名」したのは、誰か。

当然「九州より西の地域の人々」です。

そこは黒潮の分流、対馬海流の流れる一帯です。「海士《あま》族」の生活領域でした。「奄美《あまみ》大島」（鹿児島県）や「海士《あま》町」（島根県、隠岐島）にも、その地名が遺存しているように、この海流こそ「海士族」という海上民族にとっての「海の拠点」だったのです。

そのような彼等にとっての「太陽の昇る地域」としての「日の本」こそ、右の「地名呼称」のもとだったのではないでしょうか。

三

貴重な古代伝承の『東日流《つがる》〔内外〕三郡誌』では次のような「海士《あま》族」の伝承を伝えています。
「筑紫《ちくし》の日向《ひなた》に猿田《さるた》王一族と併《あわ》せて勢をなして全土を掌握せし手段は、日輪を彼の国とし、その国なる高天原寧波《たかあまばるニンポウ》より仙霞《せんか》の霊木を以て造りし舟にて、筑紫高千穂《ちくしたかちほ》山に降臨せし天孫なりと、自称しける。即《すなわ》ち、日輪の神なる子孫たりと。」（「荒吐《あらはばき》神要源抄」藤本光幸編『和田家資料1』北方新社、二二四ページ。〝訓み〟は古田）
解説しましょう。
筑紫は福岡県。福岡県と島根県では「ちくし」と発音します。他県では「つくし」です。〝九州全体〟ではありません。

「日向」は「ひなた」。「ひゅうが」ではありません。「ひゅうが」なら宮崎県ですが、「ひなた」は福岡市の西の端の「小字」です。その東側の高祖山《たかす》には「日向峠《ひなた》」があり、そこから東側に流れこむ川が「日向川《ひなた》」です。

その「日向川」が室見川と合流した地点に、吉武高木の遺跡があります。わが国最古の三種の神器をもつ弥生王墓です。

四

次の猿田彦は、より古い「太陽神」です。「サル」とは〝太陽が照る〟という意味の古代日本語（沖縄）です。〝鼻の高い〟猿田彦の面が、九州一円から西日本一帯に〝分布〟しているのは、その「痕跡」です。

先ず注目すべきは、次の点です。

出発点は、中国の杭州湾の南岸、寧波《ニンポウ》の地です。例の会稽山、禹がここに没したという、あの歴史上の名山がすぐ近くにあります。あとにのべるように、高砂族《たかさご》のリーダーは、この「会稽の地帯」を出発点として、北部九州を目指した、というのです。

現在「高砂族」といえば、台湾の原住民の呼び名ですが、ここではちがいます。というより、その本来の基幹住民としての「高砂族」がここの主人公で、中国の江南の地帯に分布していたというのです。現在の「寧波」がその中枢部に当っています。

その「寧波」を、ここでは「高天原」と呼んでいます。これは一体、何でしょうか。

「たか」の「た」は「太郎」の「太」。第一の意味です。「か」は、前にも出てきた〝神聖な水〟。「かわ（川）」の「か」です。

「あま」は、例の「海士」。「海士族」のことです。「ばる（原）」は〝集落〟。「ひらばる（平原）」（福岡県）、「さいとばる（西都原）」（宮崎県）、「たばるざか」（熊本県）などの「ばる」。いうなれば、九州語です。

すなわち「高天原」とは、〝第一に神聖な水の豊かな、海士族の拠点〟という意味の日本語です。壱岐（福岡県）の北端にある、「天の原海水浴場」も、その「名」をしめす、「地名」の一つなのです。

五

江戸時代の医者で古代史の研究家だった本居宣長《もとおりのりなが》は、伊勢（三重県）の人でした。生涯をついやした「古事記」の研究は、有名です。『古事記伝』がその成果です。その成果は「国学」と呼ばれ、江戸時代から明治維新以降、今日に至るまで、国学者・言語学者・日本史学者たちに大きな影響を与えてきました。

けれども、彼の研究には大きな欠陥がありました。たとえば、古事記の神話にはこの、

「高天原」

という言葉がくりかえし使われています。あの「国生み神話」の〝原点〟ともいうべき言葉です。たとえば「イザナギとイザナミ」が「高天原」から海上へ「矛」をさしおろした、という風に、です。「オノゴロ島」の誕生です。

この「高天原」を、宣長は〝文字通り〟はるか天上の上空、という意味に理解したのです。そのため、その上空から海上へ〝突きおろした矛〟というと、何万メートルか何千万メートルか、まさに「空想的

な長さ」の矛となってしまいます。

しかし、右の『東日流〔内外〕三郡誌』に語られているように、「高天原」はこの対馬海流沿い、両岸にある「豊かな水の供給地」です。いかに「海上が活動領域」の海士族でも、「海の水」を飲んで生活することはできませんから、当然、陸地が必要です。それも、「水の豊富に湧き出ているところ」が必須、不可欠です。それが「高天原《たかあまばる》」なのです。杭州湾の寧波も、壱岐島の北端の「天の原海水浴場」も、それらの各地各所の「高天原の一つ」だったのです。

従って古事記の中の「天つ神」、つまり「海士族の神」やイザナギ・イザナミたちは、壱岐の北端の「天の原」にいて、「矛」(その原型は、小銅鐸――古事記の原文。別述)を海上に〝さしおろせ〟ば足りたのです。海上まで一メートル前後の「矛」(もしくは小銅鐸をつるした紐)を〝さしおろせば〟それでOKだったのです(『俾弥呼』ミネルヴァ日本評伝選、参照)。

ここに出てくる「天の浮橋」というのも、海士族が用いた、一・五メートルくらいの平板のことです。舟に乗るときに、岸と舟とを渡す「道具」として必要なものです。隠岐島(島根県)や広島県では、現在でも、この用語、「天の浮橋」は漁民の実用語として使われています。

これを知ったとき、わたしは子供時分から、「天上から海上に至る、壮大極まる橋」として教えられてきたことが、何とも「馬鹿らしく」なってきました。そう思いませんか。全く「子供だまし」の〝作りごと〟を、「神話」という虚名に〝だまされ〟て、教えられてきていたのですから。

これらについては、別の機会にジックリ書きます。今は、この「荒吐神要源抄」の中の「高天原」の用法、その方がずっと分かりやすい。人間の頭の、人間の理性で理解しやすい。平明さをもつ。わたしはそう思うのですが、ちがいますか。

六

本筋に帰りましょう。

彼等、高砂族のリーダーは、自分たちの本拠の寧波、杭州湾付近から、対馬海峡を越えてその東の北部九州を目指して「移動」してきた、というのです。そのとき、すでにその地を支配していた猿田彦の一族と協力して、この「筑紫の日向」を統治した、というのです。

その中心が、現在の高祖山《たかす》です。「筑紫の高千穂山」と呼ばれています。

現在、有名な「高千穂」は、大分県と鹿児島県の境の霧島連峯にあります。昨年（二〇一〇年）放送された、ＮＨＫの大河ドラマ「龍馬伝」でも、坂本龍馬と妻のお龍さんがここに登って「天の逆矛」を〝引き抜く〟という一幕がありましたね。あれです。

しかし、ここは「筑紫（福岡県）」の高千穂です。大分県や鹿児島県ではありません。「高千穂」の「たか」は、例の〝第一の、神聖な水の出るところ〟、「ち」は「神以前の、神の古称」です。「ほ」は〝秀でたもの〟、稲の穂のように〝突き出た〟形状のものを呼ぶ言葉です。つまり「高千穂」という言葉は、一定の普通名詞なのです。あの大分県と鹿児島県との境の山に〝限られた〟呼び名ではありません。

もし、南九州の場合なら、

「日向《ひゅうが》の高千穂の山」

といった形になるべきです。「筑紫（福岡県）の」という、「前置き」は不要です。ハッキリ言えば「否（ノウ）」なのです。

古事記の伝える「天照大神《あまてらすおおみかみ》（本来は「アマテルオオカミ」）の孫、ニニギたち」の高祖山への攻撃と再占拠は、この「アビヒコ・ナガスネヒコ」たちの第一次占拠の地への「再占拠」だったのです。

論より証拠。「筑紫の高祖山」の方は、吉武高木(福岡市)・三雲(糸島市)・井原(糸島市)・須玖岡本(春日市)・平原(糸島市)といった「三種の神器」をもつ弥生王墓に囲まれていますが、南九州の方の「高千穂山」には、全くその〝気配〟がない。これが何よりの証拠です。

やはり、この「荒吐神要源抄」に出ている「筑紫高千穂山」は、福岡県の高祖山の方なのです。

そして彼等、高砂族のリーダーは、自分を「天孫」といっています。すなわち「海士族の子孫」であることを誇りとしているのです。そして、

「自分たちは、この筑紫高千穂山にやってきた『海士族の子孫』だ。」

と。だから、

「日輪の神の子孫に当っている。」

そのように「自称」していた、というのです。ここに「日ノ本」という小字地名がこの地帯に分布する回答、とその理由があります。自分たちを「太陽神の子孫だ」と称していたからです。「小字」であっても、レッキとした「政治地名」だったのです。

おわかりでしょう。

まかり間違っても、「大和(奈良県)の権力者たち」が、はるか西方の、この博多湾岸近辺から「太陽が昇る」などという「政治地名」を「小字」にして〝バラマク〟はずはないということ。この動かせぬ一点が、おわかりいただけたでしょうか。

だから、古事記・日本書紀のどこを見ても、この肝心の「日本」という国号に対する、的確な説明が見当たらない。それは当然だったのです。

七

この『東日流〔内外〕三郡誌』の叙述が真実《リアル》であること、それを証明する「物」があります。出土物です。一つは、「稲」。九州北岸部の菜畑（佐賀県）・曲田（福岡県糸島市）・板付（福岡市）など、もっとも早い時期の「稲作水田」は江南系の稲です。北方（ピョンヤン）系の稲ではありません。道具（石庖丁・石斧）の面からは、明らかに「北方から九州北岸部へ」の伝播方向を示しているのですが、稲そのものは、揚子江河口方面の、江南系の稲なのです。

稲が〝ひとりで〟海を渡って来るわけはありませんから、当然「人間」が運んだのです。もっといえば、「稲」だけではなく、「稲を作る技術や方法」をもった人間が渡来した。江南から北部九州へやってきた。そう考えるのが「筋《すじ》」です。自然な理解です。その自然な道を、右の『東日流〔内外〕三郡誌』は示していたのです。

八

柳田國男が「海上の道」というアイデアを示し、それが彼の「日本民俗学」の中の一主要概念とされたのは、周知のところです。

若き日の彼が愛知県の伊良湖《いらご》岬の海岸で、波ぎわに椰子の実が流れついているのを見て、このアイデアを得たことを、彼自身が語っています。彼の友人の島崎藤村が柳田からこの話を聞き、「流れ寄る、遠き島より」にはじまる、有名な「椰子の実」の詩を作ったことも、有名です。

ですが、この現代の民俗学界には著名のこのエピソードにも、「大きな欠陥」があります。それは

「椰子の実と猿とのちがい」です。「猿」というのは、もちろん「人間」という猿です。猿は眼前に海流が流れていても、その対岸を目指します。工夫して「逆流」に立ち向う勇気をもっているのです。たとえば、朝鮮半島から九州北岸へ、たとえば、江南から九州北岸へ。いずれも対馬海流に〝さえぎられ〟ています。椰子の実はそんな「流れ方」をしませんが、猿はそれを試み、なしとげる。そういう「志」と「勇気」をもった動物だったのです。

柳田國男は、このような「海上の道」を考えませんでした。少なくとも、あの重要な「稲作伝来の道」とは考えなかったのです。

もちろん、柳田と同時代の和田末吉や長作は、すでにそれを知っていました。当の『東日流〔内外〕三郡誌』の書写に全力をささげていたからです。

しかし、柳田にとっての「歴史」とは、古事記・日本書紀に〝限られ〟ていました。彼の『山人考』で、

「わが大御門の御祖先が、始めてこの島へご到着なされた時には」

と述べている通り、本居宣長流の、「壮大な皇国史観」だけが「歴史」として〝許される〟、そういう時代の中に、彼はいたのです。

そのため、同時代の和田末吉や長作が心血をそそいでいた『東日流〔内外〕三郡誌』など、一顧だにしませんでした。そこに彼の不幸があります。

この貴重な「日本の真実の歴史」を〝偽書〟であるかにPRされて、「信じ」込まされてきた、今までの日本国民も、同じく真に不幸だったのです。

九

もう一つの証拠となる、重要な「物」があります。「絹と錦」です。

かつては「禁制品」とされていた、中国の絹や錦が、三世紀の魏朝になって、大量に倭国に対してプレゼントされました。倭国に対してだけではなく、俾弥呼個人あてにも、壮麗な錦が贈られたこと、三国志の魏志倭人伝に明記されています。しかもそれは魏の天子、明帝の「詔書」の一節ですから、史料価値としては、抜群にして最高です。

では、その「絹や錦」が集中して出土する地帯と時期はいつか。この問いに正面から答えるだけで、「女王国」の中心は〝きまり〟なのです。第一書『「邪馬台国」はなかった』の復刊本（ミネルヴァ書房）の「日本の生きた歴史㈠」に書いたように、それは圧倒的に「博多湾岸」が中心なのです。その時期は「弥生中期」とされています。この「物」の出土分布を冷静に見つめれば、三世紀前半の女王国の「場所」と「時」は明確です。「弥生中期」とは「三世紀前半」を含む、それを〝中心〟とした時期だったのです。

十

今の問題は、次の一点です。

この博多湾岸を中心とする「絹と錦」には、二つの系統があることを、「発見者」の布目順郎さんは明記しておられます。一つは「江南系の絹」、そしてもう一つが「楽浪系の絹」だというのです。

「楽浪郡」は中国（漢代以来）の植民地でしたから、この「楽浪系」というのが、実は洛陽を中心とする「洛陽系の絹（陽高等）」であることは、いうまでもありません（布目順郎『絹の東伝』小学館、一九八八年刊）。

ところが、問題は「江南系の絹」です。ここは魏朝の「範囲内」ではなく、「呉地」でしたから、「魏朝からの下賜物」であるはずはありません。しかも、「時期」的にも、右の「楽浪系の絹」より、〝早い〟のです。

博多湾岸の室見川下流東岸部の「有田遺跡」がそれです。博多湾岸の「絹と錦」がすべて「弥生中期」とされているのに対し、ここは「弥生前期」なのです。

つまり、「三種の神器」の出土がはじまる「弥生中期」より早く、すでにここ有田遺跡には「絹」が出土しているのです。しかもその絹は「楽浪系」ではなく、「江南系」なのです。ここでも、『東日流〔内外〕三郡誌』の報じた「江南からの渡来と流入」の痕跡は顕著なのです。

もちろん、古事記や日本書紀からは、このような「情報」は一切得ることができません。

逆に、従来の「記紀至上主義者」が〝やみくも〟に、この『東日流〔内外〕三郡誌』という、貴重史料を「偽書」扱いしたくなる理由、その「本音」がここでも、うかがえるのかもしれません。

しかし、歴史史料は決して「私物」ではありません。「権力の私物」でも、もちろんありません。日本国民にとっての、至上の宝物、それが真実の歴史史料なのではないでしょうか。

十一

『東日流〔内外〕三郡誌』の編者、秋田孝季は「日之本之残影」という一文で次のように述べています。

「国は朝幕の私にせるものならず、山川草木みなながら住むる人のものなればなり。国破れて山河あり、城春にして草木深し。」

「国破れて、云々」は、もちろん唐の詩人、杜甫の詩です。「亡国の悲しみ」を歌ったものです。孝季はこれを東北の雄、安倍氏の滅亡になぞらえたのです。

けれども彼は、敗戦によって真実が失われるはずはないと信じ、この一文を次の一節で終えています。

「移世に待たば、子孫に必や至るべく陽光の輝きを想ふべし。

寛政七年正月　日
秋田孝季」

（『秋田家資料1』北方新社、一九九ページ）

戦勝者が「自己流の歴史」を「唯一の歴史」として公布してはばからない、「時の流行」に対して、彼は冷静に「否（ノウ）」といい、そのような「時」が過ぎゆく日の来ることを確信しているのです。

これが、人間の目、そして人間の心です。

補

この「日ノ本」と、八世紀の日本書紀の「日本」との間、そこに「九州王朝」への分析と叙述が不可避です。機をえて別述したいと思います。

第四　続・倭語論

一

歴史を語るのには、言葉が必要です。逆にいえば、人間の語る言葉こそ「歴史の宝庫」なのです。この「言葉のルール」を見あやまった歴史理論は、やはり「否（ノウ）」です。歴史からの批判をまぬがれることは無理なのです。

今、高句麗好太王碑のしめす、貴重な教訓にふれておきましょう。

李進熙《じんひ》さんが、この碑面に「疑問」をいだかれた。〝動機〟の一つ、それは「任那」問題でした。日本側の歴史書である日本書紀には「任那」や「任那日本府」の記事が数多く出ています。これに対し、韓国側の「正史」である三国史記や三国遺事には、この言葉がほとんど出てきません。唯一、三国史記に、

「其の姓名を問う。対《こた》えて曰く『臣は本、任那加良の人なり。名字は「頭」。』と。」（巻四十六、列伝第六、強首伝）

とあるのが、唯一の例外です。

その上、中国の北朝側の「正史」である『魏書』では、例の高句麗の好太王のことにはかなり多くの史筆をついやしているのに、肝心の高句麗のライバル、倭国や倭王の軍に関しては、全くふれられていません。皆無なのです。

ところが、今問題の高句麗好太王碑という、五世紀初頭（四一四）に成立した金石文では、「倭」という文字がくりかえし出てくる上、問題の「任那加羅」という四文字も、かなり重要な場面で〝高句麗の敵手〟の属する地名として出ている。これに李さんは疑問を感じられたようです。

その結果、「日本の参謀本部の派遣したスパイ、酒匂景信中尉（当時）が、本来の石の碑面を削り取った」とされ、そして「右の『倭』や『任那加羅』などの『造字』を、〝石灰による新碑面〟に加え、これを『拓出碑面』と称して日本へもち帰った」という、前人未想到の「新学説」を発表されるに至ったのです。第二著『失われた九州王朝』にも、すでに詳述した通りです。

わたし自身も、現地の集安におもむき、当の碑面に、まさしく「石の文字」で「倭」や「任那加羅」等の文字の存在を確認できましたから、すでに学術上の論争は「決着を見た」といっていいのが、現状です。

ですが、この好太王碑面が「同時代史料」の金石文としてもつ、重要な問題点、それが〝見すごされた〟まま、現在に至っていると、わたしには思われます。以下に述べてみましょう。

二

「みまな（任那）」は日本語です。「み」は〝御〟。「ま」は〝真〟。いずれも尊敬と美化の接頭語です。「な」は〝海辺の大地〟。〝那の津（博多）〟の「な」です。〝尊敬すべき、真実の大地〟という意味の「日本語」です。

問題は、漢字面です。

「那」は文字通りの表音です。けれども「任」の方は「みま」とは読めません。はじめは〝読めなく〟

て、苦労しました。

しかし、あるとき気づきました。例の後漢の光武帝の金印では「倭」を「委」と書いています。また三国志の魏志倭人伝の冒頭で、朝鮮半島から九州北岸に至るとき、第一回目は「度」、第二回と第三回目は「渡」が使われています。つまり「へん」のあり・なしは「時」による、あるいは使われた「時代の用法」によっているのでしょう。

また「東鯷人」(漢書、呉地)の場合も、「鯷」それ自身は「なまず」ですが、「魚へん」を〝取る〟と、「是《てい》」。〝はしっこ〟の意味です。

「呉地」を原点としてみれば、九州南岸の西岸部が「海の彼方の、はしっこ」となります。このようにして、わたしには「視野」がひらけてきました。

これより早く、わたしは「任那」問題には回答をえていました。「任」の「にんべん」をとると「壬」。「北方」の意です。他に意味はありません。つまり「任那」とは〝北方にある、海辺の土地〟という意味。「表意による、造字」だったのです。

この認識は、重大でした。朝鮮半島の南辺を「北方の土地」と〝呼ぶ〟というのは、当然倭国側の視点です。中国や韓国側の視点ではありません。すなわち「倭人側の造字」です。

そして、今新たに問題にしたい一点、それは次の一点です。

「高句麗側の金石文中に『倭人の造字』が出現している。」

この意義です。好太王碑の成立は「四一四」ですが、その内容は四世紀後半。そこで「倭人の造字」が用いられている。この意義は、どれだけ重視しても、重視しすぎることはありません。

三

「任那加羅」の「加羅」も、日本語です。「か」は〝神聖な水〟。「ら」は「そら（空）」「うら（浦）」「むら（村）」など、日本語にもっとも多い接尾語の一つです。

「から（韓）」は、通例朝鮮半島側の「土地」「国土」に対する〝呼び名〟ですが、それは、日本側からの日本語（倭語）による〝呼び名〟なのです。

韓国側の言語学者、金芳漢氏（ソウル大学言語学科教授）は「原始韓半島語とそれに関連した問題」の中で次のように述べています。

「韓半島中部の地名から抽出された単語のうちいくつかが日本語と類似している」と述べた上で、「この原始韓半島語は早く消滅したが、日本語（及び韓国語）の形成過程において多少吸収されたであろう。」（『韓国語の系統』三一書房、村山七郎監修・大林直樹訳、一九八五年刊、二四六ページ）と論じました。

要するに、韓半島中部の地名には日本語と類似しているものがある。そしてそれが日本列島へと伝わったあと、韓国側の「原始半島語は消え去った」というのです。

屈折した表現ですが、そこに指摘されたところは、「韓半島の中部地名に『日本語めいた表現』が散在し、含有されている」というテーマです。

先の高句麗好太王碑中の「倭人造語の遺存」問題と共に、相互のナショナリズムにもとづく「先入観」を排除し、今後の真実《リアル》な研究がのぞまれます。好太王碑の全四面にわたる叙述は、そのための豊富な史料を提供してくれています。

四

視野を一転しましょう。

崇神天皇の問題です。この天皇が、

御真木入日子印恵（ミマキイリヒコイニエ）命――古事記

御間城入彦五十瓊殖（ミマキイリビコイニヱ）天皇――日本書紀

という称号から、この「任那（ミマナ）」との〝かかわり〟が考えられました。「ミマキ」とは「ミマナの要害」の意と考えられたからです。

その上に展開されたのが、有名な「騎馬民族征服説」です。敗戦直後ともいうべき時期、江上波夫氏によって発表された、この大胆な新学説は、まさに一世を驚倒させ、風靡《ふうび》した観がありました。中央アジアに発した騎馬民族のリーダーが、この「任那」から日本列島へと侵入し、その後の天皇家の主権を確立した、というのです。

その後の考古学者・歴史学者にも、その「激震」をうけた人々は多いようです。たとえば、森浩一・奥野正男の諸氏も、それを語っておられます。

そのような「衝撃」自体が、日本の古代史研究に対して甚大な刺激を与えたこと、疑いありませんが、結論として「諾（イエス）」か「否（ノウ）」かといわれれば、ハッキリ言って、わたしは「否（ノウ）」です。

五

理由は簡単です。

何よりも、右のような崇神天皇の「名前」は、明らかに日本語です。高句麗語、すなわち騎馬民族語ではありません。もし、この天皇が「騎馬民族出身」なら、何よりもその本来の「騎馬民族語」、つまり高句麗語の「自称」をもっていなければなりません。

たとえば、好太王碑。その先頭には、

「惟《おもん》みるに、昔の始祖　鄒牟《すうぼう》王」

という「高句麗語の自名」が明記されています。彼には「朱蒙」という、中国語による名称のあったことも、知られていますが、それより何より、これは高句麗語です。これが本来の姿です。

これに対して、崇神天皇の場合、「被征服民」のはずの「日本語名」だけがあり、「高句麗称号」がありません。「イニエ（ヱ）」（印恵・瓊殖）というのも、高句麗語とは思えません。むしろ「イ」は〝神聖な〟「ニ」は「丹、丹士」。「エ（ヱ）」は「愛（エ）」に当たる日本語の可能性が高いと思います。

「征服者なら、堂々と征服者言語で名乗れ。」

と言いたくなります。その上、彼のやがて支配した「大和」でも、当然「王」や「上級官僚・軍人たち」は「高句麗人」であるはずです。とすると、当然「崇神以降の大和」では「七〜八割は高句麗語、二〜三割は（従来の）日本語」という「激変」がおきていなければなりません。

しかし残念ながら、どの文献を見ても、その痕跡はありません。

六

最大のネックがあります。

肝心の高句麗好太王碑に、この「重大事」が一切書かれていない。ふれられてさえもいないのです。

「お前たち、倭の連中は、わが高句麗の騎馬民族からの一分流だ。それなのに、わが高句麗、騎馬民族の本家本元であるわれわれに歯向かうのは、けしからん。」

こういった「せりふ」が皆無なのです。百済や新羅に対しては、彼等は本来われわれ高句麗王の「属民」なのに、〝手向かう〟のは許しがたい。そういう大義名分論が堂々と第一面の中枢を飾っているのに、肝心のライバル、倭王や倭人に対しては、その「手」のせりふが皆無なのです。倭人に遠慮したのでしょうか。——まさか。

李さんの「造作説」のアイデアでは、本来の「石」では「倭」の文字はなく、すべて「羅(百済)」だったのだろうといわれていましたが、さにあらず、現地で見た、この石碑には石の文字で「倭」の文字がくりかえし出現し、歴史事実を「証言」していたのですから、右の「中心課題」はやはり回避不可能です。

当初の江上説では四世紀初頭、その後の江上さん自身の改定説では四世紀後半がこの「騎馬民族のリーダー」としての「崇神侵入」の時期として〝想定〟されているようですから、いずれにせよ、この好太王碑文という最高の金石史料における「不在の根本」からのがれるわけにはいきません。

歴史の真実に反する、その根本こそ人々はしばしば〝忘れ去り〟、正面からその矛盾を問おうとしないものです。

わたしたちはその一つの印象的な事例をここに見出すことができるのではないでしょうか。

＊「倭語論」は、「日本の生きた歴史㈣」にあります。

第五　史料批判論

一

歴史を知る上で、重要なものは何か。もちろん、真実です。虚偽を排することです。

では、その真実を求める上で、必要なものは何か。まず目を向けなければならぬものは何か。こう問われたら、わたしは答えます。それは史料批判です、と。

なぜなら、肝心の歴史の史料そのものが〝いじられ〟ているのです。肝心要《かなめ》のところが書き変えられてしまっているのです。なぜか。

それは、その「歴史」を使って、自分を正当化しようとする人、つまり「権力の当事者」がそれを望むからです。その「組織の要望」に従って、彼等に不利益な史料を〝手直し〟する。そういう「流布の時代」が必ず存在するのです。

そしてその時代の人たちは、自分たちの「役目」を果たし、組織にそれを流布させてゆくのです。

わたしはそれを「目」にしてきました。

二

考えてみれば、あの「邪馬台国論者」も、そうです。紹熙《しょうき》本・紹興《しょうこう》本といった、三国志の古刊本が、いずれも「邪馬台国」ではなく、「邪馬壹国」と書かれているのですから、

「これはおかしい。もしかしたら『ヤマト』じゃないかもしれませんよ。」

といってもいいはずなのに、やみくもに、

「『邪馬臺国』なら、〝ヤマト〟と読める。これにとり変えましょう。」

などというのは、〝変〟です。少なくとも読者に対して疑問を提供すること、これが真正の歴史研究者です。そうは思いませんか。

実際は「大和《やまと》」どころか、九州に向かってまで「山門《やまと》」を探す。わたしには、どうにも、このような「神経」につき合いかねる、といったら、失礼でしょうか。

三

幸いに、ことは結着しました。少なくとも、わたしの中では、何のまどいもありません。「邪馬壹国」でいい。否《いや》、これでなければ、いけなかったのです。

「邪馬《ヤマ》」は「山」。立派な日本語です。「壹《イチ》」の「イ」は〝神聖な〟という接頭語。アイヌ語では、現在でも〝残る〟語法です。「チ」はもちろん、「神以前の、古い神の呼び名」です。ですから、

「山に祭られた、神聖な、古き神」

を示す言葉、それがこの「邪馬壹国」だったのです。

肝心の女王国の「歴史的成立」にかかわる重要な言葉、いわば「心臓そのもの」ともいうべき「根本国名」を、やすやすとまず書き変えてから「議論」をはじめていた。「話にならない」という日本語は、こういうときに使って、ちょうど適正なのではないでしょうか（詳しくは『俾弥呼』ミネルヴァ日本評伝選）、をご覧ください）。

四

例の「日出ずる処の天子」問題も、同一です。

「日出ずる処の天子、書を日没する処の天子に致す、恙《つつが》なきや、云々」

の「名文句」は、大業三年（六〇七）に、俀《たい》国の王「多利思北孤《たりしほこ》」が隋朝へ送った「国書」の中の一句と記せられています。

その「国書」の「自署名」がこの「多利思北孤」だったわけです。

ですが、一方の日本書紀では、右の大業三年（推古十五年に当る）はもちろん、その前後を含め、この「もっとも正式の自署名」が、全く出現していません。皆無なのです。〝変〟だと思いませんか。

推古天皇は「女性」、右の「多利思北孤」は「男性」です。奥さん（「雞弥《きみ》」）まで明記されています。

「男性が女性と同一人である。」

古今東西、そんな例は皆無です。もしこれを「聖徳太子」としてみたところで、やはり無理です。彼は〝摂政〟であり、「天皇」になったことはなかったのですから。

第一、隋の使者はこの「多利思北孤」と直接会って、会話を交わしているのですから、それでも「まちがえる」、あるいは「まちがわさせられた」などということがありえましょうか。わたしはない、と思います。

ここでも、あまりにも「矛盾」がハッキリしすぎていて、誰一人「公の場所」では公言できませんでした。明治維新から、敗戦後の現在まで、何一つ変わっていません。なぜなら、その「矛盾」があまりにもハッキリしすぎていて、大きすぎるからです。

五

「蛇足」にも似たことですが、もう一つ。右の「多利思北孤」の「居場所」です。それも、明記されています。

「阿蘇山あり。その石、故なくして火起り天に接する者、俗以て異となし、因って禱祭を行う。(下略)」

右の文章は、先の「日出ずる処の天子」記載の直前、といっていい場所に書かれています。では、中国のこの本(隋書)の「読者」は、彼を日本列島の中の「どこの場所」を中心とした王者と〝判断〟するか。——当然、「九州」です。阿蘇山の周辺部と考える他、可能性はありません。なぜなら、この隋書ができあがったのは、貞観十年(六三六)です。まだ、古事記(七一二)も、日本書紀(七二〇)も、風土記(八世紀前半以降)もできていません。ですから、それらを「参照しつつ」この「多利思北孤」のことを考える。中国側の読者にそんな「芸当」ができるわけもありません。

「隋書の内容は、隋書のみによって理解する。」

これしか道はない。とすればやはり、この「多利思北孤」は阿蘇山周辺に都をもっていた。すなわち「九州王朝の王者」です。これ以外の「考え方」は、およそ無理なのです。

これもまた、あまりにもハッキリした「矛盾」であるだけに、明治維新以降、そして敗戦以降もまた「論ぜられず」にきたのです。一切この「矛盾」にふれることは、タブー中のタブーだったのです。

しかし、世界の、そして人間の理性は、そんなタブーに対して、いつまでも目をつむってはくれない。わたしはそう信じます。

六

この点、肝心の「卑弥呼」問題も、同じです。

三国志の魏志倭人伝には、次のように書かれています。

「正始元年（二四〇）太守弓遵、建中校尉梯儁等を遣わし、詔書・印綬を奉じて、倭国に詣り、倭王に拝仮し、ならびに詔を齎《もたら》し、金帛・錦罽・刀・鏡・采物を賜う。倭王、使に因って上表し、詔恩を答謝す。」

右は、古代史に関心のある人なら、周知の文面です。「何を、今さら。」といった感じでしょう。その通りです。

ですが、ここでハッキリしている「史料事実」があります。それはこの女王の名前が「卑弥呼」だ、ということです。右の詔書が長文引用され、その先頭に、

「親魏倭王卑弥呼に制詔す。」

とあることも、著名。明々白々の事実です。

その上、彼女からの「上表」が魏朝にもたらされ、魏・西晋朝の史官である陳寿は、その「上表」を見た上で、ここに書いているのです。

「何を言いたいのだ。さっさと言え。」

あなたの声が聞えてきます。その通りですね。

肝心の近畿天皇家側の「正史」である古事記や日本書紀には、この肝心要《かなめ》のこと、すなわち彼女の「正式の名前」が、一切登場していないのです。

「そんなこと、はじめから判っている。それが出ていれば、苦労しないよ。」

あなたの「先生」は、そういわれたかもしれません。

「話を、そこまでもどしたら、ぶちこわしだぞ。」

そういわれるかもしれません。そうです。今、必要なのは「ぶちこわし」です。既成の観念や先入観を、キレイサッパリと洗い流し、最初の原点から「再出発」すること。わたしはそう思います。それが本当の史料批判です。

自分の依拠している立場、その時代の「権力の当事者」の都合に合わせて、原文を「手直し」することと、それを「史料批判」と称している学者がいます。否（ノウ）！　現代のすべての学者が、その旗の側に立つことをあたかも「史料批判」であるかに〝よそおって〟います。

わたしは反対です。

いかなる「権力の当事者」にも、また「反権力の当事者」にも、こびず、へつらわず、ひたすら歴史の真実を求め抜く。それがわたしの史料批判です。学問なのです。

三国志の魏志倭人伝の中で、もっとも史料価値の高い「卑弥呼」という人名、さらにそのもとをなす、三国志帝紀（斉王紀）の「俾弥呼」の名が、古事記にも日本書紀にも、一切存在しない。この「明瞭な事実」こそ、あらゆる探究の出発点です。

「古事記・日本書紀の中の、誰に当てるか。」

そんな問題ではありません。「もっとも正式の名」がない。相手国の天子からの「呼びかけ」そして「上表」という、自分の側の国書の「自署名」にも、厳《げん》として存在したはずの「俾弥呼」、略記して「卑弥呼」、そのいずれもない。この「ない」ことこそ探究の真の原点なのです。

この点、いわゆる「邪馬台国東遷説」も駄目です。なぜなら、その「東へ遷《うつ》った」とき、直前まで光り輝いていた。この女王の実名を忘れ去って、「東へ遷った」のでしょうか。考えられません。

これは、先述の「日出ずる処の天子」問題と同一の疑問です。

三世紀は「三世紀の歴史」で〝終わる〟はずはありません。七世紀が「七世紀の歴史」から〝始まる〟のでないのと、同様です。

「時」は不滅の〝流れ〟です。歴史の女神は、いかに地上の権力者たちが、自分たちの都合で歴史を「歪《ゆが》め」ようとしても、決して許容しません。

だから、人間は真実の歴史を今日も求めつづけるのです。

本書は「古田武彦・古代史コレクション」の第七巻目です。本書とほぼ時を同じくして『俾弥呼』(ミネルヴァ日本評伝選)が同叢書の第百巻として刊行されます。ミネルヴァ書房の方々の御熱意と共に、天下の全読者の方々の御期待に深く御礼申し上げたい気持ちに満たされています。

二〇一一年八月十九日　稿了

《著者紹介》

古田武彦（ふるた・たけひこ）

1926年　福島県生まれ。

旧制広島高校を経て，東北大学法文学部，日本思想史科において村岡典嗣に学ぶ。

長野県松本深志高校教諭，神戸森高校講師，神戸市立湊川高校，京都市立洛陽高校教諭を経て，

1980年　龍谷大学講師。

1984〜96年　昭和薬科大学教授。

著　作　『「邪馬台国」はなかった——解読された倭人伝の謎』朝日新聞社，1971年（朝日文庫，1992年）。

『失われた九州王朝——天皇家以前の古代史』朝日新聞社，1973年（朝日文庫，1993年）。

『盗まれた神話——記・紀の秘密』朝日新聞社，1975年（朝日文庫，1993年）（角川文庫，所収）。

『古田武彦著作集　親鸞・思想史研究編』全3巻，明石書店，2002年。

『俾弥呼——鬼道に事え，見る有る者少なし』ミネルヴァ書房，2011年，ほか多数。

古田武彦・古代史コレクション⑦

よみがえる卑弥呼《ひみか》

——日本国はいつ始まったか——

2011年9月30日　初版第1刷発行　〈検印省略〉

定価はカバーに
表示しています

著　者　古　田　武　彦

発行者　杉　田　啓　三

印刷者　江　戸　宏　介

発行所　株式会社　ミネルヴァ書房

607-8494 京都市山科区日ノ岡堤谷町1
電話（075）581-5191（代表）
振替口座 01020-0-8076番

共同印刷工業・藤沢製本

ISBN978-4-623-06055-9

Printed in Japan

人名索引

あ 行

た　行

な　行

は　行

ま　行

や　行

ら　行

わ　行

事項索引

あ 行

か 行

さ 行

地名索引